軌道交通前沿

林忠正　編著

林忠正

忠正兄要我替他的新書寫序，我非常替他高興，也很樂於寫序，我跟忠正兄認識多年，每次有機會碰面時，我們都會討論有關軌道交通的事情，也鑑於臺灣與大陸的相關環境背景不同，在發展軌道交通尤其是都市交通部分，有很多不同的發展脈絡可以互相交換經驗，對他的執著及認真著實佩服。

18世紀中葉工業革命之後，工業化帶動農業機械化，農村地區產生大量剩餘農業勞動力，因此開始向從事工、商、服務業為主的城鄉集中。條件較佳的城市，更容易吸引工商業進駐，使就業機會增多，而乘數效應帶動更多的產業、更多的鄉村移民，使人口大量移入都市，也導致都市化的腳步越來越快。

大量人口集中之後，人及物的移動越來越不容易，都市之運作越來越不順暢，使得都市化到某一程度之後，就開始停滯不前，包括生活水平及生活環境品質越來越差，變成髒亂及犯罪的溫床，都市化變成很多市民的噩夢，開始有都市發展學者探討如何讓人口繼續能集中，都市容量仍然能承受的外加的承載力，其中都市交通的改革，顯然是很重要的一環。

我個人非常喜歡中國人對「城市」的定義，「城」代表城牆，也就是人為的將一堆人圍在一起，要能圍在一起不出事並不簡單，至少要能滿足聚在一起的條件，包括現在都市計畫界常談的都市承載力的問題、都市景觀的問題、空氣汙染問題、私密空間的問題、吃飯的問題等等。「市」代表市場，廣義來講就是交易行為，這些交易包括人的移動、貨的移動、資訊的移動、甚至錢的流動等等，這些流動一旦不方便，城市的機能就大打折扣，因此，一個良好的城市，必須要有好的「城」的功能，也要有好的「市」的功能。

　　我對都市交通的期許是比較廣義的，也就是都市交通要能擔負起「市」的功能，也因此我對都市交通的要求也非常廣泛，不單單是通勤人口移動的問題，他必須對都市發展有正面效益的功能，尤其土地開發，都市交通絕對會對都市土地的利用，產生巨大之影響。由於都市發展是千頭萬緒的事情，要能幫助都市發展的都市交通也是千變萬化，各式各樣的都有，忠正兄能將各式各樣的都市交通工具彙整在一起，難度當然不用說了，對於發展都市交通的工作人員來說，一定會有很大的幫助。

廖慶隆

西元2021年3月8日於台北寓所

※曾任台北市捷運工程局局長、高速鐵路工程局局長、中華顧問工程司董事長

※現為國立臺灣大學土木工程系教授兼軌道研究中心主任

軌道交通一書係由林忠正先生嘔心瀝血之作，結合多年來他在軌道交通方面的教學內容與顧問公司實務工作經驗，花費甚多時間才終於完成這本書。其目的是為了提供給想了解軌道交通之大學生或實際參與實務工作人員等，當進行有關軌道運輸系統之規劃、設計、施工、專案管理或營運管理時，能具備有基本認知及相關軌道方面專業的資訊。

本書首先介紹現有已在營運軌道交通之系統型式，當某都市主要決策者為改善上下午尖峰時間道路交通擁擠狀況，並提升公共運輸使用率，願意投入龐大的資本支出來改善交通時，應該冷靜思考如何依當地都市發展的特性、財務負擔能力及交通量成長趨勢等，考慮未來20年或更長時間之都會區整體交通運輸需求後，再進行選擇適當的軌道系統型式，深入討論該軌道交通工程如何進行後續都市計畫變更、細部規劃、設計、建設等。

當任何一條新路線「可行性研究」經中央政府審核通過後，地方政府必須準備最後定案版本的「綜合規劃報告」，此時應先估計除聯合開發案件外，須按市價徵收私人土地的總費用，再充分考慮地方財務可以承諾「自償率」之比例及相對能獲得中央補助款金額。依過去的實際經驗，「綜合規劃報告」經中央正式核定後，至少需要9.5年的時間，才能完成該新路線施工興建，最後通過交通部履勘之法定程序後，負責營運的公司才能對外正式收費營運，提供載客服務。接下來面臨的問題，就是負責新路線的營運公司，其服務維修管理能力希能達成系統設定之可靠度與準點率，並努力做到財務方面至少維持收支平衡，後續才有能力履行當初支付自償率的承諾，否則地方政府將會陷入長期背負龐大債務的困境。

事實上，從規劃開始至蓋好一條新軌道路線並營運通車，如前面所述，必須通過層層關卡與挑戰，全部流程合計時間通常都要超過10年以上，所以無法在某一位地方首長任期內完成，必須一棒接一棒，最後才能水到渠成。但正式營運通車後，每一新路線當時發包的軌道系統又都有其獨立要求之特性，因為軌道系統無論是號誌控制系統、電聯車、通訊、電力、環控、軌道、車站等，通常是依當時招標規範要求而完成的特別訂製品，所以不同系統間之軟硬體與備品零件很少可以互為通用。

　　由於一條新軌道路線之規劃、設計、發包、施工、測試、履勘、保固、驗收、營運、維修、財務永續、聯合開發、附屬事業經營等項目，均有其相當專業之要求，很難可以全部含括，本書已努力將上述議題的範圍增加，讓軌道交通參與者能有更多面向的了解，林忠正先生的用心與付出，應該給與高度肯定。我很高興能為本書寫序，期盼本書的發行，提供軌道運輸的實際參與者，有更多專業方面的了解，在不同都市的財務狀況與預估運輸需求下，選擇最適當的系統型式，未來正式營運通車後，可以吸引許多市民願意改變原有交通運具模式而改搭乘新軌道運具，讓多年來施工造成不便與龐大資本支出後，能獲得應有的重視及回饋使用，降低上下午尖峰時間交通擁擠狀況，並讓該都市的公共運輸使用率得以提升，也間接改善都會區的空氣品質，型塑都會區的新面貌及排隊有序運輸文化。

蔡輝昇　謹上

　　軌道系統網路規劃上承區域及都市發展與公共運輸發展之上位計畫，進行潛力發展路廊評估指定、運量預測、系統型式與路權型式選擇、軌道系統路線場站整合與轉乘規劃、及營運調度等之軌道路網規劃。此外，路網規劃也包括進行經濟效益與財源籌措之分析評估及研提營運組織構想。由上可知，走廊運量之需求分析影響軌道系統型式與路權型式的選擇，即需求大小影響供給的型式與營運方式。

　　忠正先生之專書幾乎涵蓋軌道系統路網規劃之全部內容，為一本很有用的教科書及參考書。其將30年累積之顧問專業服務知識及近幾年的教學經驗，有層次的彙整撰寫成此專書，貢獻給學界及軌道交通工程規劃界，實令人感佩。

　　本書共有二十二章，內容豐富。第一章為概論介紹；第二章至第八章為系統型式選擇，從公車捷運(BRT)介紹至磁浮系統；第九章至第十一章涵蓋都市地鐵、城際鐵路及城際高速鐵路的介紹；第十二章專門介紹都市軌道系統型式選擇；第十三章至第十八章，介紹軌道交通工程的規劃設計、專案管理、及營運管理；第十九章至第二十二章介紹軌道交通前瞻熱門的主題，包括運用新科技於軌道的智慧軌道交通、軌道樞紐站的轉運規劃、結合土地使用與交通的TOD規劃及軌道交通財源籌措的民間參與(PPP)。

　　我個人粗淺的閱讀建議如下，對於想先了解軌道交通概論者，可先閱讀第一章及第九章至第十八章。想進一步比較分析系統型式者，可進一步閱讀第二章至第八章。若有興趣了解前瞻熱門的課題者，可閱讀第十九章至第二十二章。此書除了內容豐富外，也穿插案例與圖片，可說是圖文並茂，相信對軌道交通有興趣者，必能受益。

馮正民

　　城市軌道交通是現代城市交通系統的重要組成部分，是城市公共交通系統的骨幹。據統計，截至2019年12月31日，中國大陸共有46座城市建設城市軌道交通，在建線路229條（段），總里程5680公里。城市軌道交通建設規模不斷擴大，運營線路越來越多，從業人員也越來越廣，大家對城市軌道交通系統知識和對工程全過程建設的關注也越來越強，但在實踐推進過程中，還是存在一些共性問題和難點，比如：設計與施工不能很好銜接、建設期與運營期分裂、BIM和GIS在全過程的橫向應用不足等等。而目前市面上的城市軌道交通方面書籍，多是一些普及性常識介紹，或僅某一方面的知識分享，從規劃建設到運營管理的全過程介紹書籍還不多，特別是結合有效實踐的案例就更少。

　　本書內容豐富，既有基本知識介紹，也有從規劃設計到建設運營全過程系統梳理；既有當前業主非常關注的智慧元素，也有對PPP模式的分享，對於每一個從事城市軌道建設運營的政府業主、投資方、設計、施工、運營等人員，都是非常好的學習書籍。忠正兄有著豐富的軌道建設與運營經驗，參與了國內外多個有影響的重大城市軌道交通項目，特別是在重慶交通大學的兼職任教過程中，一邊不斷參與工程實踐，一邊及時提煉總結，與老師和學生們進行分享，講課深入淺出，做到了理論與實踐的充分結合，課程很受學生好評與歡迎！

　　這本書是忠正兄三十多年來的專業總結，它也是廣大城市軌道交通從業者的福音，是行業的一件大好事。我相信，隨著本書的出版，會有越來越多的人知道和認識城市軌道交通，也會有更多的專業人士從中獲益，為更好地投入到中國城市軌道交通的建設潮流中打下堅實基礎！

汪　洋

　　軌道交通作爲一種大容量、快速、可靠的交通出行方式,隨著城市人口的聚集而產生、發展。近十年來,我國城市軌道交通建設進入了井噴式的高速發展期,很多城市都以建設軌道交通作爲現代城市發展的標志。同時,隨著城市群、都市圈等新的城市形態出現,軌道交通的概念和內涵也從以往的城市軌道擴展到了市域(郊)鐵路、城際鐵路等形式。由於發展階段的原因,我們的城市軌道和鐵路一直是兩個獨立的系統,相關書籍、文章一般都只講述其中之一,同時,往往也只針對軌道交通的規劃、設計、建設、項目管理及運營管理等某個階段展開,對於軌道車站開發、民間參與等方面的研究也處于起步的階段。忠正先生的這本書正好回應了上述存在的問題。

　　我與忠正先生相識時間不算太長,但一見如故。忠正先生長期在臺灣工作,負責和參與了多個捷運系統、快速公交(BRT)項目的可行性研究、規劃、 設計、施工、監理、項目管理、投融資及運營管理等工作。30餘年來積累了豐富的大型公共交通基礎設施領域全方位、全過程的工作經驗。近年來,還兼任多所大學的兼職教授並授課,帶領的設計團隊多次榮獲重慶交通規劃設計大獎。忠正先生嚴謹求實的治學態度,豪爽耿直的人格性情,尤其是對後輩學生的諄諄教誨和孜孜不倦的指導,讓我記憶猶新,尋跡前行。

　　"人生的價值,在於創造有價值的人生",忠正先生將30餘年在軌道交通方面的心血凝結成這本書,多維度、多角度、系統地介紹軌道交通專業知識,將有助於我們從事軌道交通的專業技術人員、高校教師、學生等,對軌道交通系統全制式、規劃建設運營管理全過程有一個清晰、全面的認識和瞭解。忠心希望我們的年輕學子能從這本書中,從忠正先生身上感受到一個學者對事業的執著和堅持,對後生的希冀和期盼!

周　濤

　　自1863年世界上第一條地鐵建成通車以來，軌道交通已經走過了150餘年的歷史，但其制式、功能、技術等仍在不斷創新。當今世界的全球城市無一不是軌道交通路網高度發達的城市，軌道交通已經不再是一種簡單的交通方式，其與我們的生產生活、城市發展、社會經濟、文化精神緊密相連。

　　過去5年，中國大陸正以年均700多公里的速度新增城市軌道交通運營里程，這種速度在人類城市發展歷史從未有過。我們對軌道交通在緩解交通擁堵、降低污染、改善出行環境、提升城市活力等方面充滿期待，但由於軌道交通既包括地鐵、輕軌、有軌電車等城市軌道制式還包括高鐵、市域快軌等大鐵路，導致其體系複雜、內容繁多。加之，我國大陸軌道交通人才培養大多以大鐵路為基礎，且軌道交通工程建設、運營管理、經濟財務等分屬於不同專業，因而尤為欠缺軌道交通規劃、設計、建設、運營、經濟等全鏈條貫通式的教材書籍。

　　忠正先生的此書基於其三十餘年的軌道交通從業經驗，從廣義軌道交通的視角，建構了從類型、制式選擇、系統構成、規劃設計、項目管理、運營管理、到智慧軌道、站場設計開發及投融資模式的軌道交通全新體系。尤其是PRT、城際鐵路、高速鐵路首次與城市軌道交通系統在同一體系下進行比較介紹。此書適用於交通運輸、交通工程、土木工程、車輛工程、城市規劃等專業本科、研究生及軌道交通從業者學習拓展。

　　忠正先生本著知識傳授、經驗分享、文化交融的初心，在我校開設"軌道交通前沿"課程已有三年，開課期間始終以學生為優先，從未因任何事情耽誤教學，展現著其內心的堅守。同時，忠正先生的課程踐行著企業專家進課堂、工程項目進課堂、行業前沿進課堂的校企協同育人新模式，深受學生信任與喜愛。為我校交通運輸專業從傳統道路特色向綜合運輸發展注入了新的動力、擴展了專業廣度，搭建了社會與學校的新橋梁。當前，全球正遭受著新型冠狀病毒肺炎疫情的衝擊，兩岸不確定性風險也在不斷增加，兩岸學術文化交流更顯珍貴與重要，願我們能共同守護與傳承中華文明。在此，向忠正先生表示衷心的感謝與欽佩。

陳　堅

軌道交通前沿係由筆者參考國內外軌道交通相關資料，融合臺灣及大陸軌道交通相關資訊及用語，以及筆者三十年以上軌道交通經驗，配合重慶交通大學交通運輸學院軌道交通前沿課程，將理論及實務結合進行編撰，其目的乃在提供軌道交通學生及人員於軌道交通規劃、設計、專案管理及營運管理時對於軌道交通之基本認知及資訊。

因此本書將從何謂軌道交通，軌道交通之系統型式有那些，如何進行系統型式之選擇說起，然後到軌道交通工程組成，規劃、設計、專案管理及營運管理、智慧軌道交通建設，最後談到軌道交通轉運站之規劃設計、軌道交通車站周邊開發(TOD)，並為軌道交通建設尋求財源，亦就是民間參與投資建設(PPP)，期能使軌道交通人員對於軌道交通有全過程全方位一體化之瞭解。

本書計分為二十二章，包括：
第一章－軌道交通介紹
第二章－公車捷運系統介紹
第三章－個人/群組運人系統介紹
第四章－輕軌系統介紹
第五章－單軌系統介紹
第六章－自動導軌系統介紹
第七章－線性馬達系統介紹
第八章－磁浮系統介紹
第九章－地鐵系統介紹
第十章－城際鐵路介紹
第十一章－高速鐵路介紹
第十二章－都市軌道交通系統型式選擇
第十三章－軌道交通工程組成
第十四章－軌道交通工程規劃
第十五章－軌道交通土建、軌道及供電工程設計概論

第十六章－軌道交通機電及車輛系統工程設計概論

第十七章－軌道交通工程專案管理

第十八章－軌道交通營運管理

第十九章－智慧軌道交通建設

第二十章－軌道交通轉運站規劃設計

第二十一章－軌道交通車站開發(TOD)規劃

第二十二章－軌道交通民間參與(PPP)

　　本書除針對都市軌道交通系統進行介紹外，也對於城際軌道交通系統加以著墨，亦即都市軌道交通系統及城際軌道交通系統皆屬軌道交通範疇，二者雖然在大眾運輸領域上略有不同，但皆為軌道交通之一環，在軌道交通工程技術及施工營運方面有異曲同工之妙；此外，也將公車捷運系統列為都市軌道交通系統之一部分，原因為公車捷運系統實際可視為無軌或虛擬軌道之大眾運輸，且公車捷運系統在某些地區也採用導軌系統，因此把它列入都市軌道交通系統。

　　過去對於軌道交通書籍，大多數僅針對某些或某幾個部分進行撰寫，很少就軌道交通系統型式、規劃、設計、專案管理及營運管理、車站開發、民間參與等一系列全過程說明，然軌道交通人員應對於軌道交通有通盤瞭解，而不是隻字片段瞭解軌道交通，否則將對軌道交通有片面之誤解，造成軌道交通建設執行上之困難，筆者曾參與臺灣軌道交通建設之可行性研究、規劃、設計、施工、監造、專案管理及營運管理歷三十有年，並曾擔任林同棪工程顧問公司副總工程師，負責軌道交通之諮詢服務，對於全方位全過程軌道交通有豐富之經驗，目前服務於林同棪國際工程諮詢(中國)公司及重慶城市交通研究院，同時也是重慶交通大學交通運輸學院特聘兼任教授，期冀能藉本書之編撰，給予軌道交通學生及人員不同的思維及認知，帶領大家進入軌道交通的世界。

　　本書係參考國內外對於軌道交通之相關資料進行編撰，謹此特別感謝所有參考之相關單位及人員，才能完成本書，若有遺漏之單位或人員，尚請補正；同時也感謝林同棪工程顧問公司，林同棪國際工程諮詢(中國)公司，重慶城市交通研究院，重慶交通大學交通運輸學院之大力協助，給予筆者機會到重慶工作及教書，也因此得以編撰本書；最後，也感謝前臺北市捷運局、高鐵局局長、軌道工程學會理事長、臺灣大學土木系軌道中心主任廖慶隆教授，前臺北捷運公司總經理、董事長蔡輝昇教授，前考試委員、都市計畫學會理事長，交通大學馮正民榮譽教授，林同棪國際工程諮詢(中國)公司副總裁暨林同棪（重慶）國際工程技術公司董事長汪洋先生，重慶市工程勘查設計大師暨重慶市交通規劃研究院周濤副院長及重慶交通大學交通運輸學院運輸工程系陳堅主任為本書加持寫序，鼓勵之心無以言表。

　　本書提供軌道交通系統之基本資訊，除可供軌道交通學生及人員於相關作業研究時參考外，目前國內其他縣市均陸續推動軌道交通建設，本書亦可提供軌道交通之經驗傳承，作為國內各縣市辦理軌道交通建設參考之依據，以及都市欲發展軌道交通建設提供技術服務之工具之一。

林忠正　謹誌

目　録

目 錄

12 都市軌道交通系統型式選擇 12-1

13 軌道交通工程組成 13-1

14 軌道交通工程規劃 14-1

目　錄

目 錄

附 錄　　　　　　　　　　　　　　　　　　　　附-1

Chapter 1

軌道交通介紹

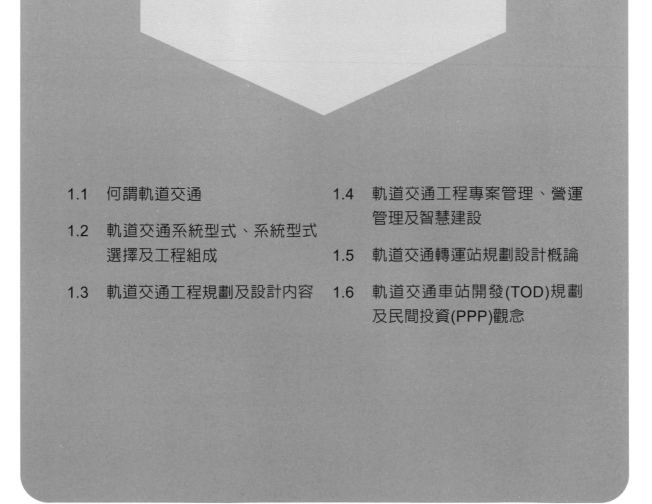

1.1 何謂軌道交通

1.1.1 軌道交通定義

1. 何謂大眾運輸：談到軌道交通，首先先瞭解何謂大眾運輸，大眾運輸為具有固定路線、固定班次、固定費率、固定車站及一般大眾搭乘之交通工具；大眾運輸系統特性為主要在都會區營運，且可以大量載客，安全、便捷、舒適、低污染，系統具高準點性且班次密集，為高能源效率。

2. 軌道交通系統的特徵：軌道交通系統具有以下特徵

    (1) 大量運輸力：軌道交通系統車輛大且列車編組輛數多，同時列車行車時間短，能大量運輸旅客，不同於小汽車及公車，具有大量運輸能力。

    (2) 高速性與定時性：軌道交通系統大多具有專用路權，行駛於專用車道，不受其他交通工具干擾，不產生路線擁堵狀況且不受氣候影響，為全天候交通工具，列車按運行圖運行，具可信賴的準時性，行駛快速且定時定速，能安全準時運送旅客。

    (3) 保護環境：軌道交通系統主要行駛於高架或地下之道路上，對於環境較少產生破壞，同時使用電力牽引，不會有過多空氣污染，路線和車輛上採用降噪措施，較不會對都市環境產生嚴重噪音污染。

    (4) 節省空間／有效利用土地：都市交通擁擠、土地費用昂貴，軌道交通利用地下和地上空間進行建設及開發，有效紓解因小汽車造成之道路擁塞，並利用都市空間進行開發，提高土地利用價值，並改善都市景觀。

    (5) 節省能源：軌道交通系統採用電力牽引，能運送大量旅客，且輪軌摩擦阻力較小，與公車相比較節省能源。

    (6) 安全性／死傷低：軌道交通系統由於主要行駛於專用路權，因此與其他交通工具隔離，並且有先進的通訊號誌設備，較不會發生交通事故，除因緊急消防事件或人員疏失、軌道交通系統故障及跳軌等造成死傷外，不會有太多之傷亡問題，安全性高。

    (7) 低空氣污染：軌道交通系統採用電力牽引，與公車及小汽車相比，較少空氣污染。同時軌道交通系統能大量運輸，可減少公車及小汽車的數量，也降低公車及小汽車之空氣污染。

3. 軌道交通包括高速鐵路、城際鐵路及大眾捷運,高速鐵路及城際鐵路稱之為城際軌道交通,大眾捷運稱之為都市軌道交通;高速鐵路、城際鐵路、大眾捷運適用於交通需求較高之地區。

   (1) 高速鐵路及城際鐵路適合於都會區間、城際間等較大範圍之服務。

   (2) 大眾捷運適合於市中心、都會區等區域。

4. 大眾捷運法所稱大眾捷運系統,指利用地面、地下或高架設施,使用專用動力車輛,行駛於導引之路線,並以密集班次、大量快速輸送都市及鄰近地區旅客之公共運輸系統;大陸稱大眾捷運為城市軌道交通,在中國國家標準《城市公共交通常用名詞術語》中,將城市軌道交通系統定義為 "通常以電能為動力,採取輪軌運轉方式的快速大運量公共交通的總稱"。

5. "大眾捷運" 為範圍較廣的概念,在國際上沒有統一的定義。廣義的大眾捷運系指以軌道作為主要交通方式,是都市大眾運輸系統中具有中等以上運量的軌道交通系統,主要為都市內大眾運輸服務,不同於城際軌道交通,但可涵蓋郊區及都會圈範圍,是一種在都市大眾運輸中作為骨幹之現代化立體交通系統。

6. 軌道交通定義

   (1) 狹義定義:鐵路。

   (2) 廣義定義:引道路徑、固定軌跡。

1.1.2　軌道交通分類

軌道交通分類可從目的、型式、經營、軌距、運能、路權、牽引方式、車輛編組、軌道材料、技術進行分類:

1. 軌道交通目的主要從用途分類,包括

   (1) 軍用運輸。　　　　　　　　　　(3) 臨港貨物運輸。

   (2) 礦業運輸。　　　　　　　　　　(4) 運人。

2. 軌道交通型式主要從建造分類,包括

   (1) 地面型式。　　　　　　　　　　(3) 地下型式。

   (2) 高架型式。

3. 軌道交通經營主要從營運模式分類，包括

    (1) 公營模式。

    (3) 國際營運模式。

    (2) 私有營運模式。

4. 軌道交通軌距主要從軌道分類，包括

    (1) 標準軌 1435mm (4 英尺 $8\frac{1}{2}$ 英寸)。

    (3) 窄軌 1067mm (3 英尺 6 英寸)。

    (2) 寬軌 1524mm (5 英尺)。

5. 軌道交通運能主要從尖峰小時運輸能量分類，包括

    (1) 高運量(4.5～7.5 萬)。

    (4) 次中運量(0.8～2.5 萬)。

    (2) 大運量(3.0～5.5 萬)。

    (5) 低運量(0.6～1.0 萬)。

    (3) 中運量(1.0～3.0 萬)。

    但根據交通部的定義，大眾捷運系統的分類依載具運量能量主要分為高運量、中運量及低運量三種分類方式，其級距分別為二萬、五千及五千以下。

6. 軌道交通路權主要從行駛道路權力分類，包括

    (1) 專用(A 型)路權：與地面交通完全隔離，稱之為專用路權。

    (2) 隔離(B 型)路權：與地面交通部分隔離，但有優先通行權，稱之為隔離路權。

    (3) 不隔離(C 型)路權：與地面交通完全混合，稱之為混合路權。

7. 軌道交通牽引方式主要從列車牽引電動機分類，包括

    (1) 旋轉式直流。

    (3) 直線電機牽引。

    (2) 交流電機牽引。

8. 軌道交通車輛編組主要從列車連結牽引方式分類，包括

    (1) 全馬達車編組。

    (3) 單元車組。

    (2) 馬達拖車混合編組。

9. 軌道交通材料主要從軌道使用之材質分類，包括

    (1) 鋼輪鋼軌系統(含上方懸掛)。

    (2) 橡膠輪混凝土軌道梁系統。

10. 軌道交通技術主要從軌道交通承載方式、導向方式、推進種類、控制方式分類，包括

(1) 承載方式：下方承載、上方懸掛、磁懸浮。

(2) 導向方式：司機駕駛、鋼輪緣、導向輪。

(3) 推進種類：輪軌摩擦、纜索牽引、電磁感應。

(4) 控制方式：駕駛員控制、半自動控制、全自動。

1.2 軌道交通系統型式、系統型式選擇及工程組成

1.2.1 軌道交通系統型式種類

1. 軌道交通選擇考慮因素：

軌道交通選擇考慮有以下幾種因素：

(1) 服務距離：包括長程、區域、都市中心區。

(2) 服務對象：包括貨運、通勤、商務。

(3) 服務標準：包括速度、運量、舒適、環境、可靠。

(4) 區位與技術之配合：軌道交通路線區位與軌道交通系統技術有關，不同之區位採用不同之軌道交通系統型式，二者須互相配合。

(5) 經濟效益：軌道交通需選擇符合經濟效益之軌道交通路線，同時軌道交通系統型式應視系統客流量而定，不能選擇造價過高之系統型式，以避免經濟效益過低，政府無法建造及營運。

(6) 功能：軌道交通依不同功能需求選擇高速鐵路、城際鐵路及大眾捷運系統。

2. 大眾捷運系統型式種類

臺灣制訂大眾捷運法所稱大眾捷運系統，亦即都市軌道交通系統，指利用地面、地下或高架設施，使用專用動力車輛，行駛於導引之路線，並以密集班次、大量快速輸送都市及鄰近地區旅客之公共運輸系統，並無特別規範大眾捷運系統型式種類。大陸城市軌道交通系統型式依據《城市軌道交通技術規範》(GB50490-2009)說明，城市軌道交通為 "採用專用軌道導向運行的城市公共客運交通系統，包括地鐵系統(臺灣普遍稱為捷運系統)、輕軌系統(臺灣稱為輕軌捷運系統)、單軌系統、有軌電車系統(臺灣稱為輕軌系統)、磁浮交通系統、自動導向軌道系統、市域快速軌道系統(臺灣稱為鐵路捷運化系統)"；但大陸又有一說，城市軌道交通技術等級大約分為五級(如下)，若依此技術等級分類，除地鐵系統外皆可視為

輕軌，現代有軌電車(現代輕軌)則視爲低運量輕軌，在系統技術分類界線已模糊化，僅是系統型式上不同；國外仍有很多研究將現代輕軌及專用路權輕軌(輕軌捷運系統LRRT)視爲輕軌，其他軌道系統則因核心技術驅動方式有不同之稱呼；另外，大眾捷運系統除包括地鐵系統、輕軌捷運系統(LRRT)、單軌系統(Monorail)、輕軌系統(LRT)、磁浮系統(HSST)、自動導軌系統(AGT、APM)、鐵路捷運化系統外，線性馬達系統(LIM)及個人/群組運人系統(P/GRT)也應視爲大眾捷運系統，公車捷運系統(BRT)則被視爲無軌都市交通運具，但公車捷運系統導引又有軌道導引方式，因此大眾捷運系統型式共有公車捷運系統、個人/群組運人系統、輕軌系統、輕軌捷運系統、單軌系統、自動導軌系統、鐵路捷運化系統、線性馬達系統、磁浮系統及地鐵等十種型式，但鐵路捷運化系統可視爲城際鐵路之轉化。

	等級	Ⅰ級	Ⅱ級	Ⅲ級	Ⅳ級	Ⅴ級
系統類型		高運量地鐵	大運量地鐵	中運量輕軌	次中量輕軌	低運量輕軌
使用車輛類型		A型車	B型車	C-Ⅰ, C-Ⅱ型車	C-Ⅱ型車	現代有軌電車
最大容運量（單向萬人次/h）		4.5-7.5	3.0~5.5	1.0~3.0	0.8-2.5	0.6~1.0
線路	線路形態	隧道爲主	隧道爲主	地面或高架	地面爲主	地面
	路用情況	專用	專用	專用	隔離或少量混用	混用爲主
項目\等級		Ⅰ級	Ⅱ級	Ⅲ級	Ⅳ級	Ⅴ級
站台	平均站距 (m)	800~1500	800-1200	600-1000	600~1000	600-800
	站台長度 (m)	200	200	120	<100	<60
	站台高低	高	高	高	低（高）	低
車輛	車輛寬度 (m)	3.0	2.8	2.6	2.6	2.6
	車輛定員（人）	310	240	320	220	104-202
	最大軸重	16	14	11	10	9
	最大時速 (km/h)	80-100	80	80	70	45-60
	平均運行速度 (km/h)	34-40	32-40	30-40	25-35	15-25
	軌距 (mm)	1435	1435	1435	1435	1435
供電	頓定電壓 (V)	DC1500	DC750	DC750	DC750 (600)	DC750 (600)
	受電方式	架空線	第三軌	架空線/第三軌	架空線	架空線
信號	列車自動保護	有	有	有	有/無	無
	列車運行方式	ATO/司機駕駛	ATO/司機駕駛	ATO/司機駕駛	司機駕駛	司機駕駛
	行車控制技術	ATC	ATC	ATP/ATS	ATP/ATS	ATS/CTC
運營	列車最大車輛編組	6-8	6-8	4-6	2-4	2
	列車最小行車間隔 (s)	120	120	120	150	300

就大眾運輸系統之交通需求而言，可分為四個等級，分別為非常高、高、中、低，其中大眾捷運系統之地鐵(捷運)系統交通需求非常高，公車捷運系統及個人/群組運人系統、輕軌系統交通需求為中低等級，而其他大眾捷運系統則介於中高等級，相關軌道交通系統交通需求如右圖所示。

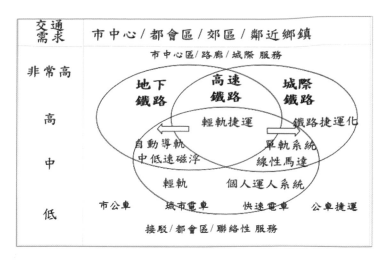

1.2.2　軌道交通系統型式

1. 高速鐵路

(1) 根據國際鐵路聯盟(UIC)的定義，高速鐵路是指透過改造原有路線(直線化、軌距標準化)，使營運速率達到每小時 200 公里以上，或者專門修建新的"高速新線"，使營運速率達到每小時 250 公里以上的鐵路系統，包含傳統式的輪軌型鐵路跟速度更快的磁浮型鐵路。

(2) 日本是全世界首個投入高鐵營運的國家，1964 年東海道新幹線通車，2015 年在山梨磁浮實驗線，飆出時速 603 公里的超高速；1981 年法國成為世界第二個有高鐵的國家，之後包含義大利、德國、西班牙、英國、比利時、荷蘭，在 80〜90 年代開通高鐵營運，而 2000 年美國才開始有高鐵；亞洲地區南韓、臺灣、大陸則紛紛於 2004〜2008 年高鐵落成，2009 年啟用的土耳其跟俄羅斯高鐵，是迄今除中國外世界上最年輕的高鐵。而目前，全世界僅有 14 個國家有高速鐵路，中國高鐵是迄今全世界最大的高鐵營運路網。

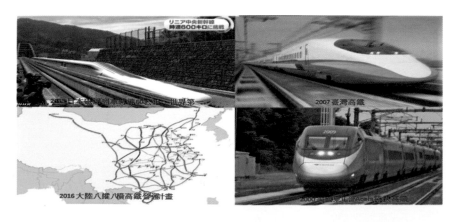

2. 城際鐵路

(1) 城際鐵路是都市中心區聯接周邊市鎮及其市鎮之間的通勤化、快速化、大運量的軌道交通系統,提供都市大眾運輸服務,是都市交通組織的重要組成部分。

(2) 過去城際鐵路主要做為市鎮之間聯繫,現在則轉化為大眾捷運稱為捷運化鐵路,並利用現有或新建城際鐵路車站加大加密、車輛速度加快,配合大眾捷運系統形成都市軌道交通路網或提升速度達 200 公里以上,成為高速鐵路。

(3) 按照都市鐵路運行區域的不同,城際鐵路可分為市區鐵路、市郊鐵路(捷運化鐵路)和機場聯絡鐵路等,國外則根據服務範圍、車站密度的不同,分為跨區鐵路,區域快線(Regional-Express,RE)和區域鐵路。城際鐵路一般採用 4～10 輛編組,最高速度可達 120～200km/hr,市郊鐵路(捷運化鐵路)運能與地鐵基本相當。

(4) 各國城際鐵路之軌距可分為窄軌、標準軌及寬軌等，一般型式窄軌為 1067mm (3 英尺 6 英寸)，標準軌為 1435mm (4 英尺 8½ 英寸)，寬軌為 1524mm (5 英尺)，但各國軌距仍因實際型式而有不同尺寸，最小軌距為 381 毫米(15 英寸)。

3. 地鐵(Metro 或 Subway)

(1) 地鐵是地下鐵道的簡稱，結合地下、高架、地面型式之大容量快速軌道交通，臺灣普遍稱為捷運。

(2) 1863 年倫敦地鐵開始營運，目前營運共有 11 條地鐵線，總長度約為 402 公里，迄今許多都市採用地鐵系統

(3) 地鐵的運能，單向在 3 萬人次/小時以上，最高可達 3〜7 萬人次/小時。設計速度最高可達 120km/hr，一般為 80〜100km/hr，平均營運速度為 35〜40km/hr，列車採 4〜10 輛編組，車輛班距最小間隔為 90sec。

(4) 地鐵屬於重軌，軸重較重、電力牽引、輪軌導向、具有一定規模運量、按運行圖行車、車輛編組運行軌道，驅動方式有直流電機、交流電機、直線電機等。地鐵造價昂貴，每公里投資在 50〜60 億元左右。

(5) 地鐵建設成本高，建設周期長，但運量大、安全、準點、節能、減少對環境景觀衝擊、節省都市用地的優點。地鐵適用於出行距離較長、客流量需求大的都市中心區域。

(6) 地鐵的主要技術參數如下：

順序	計畫	技術參數
1	尖峰小時單向運送能力(人)	30,000～70,000
2	列車編組	4～8節、最多11節
3	列車容量(人)	3,000
4	車輛設計速度(km/hrr)	80～100
5	平均運行速度(km/hrr)	30～40
6	車站平均站距(m)	600～2,000
7	最大通過能力(對/hr)	30
8	與地面交通隔離率	100%
9	安全性與可靠度	較佳
10	最小曲線半徑(m)	300
11	最小豎曲線半徑(m)	3,000
12	舒適度	較佳
13	都市景觀	無大影響
14	空氣及噪音汙染	小
15	站臺高度	一般為高站臺

1863年最早的地鐵英國倫敦地鐵

單線里程最長的路線上海地鐵11號線82.3KM

運客總里程最長的路線······第11號線

······大蒙特利爾地鐵排碳量最低

4. **輕軌捷運系統(LRRT)**

(1) 輕軌捷運系統(LRRT)乃輕軌系統(LRT)之提升，包括運量、速度、機電系統及建造型式等。

(2) 早期輕軌系統為輕型軌道系統，現在輕軌系統系以運量定義，運量介於公車與地鐵系統間，並可兼具兩系統特性之交通系統。

(3) 輕軌捷運系統介於標準輕軌系統和地鐵系統之間，用於都市旅客運輸的軌道交通系統，指運量或車輛軸重稍小於地鐵的快速軌道交通系統。輕軌捷運系統一般採用高架方式建設，路線可以從市區通往近郊。列車編組採用 3～6 輛，鉸接式車體，最高速度可達 80km/hr，克服了輕軌運能低、噪音大等問題。相對地鐵系統來說，輕軌捷運系統的運量小與軸重輕，臺北捷運系統環狀線就是輕軌捷運系統之典型例子。

(4) 輕軌捷運系統是一種「軌道支承式」的都市大眾運輸系統，能在較小之轉彎半徑、坡度及街道上行駛，以供應電力運轉，行駛於特定軌道路線。

(5) 近年軌道交通系統技術日益發達，與一般車流混合行駛的街道電車，逐漸發展為每小時單方向運量達到 3,000 旅次以上之輕軌系統(LRT)，若採與其他車流完全隔離的路權型態，可提升為輕軌捷運系統(LRRT)，在系統技術分類界線已模糊化，僅是系統型式上不同而已，因此國外很多將現代輕軌及專用路權輕軌視為輕軌捷運，雖然仍有些許差異。

5. 輕軌系統(LRT)

(1) 輕軌系統(Light Rail Transit)定義

 (a) 早期輕軌系統為平面輕型軌道系統。

 (b) 現在輕軌系統系以運量定義，運量介於公車與高運量地鐵系統間(3,000 人次/小時－20,000 人次/小時)，並可兼具兩系統特性之交通系統。。

 (c) 輕軌系統是一種「軌道支承式」的都市大眾運輸系統，能在較小之轉彎半徑、坡度及街道上行駛，以供應電力運轉，行駛於特定軌道路線，可因地制宜，規劃專用、部分或混合路權。

法國　　加拿大　　西班牙　　義大利

(2) 輕軌系統路權定義

 (a) A 型路權(專用路權)：完全為輕軌系統運輸所有，車輛的運行可以完全由營運單位控制。

(b) B 型路權(隔離路權)：路線沿線以實體隔離設施防止其他車輛進入，但有緊急狀況下才供其他車輛行駛，交叉路口一般採平交。

(c) C 型路權(混合路權)：輕軌系統運輸與其他地面交通及行人混合、共享路權。

(3) 輕軌系統(LRT)特性

(a) 運量大：相較於公車，大多採電子控制技術的輕軌，可拖掛單節或多節車廂，運量可達到 3,000～20,000(小時/單向)。

(b) 高準點、高可及性：因採用電子控制及專用軌道，故安全準時。

(c) 轉彎能力較強。

(d) 爬坡能力較強。

(e) 制動能力較高。

(f) 環境兼容性高。

(g) 具升級彈性。

(h) 靈活性高：採多種形式的站臺上下乘客，且採混合路權的形式與車輛共享道路；

(i) 低成本：輕軌系統較世界各地的地鐵系統建設投資成本低。

(j) 低污染。

(k) 系統簡單：裝配著無閘門之收費系統，簡單的車站和一人駕駛的電聯車。

(l) 車輛具軸重較輕。

(4) 輕軌系統(LRT)演進

(a) 早期輕軌系統設計：系統位於車道上，具備簡易車輛型式，採 B 及 C 型路權。

(b) 80 年代輕軌系統設計：輕軌系統運輸可解決都市交通問題。車站大部分為低站臺設計，而車輛為高底盤，因此乘客必須步上階梯以進入車輛，對於殘障人士相當不方便，採 B 及 C 型路權。

(c) 90 年代輕軌系統設計：為最重要發展，包括高站臺車站設計，便於所有乘客的上下車，採 A、B 及 C 型路權。

(d) 二十一世紀輕軌系統設計：為高乘載且考慮人性化、舒適度及融入都市街景，使車輛、站臺設計兼具人性與資訊考慮，並採低站臺、低底盤車輛，同時為 A、B 及 C 型路權，供電方式為架空線。

(e) 無架空線新型輕軌系統設計：主要有法國 Alstom 系統、義大利 Ansaldo STS 系統、加拿大 Bombardier 系統、西班牙 CAF 系統、德國 Siemens 系統採用無架空線新型輕軌系統設計，但設計供電方式皆不相同。

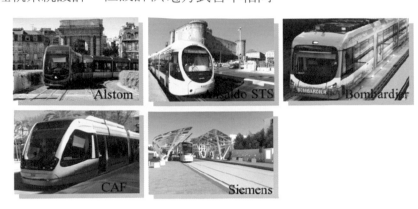

6. 單軌系統

(1) 何謂單軌系統：單軌系統系指以單一軌條(rail)或梁(beam)支撐或懸掛車廂，並提供導引作用而運行的軌路式交通系統。單軌系統依其支撐行走方式及結構，包括懸掛式及跨坐式兩種型態，懸掛式單軌是指列車懸掛於軌道梁下方，並沿軌道梁行走的軌道系統，跨坐式單軌則是指列車採用跨坐方式在軌道梁上行走的軌道系統。聯掛輛數通常在六輛以內，但也可聯掛八輛，車輛編組具彈性，車輛用橡膠輪，系屬中運量軌道系統。

(2) 懸掛式單軌系統

　　第一條動力懸掛式單軌系統於 1901 年出現於德國魯爾區伍珀塔爾(Wuppertal)，至今仍在營運；1960 年 SAFEGE 於法國巴黎奧爾良建造懸掛式單軌系統測試線；1970 年三菱重工在日本湘南神奈川縣建成一條懸掛式軌道交通線，採用 SAFEGE 系統；1988 年日本千葉市的 SAFEGE 懸掛式單軌系統是世界上最長懸掛式單軌系統；1972 年西門子開始研發自動化懸掛空中列車(H-Bahn)，並於 1984 年於德國多特蒙德(Dortmund)開通第一條懸掛式單軌系統；瑞士人哈德‧繆勒(Gerhard Muller)發明索軌交通系統，也稱空中快車(Aerobus)，採用硬軌及軟軌布設，結合懸掛式單軌及纜車系統，並於 1974 年在瑞士斯沃肯(Schmerikon)興建試驗段，目前空中快車(Aerobus)系統由美國空中巴士公司研發推展至世界各地。

德國魯爾區伍珀塔爾　　　　德國多特蒙德(H-Bahn)

日本千葉縣(SAFEGE)　　　　浙江溫嶺空中快車（Aerobus）

(3) 跨坐式單軌系統

　　世界上第一條跨坐式單軌系統於 1888 年出現於愛爾蘭，採蒸汽機車牽引，是由法國人 Charle Larligue 設計，路線全長約 15km；1952 年瑞典 Axellenard Wenner-Gren 發明新型跨坐式單軌系統(ALWEG)，這就是在後來被廣泛使用的 ALWEG 跨坐式單軌系統，並在 1959 年在加州迪斯奈樂園開通了單軌列車；1960 年日立引進 ALWEG 單軸轉向架單軌並運用於犬山縣；1969 年日立在原單軸基礎上研發雙軸轉向架單軌，車輛由兩節車廂組成，每節車廂 15.4m 長，2.65m 寬，有兩組四個膠輪(行走輪)構成的轉向架，一個轉向架有四個導輪，兩個穩定輪，供電軌也在軌道梁內；2009 年杜拜朱美拉棕櫚島興建中東地區第一條單軌系統；1962 年龐巴迪引進單軌系統於美國西雅圖，2004 年 7 月美國拉斯維加斯興建一條全自動化的單軌系統；2014 年聖保羅單軌 15 號線採用龐巴迪系統，是南美洲第一條單軌系統。

　　馬來西亞 SCOMI 鐵路公司引進日本日立單軌系統，2003 年吉隆坡 KL-Monorail 機場快鐵完工通車營運，並以日立單軌技術為基礎，自主研發單軌系統-SCOMI 系統，採用單軸轉向架，於 2008 年出口印度，進行孟買單軌系統建設，2014 年 2 月 2 日一期工程 Chembur 至 Wadala Depot)完工營運；而巴西聖保羅 17 號線亦採用馬來西亞 SCOMI 系統(SCOMISUTRA)。重慶單軌系統二號線系採用日本日立單軌系統技術，2005 年開通中國首條高架跨坐式單軌列車 2 號線一期；重慶長客公司以日立單軌技術爲基礎，自主研發單軌系統-重慶長客系統，採雙軸轉向架，並於 2011 年運用於重慶軌道 3 號線進行營運，重慶 2 號線及 3 號線共長 98.45km，是全世界營運最長之跨坐式單軌系統。

ALWEG 跨坐式單軌系統至今，全球設計、在建和在營運的國家爲 12 個，線路 29 條(不包含公園、遊樂場、購物中心等內部的小型跨座式單軌)，總里程約 389km。其中營運里程 293km。

杜拜(日立)　　　　　　　　　　巴西聖保羅(龐巴迪)

馬來西亞吉隆坡(SCOMI)　　　　重慶3號線(長客)

(4) 目前單軌系統發展

除上述單軌系統外，另義大利 Instamin 系統由傳統遊樂區單軌發展爲新型跨坐式交通系統，並於 2005 年在俄羅斯莫斯科營運；中國深圳比亞迪公司發展小型跨坐式單軌系統，並於 2016 年在深圳坪山比亞迪園區正式通車，路線全長 4.4km，設 7 座車站，採 3 節編組，最高速度 80km/hr，號稱雲軌；中國中唐公司發明世界第一條新能源懸掛式單軌，每輛車以 224 塊鋰電池進行供電，並在 2016 年在成都雙流空港經濟技術開發區的中唐空鐵產業基地進行試驗段，路線全長 1.4km，最高速度 60km/hr，號稱熊貓列車，上述雖沒太多都市商業運轉實績，但也代表單軌系統漸受重視，而前面所介紹之跨坐式或懸掛式單軌系統目前正在世界多地都市所採用。

Instamin 單軌系統　　　比亞迪雲軌單軌系統　　　中唐熊貓單軌系統

7. 磁浮系統

(1) 何謂磁浮系統

　　磁浮是利用電磁體"同性相斥，異性相吸"的原理，讓移動列車具有抗拒地心引力的能力，使車體完全脫離軌道，懸浮在軌道上面，貼地飛行。磁浮列車能夠浮起來，就是靠裝在列車上的電磁鐵和鋼軌之間產生懸浮作用力，然後用懸浮控制器控制懸浮間隙的大小，靠電磁力推動運行、實施制動，實現列車穩定懸浮，平穩前進。

　　磁浮系統主要由懸浮系統、推進系統和導向系統三大部分組成，懸浮系統的設計主要分為兩個方式，分別是德國所採用的常導型和日本所採用的超導型，從懸浮技術上講就是電磁懸浮系統(EMS)和電力懸浮系統(EDS)。電磁懸浮系統(EMS)是一種吸力懸浮系統，是結合在車輛上的電磁鐵和導軌上的鐵磁軌道相互吸引產生懸浮；電力懸浮系統(EDS)將磁鐵使用在運動的車輛上以在導軌上產生電流。由於車輛和導軌的縫隙減少時電磁斥力會增大，從而產生的電磁斥力提供了穩定的車輛的支撐和導向。大眾捷運主要指的是中低速磁浮系統

　　全世界目前有中低速磁浮商業實績為日本愛知縣、韓國仁川機場及長沙機場段，另北京 S1 線中低速磁浮系統已於 2017 年底開通。

(2) 中低速磁浮系統原理

　　中低速磁浮系統主要以電磁懸浮系統(EMS)產生吸力進行車輛推進，其核心概念主要為無接觸、無脫軌，中低速磁浮系統平均速度介於 100-160km/hrr，系統原理如下圖：

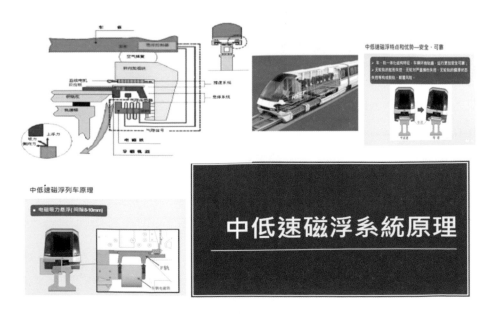

(3) 中低速磁浮系統與地鐵比較

(a) 噪音小：為 60 分貝，地鐵約為 80 分貝。

(b) 爬坡能力強：磁浮列車爬坡度為 7%，地鐵爬坡度為 3.5%。

(c) 轉彎半徑小：轉彎半徑最小為 100 公尺，地鐵轉彎半徑約為 300〜350 公尺。

(d) 建造成本低：長沙磁浮快線主要採高架系統，每公里成本約 15 億元，地鐵平均每公里造價約 50〜60 億元。

(e) 營運維修費用低：年營運維修費用為總投資的 1.2%左右，地鐵年營運維修費用約為總投資的 4.4%左右。

(f) 運能較地鐵低，每列車約載客 450 人。

| 日本愛知博覽會磁浮系統 | 南韓仁川機場磁浮系統 |

| 長沙黃花機場磁浮系統 | 北京S1線磁浮系統 |

8. 自動導軌系統(AGT、APM)

(1) 何謂自動導軌系統

(a) 自動導軌系統(AGT)也稱為旅客自動運人系統(APM)，該系統是一種無人自動駕駛、立體交叉的軌道交通系統。一般指「沿高架專用導軌運行小型輕量膠輪車輛之軌道系統」，藉由電腦控制能以無人駕駛運行，但也有鋼軌鋼輪車輛。

(b) 自動導軌系統依導引方式、道岔方式、駕駛控制方式等區分，已開發相當多樣化種類。

(c) 自動導軌系統並不是一種獨立及特殊的軌道交通技術，它通常都會應用到多種的軌道交通技術，例如單軌系統、輕軌系統或磁懸浮系統等；驅動系統方面可以採用傳統的電動機、線型電動機或纜索拉動。

(d) 自動導軌系統高架導軌與 2 車道之高架道路結構幾乎相同。

(2) 自動導軌系統特性：

(a) 自動導軌系統較適合中、低運量需求。

(b) 自動導軌系統最高時速為 50～60km。

(c) 自動導軌系統每一輛車容量大約為 60～70 人，以 4～6 輛編組運行。

(d) 自動導軌系統運能較低，每列車約載客 400 人。

(e) 自動導軌系統自動化高，服務水準高且管理較簡易，營運彈性大且營運成本低。

(3) 自動導軌系統缺點：

(a) 自動導軌系統因為運能較低，無法進行大量運輸。

(b) 自動導軌系統具獨特專利性，機電系統成本較高，且維修費高昂。

9. 線性馬達系統

(1) 何謂線性馬達系統

(a) 線性馬達系統代表著以線性馬達推進、使用輕量鋁質車廂、全自動化運作與列車自動控制的軌道交通系統。它是一種新式的軌道交通技術，與傳統軌道交通系統最大的不同就是使用 "線性馬達" (Linear Induction Motor，簡稱 LIM)，主要在美國及日本較為盛行。

(b) 傳統旋轉電動馬達系以電流產生磁場、產生電磁力，驅使馬達旋轉，再透過傳動箱帶動車輛。而線性馬達則系將相當於旋轉馬達轉子的線圈固定於軌道中間，當車架上的線性馬達通電後，就與軌道中的感應線圈產生磁場作用，其產生的電磁力直接驅動車輛，不需要傳動箱及軸承，車輪僅僅作為支撐及導引方向之用，因不需藉傳統馬達之摩擦來行進，故摩擦損耗低、噪音低。

(c) 線性馬達系統因為免除了傳動箱及軸承，車廂地板得以降低，車廂高度可較使用傳統馬達的車廂少 6、70 公分，一方面減低車體重量，一方面減少隧道開挖斷面，降低隧道土建造價約 27%。

(2) 線性馬達系統原理

(a) 線性馬達並非傳統的迴轉馬達，如其名所示，系以直線運動取代迴轉運動來進行推進與制動。

(b) 將迴轉馬達的一部分切開，為直線狀展開之結構，在理論上可將其視為擁有無限大的半徑之迴轉形馬達。

(c) 原理和迴轉馬達相同，於安裝在轉向架的 1 次側線圈上流通交流電流，使其產生磁場(移動電場)，另一方面，因相互作用而使固定在軌枕上之 2 次側感應體(Reaction Plate)上產生磁場，利用這二個磁場之間的磁力(相吸及相斥)來推動，制動車輛。

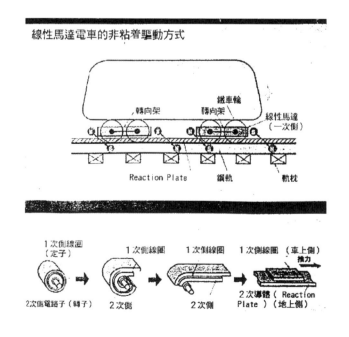

9. **個人/群組運人系統(P/GRT)**

(1) 何謂個人/群組運人系統

(a) 個人/群組運人系統是一種現代化的軌道交通系統，汽車雖然方便、有私密性，但會產生環境污染，且常因交通壅塞而耗費時間，軌道交通系統為現代化大眾運輸工具，輕軌或地鐵有其空間及經費限制，個人/群組運人系統為現代化、智慧型的系統，是環保且具有低成本的軌道交通系統。

(b) 個人/群組運人系統(P/GRT)是一種智慧、低碳、電動新型軌道交通系統，藉由導軌進行車輛控制及調度，PRT 可運 4～10 人，GRT 可運 20～30 人。

(c) 個人/群組運人系統行車間距：PRT：4 秒，GRT：8 秒。

(d) 個人/群組運人系統營運方式：固定起站與目的地站，每坐滿 4～30 人即出發，如無人上下車則不停靠站。

(e) 個人/群組運人系統導引：以行控自動導引，TOMS (Transit Operations Monitoringand Supervision，運輸操作監視及控制)。

(f) 個人/群組運人系統以密集班次大量(可達 13,500PPDPH)快速運輸旅客。

(2) 個人/群組運人系統優勢

(a) 二大特性：造價低、回收快，施工期短(交通影響低)。

(b) 三大優點：車等人(最優系統，隨到隨開)，直達(最優速度，平均 40km/hr)，免轉乘(最佳搭乘，一門到站)。

(c) 五項運用：短距離設站(沿線均衡發展)，離線設站(優化道路景觀)，既有建築物內設站(快速建站)，模塊化軌道(回收再利用)，駐車維修在車站內(免機廠)。

(3) 個人/群組運人系統(P/GRT)有如無人駕駛計程車或小型客運，主要系統有三大系統分別為：

(a) 荷蘭 2getthere 系統：導引系統為膠輪單導軌自動導引，車輛容量 4-30 人。

(b) 法國 ULTra 系統：導引系統為膠輪雙導軌自動導引，車輛容量 4-6 人。

(c) 瑞典 Vetus 系統：導引系統為鋼輪線性感應馬達，車輛容量 6-20 人。

(4) 荷蘭鹿特丹 Rivium (1997)個人/群組運人系統案例

(a) 共有 5 個車站，分別為 Rivium 商業園區、Fascinatio 居住區/Brainpark III 商業園區與 Kralingse Zoom 地鐵與公車站，共 1.8 公里的軌道，乘坐 4-20 人。

(b) 1999 年至今運行中，該系統在運轉表現上非常優秀，自建置以來，該系統沒有受損，從未發生重大事故，十分成功。6 輛車日間運行 12 小時，尖峰時刻每小時 500 人，平均等待時間 1.5 分鐘，一般時段約為 3 分鐘。原本需花費 15 分鐘的車程減少為 7.5 分鐘。

(5) 英國 Heathrow 機場(2011)個人/群組運人系統案例

(a) 倫敦 Heathrow 機場啟用無人駕駛交通系統，又稱豆莢車系統(The pod system)，全長 3.8 公里。

(b) 車輛可乘坐 4 人，運行於機場第五航廈及停車場區，七線完成可直接送個人旅客到指定目的地。

(6) 韓國順天灣(2013)個人/群組運人系統案例

(a) PRT 連接園博會及順天灣，全長 4.64 公里。

(b) 車輛長 3.6M，寬 2.1M，高 2.5M，可乘坐 6-9 人。

(c) 從 2013 年順天灣國際園藝博覽會會場到順天灣的無人駕駛計程車 PRT(Personal Rapid Transit)開通，投入運行。

個人/群組運人系統
(P/GRT)

10. 公車捷運系統(BRT)

(1) 何謂公車捷運系統(BRT)

　　公車捷運系統為發源於南美巴西庫里堤巴都市的一種具軌道精神的交通方式，全球已超過 50 個都市使用。利用現代公車技術，在都市道路上設置專用道，再配合智慧型交通系統，採用軌道交通的營運調度管理模式，其優點為：

　　(a) 車輛行駛速度快。

　　(b) 營運調度彈性高。

　　(c) 興建成本低。

　　(d) 施工期間短。

(2) 公車捷運系統(BRT)之特性

　　(a) 專用或部分專用路權：為使公車捷運系統達到快捷、便利的目的，公車捷運系統必須具有專用(A 型路權)或部分專用路權(A+B+C 型路權)，以確保行車速度及減少行車時間，提升交通服務品質。

　　(b) 站外收費系統：採用與軌道交通類似的收費系統，配合車站出入口的閘機設計，讓旅客快速上下車，提高運輸效率。

　　(c) 智慧型管理：藉由智慧型交通系統(ITS)技術，提供準確可靠的到、離站時間與實時乘車資訊，並規劃 BRT 優先號誌讓 BRT 車輛可優先通過路口，達到類似軌道交通的運行方式。

(d) 便利、舒適車輛：車輛採低地板車輛，與站臺等高之設計，方便旅客上下車，創造無障礙的交通空間；雙節三門 18 公尺 BRT 車輛(甚至更多節)，可同時輸送更多的旅客，塑造公車捷運軌道之意象。

(3) 公車捷運系統之基本要件共有七項，但並非需要全部符合，重點在於如何使得公車捷運系統快速、便捷、舒適。

(a) 部分或全部專用道。

(b) 隔離候車空間。

(c) 新式聯結公車。

(d) 水平上下車。

(e) 月臺門。

(f) 車外收費。

(g) 路口立體交叉或優先號誌。

1.2.3　都市軌道交通系統型式選擇

都市軌道交通系統型式選擇系從技術面及政策面進行選擇，技術面包括系統型式容量、工程限制、系統運轉安全性、系統可靠性及維護性、成本、環境衝擊、自動化程度、民眾接受性及系統提升彈性；政策面包括相關法規之訂定、政府經濟財政政策之考慮、政府推動大眾運輸政策之方針、軌道路網系統相容或一致之銜接方式、中央政府與地方政府就軌道建設推動之優先級、軌道系統型式、民間投資方式(PPP)。都市軌道交通系統型式選擇並非惟一，需視都市規模、客流量需求而定，並因應實際需求因人因時因地制宜，實行多元化之交通出行方式。

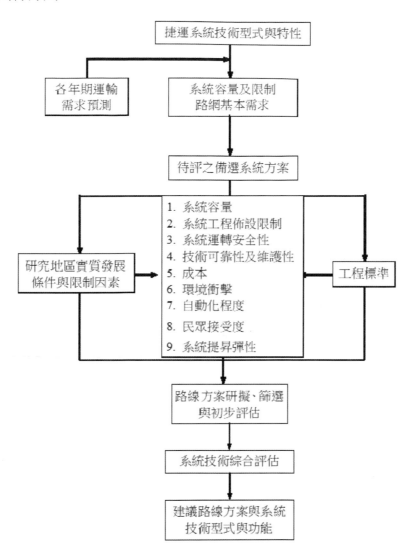

1.2.4 軌道交通系統工程組成

軌道交通工程主要由三大部分組成，第一部分為土建工程部分，包括路線工程、車站站體、建築裝修、機電設施等子計畫，第二部分為軌道及供電系統，第三部分為機電系統，包括號誌系統、通訊系統、自動收費系統、月臺門系統等子計畫以及車輛系統。

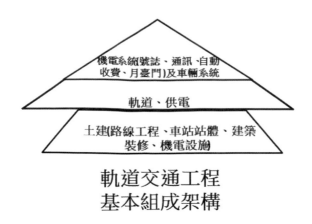

軌道交通工程
基本組成架構

1.3 軌道交通工程規劃及設計內容

欲瞭解軌道交通工程，首先要從軌道交通工程作業流程開始。軌道交通工程計畫周期的各個階段及其主要的活動如下：

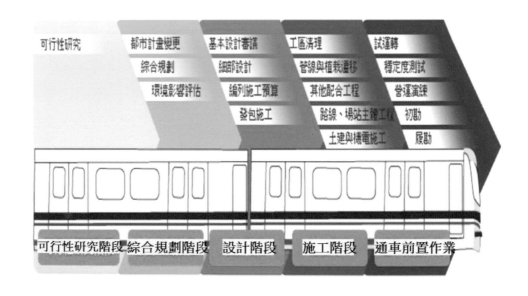

從上述圖可以得知，軌道交通工程之作業流程是從軌道交通工程之規劃、設計、施工到營運，因此接下來兩節將從軌道交通工程規劃及設計與軌道交通工程專案管理及營運管理包括那些內容進行說明，以作為後續進行軌道交通工程規劃及設計與工程專案管理及營運管理之依據。

1.3.1　軌道交通工程規劃內容

1. 都市軌道交通工程規劃流程依據要求須包括可行性研究及綜合規劃，相關作業流程如下圖所示。

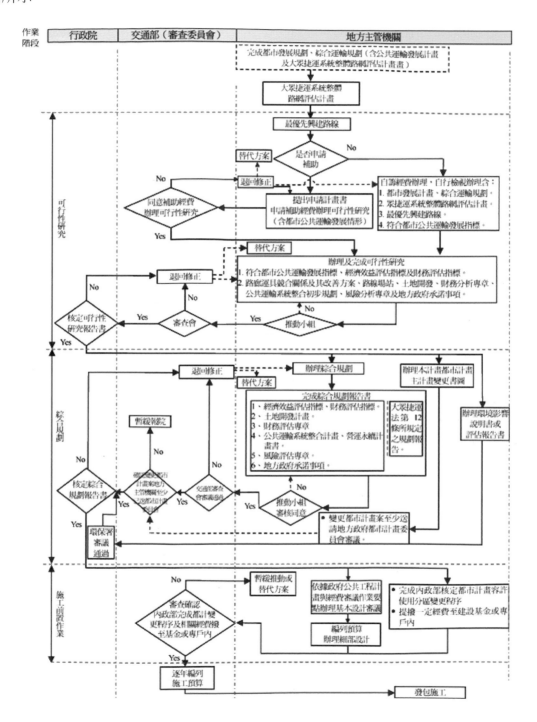

2. 綜合臺灣及大陸對於軌道交通規劃之要求，軌道交通工程規劃主要內容包括：

   (1) 都市社經發展、交通運輸下軌道交通系統的功能定位。

   (2) 軌道交通系統路網規劃。

   (3) 軌道交通系統運輸需求預測分析。

   (4) 軌道交通工程標準及技術可行性規劃。

   (5) 軌道交通系統路線和車站設計。

   (6) 軌道交通轉運規劃與設計。

   (7) 公共運輸系統整合計畫。

   (8) 軌道交通系統安全防護設計。

   (9) 軌道交通系統營運規劃。

   (10) 軌道交通系統用地取得與土地開發。

   (11) 軌道交通系統環境影響評估。

   (12) 軌道交通系統經濟效益評估。

   (13) 軌道交通系統財務計劃及民間參與投資(PPP)可行性分析。

   (14) 軌道交通系統風險評估。

   根據上述內容針對軌道交通工程進行規劃，以符合軌道交通工程規劃之需求。

1.3.2　軌道交通工程設計內容

1. 軌道交通工程設計主要內容包括三大部分，第一部分為土建工程，第二部分為軌道及供電系統，第三部分為機電系統及車輛系統。

2. 土建工程分為路線工程、車站站體、車站建築裝修、車站機電設施四大項內容。

   (1) 路線工程內容包括

      (a) 大地工程。　　　　　　　　　(d) 排水及防洪工程。

      (b) 地下車站及隧道工程。　　　　(e) 管線工程。

      (c) 橋梁工程。　　　　　　　　　(f) 交通維持。

(2) 車站站體內容包括：

(a) 車站建造及機能型式。　　(f) 通風井。

(b) 車站布設。　　(g) 維修通路。

(c) 旅客輸運。　　(h) 轉乘方式。

(d) 車站設計。　　(i) 公共區之疏散。

(e) 乘客設施。　　(j) 火災自動報警(FAS)及處理。

(3) 車站建築裝修內容包括：

(a) 建築型式與設計。　　(e) 基地配置及景觀工程。

(b) 裝修及配件。　　(f) 建築物維修。

(c) 門、隔間牆及窗。　　(g) 機廠及行政大樓／行控中心。

(d) 衛生設備。

(4) 車站機電設施內容包括：

(a) 電氣。　　(c) 環境控制系統(BAS)。

(b) 機械。　　(d) 電扶梯及電梯。

2. 軌道工程包括軌道定線及軌道工程二大項內容。

(1) 路線工程內容包括：

(a) 平面定線—圓曲線。　　(d) 縱面定線—縱坡。

(b) 平面定線—緩和曲線。　　(e) 限界。

(c) 平面定線—道岔曲線。　　(f) 淨空。

(2) 軌道工程內容包括：

(a) 軌距。　　(e) 步道。

(b) 軌道承托系統。　　(f) 止沖擋、防撞杆和阻輪器。

(c) 軌道路基和道碴。　　(g) 圍籬及軌道標誌。

(d) 軌道選擇。　　(h) 供電。

3. 供電系統工程內容包括：

   (1) 主變電站。

   (2) 牽引動力供應。

   (3) 車站電力供應。

   (4) 機廠電力供應。

   (5) 緊急電力供應。

   (6) 電力遙控。

   (7) 電纜布設。

   (8) 導電軌系統。

4. 機電系統分為號誌系統(SIG)、通訊系統(COM)、自動收費系統(AFC)、月臺門系統(PSD)
   四大項內容。

   (1) 號誌系統(SIG)內容包括：

   (a) 自動列車監控系統(ATS)。

   (b) 自動列車保護系統(ATP)。

   (c) 自動列車操作系統(ATO)。

   (d) 班次間隔及車間距。

   (e) 軌道電路、號誌及指示燈。

   (f) 道岔控制及操作。

   (g) 聯鎖(CI)。

   (h) 控制盤及遙控設施。

   (i) 電纜布設及供電。

   (j) 機廠號誌控制。

   (k) 列車辨識。

   (2) 通訊系統(COM)內容包括：

   (a) 自動電話。

   (b) 直線電話。

   (c) 電子郵件。

   (d) 閉路電視(CCTV)。

   (e) 無線通訊(RAD)。

   (f) 公共廣播(PA)。

   (g) 旅客資訊系統(PIS)。

   (h) 時鐘(CLK)。

   (i) 車載設備。

   (j) 傳輸系統。

   (k) 供電及設備。

   (3) 自動收費系統(AFC)內容包括：

   (a) 車票種類。

   (b) 收費閘門。

   (c) 自動售票機。

   (d) 站務員售票機。

   (e) 查詢機。

   (f) 現金點數與裝袋設備。

   (g) 車站處理機系統。

   (h) 中央處理機系統。

(4) 月臺門系統(PSD)內容包括：

    (a) 月臺門型式。   (c) 月臺門安裝。

    (b) 月臺門基本需求。   (d) 月臺門控制。

5. 車輛系統工程(RS)內容包括：

    (1) 列車尺寸。   (6) 聯結器。

    (2) 列車性能。   (7) 空調。

    (3) 列車組成。   (8) 列車控制系統(TCS)。

    (4) 轉向架與車輪。   (9) 無障礙設施。

    (5) 旅客出入。

    軌道交通工程根據上述各大部分及各子計畫內容進行設計，以完成軌道交通工程設計，據以施工。

1.4 軌道交通工程專案管理、營運管理及智慧建設

1.4.1 軌道交通工程專案管理

    軌道交通工程專案管理乃進行軌道交通建設重要之一環，軌道交通工程施工是否能夠順利完成，專案管理將決定其成功與否，因此軌道交通工程人員對於軌道交通工程專案管理應瞭解軌道交通工程特點、專案管理之模式、專案管理之重點。

1. 軌道交通工程特點有三

    (1) 環境複雜：軌道交通工程面臨之環境包括地質環境、周邊環境、自然環境及社會環境等，工程環境複雜。

    (2) 技術複雜：軌道交通工程主要為土建工程、機電系統工程及車輛工程，包括 30 餘項不同專業設施設備，系統技術複雜，系統整合將是軌道交通工程專案管理之重中之重。

    (3) 管理複雜：軌道交通工程單位複雜，包括內部單位及外部單位，且專業多，介面整合難，造成軌道交通工程專案管理複雜。

2. 專案管理之模式有三

    (1) 業主自行組織專案管理模式。

    (2) 業主委託施工承包商承包建設模式。

    (3) 業主聘請管理承包商模式。

3. 軌道交通工程專案管理之重點包括：

    (1) 業主、專案管理廠商、設計及監造顧問公司、施工承包商、營運單位皆為一體。

    (2) 工程單位與營運單位應整合，使工程與營運相互配合。

    (3) 計畫進度管理。

    (4) 計畫成本管理。

    (5) 計畫施工品質管理。

    (6) 計畫風險管理。

    (7) 計畫整合管理。

4. 軌道交通工程專案管理之重點

    根據上述軌道交通工程專案管理共有七項重點，其中計畫進度管理、計畫成本管理、計畫施工品質管理及計畫整合管理尤為重要。

    (1) 計畫進度管理：計畫設計嚴格控制是縮短建設周期的關鍵，因此對於施工時設計變更應限期設計顧問公司完成必要變更，同時對於施工進度嚴格管控，督導及早因應預備消檢、無障礙檢查、竣工勘驗等作業及督導系統測試和教育訓練，以利後續之通車營運。

    (2) 計畫成本管理：計畫資金控制按重要性依次為是計畫決策期，計畫準備期，施工期，投入營運期，計畫前期控制是降低建設成本的關鍵，對於軌道交通工程計畫成本管理應形成一套成本管理體系架構，每一方面的控制都體現了對計畫本身成本的管理能力。

    (3) 計畫施工品質管理：軌道交通工程計畫施工品質管理主要為督導品質管理制度落實，包括工程品質、施工承包商品質管理系統、監造顧問公司品質保證系統及主管機關施工查核機制都應具體落實，以保證施工品質。

    (4) 計畫整合管理：軌道交通工程計畫整合管理主要為督導完成 CSD 系統整合介面圖、SEM 結構與機電介面整合圖及介面整合會議(CIP)運作，其中主要以機電、環控、車輛為主，土建水電為輔，與管線單位等就暨有設施之介面清查，依機關期望，督導施工期間導入軌道營運的觀念及需求，避免日後變更設計。

1.4.2 軌道交通工程營運管理

　　軌道交通工程營運管理應從營運管理之服務理念、營運策略、營運方針來進行軌道交通工程營運管理。

1. 軌道交通工程服務理念：軌道交通工程服務理念包括使命、願景及經營理念。

   (1) 使命：提供安全、可靠、親切之高品質交通環境。

   (2) 願景：軌道交通安全零故障。

   (3) 經營理念：顧客至上、品質第一。

2. 軌道交通工程營運策略：軌道交通工程營運策略包括：

   (1) 建立良好顧客關係。

   (2) 強化風險管理與危機處理。

   (3) 強化內部管理及資訊化。

   (4) 強化轉乘接駁功能。

   (5) 拓展多角化經營。

   (6) 營造良好學習成長環境。

3. 軌道交通工程營運策略成功關鍵因素：

   (1) 安全績效　　　　　安全

   (2) 保全績效　　　　　保安

   (3) 財務績效　　　　　效率及效能

   (4) 顧客及市場導向　　提升運量

   　　　　　　　　　　顧客服務及滿意度

   　　　　　　　　　　環境保護

   (5) 卓越的軌道服務　　可靠度及修護能力 RAMS

   (6) 卓越的組織　　　　人力資源

   (7) 資本投資　　　　　財產管理

4. 軌道交通工程營運方針包括

   (1) 擴展大眾運輸服務範圍。

   (2) 強化車站周邊居民生活品質。

   (3) 提供高品質乘車環境。

   (4) 提升軌道妥善率與可靠度。

　　軌道交通工程營運管理應從上述營運管理之服務理念、營運策略、營運方針內容具體要求，來進行軌道交通工程營運管理。

1.4.3　智慧軌道交通建設

1.　智慧軌道交通的由來

　　IBM於2008年提出了"智慧地球"，而"智慧交通"是"智慧地球"的理念在交通運輸行業的具體表現，"智慧軌道交通"則是"智慧交通"在軌道交通(如鐵路、大眾捷運)領域的具體體現。智慧軌道交通是人類社會對軌道交通發展趨勢和運作模式的抽象，是軌道交通發展遠景的宏觀理念和建設目標。中國城市軌道交通協會於2020年3月12日正式頒布《中國城市軌道交通智慧城軌發展綱要》。該《發展綱要》按照"1-8-1-1"的布局結構，對智慧軌道交通進行了更系統的定義，即；創建智慧乘客服務、智慧運輸組織、智慧能源系統、智慧列車運行、智慧技術裝備、智慧基礎設施、智慧運維安全和智慧網路管理八大體系；建立一個城軌雲與大數據平臺；制定一套中國智慧城軌技術標準體系。統籌規劃、頂層設計、自主創新、重點突破、分步實施，臺灣目前也朝向智慧軌道交通邁進。

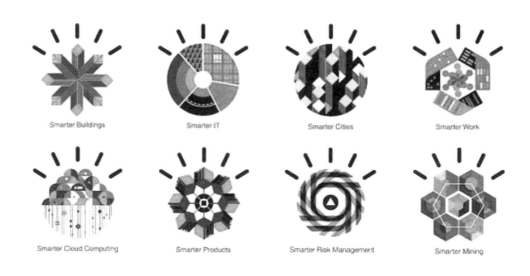

2.　智慧軌道交通建設途徑

　　智慧軌道交通建設通過感知層、執行層及應用層既有和新增功能模塊的融合，在既有綜合監控系統基礎上打造智慧化運行與營運管理系統，具備運行狀態全方位精準感知、運行趨勢智慧化分析預判、資訊指令一體化主動推送、運行規則擬人化自動進化功能。其中，資訊感知層通過既有機電號誌設備及新增智慧感知設備實現對於設備、客流、工作人員的全息感知。執行層通過融合既有系統及新增面向乘客的自主服務終端，在管理網及生產網共同實現對於軌道交通的自動化運行及營運人員、施工管理、生產管理等營運綜合管理。最終在智慧化運行與營運管理系統實現對於整個智慧功能融合。

3. 創新技術在智慧軌道交通建設全生命期的融合應用

　　軌道交通資訊化建設將依托"人工智慧技術、區塊鏈技術、雲計算、大數據、物聯網、建築資訊模型(BIM)技術、數字孿生技術"等新技術的支持，重構業務應用體系格局，向著跨專業業務整合的方向，進一步支持軌道交通資訊化永續發展。

　　新技術與智慧軌道交通融合的目標覆蓋效率、定員、成本、安全四個方面，通過採用創新技術，提高軌道交通運行效率，減少營運人員定員數量和全壽命周期總成本，保障軌道交通營運安全著手，在設計、施工、營運全過程中、全壽命周期內確保軌道交通建設的系統投資降低、設備用房減少、管理效率提升、定員配置減少、運維成本降低、系統運力提升、安全風險降低。

1.5 軌道交通轉運站規劃設計概論

1.5.1 軌道交通轉運站規劃設計理念

　　大眾運輸系統除公車系統以外，依據前述軌道交通系統型式介紹，還包括大眾捷運系統及城際軌道交通系統。大眾捷運系統包括公車捷運系統、個人/群組運人系統、輕軌(輕軌捷運)系統、單軌系統、自動導軌系統、鐵路捷運化系統、線性馬達系統、磁浮系統及地鐵，城際軌道交通系統包括城際鐵路及高速鐵路。

　　系統選定原則主要為：

都市運量 $\Longleftrightarrow$ 系統容量

道路路網 $\Longleftrightarrow$ 工程限制

永續財務 $\Longleftrightarrow$ 建置成本

環境相容 $\Longleftrightarrow$ 系統營運與發展彈性

　　大眾運輸系統連接便是所謂轉運站或轉乘站，轉運站已成為帶動都市發展之核心(如捷運站、高鐵站、城際鐵路站、客運站等)。根據臺灣調查，23%～30%民眾不使用大眾運輸的主要原因為「轉乘不便」，各政府單位更應重視各大眾運輸轉乘介面之規劃設計，因此轉運站大眾運輸轉乘設施規劃為重要課題

　　轉運站系指具有提供主要運輸服務路線停靠且提供多種運具服務或設施之車站，轉乘設施則是車站滿足乘客轉乘之需要，所必須提供不同運具轉乘介面之軟硬體設施，硬體設施包括轉乘臨停與轉乘停車系統、人行系統及動線、無障礙系統；軟體設施包括導示系統、資訊系統。

　　軌道交通車站轉乘對於區域內外動線尤為重要，因此區域內部動線應流暢化，整合硬體設施及軟體設施，務求達到區域內部動線分流順暢；區域外部交通一體化，根據臺大教授張學孔提出BBMW&D自行車+公車+軌道+步行結合成為綠色交通智慧永續都市，意在利用各種運具以「短小快」最短的距離，最小的時間，達到最快的轉乘，縮短旅行時間，提高用路人使用率，打造BBMW&D永續都市。

1.5.2　軌道交通轉運站規劃設計作法

1. 轉運站用地分析

　　在進行軌道交通轉運站規劃設計前，首先應對於轉運站用地進行分析，轉運站用地之大小主要取決於客流量、轉乘設施量及車站開發量，客流量越大，轉運站之用地越大；轉乘其他大眾運輸系統設施量之需求，也決定轉運站之用地大小；同時車站開發量大小也會決定轉運站之用地。

2. 轉運站不同型式協調

　　軌道交通轉運站可分為兩種不同型式，分別為主運具車站位於相同大樓內，可在付費區轉乘及非付費區轉乘；另一種為相鄰的主運具車站，也可利用聯通道在付費區轉乘及非付費區轉乘。

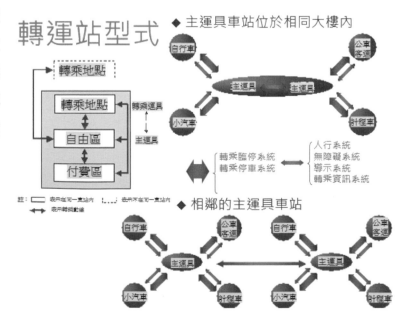

3. 軌道交通轉運站轉乘設施規劃設計流程如下：

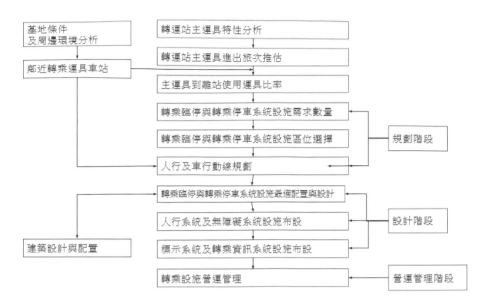

1.6 軌道交通車站開發(TOD)規劃及民間投資(PPP)觀念

1.6.1 軌道交通車站開發(TOD)規劃

1. 永續 TOD 發展理念

何謂大眾運輸導向周邊開發(TOD)？TOD(Transit Oriented Development)概念最早起源於60年代美國學者Guttenberg(1960)、Lowry(1964)先提出大眾運輸建設對於周邊土地使用有相對影響；後來由新都市主義代表人物美國彼得‧卡爾索爾普(Peter Calthorpe)於1993年在《下一代美國大都市地區：生態、社區和美國之夢》(<The American Metropolis-Ecology，Community，andthe American Dream>)一書中提出了以TOD替代郊區蔓延的發展模式，即為TOD乃是以大眾運輸為導向之開發模式。TOD是國際上具有代表性的都市社區開發模式，同時，也是新都市主義最具代表性的模式之一，目前被廣泛利用在都市開發中，尤其是在都市尚未成片開發的地區，通過先期對規劃發展區域的用地以較低的價格徵收，導入大眾運輸，形成開發地價的時間差，然後，出售基礎設施完善的"熟地"，政府從土地升值的回報中回收大眾運輸的先期投入。

TOD理念可運用於大眾運輸開發策略，並且引導都市發展與土地使用，亞洲地區TOD理念成熟區域主要為日本、香港，新加坡及臺灣也漸趨成熟，中國目前正發展以TOD導向周邊開發。

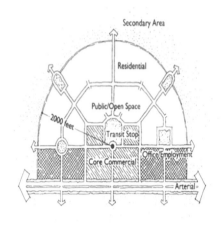

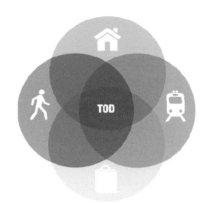

TOD 模式示意圖　　　　　　　　彼得·卡爾索爾提出的 TOD 原型

　　TOD發展可結合大眾運輸面向與土地使用思維，導入永續發展觀念，包括利用大眾運輸結合都市發展的智慧型成長(Smartgrowth)、複合都市(Compactcity)、永續發展(Sustainabledevelopment)等，將都市計劃與交通規劃結合並行，進行永續都市發展。

2. 軌道交通 TOD 開發歷程

　　過去軌道交通車站純粹只有運輸功能，後來慢慢演進成為軌道交通車站之平面或上下方用地可作為立體使用，也就是車站本身進行複合式機能開發；然而利用軌道交通車站進行車站開發後，衍生客流量遽增，財務效益立現，周邊用地隨之與軌道交通車站聯合開發，形成互利虹吸效應；慢慢地車站開發往外發展，形成以車站為中心之地區多功能開發，一般而言以車站周邊400-800公尺或步行5-10分鐘為主之TOD車站開發，而500公尺被視為人能容忍之步行距離，因此地區開發皆以此距離居多；結合各車站地區開發，變為廊帶型TOD開發，這就是軌道交通TOD由點線面開發的歷程由來。

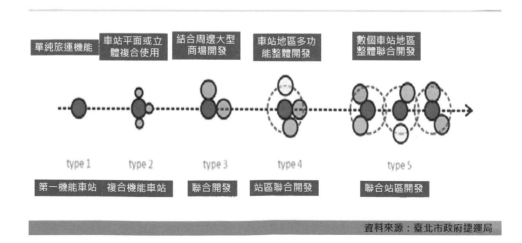

3. 軌道交通 TOD 開發 6D 規劃設計作法

對於TOD規劃設計之作法，傳統之TOD主要爲3個D元素，也就是發展密度(Density)、混合使用(Diversity)及設計(Design)，發展密度爲提高車站周邊使用強度，必須視交通乘載力及相關交通配套措施而定；混合使用爲車站周邊規劃多元混合使用，以維護民眾社會公平正義，一般爲車站周邊400～800公尺或步行5～10分鐘爲主之區域，而500公尺內之地區開發居多；設計則以人本、步行爲主，納入綠建築、綠生態、綠交通進行節能減碳設計，而不是一昧以商業、私人運具爲主；但現代化之TOD規劃設計作法，將原有之3D轉化爲5D-6D之規劃設計元素，加入距離(Distance)、可及性(Destination Accessibility)及差異性(Difference)，距離(Distance)爲到軌道交通車站之距離，距離影響用路人搭乘軌道交通之意願，是在進行軌道交通TOD開發必須考慮之因素；可及性(Destination Accessibility)爲搭乘軌道交通至目的地之可及程度，這也會影響人是否願意在此進行TOD開發；差異性(Difference)爲對於TOD開發應針對地區性及人文景觀特色而有差異性之設計，不能一成不變，每個TOD開發區域應有不同特色及都市風貌，來凸顯與其他TOD開發區域的不同。6D規劃設計相關作法原則如表所示。

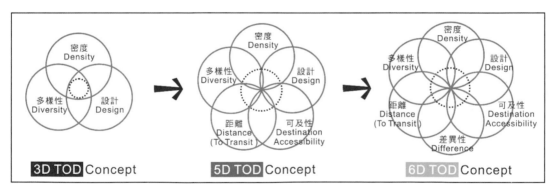

3D	5D	6D	密度 Density	■ 增加土地使用密度及緊湊度 ■ 吸引足夠居民、工作者及消費者 ■ 提高大眾運輸使用率及周邊土地開發效益
			多樣性 Diversity	地區土地混合使用、多樣性住宅、多元建築形式、多尺度鄰里街巷設計
			設計 Design	人本設計，包括基地配置、開發硬體設施、空間美學以及友善步行環境、自行車道系統、公車系統等無縫轉乘接軌設施
			距離 Distance	至大眾運輸場站之距離
			可及性 Destination Accessibility	至目的旅次起訖點的可及性程度
			差異性 Difference	■營造地區特色之差異性及自明性 ■創造不同特性之空間風貌

4. 日本東京品川車站 TOD 開發案例分析

　　品川車站位於日本東京品川地區，屬地面型車站，藉由大平臺之建設，將車站兩側進行都市縫合及開發。其相關位置及車站開發如下所示：

　　品川車站TOD開發成功要素為：

(1) 考慮轉乘需求，於付費層設商業設施，增加附屬事業收入。

(2) 結合鐵道兩側商業設施、串聯軌道兩側土地，進行都市縫合。

(3) 結合都市更新開發外圍土地。

(4) 配合新幹線停靠，發展跨國企業商務區域。

品川車站 Shinagawa	
地區	東京都品川地區
車站形式	地面型車站
開幕年	1933(主車站)/ 2003 (新幹線增建)
開發商	東日本鐵道公司
營運路線	1.JR東日本(8站台15線路) 2.JR東海(2站台4路線) 3.京濱急行電鐵(2站台3線路)
外圍商業設施	1.東京品川會議中心 2.品川Innercity 3.高輪口 4.水族館 5.美術館 6.Season Terrace 商辦混合大樓
車站設施	跨站平臺ecute商場 1F 外帶美食區 2F 美妝雜貨、書店、餐廳

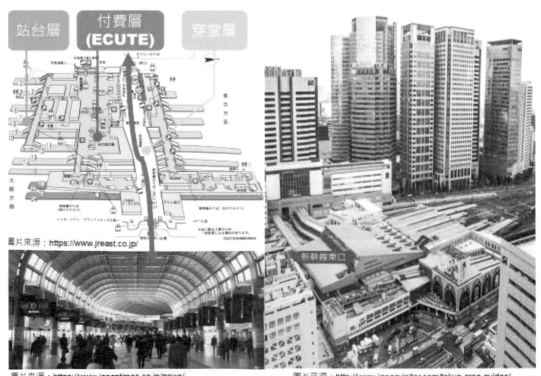

圖片來源：https://www.jreast.co.jp/

圖片來源：https://www.japantimes.co.jp/news/

圖片來源：http://www.japanvisitor.com/tokyo-area-guides/

5. 香港西九龍車站典型 TOD 開發案例分析

　　香港西九龍車站位於香港西九龍油尖旺區，是機場快線(九龍站)、廣深港高速鐵路、港鐵(柯士甸站)三線轉乘地下車站，高鐵西九龍站於2018/9/23開通後，旅客量大增，政府在2017年12月以1000元港幣將營運高鐵香港段權利交付九廣鐵路公司，並每年收取地租，為期50年。九廣鐵路公司隨即將營運高鐵香港段的經營權授予港鐵公司，由於九廣鐵路公司為政府所有，政府可因九廣鐵路公司從港鐵公司收取經營費而間接得益。

　　香港西九龍車站屬地下車站，其相關位置及車站開發如下所示：

西九龍車站 West Kowloon	
地區	香港西九龍油尖旺區
土地面積	11公頃
樓地板面積	430,000 平方公尺
車站形式	地下化車站
開幕年	2018/9/23
開發商	以服務經營權模式批予港鐵規劃、設計及興建，營運50年
路線	1.機場快線（九龍站） 2.廣深港高速鐵路 3.港鐵（柯士甸站）
外圍重要商要設施	1.圓方廣場 2.天際100 3.凱旋門 4.W 酒店
車站設施	1F 零售、廣場、行人天橋 GF 車站大廳 B1 售票大廳、Taxi、停車場 B2 入境層、行人隧道 B3 離境層 B4 站台

　　西九龍車站TOD開發成功要素為：

(1) 以跨平臺商業設施連結九龍站與柯士甸站。

(2) 運用廣場與地景設計，連結上下空間。

(3) 採用天橋、地面人行、隧道等不同人行串連方式。

(4) 連結西九龍文化園區。

1.6.2　軌道交通民間投資(PPP)觀念

1. 何謂民間投資(PPP)：民間投資國外普遍稱為 PPP。

(1) PPP(Public Private Partnership，公共私營合作制)，BOT(Build Operate Transfer，建設經營移轉)：為軌道交通融資新途徑。

(2) 民間投資 PPP 起源：英國政府自公元 1992 年起推動公私夥伴關係(Public Private Partnership，PPP)概念。

(3) 民間投資 PPP 模式有三大顯著特徵：夥伴關係、利益共享、風險共擔。

(4) 民間投資 PPP 利用民間融資提案(Private Finance Initiative，PFI)模式引導民間企業參與投資各項公共基礎建設。

(5) 民間投資 PPP 應用範圍涵蓋交通、環保、醫院、學校、勞工、社福、國防、監獄、住宅、政府辦公室及社區開發等公共設施。

(6) 利用 PPP 模式，將使社會資本投入到大眾捷運的建設、營運及商業地產的開發。

2. 何謂民間融資提案(Private Finance Initiative，PFI)：

(1) PFI：Private Finance Initiative 民間融資提案制度，PFI 起源於英國，後被各國仿效，由民間廠商負責銀行融資貸款，政府再向民間廠商購買或租用公共服務，減少政府舉債。

(2) PFI 模式

(a) 財務獨立專案型：由民間設計、興建、融資及營運，民間回收支付成本方式系經由對使用者之收費。

(b) 提供公共服務型：由民間負責計畫資產之前期投資，而由政府向其收買提供之服務。

(c) 公私合作型：公私合營，政府提供補貼之方式包括：提供建設補助金、閒置土地及資產等。政府之補貼得以多種方式為之，但限於對設施之興建提供協助，營運必須由民間負責。

(d) 政府與民間機構以長期合約方式約定，由民間機構投資興建公共設施資產，於營運期間政府再向民間機構購買符合約定品質公共服務，並給付相對費用。

3. 民間投資 PPP 觀念

(1) PPP 是種概念：臺灣遠從劉銘傳 1887 年便奏請清廷準許以「招集商股」的方式興建縱貫鐵路。

(2) PPP 是種統稱：存在各種不同形式 BOO、BTO、BOT…。

(3) PPP 是種趨勢：從第二次世界大戰後的英國，到法國…而後架構逐步嚴謹。

(4) PPP 是眾多可能中的一種，而非絕對：各項公共服務並非絕對適用 PPP，更非絕不適用 PPP，需視個案特性。

4. 民營化 Privatization 策略：

- Self-Help 民眾自理. ⎫
- Volunteers 義工. ⎬ 政府功能釋出，由非營利部門取代
- Public-Private Competition 公民營競標. ⎫
- Franchise 特許權競標.
- Internal Markets 公部門業務採購. ⎬ 業務範圍調整
- Vouchers 公辦民營.
- Management Contracts 委外經營. ⎭
- Contracting Out (also called "outsourcing") 委外服務
- Asset Sale or Long-Term Lease. 資產出租管理
- Concession 特許合約.　　　　　　　　　┌─────────┐
  - Build-Operate-Transfer (BOT)　　　│ 民間參與 │
  - Build-Transfer-Operate (BTO)　　　│ PFI / PPPs │
  - Build-Own-Operate (BOO)　　　　　└─────────┘
- Corporatization 公部門商業組織化. ⎫
- Commercialization. 公共服務商業行為化 ⎬ 純民營化

5. 民間參與之定位

	提供計畫 Provisionof		Services Definition 服務定義
	服務 Services	資產 Assets	
傳統政府採購 Traditional	Public 政府	Public 政府	Public 政府
委外 Outsourcing	Private 民間	Public 政府	Public 政府
民間投資 PPP/PFI	Private 民間	Private 民間	Public 政府
民營化 Privatisation	Private 民間	Private 民間	Private 民間

6. 民間參與 PPP 的基本概念

   (1) 民間參與是：

      (a) 充分利用民間企業的創新能力。

      (b) 要產生合理的風險分配。

      (c) 要達成設計、建造、營運之綜效。

      (d) 發揮終身成本節約效果要追求成本降低。

      (e) 把握選擇性或殘餘價值-要發揮民間企業組織彈性與活力。

      (f) 要使公部門專注於其核心事務。

   (2) 民間參與不是：

      (a) "免費"的金錢來源-民間企業不是慈善機構提供免費義工與資源。

      (b) 為沒錢的工程計畫尋求融資途徑。

      (c) 執行不良工程計畫的手段。

7. 軌道交通建設引入 PPP 模式的目的：

   (1) 籌集部分計畫建設資金，解決計畫建設資金不足的問題。

   (2) 政府和投資者以合約的形式固定雙方的權利和義務，實現降低計畫建設和營運成本，並使成本相對可控。

   (3) 通過社會投資者專業化、高效率的運作，可以為用戶提供更優質的產品和服務。

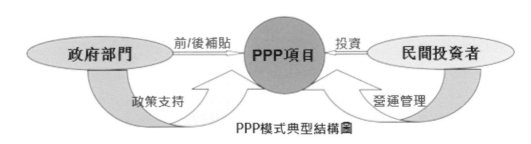

PPP模式典型結構圖

Chapter 2

公車捷運系統介紹

2.1 何謂公車捷運系統(BRT)

　　公車捷運系統(BRT)源自南美巴西庫里堤巴都市，利用先進公車技術(如大容量、低底盤、高效率、低成本等)，在都市道路上設置或修建BRT專用道，再配合智慧型交通系統技術(包含車站行車資訊顯示器、車上到站播報系統、路口優先通行號誌等)，採用軌道交通的營運管理模式，提供快捷、舒適、便利、安全服務之先進大眾運輸系統，實現接近輕軌交通服務水準的新型大眾運輸方式。美國FTA對於BRT提出「軌道思維，公車運行」(Think Rail, Use Buses)的概念，此概念充分說明BRT的精神，在於應用軌道交通系統概念來經營公車，或利用公車營運達到軌道交通服務水準，目前於美國、歐洲、中國等國家已有多個都市採用此系統，臺灣先前也於臺中實施過公車捷運系統。公車捷運系統(BRT)優點為：

1. 車輛行駛速度快。
2. 營運調度彈性高。
3. 興建成本低。
4. 施工期間短。

2.2 公車捷運系統(BRT)特性

　　公車捷運系統(BRT)利用新技術之車輛，營運在專用車道上，兼備公車營運的彈性與軌道交通管理模式，是一種提供快捷、舒適、便利、安全服務的一種大眾運輸工具。改善傳統公車系統無專用路權、紅燈停等時間過長，乘客上下車時間過長以及上車付費方式耗時且不便等缺點，提供高品質之大眾運輸服務。公車捷運系統(BRT)具備下列特性：

1. 專用或部分專用路權

　　為使公車捷運系統(BRT)達到快捷、便利的目的，公車捷運必須具有專用(A型路權)或部分專用路權(A+B+C型路權)，以確保行車速度及減少行車時間，提升交通服務品質。

2. 乘客能快速上下車

　　提升公車服務品質之關鍵因素除了專有路權外，還有行車時間的減少。而行車時間的延滯，大多數時間是因為停站時之上下客時間過長，影響行車平均速率，使行車時間增加，造成服務品質低落。而公車捷運系統(BRT)使用特殊設計的車輛與候車月臺配合，車輛具有三個以上的車門，且車門加大、車輛地板與月臺高度齊平，以加速乘客進出車輛之效率，改善乘客上下車所造成的時間延滯。

3. 車廂載客量大

　　傳統公車之容量較少，約為每車70人，於尖峰時段將使候車時間大幅增加，降低服務水準。而公車捷運系統(BRT)大多採用雙節式公車，每車載客量可達170人/車，如採用三節公車，載客量更可達到270人/車，提高車廂載客量，實現軌道交通大量運輸的特性。

4. 高效率站外收費系統

　　完整之高效率收費系統，可由電子票證或站外收費來達成。所謂站外收費，系採與軌道交通系統類似之預付系統，配合封閉式車站、收費匝門、電子票證等措施，在上下車旅客量較大的地區，可有效減少車上收費延滯時間。

5. 結合智慧 ITS 技術

　　ITS乃是應用先進的電子、通訊、資訊與感測等技術，以整合人、路、車的管理策略，提供即時(real-time)的資訊而增進交通系統的安全，效率及舒適性，同時也減少交通對環境的衝擊，以達到增進交通安全、降低環境衝擊、改善運輸效率及提升經濟生產力之目標。而ITS技術應用於大眾運輸系統中指的是先進大眾運輸系統(Advanced Public Transportation Systems，APTS)，APTS系將ATMS、ATIS與AVCSS之技術應用於大眾運輸，以改善大眾運輸服務品質，提高營運效率，增加大眾運輸之吸引力。APTS之相關技術包括：自動車輛監視(Automatic Vehicle Monitoring，AVM)、自動車輛定位(AVL)、雙向無線電通訊、電子式自動付費(Electronic Fare Payment，EFP)、最佳路線導引、公車電腦排班、公車電腦輔助調度、車內顯示系統等。

6. 應用清潔能源技術

　　在現今能源價格高漲及環保意識抬頭下，新興的交通系統均提出綠色交通概念。綠色交通是指以環境永續發展為基礎，使用低污染或零污染能源的交通系統，為利用人力、動物力或再生能源為驅動力者及使用再生能源為驅動之大眾運輸，包括了太陽能車輛、風力車輛、電動車輛、步行、自行車或其它以人力為主的交通方式。軌道交通系統之動力大多以第三軌供電，無須使用任何石化燃料，故無廢棄排放問題，然而傳統公車卻有嚴重的廢氣排放問題。因此目前公車廠商紛紛研發清潔能源之替代性，包括清潔柴油、CNG、LPG、混合電動、油電混合、電動或燃料電池、液壓柴油混合等清潔能源技術，預期可有效大幅改善都市空氣品質。

7. 與其他交通工具整合

公車捷運系統(BRT)具有高度靈活性，可依照地區特性、交通需求、道路狀況、路網系統等狀況彈性調整行駛路線，可分別與現有公車路線、軌道交通系統、機場及港口之班次進行整合，形成一綿密、便捷的都市交通網路。

8. 鮮明的行銷識別系統

公車捷運系統(BRT)為一地面交通系統，系提供高品質、顧客導向之大眾運輸服務。亦為都市景觀之一部份，其候車亭、轉乘站、車輛透過設計，以清潔、安全、舒適等特色更能夠建立嶄新形象，發展具有地方特色之設計理念，並配合都市意象及都市景觀及各區域地方特色，打造具地方特性之站臺與車廂設計，融入地標性與都市意象，吸引更多客源，對都市行銷亦有莫大的助益。

2.3 公車捷運系統(BRT)組成

公車捷運系統(BRT)組成元素，包含路線、車站、車輛、智慧交通系統(ITS)、收費系統、路線架構及營運服務、機廠等元素的大眾運輸系統。

1. 路線

為使公車捷運系統(BRT)達到快捷、便利的目的，故路線具有專用或部分專用之路權為公車捷運順利運轉之基本要件，以確保行車速率，提升交通服務品質。

一般而言，公車捷運車道依照設置位置可分為，分隔型路權(Off-Street Running Way)與共用型路權(On-Street Running Way)。

分隔型路權為只供公車行駛之專用道路，例如聯絡市區與郊區之高架道路、平行於高快速公路旁之新建高架道路或除路口外採實體分隔之完全專用路權；而共用型路權是在平面道路上規劃車道專供BRT行駛，其車道布設需將現有道路條件及土地使用型態納入考量，為部分專用路權(路段專用、路口混合)，另有公車專用車道(Bus Street)與高乘載車輛專用道(High Occupancy Vehicle Lanes，HOVLanes)。此外，有時受限於道路條件，公車捷運亦可行駛於混合車道，與一般車輛共用道路。

基於上述，可知公車捷運系統(BRT)實為一靈活、彈性之大眾運輸系統。

2. 車站

公車捷運系統(BRT)站臺型式基本上可分為開放式設計與封閉式設計兩種方式，依據車站等級及位置可有不同之變化。

開放式設計與現有公車站牌相同，站臺配合設站地點，未對旅客採進出管制，僅提供乘客所需之候車空間，所需成本較低，可保留現有站牌。封閉式站臺設置收費設施，並對旅客採進出管制，站臺高度可與車輛地板齊平，並可配合車輛停靠位置，導引站臺上之乘客於車門位置候車，所需成本較高。

3. 車輛

公車捷運系統(BRT)之車輛型式眾多，依容量可分為三節公車、雙節公車、雙軸公車、雙層公車、標準公車、中型公車、小型公車；依地板高低可分為低底盤公車、高底盤公車，並可透過多車門及車門加大的設計，加速旅客進出，系統設計時可依不同路線需求選擇不同之公車型式。

而在公車能源方面現今亦有多種替代能源可供選擇，如清潔柴油、CNG、LPG、混合電動、電動或燃料電池、液壓柴油混合等清潔能源技術，可進一步降低對社會及環境負擔。

除上述之車輛性質外，亦可透過外型設計、內部裝潢等手法進行宣傳，向民眾強調BRT系統非一般公車專用道，而是更近似於軌道交通系統之高效率交通系統。

4. 智慧交通系統(ITS)

透過ITS技術，將ATMS、ATIS與AVCSS之技術應用於大眾運輸，公車捷運系統(BRT)將能提供更接近於軌道交通系統之服務，增加大眾運輸之吸引力。其內容包括：通訊系統整合、電子票證應用、車隊管理、先進旅行者資訊系統(ATIS)、交通需求管理、智慧車輛系統、自動車輛監視(Automatic Vehicle Monitoring，AVM)、車輛自動辨識系統(AVI)、車輛自動定位系統(AVL)、雙向無線電通訊、電子式自動付費(Electronic Fare Payment，EFP)、公車優先號誌、監視系統等，提供公車服務之高品質服務。

5. 收費系統

公車捷運系統(BRT)於開放式站臺可採車上收費方式，長期而言，待路線、班次、營運整合後，為配合大量運送旅客量，亦可配合封閉式車站，採用車外收費方式。減少乘客上下車時間，維持行車速率，相關設施包括自動售票機、自動收費閘門、儲值票加值機、電子票證等。

自動售票機設置於車站非付費區，提供旅客購買不同票值之單程票。自動收費閘門系作為進出車站付費區之管制。可分為入口、出口及雙向功能之自動收費閘門。儲值票加值機提供旅客使用不同面額之鈔票進行儲值。

6. 路線架構及營運服務計劃

公車捷運系統(BRT)的路線架構可以是傳統的一線到底，或是以主線加上支線的方式來規劃。路線設計的主要思維為：為都市交通的主軸交通、應用於軌道交通系統的延伸、為未來軌道交通建設培養運量及既有公車系統高乘載量服務的整合。

以高品質服務水準與相對便宜的票價是公車捷運系統營運的主要優勢，而提高服務品質，並與一般公車有所區別的就是提供密集的班次、縮短旅行時間、提高營運速率、規劃舒適安全的候車環境、準確可靠的到離站資訊及動態資訊系統。因此顧客導向的交通服務需要有鮮明的行銷識別形象，吸引更多的客源。

7. 機廠

機廠設施包含駐車區、洗車區及污水處理區、燃料補充區、維護區及主要維修區、管理中心及停車區等，提供BRT車輛停車、清洗、整理、補充燃料、各級維護及檢修及營運管理等功能。因公車捷運系統(BRT)中，機廠元素較無特殊配套措施。

綜上所述，公車捷運系統(BRT)是一套涵蓋專用車道、車站、車輛、ITS、收費系統、路線架構及營運服務、機廠等元素的大眾運輸系統，因此各元素間必須緊密結合，且同時搭配運行，各司其職方能使BRT發揮最大效益。

2.4　為什麼要做公車捷運系統(BRT)

1.　公車捷運系統(BRT)與地鐵系統之比較

公車捷運系統(BRT)為一種以軌道思維運行的大眾運輸工具	
大量快速運輸	單向每小時可運送 3,000～20,000 人
班次密集	尖峰班距約 3～5 分
路線規劃彈性極高	具公車路線的規劃彈性
可及性佳	可配合地區道路特性
準點	配合智慧化車輛、BRT 專用道及路口優先號誌達成
工期短	1～2 年可完成一條路線，地鐵(MRT)約 8～10 年
經費低	每公里約 0.5～2 億元，地鐵(MRT)約 50-60 億元
利用工期短、經費低的特性，可快速構建都會區完整大眾運輸路網	
地鐵(MRT)為一種有效解決都市交通問題大眾運輸工具	
大量快速運輸	單向每小時可運送 30,000 人以上
班次密集	尖峰班距約 1.5 分
準點	完全專用路權
適合做為都會區大眾運輸骨幹	

2.　公車捷運系統(BRT)主要目的

(1) 快速形成都市中心區完整大眾運輸路網，立即解決都市中心已產生之交通擁擠問題。

(2) 改變市民用路習慣，由私人交通轉為大眾運輸，培養大眾運輸客流量，提高大眾運輸使用率，降低私人運具使用率。

(3) 構建永續的軌道交通系統，藉由公車捷運系統(BRT)先行培養客流量，客流量達到興建軌道交通系統之門檻後，興建永續的軌道交通系統，避免因客流量不足造成軌道交通系統興建及營運之困難。

3. 公車捷運系統(BRT)預期效益

(1) 低碳節能雙效：由於公車捷運系統(BRT)採用低碳低污染車輛，因此能夠產生節能減碳效益，同時提高大眾運輸使用率，降低私人運具使用率，減少小汽車對環境之污染。

(2) 公車車品質提升：公車捷運系統(BRT)採用低碳低污染車輛，同時內裝智慧型交通系統(ITS)，並且外型設計、內部裝潢等皆符合軌道交通系統之意象，提升公車車品質。

(3) 大眾客流量倍增：公車捷運系統(BRT)車輛車廂載客量大，傳統公車之容量較少，約為每車 70 人，於尖峰時段將使候車時間大幅增加，降低服務水準。而公車捷運系統(BRT)大多採用雙節式公車，每車載客量可達 170 人/車，如採用三節公車，載客量更可達到 270 人/車，提高車廂載客量，實現軌道交通大量運輸的特性，藉由提高大眾運輸使用率，降低私人運具使用率之目的，使得大眾客流量倍增。

(4) 經濟效益極高：公車捷運系統(BRT)每公里約 0.5～2 億元，但單向每小時可運送 3,000～20,000 人，以經濟效益而言，遠大於軌道交通系統，在都市客流量不大之區域，可採用公車捷運系統，且工期短，1～2 年可完成一條路線，短工期、低成本、高彈性，立即解決交通問題，可稱為窮人之軌道交通系統。

(5) 促進地區發展：公車捷運系統(BRT)以人為本做為目標進行規劃設計及施工，同時利用大眾運輸以 BRTOD 帶動地區發展，打造宜居都市。

2.5 公車捷運系統(BRT)工程規劃

公車捷運系統(BRT)工程規劃包括路線工程、車站工程、車輛工程、智慧交通工程(ITS)、收費系統工程、機廠工程等，相關工程規劃說明如下：

2.5.1 路線工程

1. 公車捷運系統(BRT)專用道

公車捷運系統(BRT)專用道依行駛位置、行駛方向、設站位置及站區布設而有不同之專用道分類，分類方式如右圖：

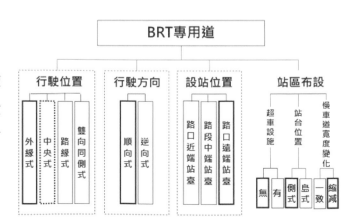

2. 車道布設(路權型式)

(1) 島式站臺：行駛於道路中央，利用中央分隔帶上下乘客。

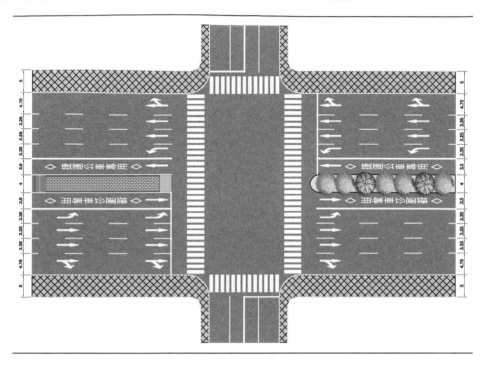

(2) 中央側式站臺：行駛於道路中央，中央分隔帶拆除，利用專用道右側上下乘客。

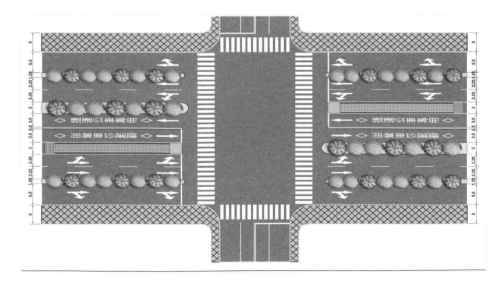

(3) 快車道外緣側式站臺：行駛於快車道最外緣，利用快慢分隔帶上下乘客。

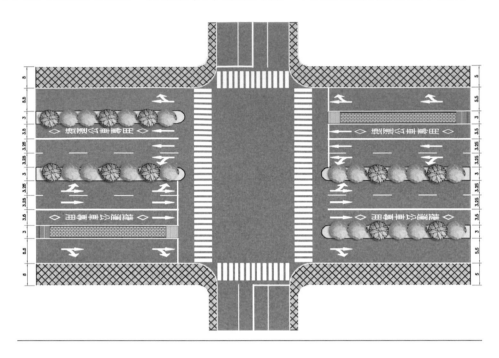

3. 鋪面

(1) 柔性鋪面之應用

    (a) 增加美觀。

    (b) 提高行車感官舒適性。

    (c) 提高用路之安全性。

    (d) 可清楚辨別專用車道。

(2) 剛性鋪面之應用

    (a) 高承載力。

    (b) 抗摩耗。

    (c) 不受滴落油料侵蝕。

    (d) 耐久性佳。

(3) 考慮公車捷運系統(BRT)車輛於車站段煞車啟動頻繁，若採柔性鋪面恐將造成鋪面維修頻繁，因此採用剛性鋪面。於道路段，若採剛性鋪面則整體建設成本、施工期程、交通維持皆產生重大影響，基於上述並考慮路段之行駛舒適性，道路段採柔性鋪面，站臺及機廠採剛性鋪面。

鋪設區域	設置要點	鋪面設置	
		採用鋪面	採用原因
站臺區 機廠鋪面	耐久、安全	剛性鋪面	▶減少因車輛停煞造成之鋪面破壞 ▶高耐久性可減少維護頻率 ▶於機廠鋪面區可防止油料滴落所造成之侵蝕
一般道路	舒適、安全、美觀	柔性鋪面	▶採用柔性鋪面擁有較佳的行駛舒適度 ▶採用自明性設計

2.5.2   車站工程

1. 站臺規劃

公車捷運系統(BRT)車站站址選取原則如下：

(1) 鄰近主要住宅區或聚落，可提高服務人口數。

(2) 位於重要商辦區或工業區，服務上班通勤人口，降低周邊道路交通量及停車需求。

(3) 結合大眾運輸導向之發展理念，配合重大開發計劃，於開發區內適當地點設置 BRT 車站。

(4) 配合既有公車站位，方便原本公車族乘客利用。

(5) 用地取得條件適當。

(6) 路線平縱面線型符合設站要求。

(7) 設置專用道路段，站臺儘量布設於既有路口，以利乘客進出，另考量優先號誌運作，以路口遠端設站為原則。

2. 車站相關設施

候車亭、月臺門、站名標誌、自動售票機、收費閘門、無障礙設施、座椅、公用電話、垃圾筒、緊急對講機及緊急停車按鈕、廣告、各項資訊系統設備等。

(1) 車站月臺門。

(2) 車站標誌系統設施

 (a) 車站名燈箱。   (c) 獨立式資訊板。

 (b) BRTLOGO。   (d) 懸吊式資訊板。

(3) 車站資訊系統設施：BRT 及公車資訊燈箱。

(4) 車站票證系統設施

 (a) 售票機。   (d) 補票機。

 (b) 票卡查詢機。   (e) 儲值票加值機。

 (c) 收費閘門。

(5) 車站站內固定設施

 (a) 玻璃護欄。   (d) 廣告燈箱。

 (b) 候車座椅。   (e) 系統及電力機櫃。

 (c) 垃圾筒。   (f) 通訊系統緊急對講機。

(g) 監視系統 CCTV。　　　　　　(h) 公用電話。

(6) 無障礙設施

　　(a) 無障礙坡道。　　　　　　(c) 無障礙電梯

　　(b) 無障礙閘門。　　　　　　　　 (高架車站 or 特殊車站)。

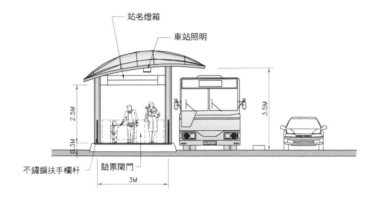

側式月台車站立面示意圖

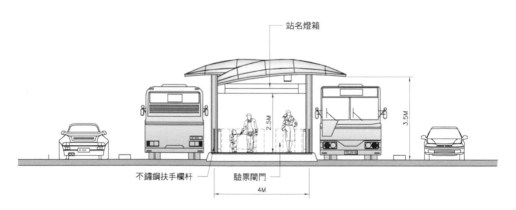

島式月台車站立面示意圖

2.5.3 車輛工程

1. 車輛型式

(1) 車輛技術考慮因子

　　(a) 成本：購置、維護、轉售。

　　(b) 車輛特性：容量、內部設計、外觀美觀。

(c) 廠商資助：技術支持、保固。

(d) 耐用性：車輛使用年限等。

(e) 燃料補給：補給站的形式、成本。

(f) 環境：廢氣排放標準、噪音及其他污染。

(g) 其他：尺寸限制(長寬高、最大軸壓)設計內容。

(2) 以節能減碳，綠色交通之目標進行車輛系統規劃

(a) 18 公尺或 12 公尺低污染公車。

(b) 車輛採低底盤公車，並配置車上動態及靜態資訊系統。

(c) 配合車站島式月臺及側式月臺的布設，採用雙開門車。

2. 車輛與車站垂直間距配套措施

　　垂直間距之減少，可分為站臺高度與車輛底盤高度兩個構面討論。在道路條件允許之情形下，優先採用調整站臺高度之方式，令站臺與車輛地板高度切齊，以直接消除旅客上下車障礙。

　　而在道路條件不允許之情境下，則考慮透過車輛跪傾系統(kneeling function)之方式處理，跪傾系統系指車輛利用油壓系統使車身向左右或前後傾斜，達到降低車門離地高度之目標，以增加乘客上下車效率，並利於老弱婦孺與身心障礙者上下車。當使用跪傾系統時，車輛入口處約可降低70～90公厘之高度。站臺高度與車輛地板切齊、車輛跪傾系統之示意圖如圖。

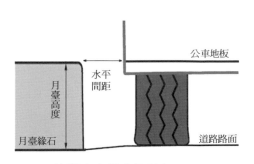

站臺高度與車輛地板切齊

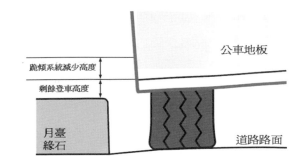

車輛跪傾系統

3. 車輛與車站水平間距配套措施

水平間距無法透過車輛與車站之配套進行減少，而須另設登車橋(Boarding Bridge)或車輛停靠引導系統。

(1) 登車橋

登車橋系於車輛及站臺間設置一小平臺，以縮短車輛靠站時與站臺之間隙。其可於站臺設計時設計配備於車輛上或登車處向車道突出，於車輛靠站時以機械或人工之方式放下。

(2) 車輛停靠引導系統

車輛停靠引導系統即為導軌系統，其可分為機械導軌、中央導軌、光學導軌、電磁導軌等四類，茲分述如下：

(a) 機械導軌

機械導軌之原理類似自動導軌系統列車之側向導輪，藉由在車輛上加裝導輪，透過導輪與側式導引設備的物理接觸導引車輛前進，可於特定路段鋪設或結合公車專用道(不含路口)進行全線式導引。

車輛導輪 路面導軌

(b) 中央導軌

於車輛底部加裝導輪，並於道路中央鋪設單軌軌道，令導輪行駛於軌道之上，以達引導之目的，目前有兩種不同之導引型式。

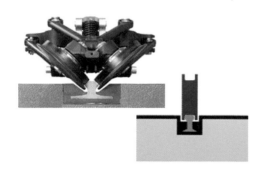

車輛導輪　　　　　　　　　　　　　　　路面導軌

(c) 光學導軌

於車上加裝光學感應器及車載電腦，並與動力設備整合。道路上僅須劃設條紋式標記，車輛藉由影像式感應器偵測標記後連結動力系統進行導引，然而此導引型式之複雜度高，且成本相當可觀。

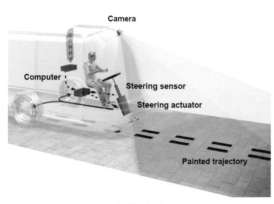

車輛設備　　　　　　　　　　　　　　　路面標線

(d) 電磁導軌

於鋪面分段埋設電力或磁力標記，並於車上加裝感應器與車載電腦，透過接收標記之電磁訊號連結動力系統進行導引。由於標記須埋設於鋪面之下，故電磁導軌須有良好之事前規劃。

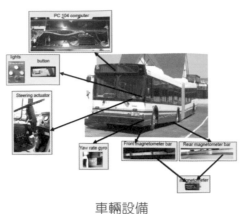

車輛設備 　　　　　　　　　　　路面電磁標記

　　由於上述各系統皆有不同特性與適用條件，針對各系統之優缺點進行比較分析，詳如下表。此外，歐洲BRT系統，可以卡塞爾路緣石(Kasselkerb)作為上述系統之替代方案，其系將弧形設計之路緣石設置於站臺，利用路緣石弧形面導引車輛。

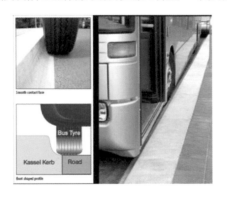

目標	機械導軌	中央導軌	光學導軌	電磁導軌	建議採用系統
建設成本	低	中	高	高	機械
維護難易度	容易	困難	困難	困難	機械
對道路影響	高	中	低	低	電磁、光學導軌
對非BRT車輛影響	高	低	低	低	電磁、光學導軌
停靠準確度	準確	準確	受系統誤差及天候影響	受系統誤差及天候影響	機械、中央導軌
鋪設方式	可分段鋪設	無法分段鋪設	可分段鋪設	可分段鋪設	機械、電磁、光學導軌
技術專利	普遍度高	受專利限制	普遍度高	受專利限制	機械、光學導軌

2.5.4　智慧交通工程(ITS)工程

1.　系統整合

　　公車捷運系統(BRT)智慧交通工程(ITS)工程包括BRT行控中心、車輛端、路側端、交控中心、公車動態資訊中心、民眾端需進行系統整合，系統整合之目的，在於確認各個子系統間之介面結合得以順利運作，並進而整合為一整體運作之系統。透過管理各個子系統間之介面需求，於設計階段提供一個有效的、可靠的、實用並安全的整合系統。

　　系統整合除了針對BRT系統內各子系統之介面需求外，亦需考量外部或第三單位間之介面需求，均需納入系統整合之議題。此外，有關營運單位，或是主管機關等之需求，亦將會影響系統整合之整體執行，而必須在執行上配合考量。

　　相關智慧交通工程(ITS)工程如下圖所示。

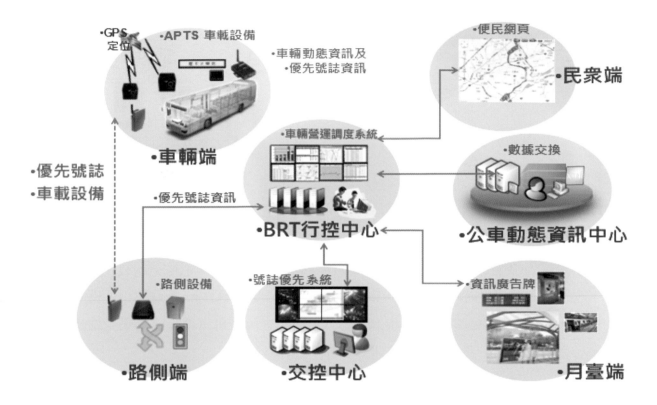

2. 優先號誌

　　公車捷運系統(BRT)一般採用積極式優先號誌之控制方式，系透過車輛定位系統與通訊技術，藉由偵測車輛所在之位置，而採用策略使其優先通過路口。偵測車輛之方式，主要分為兩種，一是利用設置於車內之車輛定位系統(如GPS系統)，透過通訊系統將班車之行駛位置傳送至路側設備或行控中心，二是於鄰近交叉路口設置車輛偵測器(如Roadside Beacon)。當班車距離路口到達一定範圍內時，便啟動優先號誌，使車輛於路口時能優先通過。採用之控制策略可包含切斷紅燈、延長綠燈、補償綠燈時間等，須視實際營運與路口車流狀況選用適當之控制策略。

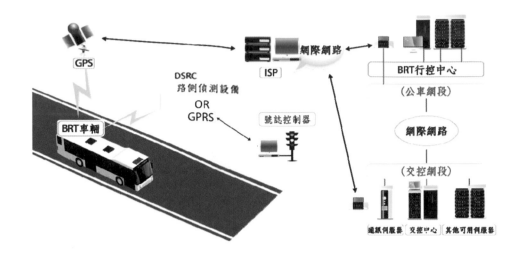

積極式優先又可分爲相對優先及絕對優先：

(1) 絕對優先：當班次車輛通過路口時，車輛上車載機與路側偵測設備(DSRC)連動，啓動優先號誌，號誌常綠，車輛通過路口。

(2) 相對優先(條件式優先)：當班次車輛實際到站時間，落後原訂時刻表達一定程度，即誤點達一定程度時(例如與前班車距超過 1 又 1/2 班距條件)，下個路口便啓動優先號誌，以減少班次延誤時間，提高準點性，換言之，若班車準時或提早到站時，則不啓動優先號誌，藉此減少對其他方向車流之影響。

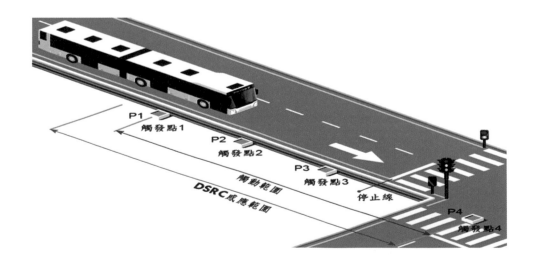

2.5.5　收費系統工程

1. 公車捷運系統(BRT)收費系統架構可分為車上收費及站外收費，請參考下圖。於月臺處設置有自動收費閘門、售票及加值機等，而於車內則設置驗票機以供旅客進出站體或車體時，執行收費動作。每一站體並配有站臺電腦以處理各項收費資訊內容，並藉由網路傳輸與行控中心交流資訊，車體則以無線傳輸技術與行控中心交流。

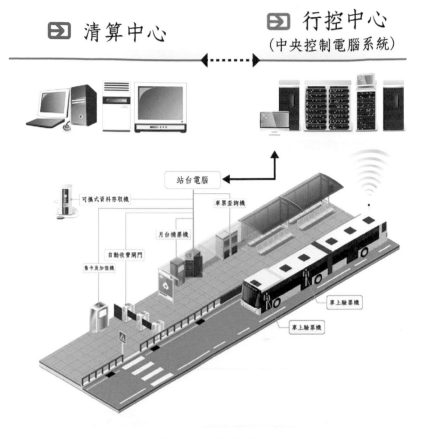

收費系統架構示意圖

　　一般收費系統之型式可分為封閉式系統及開放式系統，其主要之系統差異在於是否需採用一進一出之系統感應方式。封閉式系統之收費系統型式，要求旅客必須於進出站時感應票卡(驗票)，一般較適用於具站體之空間，乘客在站體行動路線主要為一進一出。而開放式系統僅需於其中一段(進站或出站)時進行票卡驗票之動作，故在系統設備數量上將較少，得適用於路寬較小，建置為開放式系統之處。

2. **收費系統應具備之功能**

   (1) 應使乘客乘車動線順暢，以便增加車站吞吐量，並提供乘客快捷具效率之服務。

   (2) 應減少車站應人潮擁擠而造成混亂的可能性，以確保乘客之安全。

   (3) 應具備可靠性高，維修操作容易之特性。

   (4) 採用模組化設備，以降低後續營運之維修成本。

   (4) 應具可接受性高之特性，以吸引乘客搭乘，增加營運收入。

   (5) 應具擴充性，以應未來客流量成長而擴充、伸展之需。

2.5.6 機廠工程

1. 機廠設置目的

(1) 提供車輛調度、駐車及測試。

(2) 提供車輛外部清洗及車廂內部清潔工作。

(3) 車輛定期及不定期之檢查與維修。

(4) 支援車輛系統、供電、號誌系統整合、資訊服務系統軟硬體設施、電子票證、及收費系統等設備之維護工作。

(5) 儲存維修設備與材料及備品倉儲區。

2. 機廠的主要功能

　　機廠主要功能可分為(1)車輛調度/駐車/測試(2)車輛內外部清潔(3)車輛定期/不定期檢查與維修(4)車輛系統/號誌系統整合/供電/資訊系統/電子票證等系統設備之維護(5)維修設備與物料備品之倉儲。

　　基於上述，機廠可分為駐車區、洗車區及污水處理區、燃料補充區、維護區、主要維修區、變電區等六個區域，同時考慮到機廠人員作業需求，另規劃管理中心大樓及員工停車區供員工使用。

　　機廠配置如下圖所示。

・機廠配置

- 1入口，2,3,6.行政中心，4洗車區 ，5補充燃料區 ，7,10.主要修車區，8,9.維護區，11.BRT停車區 ，12,13,14員工停車區
- 綠：營運車輛
- 黃：維護車輛
- 紅：維修車輛

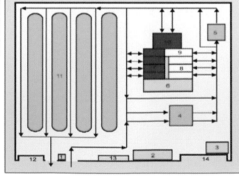

2.6 公車捷運系統(BRT)都市案例

公車捷運系統之基本要件共有七項，但並非需要全部符合，重點在於如何使得公車捷運系統快速、便捷、舒適。

1. 部分或全部專用道。
2. 隔離候車空間。
3. 新式聯結公車。
4. 水平上下車。
5. 月臺門。
6. 車外收費。
7. 路口立體交叉或優先號誌。

2.6.1 巴西庫里堤巴公車捷運系統(BRT)案例

庫里堤巴市位於南美巴西巴拉那州，是巴西第七大都市，為一中型都市，土地面積約為431平方公里，庫里堤巴都會區人口約為230萬人，主要以發展光電、積體電路、生技及精密機械產業為主，又被稱為生態環保都市。

庫里堤巴是巴西除首都巴西利亞之外小汽車占有量最高的都市，平均2.6人一輛小汽車。然而，庫里堤巴的大眾運輸具有極大的吸引力，使許多擁有小汽車的人紛紛改乘安全、快捷、便宜的大眾運輸。庫里堤巴的公車是巴西最密集繁忙的交通系統，在尖峰時段平均45秒就可以搭乘到公車，有75%的通勤旅客都使用BRT，在全世界所有的都市中是最高的，也是巴西私人運具使用率最低的都市，進而使都市空氣更加清新。並被聯合國命名為「最適合人類居住的都市」中，惟一的開發中國家。

庫里堤巴為公車捷運系統(BRT)的發源地，於1972年開始推廣公車捷運系統，營運模式以幹線(trunk-feeder)方式為主，目前六條交通走廊，總長度約74公里，20%車站設有超車道，以利於快速通行，共127個車站，採用的公車是特殊設計的24公尺長之三節公車(Bi-articulated)，車輛使用燃料為柴油及再生燃料，每車可搭載270名乘客，最大的公車有5

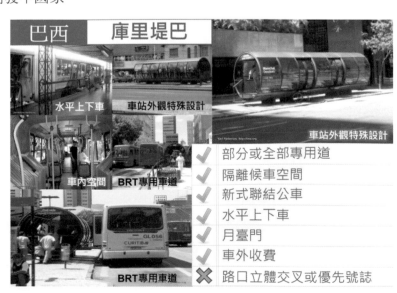

巴西　庫里堤巴

水平上下車　車站外觀特殊設計

車站外觀特殊設計

車內空間　BRT專用車道

BRT專用車道

- ✓ 部分或全部專用道
- ✓ 隔離候車空間
- ✓ 新式聯結公車
- ✓ 水平上下車
- ✓ 月臺門
- ✓ 車外收費
- ✗ 路口立體交叉或優先號誌

個車門，是世界上最大的公車。大型聯結公車使用在運量大的路線，而一般公車用於流量小和接駁路線上。可保持較高的承載率，以減少公車營運造價和擁擠。

2.6.2 哥倫比亞波哥大公車捷運系統(BRT)案例

波哥大為哥倫比亞共和國首都，目前人口約為825萬人，是全國政治、經濟和文化中心以及交通轉運，面積1,776平方公里。波哥大在哥倫比亞的行政地位是「首都地區」(Distrito Capital)，由中央政府直轄。它是哥倫比亞的一個重要交通轉運和經濟和文化中心，有多個大學、高校，以及眾多博物館和名勝。

波哥大與哥倫比亞其它大都市通過鐵路和公路相連(包括泛美公路)。都市內布局是棋盤式路網，大多數街道按照數目排列。因市內缺乏強大的大眾運輸系統，為解決都市內交通問題，故於2000年開始推廣公車捷運系統(BRT)，稱作「新世紀公車(Trans Milenio)」，目標為提供「更快速、安全、便宜、低污染、高公平性」的大眾運輸系統。

波哥大目前有六條交通走廊，總長度約86公里，大部分均具有專用路權，尖峰小時營運班次310(班/時/單向)，尖峰小時客流量約3.4萬(人/時/單向)，每日可運送165萬人次乘客，市中心區平均營運速率約18～28(公里/小時)，使用車輛為18公尺長之公車，每車設有4個車門，座位數48，車輛使用燃料為柴油，共114個車站，平均站距約為790公尺，並在部分車站設有自行車停放區，提供停車轉乘。

2.6.3 中國廣州公車捷運系統(BRT)案例

廣州地處中國南方，為中國廣東省省會，目前人口約為1,270萬人，是於上海、北京之後的中國大陸城區建成面積和經濟規模第三大都市。於2010年開始推廣BRT系統，目前設置一條交通走廊，總長度約22.5公里，尖峰小時營運班次350(班/時/單向)，尖峰小時交通量約3萬(人/時/單向)，每日可運送84.3萬人次乘客，市中心區平均營運速率約17～19(公里/小時)，使用車輛為12公尺及18公尺長之公車，12公尺車輛座位數36，18公尺車輛座位數47，車輛使用燃料為LPG，共26個車站，平均站距約為880公尺。

其尖峰客流量是大陸其他都市BRT系統的兩倍以上，同時是大陸第一個設有自行車停放區及公共自行車。在全世界首創"靈活式"BRT系統，BRT車輛可以自由進出交通走廊，也是首見與地鐵站直接連接的BRT車站。

2.6.4　中國廈門公車捷運系統(BRT)案例

廈門位於中國東南沿海，廈門市由廈門島、鼓浪嶼、內陸的同安、集美、海滄、杏林等及其眾多小島嶼組成，陸地面積約有1,565平方公里。其中廈門島面積約為132.5平方公里，人口約為361萬人。

隨著廈門都市海灣型都市的發展和機動車快速增長的現狀，跨海通道的交通壓力持續增加，根據廈門道路及交通實際狀況，當地政府決定以尊重現實、最小干擾車流的原則，參照國外BRT相關技術標準，於2008年在廈門建設中國第一條高架式BRT系統。目前規劃廈門快速公交系統包含8條BRT快線、1條機場專線，總長度約93.4公里，車輛總數234輛(截至2014年4月)，市中心區平均營運速率約27(公里/小時)，使用車輛分別有10公尺、12公尺及18公尺長之公車，使用燃料為柴油。

2.6.5 臺灣臺中公車捷運系統(BRT)案例

　　臺中公車捷運系統(BRT)又稱快捷巴士，臺中市曾規劃快捷巴士(BRT)共6條路線，全長235.3公里，優先興建快捷巴士(BRT)藍線優先路段，起自台中火車站，沿臺灣大道至靜宜大學為止，全線長17.2公里，包括21個車站及1座行控中心與1處維修機廠，2014年7月27日開始營運，2015年7月8日廢止快捷巴士(BRT)，將原BRT藍線專用道改稱「優化公車專用道」，快捷巴士(BRT)實為解決都市交通問題之大眾運輸系統，但由於土建及機電系統工程未完全完工前，先行通車，致無法發揮BRT最大營運效益，且無永續經營之理念，將把BRT改為優化公交專用道，如此無法發揮BRT最大營運效益，臺中快捷巴士(BRT)之規劃設計包含公車捷運系統之七項基本要件。

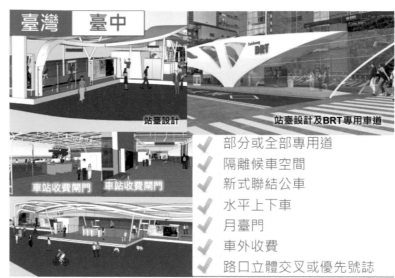

站臺設計　　站臺設計及**BRT**專用車道
車站收費閘門　車站收費閘門

✓ 部分或全部專用道
✓ 隔離候車空間
✓ 新式聯結公車
✓ 水平上下車
✓ 月臺門
✓ 車外收費
✓ 路口立體交叉或優先號誌

Chapter 3

個人/群組運人系統介紹

3.1 何謂個人/群組運人系統(P/GRT)

1. 個人/群組運人系統是一種現代化的軌道交通系統，汽車雖然方便、有私密性，但會產生環境污染，且常因交通壅塞而耗費時間，軌道交通系統為現代化大眾運輸工具，輕軌或地鐵有其空間及經費限制，個人/群組運人系統為現代化、智慧型的系統，是環保且具有低成本的軌道交通系統。

2. 個人/群組運人系統(P/GRT)是一種智慧、低碳、電動新型軌道交通系統，藉由導軌進行車輛控制及調度，PRT 可運 4～10 人，GRT 可運 20～30 人。

3. 個人/群組運人系統行車間距：PRT：4 秒，GRT：8 秒。

4. 個人/群組運人系統營運方式：固定起站與目的地站，每坐滿 4～30 人即出發，如無人上下車則不停靠站。

5. 個人/群組運人系統導引：以行控自動導引，TOMS (Transit Operations Monitoringand Supervision，運輸操作監視及控制)。

6. 個人/群組運人系統以密集班次大量 (可達 13,500 pphpd) 快速運輸旅客。

7. 個人/群組運人系統車站為離線設計，有角度/獨立進出的站臺(鋸齒狀)，車輛進入車站後，可依序進入車站之站臺，車站依需求可有多個不同之站臺，有如客運轉運站停靠鋸齒狀站臺般。

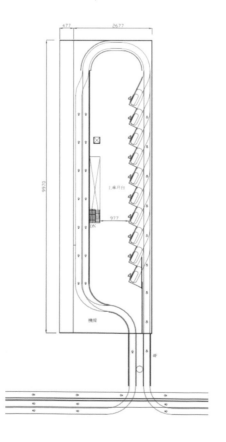
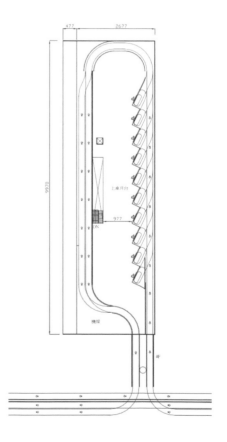

8. 個人/群組運人系統車站大多採疊式車站減少對空間需求，如此一來，車站可利用為 P/GRTOD，個人/群組運人系統導向周邊開發。

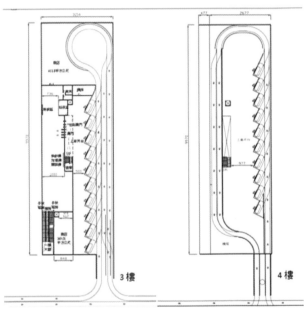

9. 個人/群組運人系統行駛於專用路線(一般 RC 道路)無轉轍器，無道岔，無鋼軌叉、轉、接及事故閉鎖問題；密集班次且可由一輛 PRT 車輛大量串流成多部車輛快速輸送，10 公里長約有 200 部車，自動串流載客。

3.2 個人/群組運人系統(P/GRT)歷史

1. 個人/群組運人系統(P/GRT)源起於摩根城，摩根城位於美國西弗吉尼亞州，約有 3 萬居住人口，因大學季節性增加人口約 28,000 人，個人/群組運人系統連接西弗吉尼亞大學三個校區。

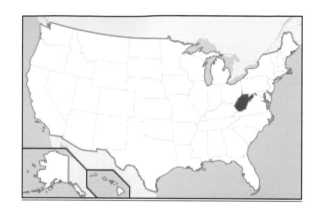

2. 西弗吉尼亞大學因為地理因素必須在 3.2 公里外建造第二個校區，如今以連接三個校區，為了連接校區因而使用個人/群組運人系統。系統於 1975 年開始運作，已良好可靠不斷運轉超過四十多年，車輛以電力馬達驅動，自動運轉。

3. 服務路線共有五個車站，分別為 Walnut，Beechurst，Engineering，Towers，Medical，共 13.9 公里的軌道。

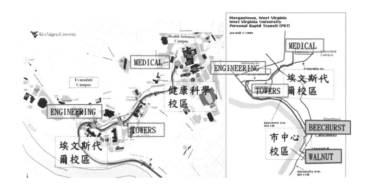

4. 西弗吉尼亞大學個人/群組運人系統軌道有 35%架設在地面或低於地面及 65%架設在高架橋梁上，高架橋梁梁寬大約 10 公尺長。

5. 西弗吉尼亞大學個人/群組運人系統車輛長 4.72 公尺，寬 2.03 公尺，高 2.67 公尺，重 3.97 噸，70 馬力(52 千瓦)馬達發動速度每小時 50 公里；兩側自動門，提供殘障人士使用的開放式平臺，每輛車包含 8 個固定座位，以 U 形方式在車頭與車尾分別配置四個，在車輛中間區域設計有 12 人站立的空間，並提供四支立式握杆。

6. 西弗吉尼亞大學個人/群組運人系統有三種運轉模式：命令、行程表、循環：

(1) 命令模式是在非繁忙時間及在可有效反應搭乘要求的時段執行，只要旅客按下按鈕呼叫車輛，計時就會開始，如果達到時間限制(通常是五分鐘)就會啟動，就算沒有其他乘客要求前往相同目的地。如果等待前往相同目的地的乘客超過人數限制(通常是15 人)，車輛會立即啟動，在此模式下系統是以真正的個人/群組運人系統方式運轉。

(2) 行程表模式在尖峰時刻，車輛以固定的行程運轉，這樣減少等待操作給予車輛目的地的時間，且比命令模式更有效率。

(3) 循環模式在低需求期切換，以少數的車輛每站都停的方式，類似巴士服務，這樣減少在路網上運行的車輛數。

7. 西弗吉尼亞大學個人/群組運人系統系統表現：

(1) 該系統在運轉表現上非常優秀，可靠的自動化運轉代表在操作上的低花費。自建置以來，該系統沒有受損，提供準時服務率遠遠超過巴士服務。一天可疏運 1 萬 6000 人次，且從未發生重大事故，十分成功。

(2) 以 2006 年統計，P/GRT 系統在 3640 小時又 15 分鐘行程表運行時間中，停擺 259 次共 65 小時 42 分鐘，相當於約 98%的可用性。

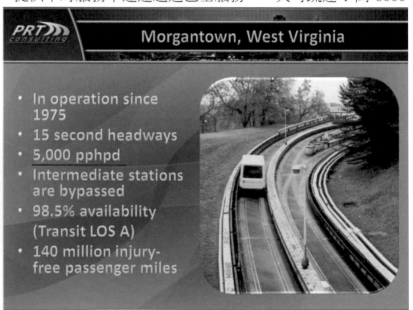

(3) 在 259 次中，159 項是與車輛相關問題，其原因爲車輛運轉過久產生之磨損及車輛故障問題，並非系統問題。

(4) 自從 1975 年系統營運以來，摩根城西弗吉尼亞大學個人/群組運人系統的控制設備只有少許變動，控制室是類似於 1970 年代的美國 NASA 任務控制室，雖然如此，整體可用性仍達到 98.5%，超過了原設計規範的 96.5%。

3.3　個人/群組運人系統都市案例

個人/群組運人系統(P/GRT)有如無人駕駛計程車或小型客運，主要系統有三大系統分別爲：

1. 荷蘭 2getthere 系統：導引系統爲膠輪單導軌自動導引，車輛容量 4～30 人。

2. 法國 ULTra 系統：導引系統爲膠輪雙導軌自動導引，車輛容量 4～6 人。

3. 瑞典 Vetus 系統：導引系統爲鋼輪線性感應馬達，車輛容量 6～20 人。

3.3.1　荷蘭 2getthere 系統

荷蘭2getthere系統爲最早之個人/群組運人系統(P/GRT)，以膠輪單導軌自動導引爲導引系統，車輛可載乘4～30人，1997年於荷蘭鹿特丹運行。

由於荷蘭2getthere系統系以膠輪單導軌自動導引，因此車輛可分爲個人運人系統(PRT)之車輛及加大成爲群組運人系統(GRT)之車輛，個人運人系統(PRT)之車輛可載乘4～6人，群組運人系統(GRT)之車輛原可載乘20人，現代新型群組運人系統可載乘30人，最高可達13,500pphpd。

第三代群組運人系統(GRT)團體車廂相關規格如下：

1. 車輛共有 8～12 座位。

2. 車輛共有最多 20 個手把(站位)。

3. 車輛長度爲 600.0 公分。

4. 車輛寬度爲 210.0 公分。

5. 車輛高度爲 275.0 公分。

6. 車輛速度爲 40 公里/每小時。

7. 車輛加速爲 $0.8m/s^2$。

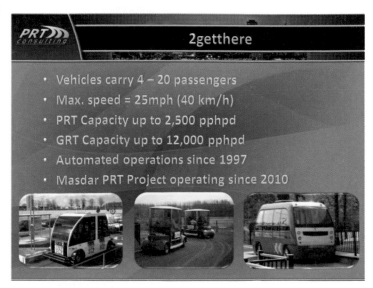

8. 車輛減速為 1m/s²。

9. 車輛緊急停止為 2.7m/s²。

10. 車輛轉彎半徑為 9 米。

GRT團體車廂(第三代)

　　荷蘭2getthere Company LTD公司所研發的個人/群組運人系統(P/GRT)，集合現代科技及材料，輕量化、專用電池，以電腦控制之無人駕駛的電動車輛，運行於專用路權上，個人/群組運人系統(P/GRT)車輛依規格設計，分站位及座位，搭載4～30人。

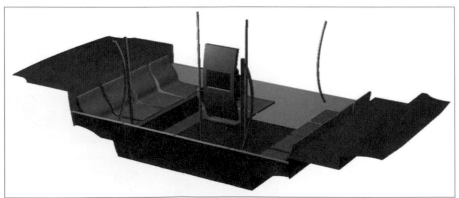

1. 荷蘭鹿特丹 Rivium(1997)個人/群組運人系統(P/GRT)案例

   (1) 5 個車站，分別爲 Rivium 商業園區、Fascinatio 居住區/Brainpark III 商業園區與 Kralingse Zoom 地鐵與公車站，共 1.8 公里的軌道，乘坐 4～20 人。

   (2) 6 輛車日間運行 12 小時，尖峰時刻每小時 500 人，平均等待時間 1.5 分鐘，一般時段約爲 3 分鐘，原本需花費 15 分鐘的車程減少爲 7.5 分鐘。

   (3) 該系統在運轉表現上非常優秀，自建置以來，該系統沒有受損，從未發生重大事故，十分成功。

2. Master City 阿布達比(2010)個人/群組運人系統(P/GRT)案例

   (1) Master City 阿布達比乃全世界第一個零耗碳，零廢棄物，零汽車的都市，採用荷蘭 2getthere 系統中之小型 PRT 系統。

   (2) 個人運人系統(PRT)提供 2,500 組車輛，以達到 200 公尺內都有交通工具的目標，進而滿足每日 15 萬人次的交通需求。

   (3) 個人運人系統(PRT)時速達每小時 40 公里，導軌可以被建造在地面上、高架、嵌在建築物中或地下。

   (4) 個人運人系統(PRT)可用度達 99.4%。

3.3.2　法國 ULTra 系統

　　法國ULTra系統與荷蘭2getthere系統最早為兄弟公司，一起研發個人/群組運人系統(P/GRT)，後來兩者分家，荷蘭2getthere公司繼續研發個人/群組運人系統(P/GRT)，以膠輪單導軌自動導引為導引系統，車輛可載乘4～30人，法國ULTra公司則研發導引系統為膠輪雙導軌自動導引，車輛容量4～6人，最高可達2,500pphpd。以個人運人系統(PRT)為主。

英國Heathrow機場(2011)個人運人系統(PRT)案例：

1. 倫敦希斯羅機場於 2011 年啓用的無人駕駛交通系統「個人運人系統(PRT)」，又稱爲「豆莢車系統」(The Podsystem)。

2. 這套系統全長 3.8 公里，每車可乘坐 4 人，可運行於機場第五航廈及停車場區，七線完成後可直接送個人旅客到指定目的地，深受旅客好評。

3.3.3　瑞典 Vectus 系統

　　瑞典Vectus系統與其他兩種個人/群組運人系統(P/GRT)不同，其他兩種個人/群組運人系統(P/GRT)爲膠輪系統，瑞典Vectus系統爲鋼軌鋼輪系統，導引系統乃是以鋼輪線性感應馬達，個人運人系統(PRT)，車輛容量6～9人，最高可達5,000pphpd，群組運人系統(GRT)車輛容量20人，最高可達10,000pphpd。由於運用在韓國順天灣，專利權已由韓國POSCO公司取得。

瑞典Vectus個人運人系統(PRT)相關規格如下圖：

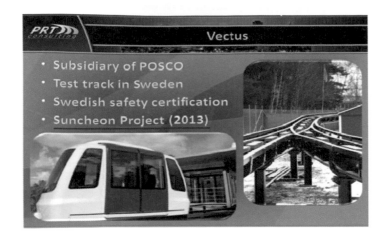

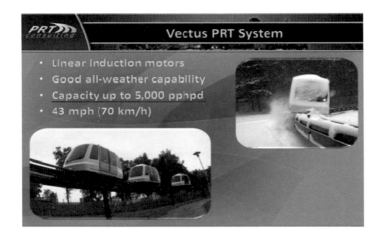

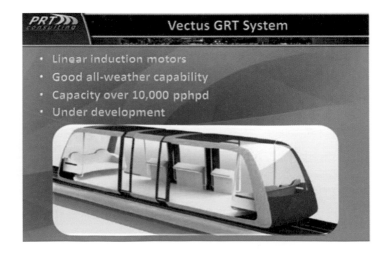

韓國順天灣(2013年)個人/群組運人系統(P/GRT)案例:

1. 韓國順天灣於 2011 年啓用瑞典 Vectus 系統中的無人駕駛交通系統「個人運人系統(PRT)」,連接園博會會場和順天灣,全長 4.64 公里。計畫截至 2013 年 10 月底免費提供服務,此後開始進入商業營運。每輛車長 3.6 米,寬 2.1 米,高 2.5 米,可乘坐 6~9 人。
2. 無人駕駛計程車軌道離地面高 3.5 米,坐在車中可俯瞰博覽會會場和順天灣一帶的風景。

3.4　個人/群組運人系統優勢

1. **個人/群組運人系統(P/GRT)具有二大特性、三大優點及五項運用之優勢**

   (1) 二大特性:個人/群組運人系統(P/GRT)造價低(5 億~7.5 億)、回收快,施工期短(交通影響低)。

   (2) 三大優點:個人/群組運人系統(P/GRT)車等人(最優系統,隨到隨開),直達(最優速度,平均 40km/hr),免轉乘(最佳搭乘,一門到站)。

   (3) 五項運用:個人/群組運人系統(P/GRT)短距離設站(沿線均衡發展),離線設站(優化道路景觀),既有建築物內設站(快速建站),模塊化軌道(回收再利用),駐車維修在車站內(免機廠)。

2. **個人/群組運人系統(P/GRT)工程優勢**

   (1) 個人/群組運人系統(P/GRT)轉彎半徑小於 5.5 公尺,不需拆遷民宅。

   (2) 個人/群組運人系統(P/GRT)爬坡率最高為 10%,上山下坡容易,適合山地地形。

   (3) 個人/群組運人系統(P/GRT)高架雙向 5.71 公尺路寬,結構輕巧,易於結合道路環境與人行空間、建築物,較不會破壞生態環境。

(4) 個人/群組運人系統(P/GRT)建造期程 10 公里僅需 1.5 年，施工期短，影響地面交通短，民怨低。

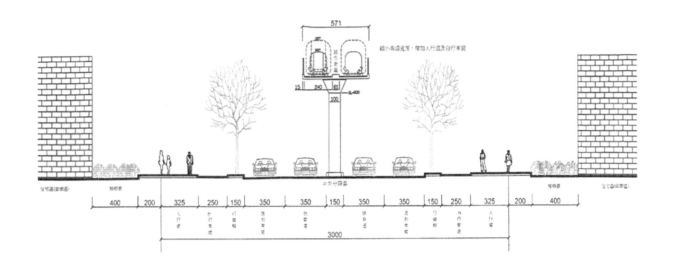

3. 個人/群組運人系統(P/GRT)營運優勢

(1) 個人/群組運人系統(P/GRT)具有婦女、兒童、長者專車，且有專屬票證。

(2) 個人/群組運人系統(P/GRT)在緊急狀況或車輛故障時至最近車站停車。

(3) 個人/群組運人系統(P/GRT)可全程在車站及車內中央監控，隨時與中央監控對話。

(4) 個人/群組運人系統(P/GRT)擁有一人專屬搭程，但票價比較高。

(5) 個人/群組運人系統(P/GRT)採用多站臺設計，進站離站快速安全。

(6) 個人/群組運人系統(P/GRT)車輛內留設空間供輪椅、自行車隨車搭程，採以人為本、無障礙空間設計及自行車轉乘。

(7) 個人/群組運人系統(P/GRT)採用低底盤車輛，乘客搭乘無礙，同時輪椅可自由進出車輛，搭乘無礙。

(8) 個人/群組運人系統(P/GRT)車輛採用電池供電，不受電力故障影響，防止因供電系統故障造成車輛無法運行之情況產生。

(9) 個人/群組運人系統(P/GRT)車輛因採取自動化導軌系統控制，因此無停停開開不舒服感。

(10)個人/群組運人系統(P/GRT)車輛擁有大面積窗景，視野廣闊，同時車身可配合市景造型，塑造都市景觀之意象，帶動乘客搭乘，提高客流量。

4. 個人/群組運人系統(P/GRT)節能減碳優勢

(1) 個人/群組運人系統(P/GRT)為綠色大眾運輸環保低碳 ECO 之系統，車輛採用電池動力，CO_2 極低排放，產生極低污染、噪音及震動。

(2) 個人/群組運人系統(P/GRT)車輛採 40km/hr R 定速運行，耗能低。空車站內等待，不耗能。每輛車平均每公里耗能僅為 0.5kw。(約一般公車 65～75%，地鐵 25%)；地鐵系統車輛快速啟動、剎車、停車，耗電、干擾、不環保。

5. 個人/群組運人系統(P/GRT)路線系統優勢

(1) 個人/群組運人系統(P/GRT)可做為大眾捷運系統之中間站、端點站接駁。

(2) 個人/群組運人系統(P/GRT)可做為都市郊區主要交通系統。

(3) 個人/群組運人系統(P/GRT)可做為二、三線都市主要交通系統。

(4) 個人/群組運人系統(P/GRT)可做爲大型遊園區、遊樂區、風景區環區休憩運具。

(5) 個人/群組運人系統(P/GRT)可做爲都市觀光休憩兼交通系統。

3.5　個人/群組運人系統工程規劃

1. **個人/群組運人系統(P/GRT)路線工程**

    (1) 路權：個人/群組運人系統(P/GRT)之路線工程主要爲高架輕型軌道系統，屬於專用路權(A 型)。

    (2) 軌道：個人/群組運人系統(P/GRT)之軌道爲膠輪，導軌自動導引，混凝土路面；或爲鋼軌鋼輪。

    (3) 推進力：個人/群組運人系統(P/GRT)之車輛運行在路線上，採電池+馬達(48V 電池)。

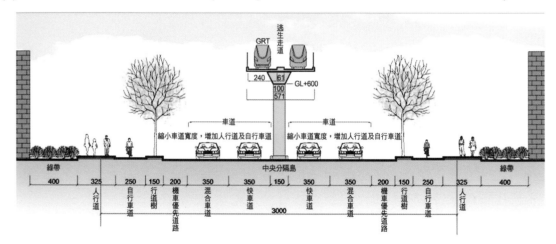

    (4) 軌道設施：個人/群組運人系統(P/GRT)路寬需求單車道 331 公分(含單邊設置 61 公分寬逃生走道)，雙向車道 571 公分(含中央設置 61 公分寬逃生走道)。

2. 個人/群組運人系統(P/GRT)車站工程

個人/群組運人系統(P/GRT)車站站臺配置：單邊雙層設站：配合軌道高度，車站設置在建築物三、四樓，一、二樓則做商業或多功能使用空間。

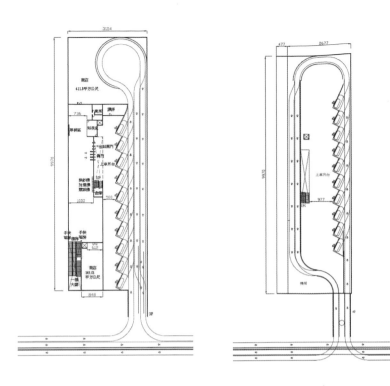

3. 個人/群組運人系統(P/GRT)監控設施

監控設施包括系統監控影像以3D顯示，易於監控，負責處理全線行車控制、警告及警報、旅客搭乘進出系統，軌道環境監視控制，達到完全安全及零事故之目的。

4. 個人/群組運人系統(P/GRT)附屬設施

　　附屬設施包括維修檢修設施、車輛洗滌設備、車輛儲放空間、動力系統、服務性空間…等，為運行軌道系統之必要設施。

5. 個人/群組運人系統(P/GRT)相關工程資料

項目	說明
路權	完全專用 A 型路權
軌道	膠輪/混凝土路面(雙向 2 軌道，軌道寬 5710mm，含疏散空間 610mm) (單向 1 軌道，軌道寬 3310mm，含疏散空間 610mm)
導引	行控自動導引，TOMS(Transit Operations Monitoring and Supervision, 運輸操作監視及控制)
推進力	電池+馬達(48V 電池 400 Ah)
車輛控制	自動儀控
車輛編組	1 車
車輛間隔(班距)	4-8 秒鐘，在 40km/hr 的速度下車輛間隔距離 100 公尺
隔絕系統	兩輛車在同時間內不會進入同一個位置
行車控制系統	普通車：每站都停。 直達車：於大型車站間採固定起站與目的地站的運行方式，每坐滿 4~25 人即出發，固定直達大站
車站	有角度之站臺－獨立進出的站臺(鋸齒狀或魚骨狀)
保修及車輛存放	所有的保養維修(含洗車，駐車)，廠區高度(依升降機臺而定)4.5 公尺，與車站共構或單獨設置

6. 個人/群組運人系統(P/GRT)相關參數資料

參數項目		假設值
服務參數	立位服務水準	5 人/m²
	單位車廂載客數	25 人 (分站位跟座位，包括行李、輪椅空間)
	營運路線長度	8.4km
	營運行駛速率	40km/hr
	列車備用率	10%
	10%斜坡時最大速度	12.5km/hr
	最大加速度(舒適考量)	0.8m/s²
	10%斜坡最大加速度(舒適考量)	0.57m/s²
	減速度(一般狀況)	1m/s²
	減速度(緊急狀況)	2.7m/s²
	減速度(快速停止)	4.7m/s²

硬件參數	車輛尺寸(長 x 寬 x 高)	6,000 x 2,100x 2,750mm
	車輛間隔(班距)	4-8秒鐘，在 40km/hr 的速度下車輛間隔距離 100 公尺
	軌道寬	雙向 2 軌道，軌道寬 5710mm 含疏散空間 610mm
	地板離地高度	300mm
	月臺高度	325-360mm(全密閉月臺)
	車重	4,000kg
	載重量	2,000kg
	最大重量	6,000kg(含乘客)
	推力	中央 AC 馬達，後軸齒輪
	轉彎直徑	16m
	牆間轉彎直徑	25m
	最大爬坡	10%
	建議坡度	<5%
	雷射物體傳感器	寬孔徑 4 層掃描(感測距離 80 公尺)
	超音波物體傳感器	後側虛擬保險杆
	車廂內部	LCD 行車資訊營幕、照明、急救包、滅火器、逃生鐵鎚、攝影機(使用的材料皆為耐焰材質)

Chapter 4

輕軌系統介紹

4.1 何謂輕軌系統

　　輕軌系統起源於都市公共馬車，為增加載客量而將馬車放在鐵軌上。最早的輕軌系統，確切的說，應該稱為"有軌馬車"。1807年英國威爾斯設立了世界上第一條藉由馬匹牽引的客運軌道公車，這可以說是輕軌系統的雛形。

　　直到電力牽引方式的出現，世界上才出現了輕軌系統。1879年，德國工程師維爾納‧馮‧西門子在柏林的博覽會上首先嘗試使用電力帶動軌道車輛。並且於1881年在柏林近郊鋪設的第一條電車軌道，靠一條鐵軌通電，另一條鐵軌作回路。一列3輛電車編組的小功率輕軌系統，乘坐6人，在400m長的軌道上往返運行。西門子制定了輕軌系統標準，真正的輕軌系統由此發展起來。

　　因此德國是世界上最早發展輕軌的國家，第一條投入都市客運的是1881年柏林附近的利希特費爾德建設的輕軌系統。至二戰以前，德國共有80個都市建設了輕軌系統，路線總長約5,000km。

　　中國最早的輕軌系統出現於清朝時期的北京，時間是1899年，由德國西門子公司修建，連接郊區的馬家堡火車站與永定門。1904年香港開通輕軌系統，此後設有租界或成為通商口岸的各個中國都市相繼開通輕軌系統，天津、上海先後於1906年、1908年開通。日本和俄國相繼在大連、哈爾濱、長春、瀋陽開通輕軌路線。北京的市內輕軌系統在1924年開通。

　　輕軌系統在日本的發展比歐美晚了近30年，到20世紀30年代發展到尖峰，在67個都市共擁有長達1400km的營業里程。至1955年，日本的輕軌路線總長度達到1,436.7km，年運送乘客27.59億人次。在日本神戶市區和海港之間行駛的輕軌系統，其速度比計程車快兩倍。為避免中途陷於交通阻塞，電車路線鋪設在高出地面5米的混凝土高架橋上。車上不配備司機人員，疏導乘客、駕駛電車和調度車輛的任務均由小型電子電腦完成。

　　進入20世紀30年代，特別是二戰之後，隨著汽車工業的快速發展。都市公車及無軌電車系統等道路交通開始快速發展，私人小汽車數量也在大量增加。全世界範圍內的輕軌路線大量被拆除，在北美、法國、英國、西班牙、中國等地幾乎完全消失。輕軌作為"落後"的交通工具開始走向衰落。

　　20世紀50年代後，輕軌系統在北美、法國、英國、西班牙等地幾乎完全消失。但在瑞士、德國、波蘭、奧地利、義大利、比利時、荷蘭、日本及東歐等國，採取了不同的策略，對輕軌系統進行了改造。

　　輕軌系統的逐步消失，公車代替輕軌，並沒有緩解日益嚴峻的交通擁擠現象，同時為此付出的代價是公車客流量的持續下降。隨著能源、土地利用和環境污染問題的日益凸顯，在歐洲人們開始重新審視大眾運輸方式和大眾運輸政策，更加重視無污染、綠色、大運量的交通方式。輕軌系統重新進入人們的視野，針對輕軌系統的缺點對其進行改造，一種改造路權和車輛，提升為輕軌捷運系統；另外一種則是僅改造車輛，這就是現代輕軌系統的由來。

　　輕軌系統為現代都市大眾運輸系統，是都市移動的地標，以電力推動軌道車輛，可單節或編組之方式進行營運，具各種路權營運能力及鐵路導引技術之優點，同時輕軌系統定位可因地制宜，採取適合都市營運之軌道交通系統。

1. 輕軌系統(Light Rail Transit)定義

(1) 早期輕軌系統為輕型軌道系統，所以又有人稱為輕軌系統。

(2) 現在輕軌系統系以運量定義，運量介於公車與高運量地鐵系統間，並可兼具兩系統特性交通系統，高架輕軌系統因具有專用路權，運量及速度均較輕軌為快，因此國外有人將平面鋼軌鋼輪系統視為輕軌系統(LRT)，高架鋼軌鋼輪系統視為輕軌捷運系統(LRRT)，但實際上輕軌系統亦有膠輪系統。

(3) 首度出現：1978 年 UITP(國際大眾運輸聯盟)出現輕軌名詞；1979 年則稱輕軌系統屬於軌道交通系統的一種型式，可以在傳統地面電車或行駛於專用車道之運輸等不同階段中發展。每一個階段都可以是最終階段，但仍保留進化到下一個更高階段的可能性。

(4) 事實上近年軌道交通系統技術日益發達，與一般車流混合行駛的街道電車，逐漸發展為每小時單方向運量達到 3,000 旅次以上之輕軌系統(LRT)，若採與其他車流完全隔離的路權型態，可提升為輕軌捷運系統(LRRT)，在系統技術分類界線已模糊化，僅是系統型式上不同而已，因此根據 UITP，國外很多將現代輕軌系統及專用路權輕軌捷運系統(LRRT)視為輕軌捷運，雖然仍有些許差異。

(5) 中國過去定義輕軌系統為高架型式，但 2018 年國家發改委第 52 號文定義輕軌系統並非全為高架，宜平面則平面，宜地下則地下，因此又與國外對輕軌定義又接近些，嚴格說，以平面型式為主，可稱為輕軌系統；以高架型式為主，可稱為輕軌捷運系統。

(6) 輕軌系統是一種「軌道支承式」的都市大眾運輸系統，能在較小之轉彎半徑、坡度及街道上行駛，以供應電力運轉，行駛於特定軌道路線，可因地制宜，規劃專用、隔離或混合路權。

法國　　加拿大　　西班牙　　義大利

2. **輕軌系統路權定義**

(1) A 型路權(專用路權)：完全為輕軌系統運輸所有，車輛的運行可以完全由營運單位控制。

(2) B 型路權(隔離路權)：路線沿線以實體隔離設施防止其他車輛進入，但有緊急狀況下才供其他車輛行駛，交叉路口一般採平交。

(3) C 型路權(混合路權)：輕軌系統運輸與其他地面交通及行人混合、共享路權。

3. **輕軌系統(LRT)特性**

(1) 運量大：相較於公車車，大多採電子控制技術的輕軌系統，可拖掛單節或多節車廂，運量可達到 3,000-20,000(小時/單向)。

(2) 高準點、高可及性：因採用電子控制及專用軌道，故安全準時。

(3) 轉彎能力較強。

(4) 爬坡能力較強。

(5) 制動能力較高。

(6) 環境兼容性高。

(7) 具升級彈性。

(8) 靈活性高、低成本：採多種形式的站臺上下乘客，且採混合路權的形式與其他車輛共享道路；輕軌系統較世界各地的地鐵系統建設投資成本低。

(9) 低污染。

(10)系統簡單：裝配著無閘門之收費系統，簡單的車站和一人駕駛的電聯車。

(11)車輛具軸重較輕。

4.2 輕軌系統演進歷程

1. 輕軌系統(LRT)演進

(1) 早期輕軌系統設計：系統位於車道上，具備簡易車輛型式，採 B 及 C 型路權。

(2) 80 年代輕軌系統設計：輕軌系統運輸可解決都市交通問題。車站大部分為低站臺設計，而車輛為高底盤，因此乘客必須步上階梯以進入車輛，對於殘障人士相當不方便，採 B 及 C 型路權。

(3) 90 年代輕軌系統設計：為最重要發展，包括高站臺車站設計，便於所有乘客的上下車，採 A、B 及 C 型路權。

(4) 二十一世紀輕軌系統設計：為高乘載且考慮人性化、舒適度及融入都市街景，使車輛、站臺設計兼具人性與資訊考慮，並採低站臺、低底盤車輛，同時為 A、B 及 C 型路權，供電方式為架空線。

(5) 無架空線新型輕軌系統設計：主要有法國 Alstom 系統、義大利 Ansaldo STS 系統、加拿大 Bombardier 系統、西班牙 CAF 系統、德國 Siemens 系統採用無架空線新型輕軌系統設計，但設計供電方式皆不相同。

2. 無架空線輕軌設計介紹

(1) 法國 Alstom 系統

　　(a) 法國 Alstom 系統為地面下伸接觸式連續供電系統(APS)。

(b) 兩條金屬片嵌在一長條絕緣片上，平整鋪設於兩條鋼軌間，構成供電軌，列車經過供電軌，感應線圈偵測並傳出訊號，列車可由集電靴經供電軌取得所需電力。

(c) 2003 年開始在法國 Bordeaux 使用，2014 年 Dubei 亦採此系統，全線無架空線。

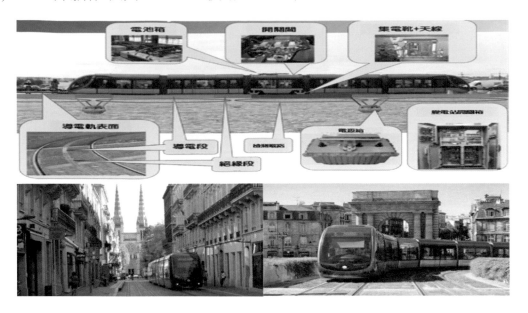

(2) 義大利 Ansaldo STS 系統

(a) 義大利 Ansaldo STS 系統為地面上吸接觸式連續供電系統(Tram Wave)。

(b) 在行駛軌道間嵌入模塊，提供列車所需電源，列車行經上方時，模塊才會供電，車上集電靴具強力的永久磁鐵，可吸起嵌在模塊內金屬帶，經由兩者間的接觸獲取所需電力。

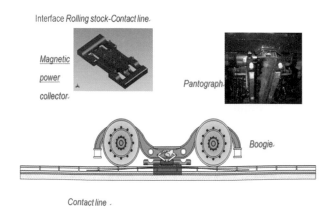

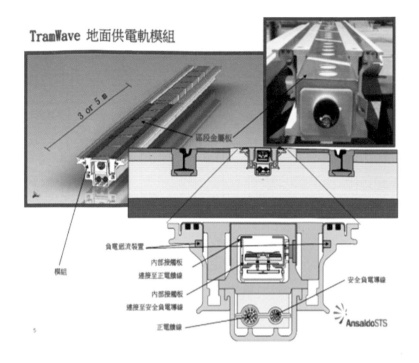

(3) 加拿大 Bombardie 系統

    (a) 加拿大 Bombardie 系統爲地面感應式連續供電系統(Primove)。

    (b) 在道床下嵌入式感應回路，與安裝於車體下的線圈產生電磁感應，轉換爲電流供
        列車牽引使用，可在沒有任何實體接觸的情況下傳輸電力。

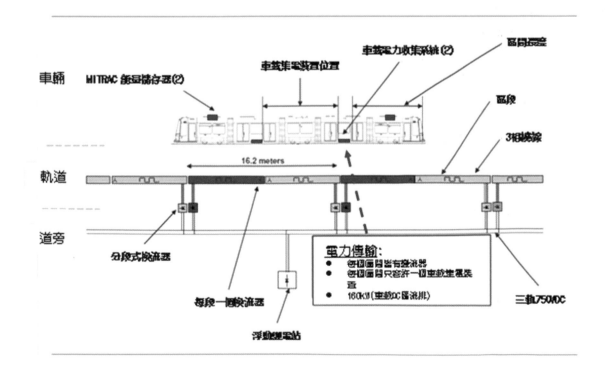

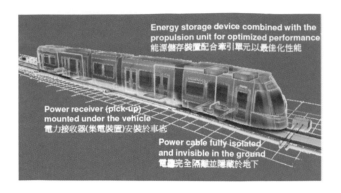

(4) 西班牙 CAF 系統

(a) 西班牙 CAF 系統為車載供電，供電方式乃超級電容與蓄電池(ACR)。

(b) 各候車站裝置一段架空線或導電軌，列車停靠時將集電弓升起並接觸，利用超級電容能快速充、放電特性，利用乘客上、下車的時間充電，充電時間 20～30 秒，充電後即可運行至下一候車站，充電後最大續航力可達 3 公里。

(c) 法國 ALSTOM 公司也已發展與 CAF 同樣之超級電容車載供電，並應用在高雄輕軌系統第二期工程。

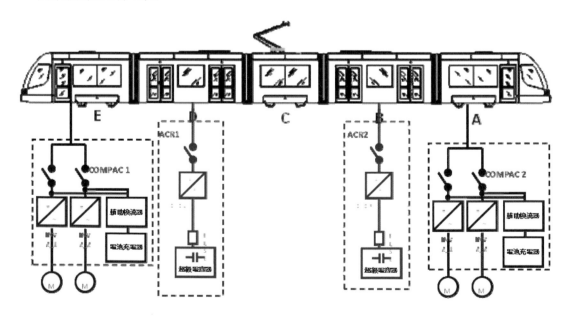

(5) 德國 Siemens 系統

(a) 德國 Siemens 系統亦為車載供電，採用超級電容與蓄電池。

(b) 於無架空路線段運行時，由車載儲能裝置給供電力，而於各候車站利用上、下客時，舉升集電弓自架空線引電並充電。

(c) 儲能裝置為 Sitras MES/Sitras HES，系電池和超級電容混合使用的標準型：由電池提供固定的基底負載，超級電容提供電力峰值，並儲存再生煞車所產生的能量。

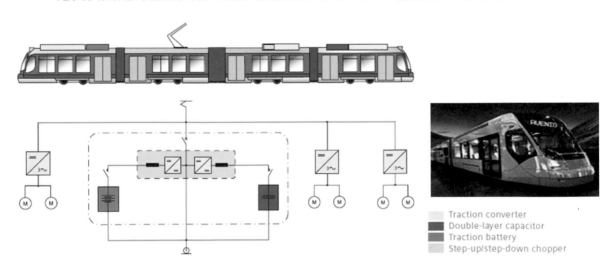

- Traction converter
- Double-layer capacitor
- Traction battery
- Step-up/step-down chopper

3. 無架空線輕軌系統案例

廠商	城市/國別	啟用年	全系統線長 (km)	無架空線長 (km)	說明
Alstom	Bordeaux, WS France	2003	43.9	12	為保留歷史記憶而於古城區使用
	Angers, WN France	2011, Jun.	12	1.5	造價€47,000,000(NT$19億)
	Dubai, UAE	2014	14.5	14.5	沙漠氣候，運轉速度20km/h
Ansaldo	Naples, Italy	2012	0.6	0.6	為中國珠海之試驗認證線
	廣東珠海，中國		8.7	8.7	2012由大連機車車輛及臺灣肇源與Ansaldo DSTS簽訂合作意願書，金額約NT$10.7億
Bombardier	Augsburg, S Germany	2010, Sep.	0.8	0.8	用於博覽會期間之試驗線
CAF	Seville, Spain	2011, Apr.	2.2	2.2	市中心線採用，共五站
	高雄市，臺灣	2015	22.1	22.1	營運中
Siemens	Doha, Qatar	2015	11.5	11.5	共25站，所有系統完全由Siemens提供，包含土建。約NT$410億

4. 智慧軌道快運系統

(1) 智慧軌道快運系統(簡稱"智軌")，以二條光導軌線作為虛擬軌道，車輛為超級電容電池充電，採用與輕軌系統同等標準的運量和車型，為既有道路低強度改造提供新選擇，智慧軌道快運系統實際上可稱為虛擬軌道之輕軌系統。

(2) 智慧軌道快運系統具有中低運量軌道交通系統(節能環保、運量較輕軌大、準時)及公車捷運(BRT)(路線靈活，綜合成本低)之優點。

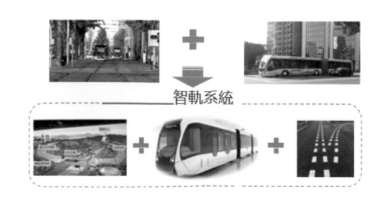

智軌系統

(3) 智慧軌道快運系統為中國中車研發技術，首條智慧軌道快運系統示範線株洲智軌 A1 路線(首期)於 2018 年 5 月 8 日試運行，全長約 3 公里。

(4) 智慧軌道快運系統列車始終循著都市道路地面上畫的白色虛擬軌道線行駛，以車載傳感器識別路面虛擬軌道，通過中央控制單元的指令，調整列車牽引、制動、轉向的準確性，精準控制列車行駛在既定虛擬軌跡上，全自動控制。

(5) 智慧軌道快運系統採首末站電池充電，單次 10 分鐘充電可供其行駛 25 公里，充電 40 分鐘可滿足其行駛 55 公里。

(6) 智慧軌道快運系統最小轉彎半徑為 15 公尺，小於輕軌 25 公尺最小轉彎半徑，爬坡力高達 13%，載量 307 人左右，並可通過無線重聯技術提升到 500 人左右，建設期約一年。

(7) 現代輕軌路線造價約為 7.5 到 10 億元，「智軌」在與現代輕軌運力相同情況下，整體路線投資約為現代輕軌的 1/5。

(8) 中國首條智慧軌道快運系統於宜賓的智軌 T1 線在 2019 年 12 月 5 日開通營運，成為首條商業營運路線。

4.3 輕軌系統工程規劃

1. 輕軌系統車輛及線形

(1) 輕軌系統之設計車輛寬 2.2M～2.65M，長 37.5M 或二連結車總長 75M。

(2) 輕軌系統車輛底盤分高底盤與低底盤，車輛高底盤 85cm～90cm，設 3 臺階或高月臺，車輛低底盤 35cm，便利乘客上下車。

(3) 輕軌系統車輛減速需求為 1.0～2.0m/sec²。

(4) 輕軌系統車輛緊急時可達 2.0～3.0m/sec²。

(5) 輕軌系統車輛加速度一般為 1.0～2.0m/sec²。

(6) 輕軌系統路線坡度最大 9%，一般 6～7%。

(7) 輕軌系統曲線半徑最小 12 公尺，一般 25～35 公尺。

2. 輕軌系統車輛的優勢：適應都市街廓環境

   (1) 輕軌系統車輛具有較短的列車長度及個別車廂長度。

   (2) 輕軌系統車輛可為不同車廂長度間的組合。

   (3) 輕軌系統車輛善用車間關節，甚至肘節式轉向架(Articularbogie)。

   (4) 輕軌系統車輛依路線需求彈性配置轉向架。

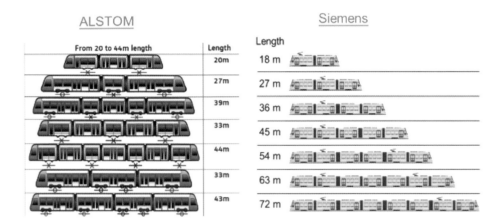

   (5) 100%低底盤輕軌系統車輛特性：

100%完全低底盤列車		
項　目	說　明	
友善系統	上下車方便、安全、無障礙	
地板高度	35公分	
月臺高度	配合底盤高度	
車廂內地板	平順、無階梯	

3. 輕軌系統車道寬度及供電方式

輕軌系統車道寬度單向訂爲3.5M；雙向爲7.0M；供電方式可分爲架空線及無架空線供電方式，架空線供電方式可分爲電杆設於車道外及電杆設於兩車道間兩種方式，如圖所示：

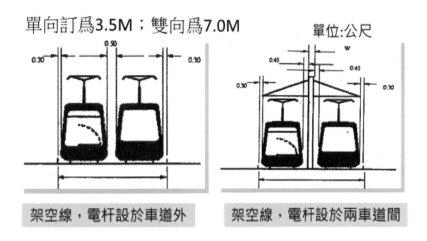

4. 輕軌系統收費系統架構

輕軌系統收費系統採與公車捷運系統相同，收費系統之型式可分爲封閉式系統及開放式系統，分別爲站外驗票及車上驗票，於月臺處設置有售票及加值機等，請參考下圖。其主要之系統差異在於是否需採用一進一出之系統感應方式。封閉式系統之收費系統型式，要求旅客必須於進出站時感應票卡(驗票)，一般較適用於具站體之空間，乘客在站體行動路線主要爲一進一出。而開放式系統僅需於車上進行票卡驗票之動作，故在系統設備數量上將較少，得適用於路寬較小，建置爲開放式系統之處。

由於開放式系統之收費方式較爲簡易，因此收費系統造價較爲便宜，但因車上驗票，常有逃票情況產生，國際上常採逃票被查，則懲罰數倍至數十倍之重罰則，以避免逃票情況。

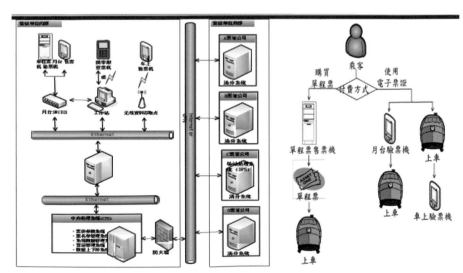

波爾多輕軌車門附近會裝設1至2個自動驗票機

波爾多輕軌系統車站自動售票機

5. 臺灣輕軌技術規範

　　「交通技術標準規範捷運類車輛設計部-輕軌系統建設及車輛技術標準規範」於2011年12月經交通部頒布，技術規範整體架構如下

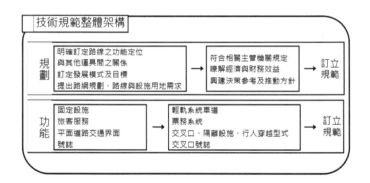

　　相關規劃及重點技術規範要求如下

項目	說明
運輸需求	1.運量 2.路線 3.站距
系統服務水準	1.班距 2.乘坐舒適度 3.月臺與候車站功能
營運規劃	1.路線圖 　■ 路線營運型式 2.營運模式 　■ 停站時間、行駛方向、列車組成 3.車速 　■ 最高車速與限速、最大加速率、最大減速率、急衝值 4.車輛容量

主要指標		說明
運輸需求	運量	目標年之尖峰小時單向站間最大運量(ppdph)宜大於2,500
	站距	500M~800M
系統服務水準	班距	<15min
	月臺寬	島式:2.0M以上;側式:1.5M以上
車速	車輛容量	營運規劃:列車座位滿座加立位5人/M²之密度作列車運轉計畫及車輛採購之考量 車輛設計:列車座位滿座加立位7人/M²之密度作基準以維護使用電聯車壽命
	最高車速與速限	依列車型式、地區特性、營運需求、路線條件及特定狀況訂定
	最大加速率	於W3(座位坐滿加上立位7人/M²,每人以60kg計算)狀態下,平直軌道車行方向加速率限值為1.3M/sec²
	最大減速率	於W3狀態和營運最高速度狀態下,平直軌道車行方向正常行駛最大減速率限值為0.8~1.5M/sec²間,緊急煞車減速率最低限值為2.7M/sec²

主要指標		說明
固定設施	車道寬	平面路段單向車道3.5M,雙向車道7.0M
車輛	最小水準曲率半徑	列車應能通過25M
	車高	<3.8M(集電弓降弓狀態)
	車寬	2.40M至2.65M
軌道	軌距	1435公釐
	軌道型式	道碴軌道、無道碴軌道等
供電	牽引供電系統	原則:簡單輕巧,以引自鄰近市電配電網路之方式設計 配電系統:架空線、第三軌、地面供電 電壓:750VCD或1500VCD
安全措施	安全步道	於專用路權路段需設置,寬度不少於40CM,步道面上高度不少於200CM,兩股軌道間可共用
環境保護	電磁幹擾	於設計時應抑制電磁甘擾(EMI)並具備電磁相容(EMC)之能力

4.4　輕軌系統都市案例

1. 輕軌系統與都市新區開發(LRTOD)結合成功案例

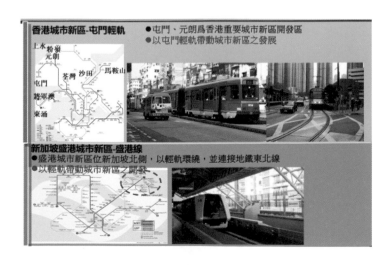

2. 臺灣輕軌系統

臺灣目前已通車之輕軌系統共有高雄輕軌及淡海輕軌，茲說明如下：

(1) 高雄輕軌：高雄輕軌路線行經凱旋二～四路－成功路－海邊路－七賢三路－美術館路－大順三路，形成一連結南、北高雄的環狀路網，路線長度約 22.1 公里，規劃設置 36 座車站，採平面 B 型路權，無架空線，軌道與車道隔離，第一階段由前鎮調車場～捷運西子灣站，長度 8.7 公里，2015 年 10 月 16 日開通營運，第二階段：第一階段以外之路段，長度 13.4 公里，預計 2023 年底全線通車；高雄輕軌有如都會中移動的綠廊，以「樂活港都綠色運轉」為主題，以「水之都綠之軌」為整體概念，從歷史軌跡與光輝中提出具「動感、美麗、軌跡、幸福、夢想」意象的輕軌系統。

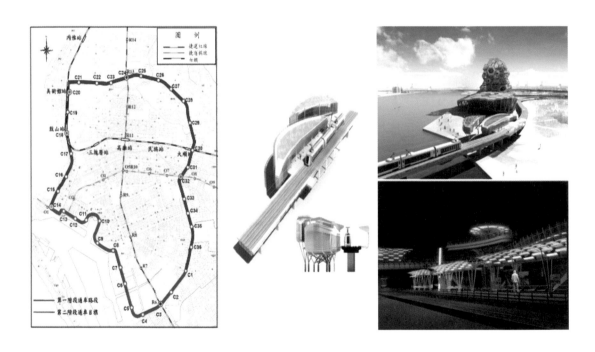

(2) 淡海輕軌：淡海輕軌路線規劃有二，一線靠山，一線靠海，分別以「綠山線」與「藍海線」稱之，整體路網 20 個車站，全長 13.99 公里，「綠山線」路線起自臺北捷運淡水線紅樹林站，沿中正東路、淡金路往北至沙崙路轉往北至淡海新市鎮，全長約 7.34 公里，共設置 11 座車站(高架 7 座，平面 4 座)，「藍海線」起自捷運淡水站，經紅毛城、漁人碼頭、沙崙文化創意園區，至新市鎮沙崙路後往北至機廠與綠山線共線，路線全長約 6.56 公里，共設置 9 座平面車站，另規劃三芝延伸線；淡海輕軌第一階段路網主體工程於 2014 年 11 月 23 日開工，其中綠山線於 2018 年 12 月 23 日通車，藍海線一期則於 2020 年 11 月 15 日通車；由藍海線二期為主的第二階段路網則於 2018 年啟動興建、預計於 2023 年完工。

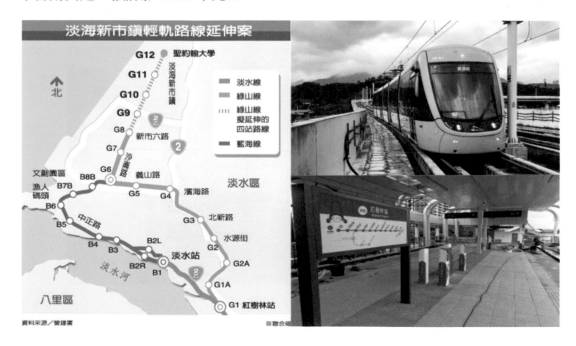

3. 輕軌系統移動地標之美

奧地利馬克大道輕軌

義大利米蘭輕軌

葡萄牙里斯本輕軌

愛爾蘭都柏林輕軌

德國慕尼黑輕軌車輛系之Freiheit候車站

德國波爾多輕軌

比利時布魯塞爾輕軌

比利時魯塞爾輕軌

美國德克薩斯州達拉斯輕軌

4. 輕軌系統標誌

Chapter 5

單軌系統介紹

5.1 何謂單軌系統

單軌系統系指以單一軌條(rail)或梁(beam)支撐或懸掛車廂，並提供導引作用而運行的軌路式交通系統。單軌系統依其支撐行走方式及結構，包括懸掛式及跨坐式兩種型態，懸掛式單軌是指列車懸掛於軌道梁下方，並沿軌道梁行走的軌道交通系統，跨坐式單軌則是指列車採用跨坐方式在軌道梁上行走的軌道交通系統。聯掛輛數通常在六輛以內，但也可聯掛八輛，車輛編組具彈性，車輛用橡膠輪，系屬於中運量軌道系統。

5.2 懸掛式單軌系統

1901年，德國科隆工程師尤金・蘭根Eugen Langen設計研發之懸掛式單軌系統在德國魯爾區伍珀塔爾(Wuppertal)開始營運，這是全世界第一條動力懸掛式客運單軌系統，路線全長約13.3公里，車站20座，年客流量約2,500萬人次以上，營運至今已一百多年仍持續運行中。

1960年2月，在法國國鐵和巴黎交通公司支持下，法國的雷諾、米其林、里昂水電公司等十幾家廠商，合作研發新型懸掛式單軌系統，並以各主要公司第一個字母命名為SAFEGE，同時在法國巴黎奧爾良建造懸掛式單軌系統測試線。該系統車輛懸掛在箱型梁下方，箱型梁底部開口，轉向架則位於箱型梁內部並支撐車輛，轉向架設置走行輪和導向輪，沿著箱型梁內部的軌道運行，道岔為箱型梁內的可動軌，根據可動軌的移動來改變列車行駛方向。該測試線在巴黎奧爾良運行數年，但一直無法商業化運行，而日本和德國則以SAFEGE模式研發新型懸掛式單軌系統。

湘南單軌為世界上第一條以法國SAFEGE系統為基礎的懸掛式單軌系統，是三菱重工1970年引進的技術，路線全長6.6公里，設有8座車站，速度75km/hr，日本千葉市的SAFEGE型懸掛式單軌系統是世界上最長之懸掛式單軌系統，共有二條線，全長15.2公里，設有18

個站，部分單軌2號線於1988年3月28日開通，其餘於1999年3月24日開通，將懸掛式單軌系統帶入另一個都市交通領域。

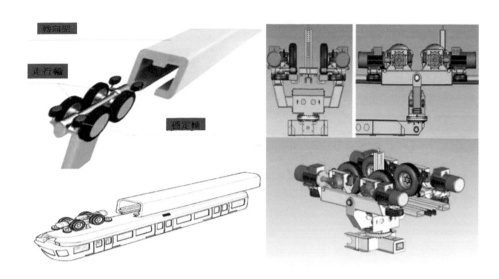

　　1972年，德國政府委託西門子公司和多特蒙德(Dortmund)大學以SAFEGE系統爲基礎對懸掛式單軌系統進行技術研發改進並命名爲H-Bahn懸掛式單軌系統，"H"即"Hang(懸掛)"的縮寫；1975年在杜塞爾多夫建立了180m長的試驗段並於第2年擴展到1.5km；1984年德國多特蒙德(Dortmund)開通第一條H-Bahn懸掛式單軌系統，採無人駕駛方式路線，目前全長3公里，共計5站，最高速度65km/hr，日客流量5,000人次，也被稱爲"西門子軌道系統(SIPEM)"。2002年，德國開通了杜塞爾多夫機場(Dusseldorf) H-Bahn 懸掛式單軌系統，連接機場2個航站樓、停車場與火車站，路線全長2.5公里，設4座車站，採無人駕駛，全線雙向通行，最高速度50km/hr。

　　1970年代瑞士人哈德·穆勒(Gerhard Muller)發明懸掛式索軌交通系統，也稱空中快車(Aerobus)系統，空中快車(Aerobus)系統採用硬軌及軟軌布設，結合懸掛式單軌系統及纜車系統，在都市可採硬軌架設，在地勢陡峻可採軟軌架設，並於1974年在瑞士蘇黎世斯沃肯(Schmerikon)興建1.36公里試驗段，試驗成功後並在1975年於加拿大魁北克滑雪勝地營運十年直到滑雪地坍塌爲止；同時1974年在瑞士蘇黎士附近的Dietlikon興建0.6公里長試驗段，成功後1975年於德國曼海姆世界園藝博覽會興建3.2公里長路線，在6個月營運期間運送2,500萬乘客。安全可靠率達到99.9%。目前空中快車(Aerobus)系統由美國空中巴士公司取得專利，並進一步研發推展至世界各地。

德國魯爾區伍珀塔爾　　德國多特蒙德(H-Bahn)

日本千葉縣(SAFEGE)　　浙江溫嶺空中快車（Aerobus）

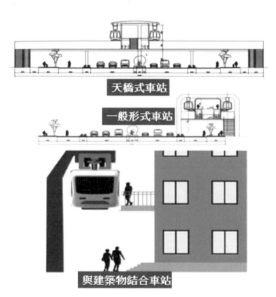

天橋式車站

一般形式車站

興建築物結合車站

5.3 跨坐式單軌系統

　　世界上第一條跨坐式單軌系統於1888年出現於愛爾蘭，蒸汽機車牽引，是由法國人 Charle Larligue設計，路線全長約15km，這條路線一直運行到1924年10月。

　　在二次世界大戰以後，跨坐式單軌系統開始受到大家重視並進行研發。1952年，德國 實業家Axellenard Wenner-Gren博士發明新型跨坐式單軌系統，同時創立了ALWEG公司(博 士名字的縮寫)，公司並在德國科隆-菲林根建造一條單軌實驗研究線從事跨坐式單軌系統之 研發及設計，人們以其名字簡寫ALWEG作為系統名稱，1957年ALWEG正式興建科隆-菲林根(Cologne-Fühlingen)試驗線，並於1958年提出採用跨坐式、混凝土軌道和橡膠充氣輪胎之跨坐式單軌系統能達到運輸功能。這就是在後來被廣泛使用的ALWEG跨坐式單軌系統。

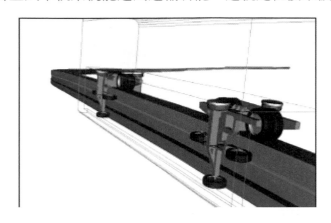

　　1959年ALWEG跨坐式單軌系統在加州迪斯奈樂園正式啓用，全長4公里。1960年ALWEG跨坐式單軌專利被日本日立(HITACHI)公司所收購並引進日本，採用單軸轉向架並運用於犬山縣路線；1969年爲適應大運量、穩定性需求，日立在原單軸基礎上研發雙軸轉向架跨坐式單軌並持續投入營運30餘年，車輛由兩節車廂組成，每節車廂15.4m長，2.65m寬，有兩組四個膠輪(走行輪)構成的轉向架，一個轉向架有四個導輪，兩個穩定輪，供電軌也在軌道梁內，二十世紀80年代至今，日本日立單軌技術在日本東京、大阪等都市興建，並逐步走向成熟，同時也在2009年於杜拜朱美拉棕櫚島興建單軌系統，杜拜單軌系統是中東地區第一條單軌系統，採無人駕駛，路線全長5.4公里，4座車站，最高速度70km/hr，採3節編組。

　　北美則由加拿大龐巴迪(BOMBARDIER)掌控，1962年美國配合西雅圖世博會，在Seattle Center到Westlake Center修建一條單軌系統，路線全長2.4公里，採用龐巴迪系統。目前在西雅圖仍有塔科馬線(Tacoma Link)和中央線(Central Link)兩條單軌系統營運，分別於2003年和2009年營運。此外2004年7月美國拉斯維加斯興建一條全自動化的單軌系統，路線全長6.4公里，設計最大時速80km/hr，亦採龐巴迪單軌技術；2014年聖保羅單軌15號線採用龐巴迪Innovia Monorail300車型，路線全長26公里，設有18座車站，其中的2.9公里(Vila Prudente～Oratório)先行營運，其餘段正在建設中，這是南美洲第一條單軌系統。至此，日立和龐巴迪成爲全世界最大兩個跨坐式單軌系統商。

　　二十世紀90年代中期，馬來西亞引進日本日立單軌系統，承建進行吉隆坡KL-Monorail機場快線，路線全長8.6公里，設11座車站，採兩節編組，但1997年亞洲金融風暴後日立公司因融資困難而暫停工程，1998年改由馬來西亞"MTrans"公司(今SCOMI鐵路公司)接手，並於2003年完工營運。SCOMI鐵路公司以日立單軌技術為基礎，自主研發單軌系統-SCOMI系統，採用單軸轉向架，並於2008年出口印度，進行孟買單軌系統建設，一期工程(Chembur至Wadala Depot)的7站於2014年2月2日營運，路線長度約8.93公里，二期工程的10座車站於2017年6月營運，長度約11.28公里。最高速度80km/hr，6節編組；巴西聖保羅17號線採用的馬來西亞SCOMI系統(SCOMISUTRA)，路線全長24公里。

重慶單軌系統二號線系採用日本日立單軌系統技術，2005年6月18日，開通中國首條高架跨坐式單軌列車2號線一期，全長14.35公里，目前營運路線長度31.36公里，車站25座，最高速度80km/hr，採用4節和6節混合編組的營運模式；重慶長客公司以日立單軌技術為基礎，自主研發單軌系統-重慶長客系統，採雙軸轉向架，並於2011

杜拜(日立)　　　　　巴西聖保羅(龐巴迪)

馬來西亞吉隆坡(SCOMI)　　　重慶3號線(長客)

年運用於重慶軌道3號線進行營運，重慶軌道3號線全長67.09公里，設有45座車站，採用6節和8節混合編組的營運模式，最高速度80km/hr，重慶2號線及3號線共長98.45公里，是全世界營運最長之跨坐式單軌系統。

ALWEG跨坐式單軌系統至2019年，全球設計、在建和在營運的國家為12個，路線29條(不包含公園、遊樂場、購物中心等內部的小型跨座式單軌)，總里程約389公里。其中營運里程293公里。

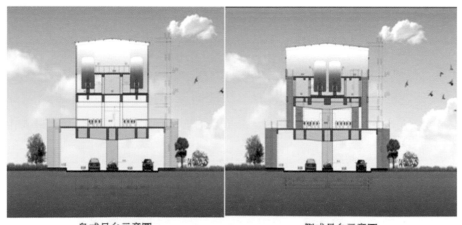

島式月台示意圖　　　　　　　側式月台示意圖

軌道交通系統型式選擇因人因時因地制宜,單軌系統屬中低運量系統,基於世界各國地區都市道路幾何狀況不佳,且重視環境景觀噪音衝擊,因此單軌系統具有占地面積不大,垂直空間占用較少,道路不會過於擁擠,且環境景觀及噪音污染較小,成為軌道交通系統另一種選擇;近年來單軌系統漸趨成熟,且進一步提升或研發新型單軌系統,義大利Instamin系統由傳統遊樂區單軌發展為新型跨坐式交通系統,並於2005年在俄羅斯莫斯科營運;中國深圳比亞迪公司發展小型跨坐式單軌系統,並於2016年在深圳坪山比亞迪園區正式通車,路線全長4.4公里,設7座車站,採3節編組,最高速度80km/hr,號稱雲軌;中國中唐公司發明世界第一條新能源懸掛式單軌,每輛車以224塊鋰電池進行供電,並在2016年在成都雙流空港經濟技術開發區的中唐空鐵產業基地進行試驗段,路線全長1.4公里,最高速度60km/hr,號稱熊貓列車,上述雖沒太多都市商業運轉實績,但也代表單軌系統漸受重視,而前面所介紹之跨坐式或懸掛式單軌系統目前正在世界多地都市所採用。

Instamin單軌系統　　比亞迪雲軌單軌系統　　中唐熊貓單軌系統

5.4 跨坐式單軌系統核心技術

單軌系統可區分為跨坐式與懸掛式兩種,其中懸掛式單軌系統車輛容易受到強風吹襲,搖晃程度增加,較不適用於會出現強風之地區,且有逃生問題,僅能利用救援列車、雲梯車及滑梯等進行急難救援,基於安全及消防逃生考量,跨坐式單軌系統因有緊急逃生步道,較優於懸掛式單軌。單軌系統最初大多應用於主題園區,服務路線較短,運能小,隨著交通科技進步,目前則應用於主幹交通與區域接駁,服務路線變長(數十公里以上),若採8輛編組,每小時最大運能可達4.8萬人以上。

跨坐式單軌系統具以下特色:路線彈性高、軌道結構輕巧、施工快速、成本經濟、環境友善、車輛種類編組具彈性、系統載客容量範圍廣、具設計彈性等優勢,然雖系統供應廠商多,但仍具獨特專利性之問題;採用跨坐式單軌系統,環境噪音污染較小;占地面積不大,造價較低,垂直空間占用較少,道路不會過於擁擠;外型與交通方式不同於現有軌道交通系統，是個新穎的系統，可成爲都市的地標，具有觀光及交通效果。鑒於臺灣多颱多震，逃生系統尤爲重要，採用跨坐式單軌較爲適合，因此僅介紹跨坐式單軌系統核心技術。

跨坐式單軌系統主要核心技術包括車輛、軌道梁、道岔系統及號誌控制系統，茲在以下進行說明：

5.4.1　車輛

世界上跨坐式單軌車輛主要可分爲"單軸式"和"雙軸式"兩種車型，分別以龐巴迪、SCOMI和日立、重慶長客爲代表。龐巴迪、SCOMI主要採用傳統單軸式轉向架車輛，日立、重慶長客主要採用雙軸式轉向架車輛。跨坐式單軌系統在中國、美國、日本、新加坡、馬來西亞、巴西等國家均已廣泛運用，已有60餘年安全運用歷史。

ALWEG 單軸式跨坐式單軌 (沿用產品)　　　雙軸式跨坐式單軌
（龐巴迪、SCOMI）　　　　　　　　　（日立、長客）

單軸式轉向架包括二個走行輪，四個導向輪及二個穩定輪：雙軸式轉向架包括四個走行輪，四個導向輪及二個穩定輪，二者差別在於走行輪，如此一來，單軸式轉向架車輛較雙軸轉向架車輛搖晃程度大些，同時單軸轉向架進入客室，侵占載客空間，載客量較小，但距

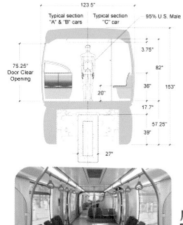

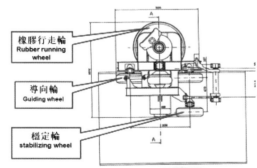

龐巴迪轉向架結構形式
Bogie structure type of Bombardier

軌道面較低，緊急逃生較佳；雙軸轉向架低於地板平面，增大載客區域，載客量較大，但距軌道面較高，緊急逃生較差。

雙軸轉向架

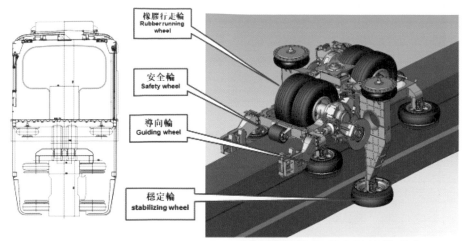

橡膠行走輪
Rubber running
wheel

安全輪
Safety wheel

導向輪
Guiding wheel

穩定輪
stabilizing wheel

中國重慶(日立)轉向架結構形式
Bogie structure type of China

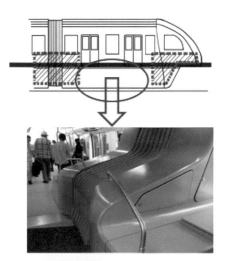

單軸轉向架車輛搖晃程度較大，進入客室，侵佔載客空間，載客量較小，但距軌道面較低，緊急逃生較佳

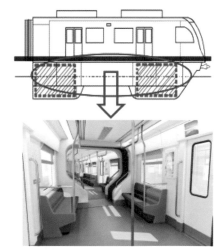

雙軸轉向架車輛搖晃程度較小，低於地板平面，增大載客區域，載客量較大，但距軌道面較高，緊急逃生較差

Bombardier Monorail(單軸)　　　Hitachi Monorail(雙軸)

就車輛特性而言，跨坐式單軌最大爬坡度為6%，但事實上跨坐式單軌號稱可爬坡度達8%；曲線半徑標準車型為70公尺(長客要求為100公尺)，小型車型曲線半徑為40公尺(長客要求為50公尺)；以車輛運能而言，重慶長客標準車型(A型車)為例，座椅以外之地板面積可提供每9人/平方公尺之擁擠站位容量及基於舒適性考量，提供5人/平方公尺最大站位容量為例，每車乘客數及四輛編組載客量如下：

縮寫	定義	每車乘客數	
		Mc	M
AW0	空載	0	0
AW1	座客載荷	22	24
AW2	最大荷載（5人/m^2）	153	164
AW3	擁擠荷載（9人/m^2）	271	290

編組方案	縮寫	載客量	備註
4輛編組	AW0	0	
	AW1	92	
	AW2	634	5人/m^2
	AW3	1122	9人/m^2

車輛運能以4輛車編組，分標準車型及小型車型，座椅以外之地板面積可提供每9人/平方公尺之擁擠站位容量及基於舒適性考量，提供6人/平方公尺最大站位容量為例，各系統每小時最大載客量(不限)如下：9人/m^2(6人/m^2)

型式	班距 (分)	日立 (人/小時)	龐巴迪 (人/小時)	重慶長客 (人/小時)
小(B)	2	12,180(9,450)	12,180	18,720(13,560)
標準(A)	2	28,960(20,760)	25,740	26,460(18,960)

　　跨坐式單軌系統各系統車輛(標準車型及小型車型)及軌道梁相關尺寸不一，並沒有訂定標準，因此各系統車輛較難具相容性，只能以運量決定系統及車種；以標準車型而言，重慶長客單軌系統(日立系統)車體長度包括駕駛座約14,800mm，不包括駕駛座約13,900mm；若龐巴迪系統車體長度包括駕駛座約13,992mm，不包括駕駛座約11,845mm；SCOMI系統車體長度包括駕駛座約11,700mm，不包括駕駛座約10,700mm；重慶長客單軌系統(日立系統)車輛寬度(含門口踏板)為2,980mm，龐巴迪系統車輛寬度為3,147mm，SCOMI系統車輛寬度為3,080mm，重慶長客單軌系統(日立系統)車輛總高度不大於5,300mm；龐巴迪系統車輛總高度不大於4,053mm；SCOMI系統車輛總高度不大於4,300mm；重慶長客單軌系統(日立系統)轉向架中心距為9,600mm，轉向架行走輪軸距為1,500mm，導向輪軸距為2,500mm；車輛自重小於28t，軸重小於11t。

	重慶長客(日立)	龐巴迪	SCOMI
車輛長度	MC：14,800mm M：13,900mm	MC：13,992mm M：11,845mm	MC：11,700mm M：10,700mm
車輛寬度	2,980mm	3,147mm	3,080mm
車輛高度	5,300mm	4,053mm	4,300mm

5.4.2　軌道梁

　　軌道梁均採用PC預應力混凝土結構，但也可採RC軌道梁或鋼構軌道梁，以減少結構承載，PC軌道梁既是承載的梁，又是車輛運行的軌道，因此對於軌道梁在製造和架設過程相當嚴格。此外梁截面、梁長、支座位置也應達到一定的精度要求。其製造和架設的品質及精度較高，軌道梁兩側中部設有剛性接觸網，梁體底部或檢修通道設有牽引供電和通訊、號誌電纜橋架，通訊、號誌及牽引供電系統的安裝和介面預埋件均在預製軌道梁時埋入。

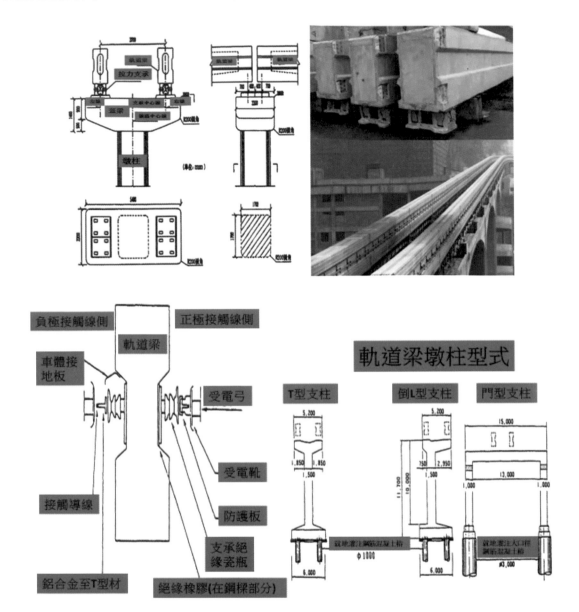

軌道梁與軌道梁間之接縫系採用齒形鋼板，以確保車輛在軌道梁上平穩運行，減少震動與噪音，而軌道梁端部預埋指形板板座，架梁後指形板以錨固螺栓錨固於板座上；軌道梁的支座應具有足夠的橫向抗傾覆能力，以確保軌道在車輛運行時的橫向穩定；並在橫向、縱向、傾斜度方向具有調整的功能，以保證軌道所需線形，同時軌道梁支座應按臺灣抗震規定進行抗震計算和設計。

導向面及穩定面指形板

行走面指形板

PC軌道梁鎖鋼拉力支座

鋼軌道梁大位移鎖鋼拉力支座

PC軌道梁T型滑槽大位移鎖鋼拉力支座

軌道梁因採工廠預製，因此對於軌道梁製造應有下面要求：

1. 對模具的要求：在製造過程應採用橫向可彎曲、扭轉，縱向可調整的模具，以配合線形要求，同時配合軌道梁的尺寸精度和預埋件位置，模具的剛度和穩定性應具有準確性。

2. 製造規範：一般而言，橋跨布設皆依標準跨布置，但由於平、縱面線形、縱坡、曲線加寬等因素，對於梁長、曲線型式、超高設置方式仍有部分不同軌道梁型式，同時考慮混凝土徐變等因素，軌道梁在製造、安裝期間可能發生變形，因此應在製造軌道梁前，針對不同位置、不同線形條件下的梁訂定製造規範，以確認軌道梁體初始形狀。

3. SOP 流程：依照軌道梁製造標準 SOP 流程，主要包括施工準備→支座安裝定位→綁扎鋼筋、安裝內模→管道定位→穿 PC 鋼絞線、安裝端模→臺車進入模具場→調整側模→澆築混凝土→蒸汽養生→拆側模檢測→初張拉→梁體吊離臺車→終張拉、檢測→管道壓漿、封錨→存梁→出廠。

跨坐式單軌系統軌道梁一般間距為20～30m，不同單軌系統軌道梁寬度不一，且標準車型及小型車型軌道梁寬度及高度也不一，以重慶長客單軌系統(日立系統)而言，標準車型軌道梁寬度為850mm (龐巴迪系統為690mm)，高度為1,500mm，小型車型軌道梁寬度為700mm，高度為1,300mm，跨坐式單軌系統轉向架與軌道梁相對關係如圖所示。

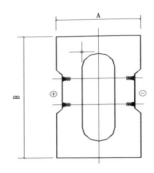

簡支梁體系

單軌型式	標準	小型
A	850mm	700mm
B	1500mm	1300mm

斷面尺寸：梁寬700~850主要為矩形

連續鋼構體系

5.4.3　道岔系統

　　跨坐式單軌系統之道岔可分為關節型可撓式道岔及關節型道岔，關節型可撓式道岔包括單開、對開、單渡線、雙渡線及交叉渡線等型式，關節型道岔包括單開、對開、三開、五開、單渡線、雙渡線及交叉渡線等型式，一般正線採用關節型可撓式道岔及關節型道岔，機廠及副線(輔助線)採用關節型道岔，道岔根據在路線上之位置可分為左開、右開或對開，跨坐式單軌道岔規格性能如下表所示；道岔系統系一平臺系統，並由號誌系統控制並通過控制電路和傳動裝置完成轉轍，一般而言，道岔轉轍時間包括號誌發出、解鎖、轉轍、鎖定、號誌回復等大概在15秒內完成。

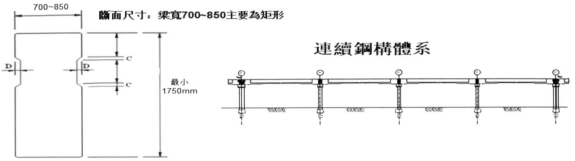

項目\型式 性能	單開		雙開		三開	五開	單渡線		X渡線	備註
示意圖							間距3.7m			
類型	關節可撓型	關節型	關節可撓型	關節型	關節型	關節型	關節型	關節可撓型	關節可撓型	
全長 (m)	22	22	22	22	30	30	43.8	43.8	44	寬0.85×高1.50
車輛側向通過速限制 (km/h)	25	15	25	15	15	15	15	25	25	
道岔組合（部組）	4	4	4	4	5	5	2×4	2×4	2×4	
道岔從結構	鋼制鎖形	鋼制鎖形	鋼制鎖形	鋼制鎖形	鋼制鎖形	鋼制鎖形	2×鋼制鎖形	鋼制鎖形	鋼制鎖形	
推動機構	齒輪齒條	齒輪齒條	齒輪齒條	齒輪齒條	曲柄連桿	曲柄連桿	齒輪齒條	齒輪齒條	齒輪齒條	
側邊可曲裝置	有	有	有	無	無	無	無	有	有	
鋼閘方式	氣動	氣動	氣動	氣動	氣動	氣動	氣動	氣動	氣動	柱鎖強制壓入
移動動力 (台)	4	4	4	4	5	5	2×4	2×4	2×4	電動機
轉轍時間 (s)	15	15	15	15	15~33	15~33	15	15	15	

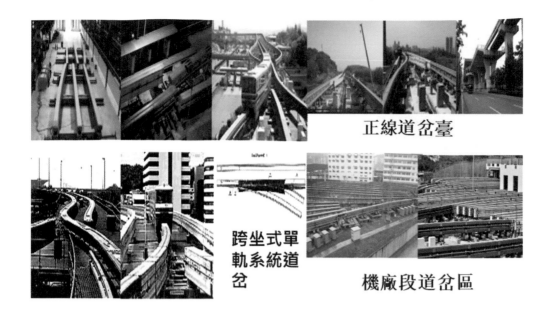

正線道岔臺

跨坐式單軌系統道岔

機廠段道岔區

　　跨坐式單軌系統的道岔平臺由鋼制道岔梁、梁兩側曲線裝置、移動臺車、定位機構、導向機構、鎖定裝置、號誌控制系統和電源系統等組成，並與軌道梁中心線銜接一致，關節型道岔導向面板與穩定面板應與梁體焊接在一起，關節型可撓式道岔因為必須為可撓性，故須獨立安裝。道岔由號誌系統進行控制，道岔的控制裝置應具有集中控制、現場控制、手動控制三種方式，並應具有系統檢測、故障診斷、故障保護和報警功能，正線道岔三級控制的優先性，從高到低依次為手動控制、現場控制、集中控制。

　　道岔應儘量設置在直線段，坡度不大於千分之3，道岔端部至平曲線距離不宜小於5m，機廠線可少至3m；車站設置道岔，道岔端至車站月臺距離不小於5m。

　　道岔梁為特製鋼箱型梁：一組道岔一般由4～5節道岔梁組合而成，道岔梁間由T型軸連接；平移道岔由直線梁和曲線梁組成。為確保列車平穩通過道岔，在道岔梁的行走面端部、兩側面的導向面及穩定面的端部，設置有指形接縫板。指形板分活動式和固定式兩種

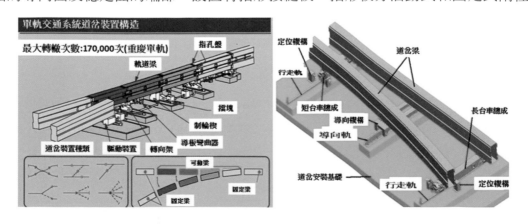

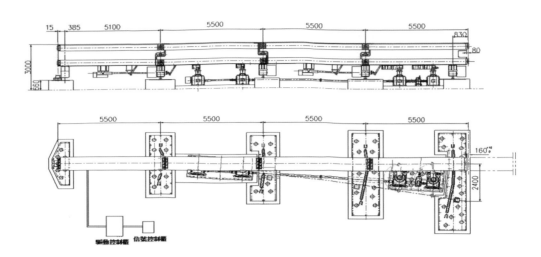

關節可撓型單開道岔示意圖

5.4.4 號誌控制系統

跨坐式單軌系統號誌控制系統採用先進CBTC (Communication-based Train Control System)移動閉塞式ATC號誌系統(包括ATS、ATP、ATO)，號誌系統包括TIAS(行車綜合自動化系統，含ATS列車自動監控、BAS環境與設備監控、ISCS綜合監控、PSCADA電力監控、TCMS車輛資訊管理)、ATP (列車自動防護)、ATO (列車自動駕駛)、CI (電腦聯鎖)、DCS (資料通訊)和IMS(綜合維修系統，含MSS維修支援系統)，各子系統通過DCS(資料通訊子系統)形成閉環系統，將地面上控制與列車上控制相結合、車站控制與中央控制相結合，構成一個基於安全考量為基礎之行車調度、運行控制及列車自動化駕駛等功能為一體的跨坐式單軌號誌控制系統。

TIAS (Train Integration Automatic System)行車綜合自動化系統為對於整體機電系統進行全面監控及獲取資料，包括ATS (Automatic Train Supervision)列車自動監控系統主要功能為對於列車行進間進行自動監控，BAS (Building Automation System)環境與設備監控系統主要功能為對於環境與設備等進行監控，ISCS (Integrated Supervisory Control System)綜合監控系統主要功能為對於乘客資訊系統(PIS)、自動收費系統(AFC)、月臺門系統(PSD)、廣播系統(PA)、閉路電視系統(CCTV)、門禁系統(ACS)、時鐘系統(CLK)、火災自動報警系統(FAS)進行綜合監控，PSCADA (Power Supervisory Control And Data Acquisition System)電力監控系統主要功能為對於供電綜合自動化管理控制，TCMS (Train Control Information System)車輛資訊管理系統則對於列車相關訊息進行搜集及管理，如此一來可全面完成全線車站/中央控制中心/機廠/駐車段之系統監控功能。

　　ATP (Automatic Train Protection)列車自動防護系統為保證列車運行安全、運輸效率提高的重要系統，由車載設備和地面設備組成，系統必須符合安全-故障的原則。ATP系統主要功能為檢測列車位置，進行列車間距控制，監督列車運行速度，對於列車超速進行防護控制，同時對於軌道間障礙物和脫軌進行防護，完成列車啟動準備、實施蠕動模式，防止列車誤退行等突發狀況；為列車車門、月臺門的開閉提供安全監控資訊，有效持續控制列車運行，若出現危及運行安全的故障時實施緊急制動，月臺出現緊急情況時立即停車按鈕功能，軌道末端防護等。

　　ATO (Automatic Train Operation)列車自動運行系統是控制列車自動運行的系統，由車載設備和地面設備組成，在ATP系統的安全防護下，根據ATS系統的安全資訊實施列車自動駕駛，除保證列車自動運行安全無疑外，也能對於旅客舒適度提高並達到節能功能，並在緊急情況根據TIAS提供資訊進行列車乘客疏散。ATO系統的主要功能為站間自動運行、車站月臺定點停車、自動折返、列車運行自動調度、列車節能控制等。

　　CI (Computer Interlocking System)電腦聯鎖系統是保證列車運行安全，實現進路、道岔、號誌機間正確聯鎖的系統，與列車自動防護系統一樣必須滿足安全-故障原則，因此包括車輛、軌道及道岔、車站、中央控制中心、機廠、駐車段均應納入聯鎖範圍。

　　DCS (Data Communication System)資料通訊系統可以進行地面設備、地車設備間的資料傳輸，對於中央控制中心、車站、軌旁及列車的資訊，DCS可以雙向、大容量資料資訊傳輸。

　　IMS (Integrated Maintenance System)綜合維修系統包括維修支援系統(MSS)和設備維護管理系統(DMS)，負責上述各子系統之監測和維護。

　　號誌控制系統設備可分為中央控制中心設備、車站及軌旁設備、車載設備、機廠/駐車場設備、試車線設備、訓練中心設備和維修中心設備。室內設備集中設置在車站、控制中心和機廠/駐車段。在車站設置聯鎖主機和ZC。

　　車載號誌設備由列車頭尾兩端各一套車載設備組成，列車車載設備透過無線通訊線進行連接，可實現定位、測速和車地通訊，提高了系統的可靠性、安全性、可用性，CBTC移動閉塞原理如下所示。

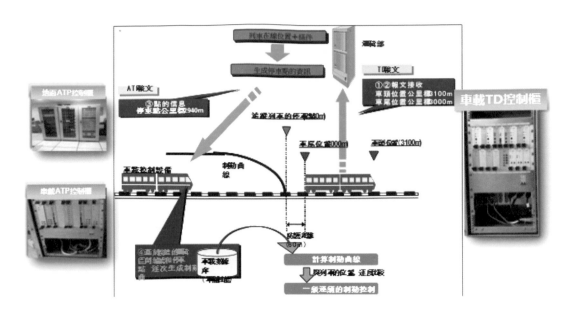

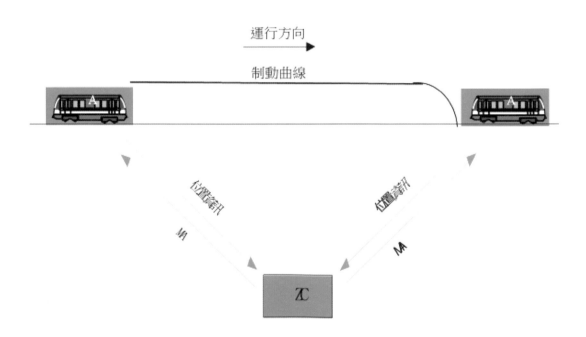

5.4.5 單軌系統優勢

1. 動線型單軌橋梁設計與現代都市環境融為一體

　　跨坐式單軌系統橋梁相當輕巧，且造型優美，可與當地都市環境景觀結合，成為都市的地標。

2. 膠輪靜音單軌車站與任何風格建築物融合

　　跨坐式單軌系統可與車站建築物相結合，軌道可進入建築物內部，且因採用膠輪系統跨坐在軌道梁上，因此噪音僅車輪摩擦軌道梁及內部發動機之噪音，最大不超過75dB，小於其他軌道系統。

3. **單軌橋梁所需空間幾乎與分隔島綠化帶共用**

　　跨坐式單軌系統因系車輛跨坐軌道梁上，因此載重較輕，墩柱大約僅占路面1.2～1.8公尺，可與分隔島綠化帶共用，對於路面交通衝擊較小，且就友善的環境比較，單軌梁結構較雙軌板結構空間少，陰影少，視線佳。

跨坐式單軌與高架輕軌比較(以重慶為例)

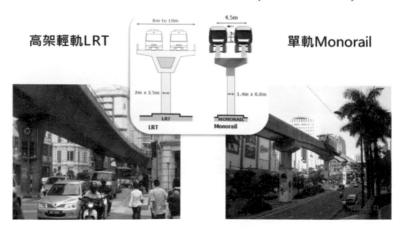

雙軌板結構
AGT、LRRT

單軌梁結構
MONORAIL

4. 跨坐式單軌系統工程造價較其他系統便宜

　　參考各國高架輕軌經驗，平均每公里單位造價約20～30億左右，各高架軌道交通系統比單軌系統單位造價為高。以土建結構而言，單軌梁結構較雙軌板結構成本約少32%左右(如圖)。下表為各國都市單軌系統工程造價比較。

跨坐式單軌系統工程
造價較其他系統便宜

以直接基礎估算

	Hitachi	18.6 億/公里	Kitakyushu Monorail	Operating
		1985	北九洲島	
	Hitachi	8.1 億/公里	Okinawa Monorail	Operating
		2003	沖繩	
	Kuala Lumpur Mtrans(Scomi)	10.8 億/公里	Kuala Lumpur Monorail	Operating
		2003	吉隆坡	
	Bombardier MVI	15.8 億/公里	Las Vegas Monorail	Operating
		2004	拉斯維加斯	
	Hitachi	22 億/公里	Palm Jumeirah Monorail	Operating
		2006	度拜	
	Rowin/Urbanaut	3.1 億/公里 (單線)	Rowin	Operating
		2008	韓國仁川	
	Scomi	8.2 億/公里	Mumbai Monorail	Operating
		2008	孟買	
	長客	12.5 億/公里	重慶 3 號線	Operating
		2011		

5. 跨坐式單軌系統緊急疏散及逃生方式較趨成熟

　　過去單軌系統緊急疏散及逃生方式除救援列車外，僅有雲梯車及滑梯方式逃生，近年來已發展設置緊急逃生通道兼做維修通道，一般而言，避免於高架軌道上進行救援與疏散，盡可能將列車駛入車站，於月臺上進行疏散，非不得已時才於高架軌道進行疏散，若於高架軌道進行救援與疏散，建議可透過救援列車(Rescue Train)方式疏散，同時目前各系統商已

規劃於軌道間設置逃生走道 (Walkway)，一般採取鋼網隔柵板走道型式，除方便疏散逃生，同時也便於日常軌道、管線等設施維修，有關逃生疑慮對於 Monorail 系統已無造成較大問題，但單軸轉向架車輛距軌道面較低，緊急通道逃生較佳；雙軸轉向架低於地板平面距軌道面較高，緊急通道逃生較差。

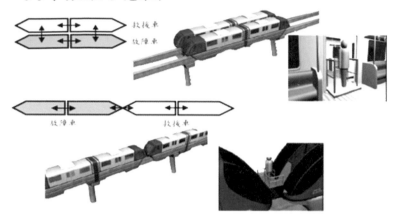

列车救援示意图

Bombardier Monorail Transportation

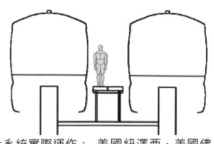

在此系統說明逃生走道距離車地板的高度，須讓旅客可以一步踏下。此外逃生走道的寬度，亦考慮了車輛的包絡線。

逃生走道
Walkway

此系統實際運作：美國紐澤西、美國佛羅裡達州坦帕國際機 場、美國內華達州拉斯維加斯、沙烏地阿 拉伯利雅德和巴西聖保羅等國

Metrail Monorail Transportation (Scomi)

此系統實際運作：馬來西亞、沙烏地阿拉伯、印度等國。

此系統亦採取中間逃生走道提供民眾遇到緊急逃生問題可安全方便疏散逃生外，同時也便於維修人員進行維修作業，為故障安全問題降至最低。

Hitachi Monorail Transportation

Hitachi Monorail系統商為解決此安全之疑慮，並考慮安全性為最主要的關鍵要素，已於兩條軌道之間的下方位置鋪設鋼制的逃生通道，用於解決安全顧慮上之問題。

單軌跨坐式捷運系統之逃生走道

此系統實際運作：日本東京-羽田、日本九州、新加坡聖淘沙、日本沖繩、杜拜、美國紐澤西、中國重慶二號線等國。

逃生走道(Walkway)-重慶長客

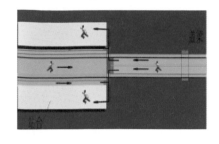

設置的檢修通道兼疏散功能　此系統實際運作：中國重慶三號線

逃生走道(Walkway)-重慶長客

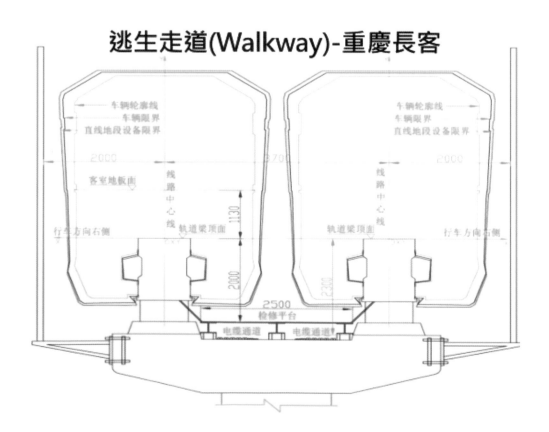

Chapter 6

自動導軌系統介紹

6.1 何謂自動導軌系統

6.1.1 什麼是自動導軌系統

1. 自動導軌系統(Automatic Guideway Transit，AGT)也稱為旅客自動運輸系統(Automated People Mover，APM)，是一種無人自動駕駛、立體交叉的軌道交通系統。自動導軌系統並不是一種獨立及特殊的軌道交通技術，它通常也會應用到其他的軌道交通型式，自動運行(ATO)。

2. 自動導軌系統(AGT)是一種完全自動化，運量可大可小，路線可長可短的新型交通系統。AGT 可說是高科技時代的最新產物，且大部分採高架方式建造，具有專用路權，主要使用膠輪行駛於軌道上，但自動導軌系統(AGT)亦有鋼軌鋼輪系統，此系統都採用自動列車控制 ATC (Automatic Train Control)。

3. 自動導軌系統(AGT)是一種通過非驅動的專用軌道引導列車運行的軌道交通，過去一般指「沿高架專用導軌運行小型輕量膠輪車輛之軌道系統」，藉由電腦控制能以無人駕駛運行。

4. 自動導軌系統(AGT)通常只形容在範圍狹小的地區所運行的低運量軌道交通系統，例如是機場、都市商業區或主題公園的軌道交通系統，但有時亦能應用於自動運行但複雜，且運量高的軌道交通系統。

5. 自動導軌系統(AGT)依導引方式、道岔方式、駕駛控制方式等區分，已開發相當多樣化種類。

6. 自動導軌系統(AGT)高架導軌與 2 車道之高架道路結構幾乎相當。

6.1.2　自動導軌系統應用

1. 自動導軌系統(AGT)在歐洲和部分亞洲國家中非常普遍。自動導軌系統(AGT)會應用到多種的軌道交通技術，例如單軌、輕軌系統或磁懸浮系統等。驅動系統方面可以採用傳統的電動機、線型電動機或纜索拉動。

2. 從經濟考量上，可將自動導軌設備縮小到能夠依附到大型軌道交通系統當中，讓自動導軌與軌道交通系統結合，進而令相對較小型的自動導軌設備合乎經濟效益，增加軌道交通系統營運能力。

3. 有些旅客自動運輸系統(APM)採用多輛小型列車運行於多個下線站臺上，為乘客提供全時間運作的服務。這種像計程車般的系統一般被稱為個人運人系統(PRT)。

4. 其他複雜的自動導軌系統(AGT)則有著大型軌道系統的特徵，這類自動導軌系統(AGT)在定義上與自動化的大型軌道交通系統並無明確分野。

6.1.3　自動導軌系統歷史

1. 第一個自動導軌系統(AGT)是永不停止鐵路(Never Stop Railway)，由大英帝國展覽會(British Empire Exhibition)在 1924 年於倫敦溫布利中建造。這條鐵路由 88 個無人駕駛的車廂不斷環繞展覽會行駛。車廂行駛於窄軌上，由兩條軌中間一條轉動的螺絲推動；只要在不同的地點改變螺絲的齒距就能使車廂加速或者減至步行速度，使車站的行人可以自由上車下車。該鐵路在展覽會中行駛了兩年後被拆卸。

2. 目前各個國家對於自動導軌系統(AGT)的使用上，可作為市區交通或機場接駁交通服務。市區交通如新加坡之武吉班讓輕軌線，而全球首個擁有自動導軌系統(AGT)的機場是美國坦帕國際機場。直至現在自動導軌系統(AGT)是很多大型國際機場中十分重要的內部交通工具。

3. 在日本，較早的自動導軌系統(AGT)是 1981 年開通的兩條路線：一是神戶新交通公司開通的三宮-中公園路線，全長 6.4 公里；二是大阪市住之江公園-中埠頭間的 6.6 公里路線，目前這兩條路線均採用無人駕駛的 ATO 系統，營運速度 22～27km/hr，最大速度達到 60km/hr；尖峰期最小間隔達到了 3min 左右，能力與單軌系統大致相同。

6.2 自動導軌系統特性

1. **自動導軌系統(AGT)有以下系統特性**

   (1) 自動導軌系統(AGT)大多車輛較小，且車輛編組屬小型編組，自動營運操作便捷，因此適合中、低運量需求。

   (2) 自動導軌系統(AGT)採用電力動力、橡膠輪胎，由導向軌道引導在水泥路面上行駛，可以降低運行噪音與震動，提高乘坐舒適度。

   (3) 自動導軌系統(AGT)車輛最高時速 50～60km。

   (4) 自動導軌系統(AGT)平均每一輛車容量 60～70 人，以 4～6 輛編組運行。

   (5) 自動導軌系統(AGT)由於車輛小，且車輛編組屬小型編組，因此運能較低，每列車約載客 400 人。

   (6) 自動導軌系統(AGT)採自動駕駛，中央行控，因此服務水準高且管理較簡易。

   (7) 由於自動導軌系統(AGT)採自動駕駛，中央行控，營運具彈性，且因減少人力及系統設備使用，營運成本低。

2. 自動導軌系統(AGT)缺點

(1) 自動導軌系統(AGT)因車輛小，且車輛編組屬小型編組，無法進行大量運輸。

(2) 自動導軌系統(AGT)因系統具獨特專利性，機電系統成本較高。

(3) 自動導軌系統(AGT)因專利及系統設備較為精密，維修費高昂。

3. 自動導軌系統(AGT)有以下營運特性

(1) 自動導軌系統(AGT)縮短列車班距：因屬自動無人駕駛，全自動控制，因此班距可降為 30 秒以下或更少，提高服務水準

(2) 自動導軌系統(AGT)營運彈性：因屬無人駕駛，自動控制，系統可因營運需求增加或縮短班次

(3) 自動導軌系統(AGT)營運品質佳：自動控制系統確保加速、減速及停車穩定性，可提供舒適搭乘。

(4) 自動導軌系統(AGT)RAMS 高：可靠度、可用度、可維修度及安全度高。

(5) 系統特性如下

特性分類	參數名稱	數值
系統特性	服務範圍	通常在範圍狹小地區運行
	平均旅次長度	短
	路權形式	專有路權
	車輛控制方式	無人駕駛、系統控制
技術形式與列車特性	每節車廂容量(人)	60-70
	每輛車輛數(節)	4-6
	最大爬坡度(%)	10
	最小曲率半徑(m)	21. 3-29. 9
	車輛高、寬、長、(m)	(3.045，2.438，4.877)-(3.658，2.743，11.277)
	軌道寬度(m)	0.914-1.524
	車輛使用壽命	25-30
營運特性	班距(s)包括停站時間	120-150
	運行速度	50-60
	服務可靠度	高
	安全性	高
	收費系統	車站自動收費系統

4. 自動導軌系統(AGT)導向方式

　　自動導軌系統的導向可大致分成兩種方式:

(1) 中央導向,在路軌中央設置導向軌,美國採用此類較多。

(2) 側邊導向,大部份歐洲國家和日本採用側式導向系統。

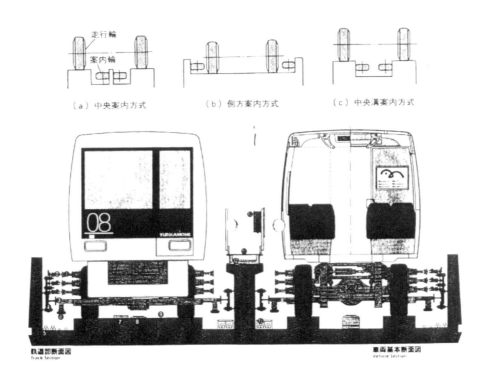

6.3 　自動導軌系統車輛及站臺規劃

6.3.1 　自動導軌系統車輛系統規劃

1.　自動導軌系統(AGT)車輛系統

(1) 膠輪系統：膠輪系統車輛行駛在水泥表面軌道上，由導輪及導軌控制方向，具低噪音及爬坡力強特性，車輛本身具有動力及控制系統，部分系統使用直流馬達第三軌，膠輪系統以西屋(AEG-Westinghouse)(屬龐巴迪)及法國 MATRA(屬西門子)系統為主。

(2) 鋼軌鋼輪系統

　　(a) 鋼軌鋼輪系統車輛由加拿大 UTDC 公司所發明，以傳統鋼軌鋼輪作為車輛支撐系統，並以線性馬達懸掛於車輛下方進行推動，適合寒冷天氣，因此美國底特律及加拿大溫哥華適用，該公司被龐巴迪公司所並購。

　　(b) 鋼軌鋼輪系統車輛由壓縮空氣懸浮鋼纜推動或磁浮系統、纜車、氣壓推進。

加拿大溫哥華博覽線(TDC)

2. 自動導軌系統(AGT)車輛特性

車輛特性			西屋AEG C100	馬特拉VAL	加拿大UTDC
尺寸(英呎)		長	39	41.7	41.7
		寬	9.3	7.0	8.0
		高	11.1	10.7	10.3
空車淨重(磅)			30,000	32,560	14,600
容量	座位數		多樣化	34	40
	站位數		100	62	75
	最高承載數		150	104	110
最大速度(英哩/小時)			30~52	50	56
動力			電壓600交流電	電壓600直流電	電壓600直流電
動力支撐			橡膠輪胎	橡膠輪胎	鋼軌鋼輪
門			每邊兩個對開式門	三個對開式門，外部懸掛，氣壓動力	每邊兩個對開式門

6.3.2 自動導軌系統車輛系統站臺規劃

　　自動導軌系統(AGT)站臺形式大致可分為單線單側站臺、單線雙側站臺、雙線雙側站臺、雙線四側站臺。

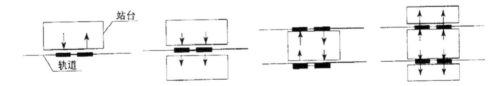

6.4 自動導軌系統都市案例

1. 美國坦帕機場自動導軌系統(AGT)

　　美國坦帕機場自動導軌系統為世界第一套旅客自動運輸系統(Automated people mover，APM)，坦帕機場更是全球第一家採用全自動旅客運輸系統(APM)的機場，且是加拿大龐巴迪運輸集團目前正在使用的最長的全自動旅客運輸系統的業主。自1971以來，龐巴迪已經為坦帕國際機場設計和裝備了6套高架旅客運輸系統，而且更換了原來的兩條路線。

2. 美國底特律都會韋恩縣機場自動導軌系統 (AGT)

美國底特律都會韋恩縣機場自動導軌系統 (AGT)從國際航站頭到國際航站尾，共有3個車站，採旅客自動運輸系統(APM)。

3. 法國戴高樂機場內線自動導軌系統(AGT)

法國戴高樂機場內線自動導軌系統(AGT)位於法國巴黎-戴高樂機場的機場軌道交通服務，於2007年啓用。該線為採用VAL自動駕駛系統的軌道交通系統，分為主線和副線兩部分，均位於戴高樂機場內部，並和大區快鐵B線及TGV提供轉乘。

4. 法國巴黎奧利機場內線自動導軌系統(AGT)

法國巴黎奧利機場內線自動導軌系統(AGT)為通往法國巴黎-奧利機場的機場軌道交通服務，於1991年啓用。該線連接RERB線的安東尼站(Antony)和奧利機場的航站樓，為採用VAL自動駕駛系統的軌道交通線。

5. 樟宜機場自動導軌系統(AGT)

樟宜機場自動導軌系統(AGT)採旅客自動運輸系統(亞洲第一套APM)，是連接樟宜機場一號二號航站樓的旅客自動運輸系統，系統採用加拿大龐巴迪系統。開始營運於1990年，這是亞洲地區最早的自動導引系統，每趟乘客用時約90秒。2008年三號航站樓開業後系統接通至三號航站樓，並實現24小時全天候運行。各站臺設有月臺門和空調系統。

6. 北京機場自動導軌系統(AGT)

北京機場自動導軌系統，系統採用加拿大龐巴迪系統，龐巴迪於2007年12月31日至2009年12月31日提供營運維護服務。自2010年1月1日起，僅提供技術支持。該系統採用軌旁和中控傳遞號誌控制車輛的運行。行車路線單程長2080米。分別設置在T3C、T3D、T3E共有3個車站。

7. 廣州珠江新城 APM 線

廣州珠江新城APM線，系統採用加拿大龐巴迪系統，南起海珠區的廣州塔，向北下穿珠江主航道到達海心沙，再經過珠江新城花城廣場中軸線，經過天河體育中心到達林和西站。路線總長3.88公里，全部採用地下路線，共設9座車站，1座地下車輛維修中心(含控制中心)，2010年11月8日通車。

8. 香港南港島線自動導軌系統(AGT)

　　香港南港島線自動導軌系統(AGT)主要是以解決香港仔隧道(換言之就由中西區灣仔區通往南區的隧道)的交通擠塞問題。爲中車車輛及法國ALSTOMCBTC全自動系統，於2011年動工，耗資152億港元，2016年12月28日通車。南港島線通車後，全香港十八區皆有軌道到達。

9. 香港迪斯奈線自動導軌系統(AGT)

　　香港迪斯奈線自動導軌系統(AGT)是港鐵營運的鐵路線之一，英國制都城嘉慕電動列車第3代車卡，全線位於香港新界荃灣區(大嶼山東北部)，連接陰澳打水灣的欣澳站，與竹篙灣香港迪斯奈樂園度假區的迪斯奈站，屬於旅客自動運輸系統，迪斯奈線是全球首個安裝月臺門的AGT系統，2005年8月1日通車。

10. 香港機場線自動導軌系統(AGT)

　　香港機場線自動導軌系統(AGT)是香港首個無人駕駛的旅客自動運輸系統，爲日本MHIAGT系統，於1998年7月6日與香港國際機場一並正式投入啓用服務並正式通車，使用第三軌供電的軌道交通系統。

11. 桃園機場聯絡電車

　　桃園機場聯絡電車，簡稱PMS，爲一無人駕駛之旅客自動運輸系統，形式屬於AGT系統。用於連結現有第一航廈與第二航廈，提供兩個航廈間旅客的接駁服務。屬日商新瀉Transys株式會社)系統，2003年1月18日營運啓用。

12. 臺北文湖線自動導軌系統(AGT)

　　臺北文湖線自動導軌系統(AGT)由行車控制中心統一控制無人駕駛的四節車廂編組電聯車運行。原先採用馬特拉系統(現已爲德國西門子公司併購)VAL256系統，在內湖線興建時，以加拿大龐巴迪系統進行全線更新，並採購該公司的INNOVIAAPM256型電聯車，1996年3月28日通車。

13. 日本神戶港灣人工島線自動導軌系統(AGT)

　　日本神戶港灣人工島線自動導軌系統(日本第一條AGT)是指自神戶市三宮車站出發，途徑位於港灣人工島的中公園車站、市民廣場車站，到達神戶機場車站的一條軌道路線。港灣人工島線開通於1981年2月5日，是日本最初的實際投入使用的旅客自動運輸系統路線。修建當初的主要目的是服務前往新神戶港灣人工島博覽會的遊客。這條路線也是世界首個不需司機的無人運行軌道交通系統。

14. 日本大阪南港港城線自動導軌系統(AGT)

日本大阪南港港城線自動導軌系統(日本第二條AGT)分別是1981年時通車的中埠頭－住之江公園間路段,與1997年時通車的宇宙廣場至中埠頭間路段,是繼神戶新交通港灣人工島線之後,日本國內第二條自動導引軌道系統(AGT)。

15. 日本橫濱金澤海岸線自動導軌系統(AGT)

日本橫濱金澤海岸線自動導軌系統(AGT)連結神奈川縣橫濱市磯子區新杉田站和同市金澤區金澤八景站營運的AGT系統,1989年7月5日通車。

16. 日本東京日暮里-舍人線自動導軌系統(AGT)

日本東京日暮里-舍人線自動導軌系統(AGT)連結東京都荒川區日暮里站和足立區見沼代親水公園站,自動導引AGT系統,2008年3月30日通車。

17. 東京臨海新交通臨海線自動導軌系統(AGT)

東京臨海新交通臨海線自動導軌系統(AGT)又稱為「百合海鷗號」或「百合鷗號」,是一條連結東京都港區新橋車站和江東區豐洲車站,由百合鷗有限公司營運的AGT自動導引軌道交通系統,1995年11月1日通車。

18. 日本關西機場旅客自動運輸系統(APM)

　　日本關西機場旅客自動運輸系統(APM)由關西空港株式會社建設關西空港至臨空城車站之長雙層跨海軌道橋梁及路線，將JR西日本旅客鐵道株式會社及南海-7-電氣鐵道株式會社既有之軌道交通系統相連結，形成JR西日本空港線及南海電鐵空港線2條軌道線路。

Chapter 7

線性馬達系統介紹

7.1 何謂線性馬達系統

7.1.1 什麼是線性馬達系統

1. 過去軌道交通系統之動力推動方式,主要是採直流旋轉電動馬達及交流旋轉電動馬達推動,但現在軌道交通系統之動力推動還多了一個選擇,即是採用線性馬達推動,因此稱之為線性馬達系統。

2. 線性馬達系統代表著以線性馬達推進、使用輕量鋁質車廂、全自動化運作與列車自動控制的軌道交通系統。它是一種新式的軌道交通技術,與傳統軌道交通系統最大的不同就是使用"線性馬達"(Linear Induction Motor,簡稱 LIM),主要在加拿大、美國及日本較為盛行,在軌道交通採用直線電動機運轉列車。

3. 傳統旋轉電動馬達系以電流產生磁場、產生電磁力,驅使馬達旋轉,再透過傳動箱帶動車輛。而線性馬達則系將相當於旋轉馬達轉子的線圈固定於軌道中間,當車架上的線性馬達通電後,就與軌道中的感應線圈產生磁場作用,其產生的電磁力直接驅動車輛,不需要傳動箱及軸承,車輪僅僅作為支撐及導引方向之用,因不需藉傳統馬達之摩擦來行進,故摩擦損耗低、噪音低。

4. 線性馬達系統因為免除了傳動箱及軸承,車廂地板得以降低,車廂高度可較使用傳統馬達的車廂少 60～70 公分,一方面減低車體重量,一方面減少隧道開挖斷面,降低隧道土建造價約 27%。

7.1.2 線性馬達系統原理

1. 線性馬達電動機分為中低加速及高加速兩大類,中低加速線性馬達電動機適用於線性馬達系統,另包括自動導軌系統及磁懸浮列車也使用線性馬達電動機,其他軌道交通系統也部分採用線性馬達電動機來進行驅動,而高加速線性馬達電動機能在短時間內加至極高速度,適用於粒子加速器、製造武器,以及航空母艦的和部分彈射式過山車的彈射器。

2. 線性馬達系統介於傳統軌道交通系統及磁浮系統之間,磁浮系統系以線性馬達原理,只是必須加裝第二套線性馬達使車輛浮起及導引車輛。

3. 線性馬達並非傳統的迴轉馬達,如其名所示,系以直線運動取代迴轉運動來進行推進與制動。

4. 將迴轉馬達的一部分切開，為直線狀展開之結構，在理論上可將其視為擁有無限大的半徑之迴轉形馬達。

5. 線性馬達原理和迴轉馬達相同，於安裝在轉向架的 1 次側線圈上流通交流電流，使其產生磁場(移動電場)，另一方面，因相互作用而使固定在軌枕上之 2 次側感應體(Reaction Plate)上產生磁場，利用這二個磁場之間的磁力(相吸及相斥)來推動，制動車輛。

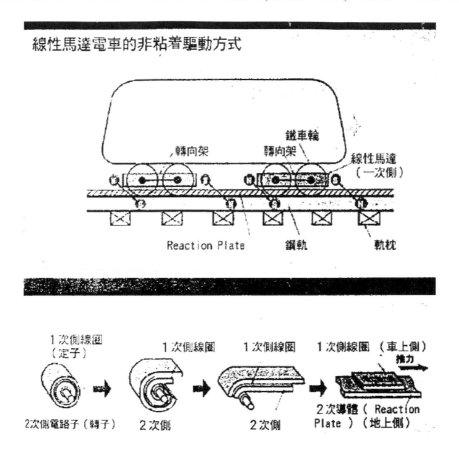

7.1.3　線性馬達系統歷史

1. 線性馬達技術主要由加拿大龐巴迪、日本日立及川崎重工研發。

2. 加拿大 UTDC 公司發明線性馬達技術，稱為 ARC(Advanced Rapid Transit)，加拿大龐巴迪公司將其收購，使用標準軌，第三軌供電，活動軸距轉向架並裝有磁道煞車，實施無人駕駛。

3. 世界第一條線性馬達系統於加拿大溫哥華，稱之為 Sky Train，架空列車，又稱天車。

4. 日本日立及川崎重工合作開發線性馬達系統，使用標準軌，採直流 DC1500V 架空電車線，第一條開通路線為大阪市營地下鐵長掘鶴見綠地線。

7.1.4　線性馬達系統特性

1. 線性馬達系統優點

(1) 線性馬達系統爬坡力強，爬坡度為 7%，遠大於地鐵系統採用傳統電動馬達之爬坡力 3.5%，因此現在有許多地鐵系統之動力推動因坡度需求改採線性馬達，惟線性馬達系統因為專利系統，造價較高。

(2) 線性馬達系統在雨天加減速無動輪空轉及滑走問題，運行較傳統地鐵系統順暢。

(3) 線性馬達系統無車輪磨損問題。

(4) 線性馬達系統因為免除了傳動箱及軸承，車廂地板得以降低，車廂高度可較使用傳統馬達的車廂少 60～70 公分，可鋪設較小迴轉半徑軌道。

(5) 線性馬達系統車輛利用傳統車輪或鐵軌作為支撐+導引介面，線性馬達作為推進介面，車輪可縮小，轉向架可降低，搭配縮小車體設計及隧道斷面，車輛及土建成本可降低，可降低隧道土建造價約 27%。

2. 線性馬達系統缺點

　　線性馬達系統因專利性較高,線性馬達電動機技術主要由加拿大龐巴迪、日本日立及川崎重工所提供,因此機電系統及維修成本較高。

7.2 線性馬達系統都市案例

1. 大阪長堀鶴見綠地線線性馬達系統

　　大阪長堀鶴見綠地線是日本第一條線性馬達系統,大阪市營地下鐵營運的鐵路路線之一,連接大阪府大阪市大正區的大正站與門眞市的門眞南站。正式名稱爲高速電氣軌道第7號線,1990年3月20日通車。

2. 東京大江戶線線性馬達系統

　　東京大江戶線線性馬達系統連結東京都練馬區光丘站與澀谷區新宿站的放射部與以新宿站起逆時針至新宿區都廳前站的環狀部組成。形式的環狀路線與山手線不同,以不是「無限循環型」運行的「6字形」運行,1991年12月10日通車。

3. 九州島福岡七隈線線性馬達系統

　　連接西區的橋本車站與中央區的天神南車站兩車站的地下鐵路線,本路線的名稱爲3號線,使用鋼輪式線型馬達作爲列車驅動方式,在2020年時通車。

4. 橫濱市營地下鐵綠線線性馬達系統

橫濱市營地下鐵綠線線性馬達系統正式名稱爲橫濱市高速鐵道4號線，是一條連結神奈川縣橫濱市綠區中山站和同市港北區日吉站的13.1公里(地下路段10.7公里、地面路段2.4公里)，屬於橫濱市營地下鐵的軌道線，2008年3月30日通車。

5. 美國紐約甘乃迪國際機場快線線性馬達系統

美國紐約甘乃迪國際機場快線線性馬達系統全長8.1哩(13公里)的紐約市旅客運輸系統，連接甘乃迪國際機場(JFK)和紐約地鐵與區域鐵路，2003年12月17日通車。

6. 加拿大多倫多士嘉堡輕鐵線性馬達系統

加拿大多倫多士嘉堡輕鐵線性馬達系統採用龐巴迪製造的線性馬達電動機運轉列車，1985年3月22日通車。

7. 廣州地鐵 4 號線線性馬達系統

　　廣州地鐵4號線線性馬達系統是廣州地鐵營運的路線之一，屬於通勤鐵路。四號線亦是中國首條使用線性馬達電動機技術的軌道交通路線，2005年12月26日通車。

8. 北京地鐵機場線線性馬達系統

　　北京地鐵機場線線性馬達系統是北京地鐵的一條路線，也是北京地鐵營運路線內速度最高，路線由市區的東直門交通轉運至北京首都國際機場，採龐巴迪線性馬達電動機技術，又是自動導軌系統(AGT)，全長28.1公里，2008年7月19日通車。

9. 馬來西亞吉隆坡格拉那再也線線性馬達系統

　　馬來西亞吉隆坡格拉那再也線線性馬達系統是馬來西亞首條自動駕駛的列車系統和第二條輕快鐵線，採龐巴迪系統線性馬達電動機，1998年9月1日通車。

10. 韓國京畿道龍仁市龍仁輕電鐵線性馬達系統

韓國京畿道龍仁市龍仁輕電鐵線性馬達系統路線自器興至前垈，全長18.4公里，2013年4月26日開通營運。

Chapter 8

磁浮系統介紹

8.1　何謂磁浮系統

8.1.1　什麼是磁浮系統

1. 磁浮系統是一種採用磁力達到無接觸的懸浮、導向和驅動的軌道交通系統，磁浮系統為解決鋼軌鋼輪軌道交通系統在運行中可能會存在的脫軌、磨損、爬坡能力、噪音等問題而研發之軌道交通技術。

2. 磁浮系統可使列車跑得更快、運行成本更低、更適應地形變化，且具有運行噪音低、振動小、舒適高，轉彎半徑小，爬坡能力強等特點，非常適合複雜地形、環境要求高及客流需求。

3. 磁浮是利用電磁體"同性相斥，異性相吸"的原理，讓移動列車具有抗拒地心引力的能力，使車體完全脫離軌道，懸浮在軌道上面，貼地飛行。磁浮列車能夠浮起來，就是靠裝在列車上的電磁鐵和鋼軌之間產生懸浮作用力，然後用懸浮控制器控制懸浮間隙的大小，靠電磁力推動運行、實施制動，實現列車穩定懸浮，平穩前進。

4. 磁浮系統主要由懸浮系統、推進系統和導向系統三大部分組成。

5. 從懸浮技術上講就是電磁懸浮系統(EMS)和電力懸浮系統(EDS)。

6. 電磁懸浮系統(EMS)是一種吸力懸浮系統，是結合在車輛上的電磁鐵和導軌上的鐵磁軌道相互吸引產生懸浮，磁鐵和鐵磁軌道之間的懸浮間隙一般約為 8～12mm。

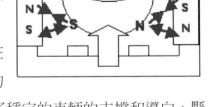

7. 電力懸浮系統(EDS)是一種斥力懸浮系統，將磁鐵使用在運動的車輛上，以在導軌上產生電流。由於車輛和導軌的縫隙減少時電磁斥力會增大，從而產生的電磁斥力提供了穩定的車輛的支撐和導向，懸浮間隙一般為 100～150mm，列車達到一定速度(約 150km/hr)後才能起浮。

8.1.2　磁浮系統類型

1. 磁浮系統由懸浮機理分為電磁懸浮系統(EMS)和電力懸浮系統(EDS)兩種，另外還有 PRS，這是一種最簡單的方案，利用永久磁鐵同極間的斥力，一般產生斥力為 0.1MPa，其缺點為橫向位移的不穩定因素，因此一般都不建議採用。電磁懸浮系統(EMS，electro magnetic suspension)以德國的 Transrapid 簡稱 TR08 型和日本的線性馬達 HSST100L 型磁浮列車為代表；電力懸浮(EDS，electrodynamic suspension)以日本的 MLX 型超導磁浮列車為代表。

2. 按照列車運行速度可分為高速磁浮系統和中低速磁浮系統兩種類型，其中高速磁浮系統平均速度介於 400～500km/hr，中低速磁浮系統平均速度介於 100～160km/hr。

3. 城際軌道交通指的是高速磁浮系統，高速磁浮系統主要以電力懸浮系統(EDS)產生斥力進行車輛推進，2015 年在山梨磁浮實驗線，飆出時速 603 公里的超高速。

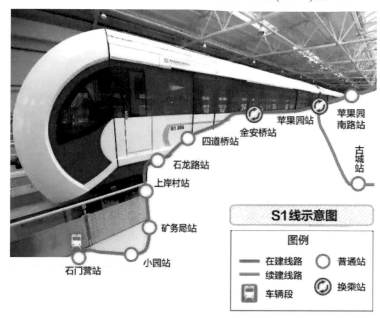

4. 大眾捷運系統指的是中低速磁浮系統，中低速磁浮系統主要以電磁懸浮系統(EMS)產生吸力進行車輛推進，全世界目前有中低速磁浮商業實績為日本愛知縣、韓國仁川機場及長沙機場段，北京 S1 線中低速磁浮已於 2017 年底開通。

8.1.3 中低速磁浮系統原理

　　中低速磁浮系統主要以電磁懸浮系統(EMS)產生吸力進行車輛推進，其核心概念主要為無接觸、無脫軌，車輛以抱軌之方式，防止脫軌。中低速磁浮系統平均速度介於100～160km/hr。磁浮系統由懸浮系統、推進系統和導向系統三大部分組成。儘管可以使用與磁力無關的推進系統，但在目前的絕大部分設計中，這三部分的功能均由磁力來完成。

　　磁懸浮列車推進系統最關鍵的技術是把旋轉電機展開成直線電機。它的基本構成和作用原理與普通旋轉電機類似，展開以後，其傳動方式也就由旋轉運動變為直線運動。直線電機又分為短定子異步直線電機和長電定子同步直線電機兩種形式。短定子異步直線電機牽引方式是在車上安裝三相電樞繞組、牽引變壓器及變流器等全套牽引裝置，軌道上安裝感應軌作為轉子，車輛一般採用接觸受流的方式從地面供電系統獲取動力電源。從電動機的工作原理可以知道，當作為定子的電樞線圈有電時，由於電磁感應而推動電機的轉子轉動。同樣，當沿線布置的變電所向軌道內側的驅動繞組提供三相調頻調幅電力時，由於電磁感應作用承載系統連同列車一起就像電機的"轉子"一樣被推動做直線運動。從而在懸浮狀態下，列車可以完全實現非接觸的牽引和制動。這種方式結構比較簡單，容易維護，造價低，適用於中低速都市運輸及近郊運輸以及作爲短程旅遊線系統；主要缺點是功率偏低，效率低，不利於高速運行。

中低速磁浮系統原理如下圖：

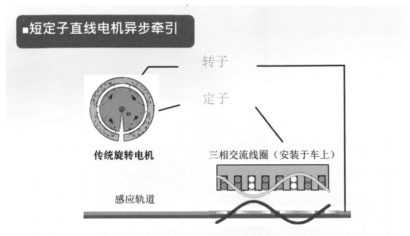

短定子直線電機可看做旋轉電機沿徑向剖開展平后的模型

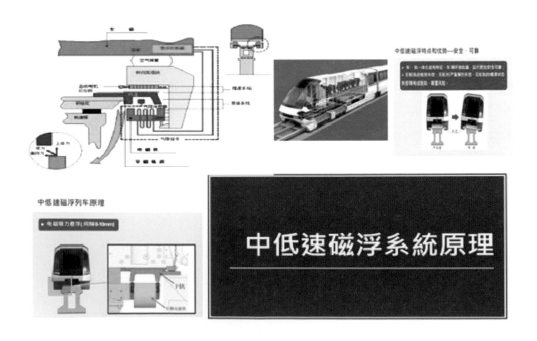

8.2 磁浮系統歷史及中低速磁浮系統特性

8.2.1 磁浮系統歷史

1. 世界上對磁懸浮列車進行過研究的國家主要是德國、日本、英國、加拿大、美國、蘇聯和中國。美國和蘇聯分別在上世紀 70 年代和 80 年代放棄了研究計畫，但美國最近又開始了研究計畫。英國從 1973 年才開始研究磁懸浮列車，卻是最早將磁懸浮列車投入商業營運的國家之一。

2. 1922 年德國工程師赫爾曼‧肯佩爾提出電磁懸浮原理，並在 1934 年申請磁懸浮系統專利，開啟了磁浮系統之先驅。

3. 德國從 1968 年開始研究磁懸浮列車，1969 年，德國牽引機車公司的馬法伊研製出小型磁懸浮列車系統模型，以後命名為 TR01 型，該車在 1km 軌道上時速達 165km，這是磁懸浮列車發展的第一個里程碑；德國研製常導型和超導型試驗列車，經過分析後，以發展常導型磁懸浮列車為主，目前德國在常導磁懸浮列車的技術非常成熟。

4. 1970 年後，德國、日本、美國、加拿大、法國、英國等國家開始研發磁浮交通系統，包括高速磁浮及中低速磁浮，高速磁浮系統應用於高速鐵路，中低速磁浮系統應用於大眾捷運。

5. 日本從 1962 年開始研究常導型磁懸浮列車，並從 70 年代開始就超導技術，研發超導型磁懸浮列車。在 1972 年 12 月在宮崎磁懸浮鐵路試驗線上，時速達到了 204km/hr，1979 年 12 月又提高到 517km/h。1982 年 11 月，磁懸浮列車的載人試驗獲得成功。

6. 1994 年 2 月 24 日，日本的載人電力懸浮式磁懸浮列車，在宮崎一段 74km 長的試驗線上，創造了時速 431km 的日本最高記錄。

7. 1999 年 4 月日本研製的超導磁懸浮列車在實驗線上達到時速 552km。

8. 2015 年在日本山梨磁浮實驗線，飆出時速 603 公里的超高速。

9. 2016 年，由中車株機公司牽頭研製的時速 100 公里長沙磁浮快線列車上線營運，被業界稱為中國商用磁浮 1.0 版列車。商用磁浮 1.0 版列車較適用於城區。

10. 2018 年 6 月，中國首列商用磁浮 2.0 版列車在中車株洲電力機車有限公司上線，2.0 版列車設計時速提升到了 160 公里，並採用三節編組，最大載客 500 人；2019 年 5 月 23 日 10 時 50 分，中國時速 600 公里高速磁浮試驗樣車在青島上線。

11. 全世界目前有中低速磁浮商業實績爲日本愛知縣、韓國仁川機場及長沙機場試驗段，北京 S1 線中低速磁浮已於 2017 年底開通。

8.2.2 中低速磁浮系統特性

1. 中低速磁浮系統優點

(1) 中低速磁浮系統噪音小—中低速磁浮系統由於車輛載運行中不與軌道接觸，因此營運噪音平均僅 70dB，小於地鐵系統之 80dB。

噪音值(d B(A)) 速度 / 測量位置		20km/hr	40km/hr	60km/hr	80km/hr
車內	磁浮列車	62	63	64	66
	地鐵列車	66	69	70	73
車外	磁浮列車(7.5m 處)	66	68	71	73
	地鐵列車(7.5m 處)	73	76	81	86

(2) 中低速磁浮系統無磨耗，無粉塵污染、無廢氣排放、無電磁輻射污染。

磁場類別	源體	距人距離(m)	磁感應強度
直流磁場	磁浮車輛	磁浮車廂內	0.7mT
	電視機29吋	距3m處	0.8mT
交流磁場	磁浮車廂內	乘客座位處	5.9μT
	電動剃鬚刀	距3cm處	10～160μT

(3) 中低速磁浮系統因車輛運行時處於懸浮狀態，與軌道無直接接觸，振動小，且車輛以抱軌之方式，防止脫軌，乘坐舒適、運行安全可靠。

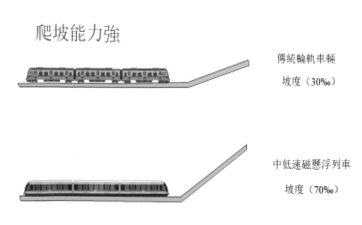

爬坡能力強

傳統輪軌車輛
坡度（30‰）

中低速磁懸浮列車
坡度（70‰）

(4) 中低速磁浮系統爬坡能力強：磁浮系統列車爬坡度爲 7%，遠大於地鐵系統之 3.5%爬坡度。

(5) 中低速磁浮系統轉彎半徑小：中低速磁浮系統轉彎半徑最小為 100 公尺，而地鐵系統轉彎半徑約為 300～350 公尺。

(6) 中低速磁浮系統建造成本低：長沙磁浮快線每公里成本約 12 億元，地鐵系統平均每公里造價約 50～60 億元。

(7) 中低速磁浮系統營運維修費用低：中低速磁浮系統年營運維修費用為總投資的 1.2% 左右，地鐵系統年營運維修費用約為總投資的 4.4% 左右。

2. 中低速磁浮系統缺點

中低速磁浮系統運能較地鐵系統低，每列車約載客450人。

8.3　中低速磁浮系統工程規劃

中低速磁浮系統工程包括車輛、軌道、供電、運控、路線及站場等六大部分，將在後續加以說明：

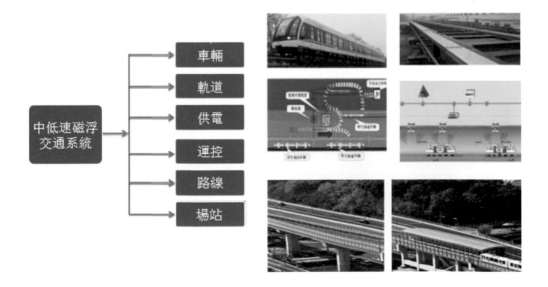

8.3.1　中低速磁浮車輛系統

1. 中低速磁浮車輛系統組成如下：

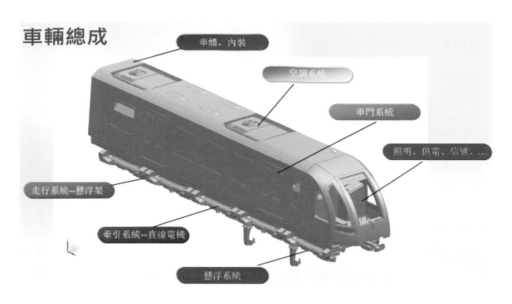

2. 中低速磁浮車輛系統上部結構：與輪軌相同。

3. 中低速磁浮車輛系統下部結構：懸浮架。

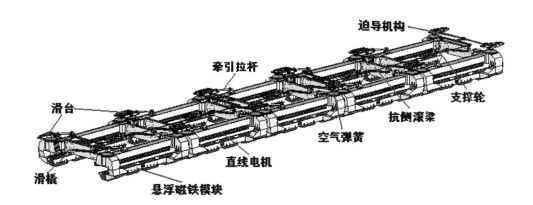

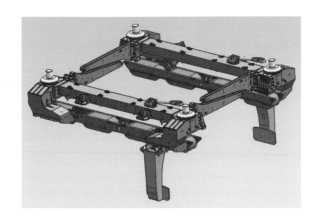

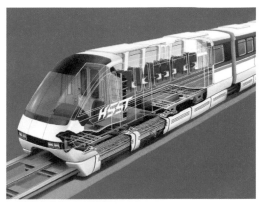

4. 中低速磁浮車輛系統每節車有 20 套懸浮系統，每套系統包括一個懸浮控制器、一個懸浮傳感器和兩個電磁鐵線圈。其中，一個懸浮控制器和一個懸浮傳感器構成一套懸浮控制單元，4 個電磁鐵線圈組成 1 個電磁鐵。

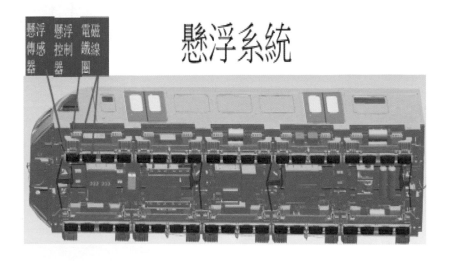

8.3.2　中低速磁浮軌道系統

1. 中低速磁浮軌道系統之軌道自上而下主要由感應板、F 軌、連接件及緊固件、鋼軌枕、
   扣件系統、混凝土軌承臺等部分組成。F 軌採用一次熱軋成型，曲線及緩和曲線段採用
   F 型鋼圓曲線導軌和 F 型鋼緩和曲線導軌。

2. 中低速磁浮軌道系統之道岔爲截斷式單開道岔，主要結構由三段鋼箱梁構成，鋼梁之間
   分別由十字銷連接，每段鋼梁兩端均有臺車支撐，驅動裝置位於道岔主動鋼梁的下方。
   當驅動裝置推動梁體橫向移動時，梁下的臺車沿著軌道移動，實現轉線。

8.3.3　中低速磁浮供電系統

1. 中低速磁浮供電系統特殊部分爲集電(受電方式)，而一般大眾捷運系統爲接觸網/受電弓、供電軌/受電靴。

2. 中低速磁浮供電系統爲磁浮列車和各種用電設備提供電能，主要由供電電源、中壓供電網路、牽引供電系統、動力照明供電系統、電力監控(SCADA)系統、防雷及接地系統等組成。

3. 中低速磁浮供電系統基本功能與大眾捷運相同，牽引供電系統採用 DC1500V，牽引變電所設置再生制動能量回饋裝置，實現節能環保。

4. 中低速磁浮供電系統走行梁兩側絕緣敷設正極接觸軌受電、負極接觸軌解決了雜散電流腐蝕防護的問題。寬磨面鋼鋁複合接觸軌的設計具備良好的授流性能。

8.3.4　中低速磁浮運行控制系統

1. 中低速磁浮運行控制系統基本功能與大眾捷運相同，包括：

    (1) 車地數據傳輸與交換。

    (2) 自動控制列車牽引與制動。

    (3) 人工駕駛和無人自動運行。

    (4) 實現列車的超速防護。

    (5) 監督列車安全運行。

    (6) 交通系統監控。

2. 中低速磁浮運行控制系統由控制中心設備、車站設備、車載設備、軌旁設備組成，具有列車自動監控(ATS)、自動防護(ATP)、自動駕駛(ATO)的功能，且有安全、舒適、快捷、準點、自動化程度高的特點。利用感應式傳感器(車載測速設備)接近金屬目標物(軌枕)將產生變化的感應渦電流的原理，在磁浮列車上安裝了一組定距離布置的感應式傳感器，解決了列車測速問題。

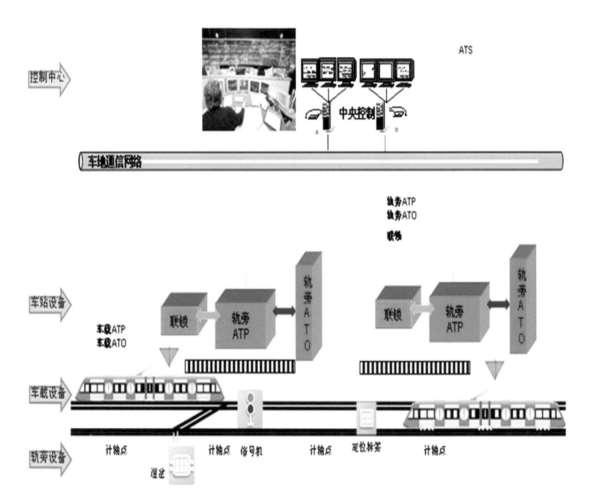

8.3.5　中低速磁浮系統路線及場站工程

1. 中低速磁浮系統路線工程按其在營運中的地位和作用，分為正線、輔助線和車場線。

2. 中低速磁浮系統路線工程大多採橋梁工程架設，橋梁結構多採用跨度 16m 至 25m 的簡支梁橋結構，路線小半徑地段及有特殊跨越要求時多採用連續梁及其他特殊結構。

3. 中低速磁浮系統路線工程主要技術參數(以長沙為例)

最大坡度	70‰ (41‰)
最小平曲線半徑	正線：100m(150) 輔線：75m
最小豎曲線半徑	1000m(1500)

4. 中低速磁浮系統路線工程牽引不需粘著力，可採用較陡坡度，車輛採用五個懸浮架，曲線適應能力強。

5. 中低速磁浮系統場站工程與地鐵及其他軌道交通系統相同，車站可分為側式月臺及島式月臺，型式主要以高架站為主，機廠為儲車、維修、暫駐等功能，並設有運行控制中心負責中央控制。

8.4 中低速磁浮系統各國發展及都市案例

8.4.1 中低速磁浮系統日本發展及都市案例

1. 1974 年為興建成田新東京機場，開始考慮磁浮系統，但緩不濟急且不需超高速車輛。

2. 1975 年 12 月，在橫濱市新杉田興建中低速磁浮 200m 試驗段 01 號磁浮列車，1976 年 8 月川崎市東扇島興建全長 1,300m 的直線軌道，1979 年 2 月加長至 1,600m。

3. 1978 年 5 月研發中低速磁浮 02 號車，採二次減震。

4. 1985 年研發載客中低速磁浮 03 號車，並在築波科學技術博覽會發表。

5. 1988 年在崎玉縣熊谷市的崎玉博覽會發表中低速磁浮 04 號車。

6. 1990 年橫濱博覽會出現兩輛同型車連結的中低速磁浮 05 號車。

7. 1991 年 5 月在以名古屋市的名古屋鐵道大江站興建中低速磁浮 100 型 1500m 的試驗線。

8. 2005 年 3 月 6 日日本第一條中低速磁浮系統由名古屋至愛知世博會，全長 9 公里，設 9 個站，無人駕駛，最高時速為 100km/hrr。

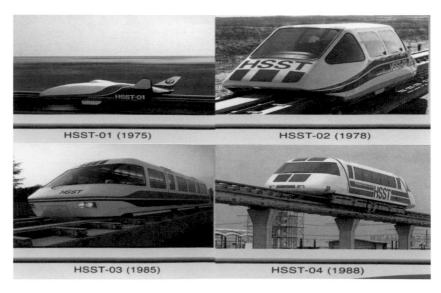

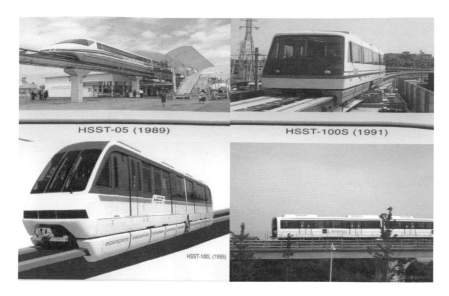

8.4.2　中低速磁浮系統韓國發展及都市案例

1. 1985 年～1993 年韓國機械材料協會 KIMM，現代(Hyundai)集團和大宇(Daewoo)集團分別研發磁浮技術，1993 年現代集團在 Daejon 博覽會發表 2 輛展覽車輛。

2. 韓國機械材料協會和現代集團合作在 1988 年製造 2 輛編組磁浮系統車輛樣機 UTM-01，KIMM 在韓國大田興建試驗線 1,300m，最高速度可達 65km/hr 或 70km/hr。

3. 1999 年韓國現代、大宇和韓進重工合並成韓國軌道公司 ROTEM，2005 年 5 月 11 日，韓國 ROTEM 和韓國機械材料協會在大田研究院內長 1.3 公里路線成功研發磁懸浮列車試運行。

4. 2014 年 7 月由 ROTEM 製造世界第二條都市型磁懸浮列車在韓國仁川國際機場至仁川龍游站磁浮系統投入營運，全長 6.1 公里，列車由韓國自主研發，無人駕駛，最高時速可達 110 公里。

8.4.3　中低速磁浮系統中國發展及都市案例

1. 1989 年國防科大在中國第一次研製出小型磁浮試驗車 CMS-01。

2. 1992 年磁浮列車關鍵技術研究”列入國家 “八五” 攻關計畫。鐵科院牽頭，有國防科大、西南交大、株洲電力機車研究所參與。

3. 1994 年西南交大建成 43 公尺鋼結構實驗線，研製了雙轉向架 4 噸磁浮車。

4. 1995 年國防科大研製成功 6 噸磁浮轉向架。

5. 1998 年鐵科院研製的 6 噸單轉向架磁浮車實現穩定懸浮。

6. 1999 年常導短定子磁浮列車工程關鍵技術研究"作為"八五"攻關計畫的延續列入"九五"攻關計畫繼續予以支持，該計畫由西南交通大學承擔。啓動了青城山磁浮列車工程試驗示範線計畫，建成路線 420 公尺，並投入試驗。

7. 1999 年 11 月國防科大研製的常導中低速磁懸浮列車 CMS-03，在 2001 年 11 月通過了有 5 位院士等 13 位專家參加的中試評審。實現了在 204 公尺軌道上以 20km/hr 試運行速度。

8. 2005 年 2 月上海磁浮中心向上海市政府提出《關於開展低速交通技術研究的請示》，並根據市領導指示，成立專項研究組，開始中低速磁浮交通技術研究。

9. 2005 年 8 月 17 日上海電氣集團與上海磁浮交通工程技術研究中心簽訂計畫合作協議，確定將試驗線設在電氣集團臨港重裝備基地內。

10. 2005 年 12 月 28 日投資 2.5 億的上海低速磁浮試驗線在位於臨港新城的電氣集團重裝備產業區內正式開工建設。

11. 2005 年北京控股磁懸浮技術發展有限公司與國防科大聯合體向科技部提出了在唐山客車廠建設中低速磁浮試驗基地的申請，次年獲得批准，隨後，計畫進入設計與建設階段。

12. 2006 年底上海中低速磁浮試驗線土建工程和機電設備安裝工程建成，同時開始車輛組裝與調試。

13. 2006 年底由建設部委託上海磁浮交通工程技術研究中心編制相關中低速磁浮交通技術標準。(中低速磁浮交通設計規範與車輛通用技術條件)。

14. 2007 年 9 月 13 日上海市科委主持召開了中低速(城軌)磁浮交通系統集成技術研發及試驗線工程"計畫中期評估會，計畫完成中期評估目標，列車最高調試速度達到 75 公里/小時。

15. 2008 年 4 月 21 日上海磁浮列車最高試驗速度達到 102km/hr。

16. 2008 年 5 月唐山試驗基地建成，用國防科大研製的長沙試驗車 CMS-03 進行試驗。

17. 2008 年 11 月實用型中低速磁懸浮車 CMS-04 首輛車體總成在唐山軌道客車有限責任公司完成製造開始試驗。

18. 2009 年 6 月 15 日實用型中低速磁懸浮列車在唐山下線。國務院總理溫家寶、國務委員劉延東、北京市副市長黃衛等領導都曾前往考察。

19. 2009 年 6 月 16 日北京決定建設中低速磁浮 S1 線，作為未來示範營運線。

20. 2010 年中車攜手西南交大、鐵二院等單位開始研發中低速磁浮。

21. 2012 年 01 月 21 日中國中車株機公司在磁浮交通系統中心舉行了隆重的磁懸浮下線典禮，湖南省委書記、省人大主任周強及省政府相關部門負責人出席了磁懸浮下線典禮，磁浮試運線工程位於株洲市石峰區中國南車株洲電力機車公司內，正線全長 1,572m。

22. 中國首列商業營運中低速磁浮列車爲湖南長沙磁浮快線，連接長沙火車南站和黃花機場，全程高架敷設，全長 18.55 公里，初期設車站 3 座，預留車站 2 座，設計速度 100km/hrr。長沙磁浮快線於 2014 年 5 月 16 日開工，2015 年 12 月 26 日試運行，2016 年 5 月 6 日正式通車試營運。

23. 北京 S1 線中低速磁浮已於 2017 年底開通。

24. 2018 年 6 月，中國首列商用磁浮 2.0 版列車，設計時速提升到了 160 公里，並採用三節編組，最大載客 500 人。此外，車輛牽引功率提升 30%，懸浮能力提升 6 噸。商用磁浮 2.0 版列車適用於中心都市到衛星城之間的交通。

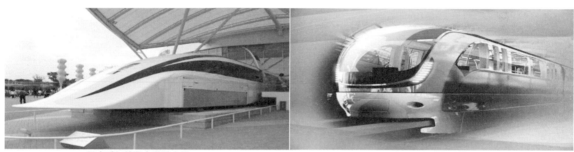

日本愛知博覽會磁浮系統　　　　　　　　南韓仁川機場磁浮系統

長沙黃花機場磁浮系統　　　　　　　　北京S1線磁浮系統

Chapter 9

地鐵系統介紹

9.1 何謂地鐵系統

9.1.1 地鐵系統(Metro 或 Subway)定義

1. 地鐵是地下鐵道的簡稱，地鐵系統是結合地下、高架、地面型式之大容量快速軌道交通系統，主要以地下型式為主。

2. 地鐵系統定義：結合地下、高架、地面型式的高密度、高運量、專有路權的大眾捷運系統(Metro)，中國稱為地鐵，臺灣則稱為「捷運」(Rapidtransit)；除此之外，在都市以地下運行為主的大眾捷運系統，即「地下鐵道」或「地下鐵」(Subway、tube、underground)也稱之為地鐵系統，但考慮都市中心區外之環境、建造及營運成本，因此也會有地面或高架路段專有路權鐵路。但地鐵是專有路權、無平交，這也是地鐵有別於其他軌道交通系統的主要特色。

3. 在中國《地鐵設計規範》中，地鐵系統為：

   (1) 在都市中修建的快速、大運量用電力牽引的軌道交通。

   (2) 路線通常設在地下隧道內，也有的在都市中心以外地區從地下轉到地面或高架橋上。

4. 根據中國發改委規定，中國申報發展地鐵的都市應達到下述基本條件：

   (1) 地方財政一般預算收入在 100 億元人民幣以上，國內生產總值達到 1000 億元人民幣以上。

   (2) 城區人口在 300 萬人以上，規劃路線的客流規模達到單向尖峰小時 3 萬人以上。

9.1.2 地鐵系統(Metro 或 Subway)特性

1. 地鐵系統主要在都市中進行大量客流運輸，屬於重軌，軸重較重、電力牽引、輪軌導向、按運行圖行車、車輛編組運行軌道，驅動方式有直流電機、交流電機、直線電機等。地鐵造價昂貴，每公里投資在 50～60 億元。

2. 地鐵系統有建設成本高，建設周期長的弊端，但同時又具有運量大、建設快、安全、準時、節省能源、不污染環境、節省都市用地的優點。地鐵適用於出行距離較長、客流量需求大的都市中心區域。一般認為，居住人口超過百萬的大都市，其單方向每小時穩定的等候客流量密度超過 3 萬人時，就應該考慮修建地鐵；但 2018 年中國國家發改委第 52 號文規定建設地鐵都市市區居住人口應在 300 萬人以上。

3. 地鐵系統因為擁有專用路權，與其他形式的交通沒有平交。

4. 地鐵系統班次密集，在白天的頻率一般在 10 分鐘以內一趟，車輛班距最小間隔為 90sec，且地鐵系統可配合客流量需求，調整為全線行駛或區間行駛，以滿足區間瞬間超大客流量。

5. 地鐵系統運送能力大，單向在 3 萬人次/小時以上，最高可達 7 萬人次/小時。

6. 地鐵系統運行速度快，設計速度最高可達 120km/hr，一般為 80～100km/hr，平均營運速度為 35～40km/hr。

7. 地鐵系統為中央控制，並配備駕駛員，準點安全。

8. 由於地鐵系統屬於專用路權，很少或幾乎不受地面交通的干擾和影響。

9.2 地鐵系統歷史

1. 地鐵系統歷史過程

   (1) 1863 年 1 月 10 日英國倫敦興建全世界第一條 6 公里地鐵系統—倫敦大都會鐵路，以解決交通問題，這條路線被人們稱為地溝鐵路，採蒸汽機車，截至目前營運共有 11 條地鐵線，總長度約為 402 公里，迄今已有許多都市採用地鐵系統。

   (2) 1890 年倫敦第一條鑽挖式地下鐵路亦在開通，連接市中心與南部地區，採電力機車，此後倫敦地鐵全採鐵路電氣化。

   (3) 1896 年歐洲大陸第一條地鐵在布達佩斯開通，全長 5 公里，共設 11 站，至今仍在使用。

   (4) 1900 年法國巴黎大都會地鐵開通，法文名字為「Cheminde Fer Métropolitain，後來縮短成「métro」，所以現在很多都市軌道系統都稱 Metro。

   (5) 亞洲最早的地鐵是日本東京 1927 年 12 月開通的淺草-澀谷線。

   (6) 2017 年地鐵已在全世界 178 座都市生根，每天乘載將近 1.7 億地球人口。

   (7) 地鐵不再只是蜷曲於地底的黑暗隧道，而是讓羅琳 (J.K.Rolling) 寫下《哈利波特》的起點，是《緣份》裏

張國榮撞見張曼玉的所在，是東京沙林毒氣事件的發生地，是臺北人對於文明的想像。

2. 臺灣臺北市為第一個興建大眾捷運系統之城市，截至 2021 年上半年已經通車營運的路線有文湖線、淡水信義線、松山新店線、中和新蘆線、板南線(南港、板橋、土城線)、環狀線共六條主線，以及新北投支線、小碧潭支線共兩條支線，其中文湖線及環狀線屬中運量系統，因此地鐵系統共有淡水信義線、松山新店線、中和新蘆線、板南線以及新北投支線、小碧潭支線等線開通營運，全長 111.8 公里，其中淡水線(淡水－中山)及新北投支線(北投－新北投)為台北第一條捷運(地鐵)系統於 1997 年 3 月 28 日開通營運，近期開通為土城線延伸頂埔段於 2015 年 7 月 6 日開通營運。

3. 臺灣高雄市為臺灣第二個興建大眾捷運系統之城市，共有捷運紅線、橘線及高雄環狀輕軌已經通車營運，其中捷運紅線、橘線為地鐵系統，全長 57.5 公里，於 2008 年 3 月 9 日開通營運。

4. 中國地鐵系統歷史過程：截至 2020 年底，中國共有 40 個都市開通地鐵系統，此不包括其他軌道交通系統。

(1) 北京：1969 年 10 月北京地鐵第一期工程投入試營運。

(2) 香港：1979 年開通第一條地鐵。

(3) 天津：1984 年 12 月通車，全長 7.4 公里。

(4) 上海：1995 年 4 月地鐵一號線全線通車。

(5) 廣州：1999 年 6 月 28 日地鐵一號線通車，全長 18.48 公里。

(6) 武漢：2004 年 7 月 28 日第一條路線開通營運，是中國大陸繼北京，天津，上海，廣州後第五座開通地鐵的都市。

(7) 深圳：2004 年 12 月深圳地鐵一號線開通試運行。

(8) 南京：2005 年 9 月 3 日地鐵一號線一期開通試營運。

(9) 大連：2006 年 12 月地鐵一號線竣工通車，路線全長 21.74 公里，全部為地下段。

(10)瀋陽：2010 年 9 月 27 日地鐵一號線載客營運。

(11)成都：2010 年 9 月第一條路線於投入營運，為中國西部地區第 1 條開通營運的地鐵。

(12)佛山：2010 年 11 月 3 日，佛山地鐵一號線通車。

(13)重慶：2011 年 3 月軌道交通 1 號線一期全線試運行。

(14)西安：2011 年 9 月 16 日第一條路線開通試營運。

(15)杭州：2012 年 11 月 24 日杭州地鐵一號線開通。

(16)蘇州：2012 年 4 月 28 日地鐵 1 號線開始正式營運。

(17)昆明：2013 年 5 月 20 日 1 號線南段開通試營運。

(18)哈爾濱：2013 年 9 月 26 日地鐵 1 號線開通營運。

(19)鄭州：2013 年 12 月 28 日一號線開通試營運。

(20)長沙：2014 年 4 月 29 日 2 號線開通。

(21)寧波：2014 年 5 月 30 日一號線通車營運。

(22)無錫：2014 年 7 月 1 日一號線順利完工並正式載客試營運。

(23)青島：2015 年 12 月 16 日第一條路線(3 號線)於開始區間試營運。

(24)南昌：2015 年 12 月 26 日一號線開通營運。

(25)福州：2016 年 5 月 18 日一號線開通試營運。

(26)東莞：2016 年 5 月 27 日開通營運二號線。

(27)南寧：2016 年 6 月 28 日一號線通車。

(28)長春：2017 年 6 月 30 日長春地鐵 1 號線開始試運行。

(29)合肥：2017 年 6 月二號線開始營運。

(30)石家莊：2017 年 6 月 26 日 1 及 3 號線開通營運。

(31)貴陽：2017 年 12 月 28 日 1 號線營運。

(32)廈門：2017 年 12 月 31 日地鐵一號線開通。

(33)烏魯木齊：2018 年 10 月 25 日地鐵 1 號線開始正式營運。

(34)溫州：2019 年 1 月 23 日 S1 號線開通營運。

(35)濟南：2019 年 4 月 1 日地鐵 1 號線開通營運。

(36)蘭州：2019 年 6 月 23 日一號線開通營運。

(37)常州：2019 年 9 月 21 日地鐵 1 號線開通營運。

(38)徐州：2019 年 9 月 28 日徐州地鐵 1 號線開通營運。

(39)呼和浩特：2019 年 12 月 29 日呼和浩特地鐵 1 號線開通營運。

(20)太原：2020 年 12 月 26 日太原地鐵 2 號線開通營運。

5. 世界十大地鐵包括：

(1) 倫敦地鐵：是世界上的第一條地鐵。時至今日，倫敦地鐵在里程上總長 402 公里，共有 11 條路線、270 個車站，每日載客量平均高達 304 萬人。它是世界上第四大的地鐵網路，倫敦也因此被稱為「建在地鐵上的都市」。

(2) 巴黎地鐵：是法國巴黎的地下軌道交通系統，由巴黎大都會鐵路公司負責營運。巴黎地鐵總長度 221.6 公里，有 14 條主線、2 條支線，合計 380 個車站、87 個交會站。

(3) 莫斯科地鐵：是世界上規模最大的地鐵之一，它一直被公認為世界上最漂亮的地鐵，享有「地下的藝術殿堂」之美稱。

(4) 北京地鐵：始建於 1965 年 7 月 1 日，1969 年 10 月 1 日第一條地鐵路線建成通車，使北京成為中國第一個擁有地鐵的都市。截至 2019 年 12 月，北京軌道交通系統共有 23 條營運路線(包括 19 條地鐵路線、1 條中低速磁浮交通路線、1 條現代輕軌路線和 2 條機場軌道線)，擁有 404 座營運車站、總長 699.3 公里營運路線的軌道交通系統。單以營運里程計算，截至 2019 年 12 月北京地鐵已是世界上規模第一大的地鐵系統。

(5) 馬德里地鐵：於 1919 年 10 月 17 日由當時國王阿方素十三世開幕。共有 281 個車站，其中 27 個為兩線轉乘站，12 個為 3 線轉乘站，1 個四線轉乘站。

(6) 東京地鐵：總里程達到世界第四位。作為擁有如此之多的人口的都市，東京地鐵從根本上舒緩了都市的交通壓力，此外快捷的地鐵也有效控制了汽車的數量。

(7) 首爾地鐵：首爾地鐵是世界前五大載客量最高的鐵路系統，位於韓國的首都首爾特別市，一天載客量可達 4 百萬人次，服務首爾和周邊京畿道的首都圈。

(8) 蒙特婁地鐵：整個系統包括 4 條路線，73 個車站。蒙特婁地鐵是世界上少數使用膠輪路軌系統的重鐵系統，其技術採納自法國的巴黎地鐵的 MP-59 列車。它是世界最繁忙的地鐵系統之一。

(9) 香港地鐵：曾經是香港兩大都市軌道交通之一，已在 2007 年 12 月 2 日的兩鐵合併中，和九廣鐵路合併成港鐵。

(10)紐約地鐵：第一條建於地下的地鐵於 1904 年建成通車。有地鐵路線 36 條，總長 380 公里，設車站 424 座。

9.3　地鐵系統工程規劃

有關地鐵系統工程規劃，實則與後續軌道交通工程規劃及設計雷同，且各國地鐵系統皆有相關工程規劃要求，臺北市捷運局亦有台北捷運規劃手冊，綜合各國對於地鐵系統之工程規劃內容，就地鐵系統基本工程規劃進行說明。地鐵系統工程包括路線工程、車站工程、機電系統工程，含供電系統、號誌系統、通訊系統、自動收費系統、月臺門以及車輛系統工程等，要瞭解這些內容，首先對於地鐵系統的主要技術參數進行瞭解：

順序	計畫	技術參數
1	尖峰小時單向運送能力(人)	30,000～70,000
2	列車編組	4～8 節、最多 11 節
3	列車容量(人)	3,000
4	車輛設計速度(km/hrr)	80～100
5	平均運行速度(km/hrr)	30～40
6	車站平均站距(m)	600～2,000
7	最大通過能力(對/hr)	30
8	與地面交通隔離率	100%
9	安全性與可靠度	較佳
10	最小曲線半徑(m)	300
11	最小豎曲線半徑(m)	3,000
12	舒適度	較佳
13	都市景觀	無大影響
14	空氣及噪音汙染	小
15	站臺高度	一般為高站臺

9.3.1 地鐵系統平縱面線形設計標準

1. 地鐵系統軌道(含道岔及特殊軌道)之標準軌距(nominalgauge)為 1,435mm。

2. 地鐵系統正常最大加速度 1.0m/s²。

3. 地鐵系統最大營運速度 80km/hr(22.2m/s)。

4. 地鐵系統最大設計速度 90km/hr(25.0m/s)。

5. 地鐵系統最大正常煞車率 1.0m/s²。

6. 地鐵系統最小緊急煞車率 1.3m/s²。

7. 地鐵系統正線的最大坡度宜採用 3%，困難地段可採用 3.5%，輔助線的最大坡度宜採用 4%，除了布設駝峰式線形外，通常縱坡以不超過 2%為宜，聯絡線、出入線最大坡度不宜大於 3.5%。

8. 地鐵系統車站：地下站站臺路線坡度宜採用 2‰，困難條件下可設在不大於 3‰的坡道上；地面和高架車站一般設在平坡段上，困難時可設在不大於 3‰的坡道上。

9. 地鐵系統車場線：宜設在平坡道上，條件困難時庫外線可設在不大於 1.5‰的坡道上。

10. 地鐵系統折返線和停車線應布置在面向車擋或區間的下坡道上，隧道內的坡度宜為 2‰，地面和高架橋上的折返線、停車線，其坡度不宜大於 2‰

11. 地鐵系統路線平面最小曲線半徑

區間正線：350m	困難地段：300m
輔助線：200m	困難地段：150m
車場線：150m	
車站：1,200m	困難時：800m

12. 地鐵系統除了車站外，高架及潛盾隧道部分應保持最小 0.3%之坡度以便排水，在車站及側線(siding)部分以水平為宜，但仍容許 0.3%之坡度。

9.3.2 地鐵系統車站規劃

1. 地鐵系統車站建造型式

(1) 地下車站。

(2) 高架車站。

(3) 地面車站。

2. 地鐵系統車站月臺型式

(1) 側式月臺：站臺在兩側，地鐵位於中間的站臺型態。

(2) 島式月臺：為站臺在中間，地鐵位於兩側的一種站臺形式。

(3) 疊式月臺：因道路寬度不足，月臺採上下疊方式，地鐵位於月臺之一側。

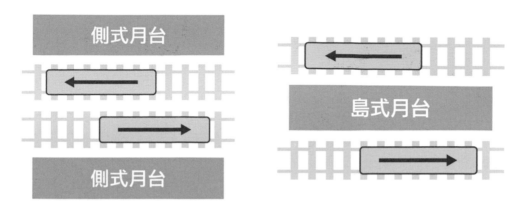

3. 地鐵系統車站規劃考慮

需求分類	規劃計畫	考慮事項
旅客需求	目標年預測客流量	以此設計公共設施、緊急疏散設備
	轉乘設施需求	在基地條件允許下儘量滿足
	無障礙空間	妥善規劃無障礙空間及動線，滿足身心障礙者進出需求
硬軟體需求	車站空間需求	管理、維修及其他特殊需求空間(保全、票證、急救、民防)
	機電空間需求	配合車站服務設施，規劃系統機電空間(變電站、號誌、通訊)
安全需求	防洪及防震設計	防洪高程及耐震須符合國家標準
成本需求	系統化及標準化	車站配置、材料裝修標準化及系統化設計，減少維運、建造成本

4. 地鐵系統車站區位選擇因素

類別	選擇因素	考慮事項
車站規劃設計條件	旅次運量	站點可及性良好
	車站間距	市中心 600～1,000m 為原則 郊區 1,000～1,500m 為原則
	建造型式	高架、地面或地下車站
	軌道定線	水平曲線半徑須大於 1,200m 月臺區最大軌道坡度為 0.2% 月臺與車門間距 8～10cm
站點既有條件	重大工程管線配合	避免重要管線衝突
	用地取得	以公有、低度開發土地為優先
非技術因素	環境因素	避免影響特殊自然區域、文化保護區域
	都市發展	站點配合未來都市計畫，帶動地區發展
	其他因素	民意、政策等非技術因素

9.3.3 地鐵機電系統工程規劃

1. 地鐵供電系統

(1) 地鐵供電系統應考慮

    (a) 操作安全性。

    (b) 維修安全性。

    (c) 可靠度及經濟性。

    (d) 各營運路線上電氣之獨立性。

    (e) 適用於地鐵路線之環境條件。

    (f) 設備標準化。

(2) 高度的供電安全保障是一般地鐵系統的要求，特別是在地下段。如果有任一部份的正常電力系統供電故障時(如變壓器故障、饋線故障或總線故障)，系統之設計應可重組電力系統以便地鐵系統能繼續正常運轉。

(3) 供電來源包括主變電站及次變電站。

(4) 牽引動力配電室(TSS)電力系由每座主變電站以開放式環狀電路供應；這種方式下，各個牽引動力配電室有 2 組電力供應以保護系統安全營運。

(5) 一般車輛動力來源為導電軌，地鐵系統主要為第三軌供電。

2. 地鐵號誌系統

(1) 地鐵號誌系統的任務是保證行車安全、協調列車運行、提高運輸效率。地鐵車站及機廠有很多路線，路線的兩端以道岔連接，根據道岔的不同位置組成列車的不同進路，每條進路只允許一列列車使用。列車能否進入某進路，是否會發生進路衝突，這些都由聯鎖系統來協調。聯鎖系統是號誌系統中保證列車行車安全的核心設備，確保列車在軌道上雙向行駛時之安全，免於碰撞衝擊或出軌。

(2) 號誌系統包括

(a) 自動列車監督系統(ATS)。

(b) 自動列車保護(ATP)。

(c) 自動列車操作(ATO)。

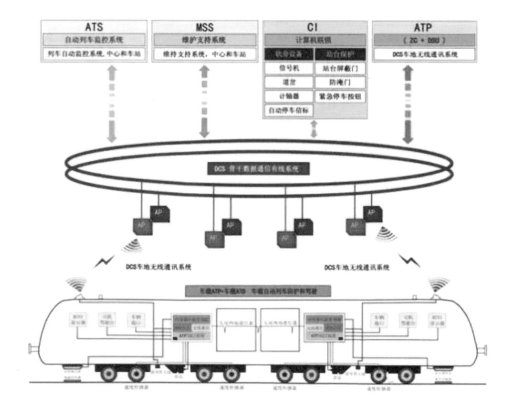

3. **地鐵通訊系統：地鐵通訊系統包括**

   (1) 自動電話。

   (2) 直線電話。

   (3) 電子郵件。

   (4) 閉路電視(CCTV)。

   (5) 無線通訊(RAD)。

   (6) 公共廣播(PA)。

   (7) 旅客資訊系統(PIS)。

   (8) 時鐘(CLK)。

   (9) 車載設備。

   (10) 傳輸系統。

   (11) 供電及設備。

4. **地鐵自動收費系統**

   (1) 地鐵自動收費(Automatic Fare Collection，AFC)標準架構體系

      (a) 系統清結算中心(ACC)。

      (b) 路線中心電腦系統(LC)。

      (c) 車站電腦系統(SC)。

      (d) 車站終端設備(SLE)。

      (e) 車票組成。

   (2) 車站設備包括自動驗票閘門、自動售票機、讀票機等。

(3) 從功能定位來看，LC 是某條路線 AFC 系統的管理及監控中心，通過對系統數據的採集、統計及管理，以實現系統運作、收益及設備維護集中管理的功能，LC 還是各路線接入路網的節點，通過 LC 與 ACC 的介面進行各類數據的上傳與下發，實現網路化的營運。

5. **地鐵月臺門系統(PSD)**

   (1) 月臺門之裝設有如下之優點：

      (a) 月臺門可減少對環控空調之需求。

      (b) 月臺門可增加站臺上候車乘客之安全性。

      (c) 月臺門可改善乘客等候列車時之環境。

      (d) 月臺門可因環控空調減少而減少相關機房之面積。

   (2) 月臺門包含外框、玻璃、滑門、緊急門、及站臺兩端通行門。

9.3.4　地鐵車輛系統工程規劃

1. **地鐵車輛系統功能需求包括：**

   (1) 車輛尺寸、重量與組成。

   (2) 車輛之性能、車身、內裝及連結。

   (3) 車輛轉向架、牽引系統與煞車系統之操控。

   (4) 車輛之空氣調節系統、輔助電力系統、噪音及振動之控制。

2. **地鐵車輛大小需考慮：**

   (1) 根據預估旅客流量而訂定之乘客座位及站位規定。

   (2) 影響列車靠站時間之上下車方便性。

(3) 車輛長度與寬度之實體限制。

(4) 車站站臺長度。

(5) 隧道空間。

(6) 軌道線形。

(7) 軌距。

9.4 地鐵系統都市案例

　　過去臺灣及大陸對於地鐵系統之建設，往往僅只針對交通功能及工程上進行規劃設計，較缺少如何將地鐵系統建設融入人文景觀及歷史文化之特色，也就是較少公共藝術的催化，使民眾更有意願及習於使用地鐵系統，近年來臺灣越來越重視地鐵系統之公共藝術及人文景觀，而大陸也慢慢接受地鐵系統不僅僅是一個交通工具，同時也是藝術品之觀念。

　　對於世界各都市地鐵系統擁有不同之特色，同時也寫下世界之最，以下便針對世界各都市之地鐵車站、地鐵車輛、地鐵路線、地鐵長度給予不同的感受，讓大家進入地鐵的世界。

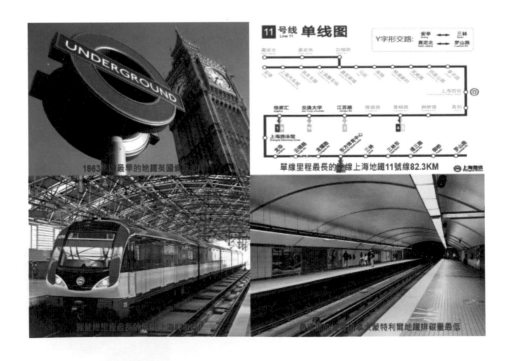

世界最多的地鐵系統美國紐約地鐵468個

世界最大的地鐵站日本新宿站178個出口

世界有地鐵最小城市瑞士洛桑

世界最寬敞的地鐵莫斯科地鐵

世界最擁擠藝術氣息的地鐵莫斯科地鐵

世界最深的地鐵朝鮮平壤地鐵200米深

最豪華地鐵莫斯科地鐵

世界最長全地下地鐵路線北京地鐵10號線57.1KM

以色列大坡度地鐵

Toledo Station地鐵站

瑞典斯德哥爾摩Kungstradgarden Metro Station地鐵站

瑞典斯德哥爾摩Metro Station地鐵站

葡萄牙里斯本Olaias Station地鐵站

慕尼黑地鐵

台北捷運

9.5 地鐵世界之美

1. 瑞典斯德哥爾摩地鐵站稱爲世界上最大地鐵藝術博物館，成百上千位藝術家的作品，極富震撼力。部分斯德哥爾摩的地鐵站保持開挖隧道時石頭表面，並邀請藝術家作畫或敷彩，稱爲公共藝術。

2. 德國慕尼黑地鐵有著無比絢爛的色彩。高純度彩色的牆面和燈光，讓人感到自己乘坐的不是地鐵，而是進入了某個遊戲世界。每一處都整潔乾淨倒是繼承了德國風格。

3. 俄羅斯莫斯科地鐵站，除濃郁的東歐風情，帶有一點前社會主義國家色彩。地鐵站富麗堂皇，裝飾令人難以置信的馬賽克壁畫，描繪可以追溯到到 1200 年俄羅斯歷史關鍵時刻。

4. 加拿大蒙特利爾帕皮諾站，飾滿彩繪的獨具特色。橙線上的 Champ-de-Mars 地鐵站於 1966
年建成。那慕爾站於 1984 年建成，核心景觀是大型幾何的光雕，由來自魁北克的藝術
家 Pierre Granche 打造。

5. 德國柏林地鐵於 1902 年通車,是繼倫敦、布達佩斯、格拉斯哥和巴黎之後,世界上第 5 個建成地鐵的都市。雖然歷史久遠,柏林地鐵站卻不那麼陳舊,色彩飽和鮮活,再次打破對於德國設計冷靜嚴謹的印象。

6. 阿聯酋迪拜哈立德本瓦利德地鐵站，浮誇水母造型燈，結合了傳統和現代的設計風格，強烈的顏色對比，給人一種與眾不同的視覺刺激與感受。

7. 臺灣高雄美麗島站「光之穹頂」是世界上最大的玻璃藝術品,共使用 4500 塊彩色玻璃
   組成,像一個巨大的萬花筒。由義大利設計師 Narcissus Quagliata 親自操刀,設計理念
   源於「風、水和時間」。

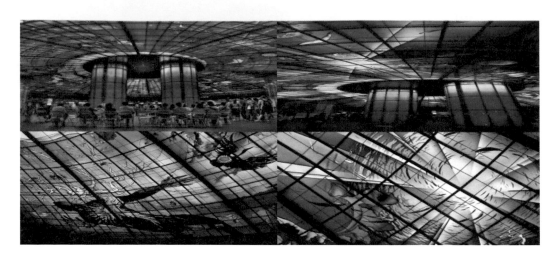

8. 葡萄牙里斯本在 1998 年紀念葡萄牙航海家達伽馬發現印度航線 500 周年世界博覽會建
   造奧萊爾斯站,當時設計風格浮誇,但成就一個藝術品價值。

9. 法國巴黎地鐵站 Artset Métiers 就是「藝術與工藝品車站」採用大量潛艇窗口、鉚釘裝飾和暖色金屬，風格獨特。獨樹一幟的蒸汽朋克風格，來自於 1994 年比利時連環畫家。

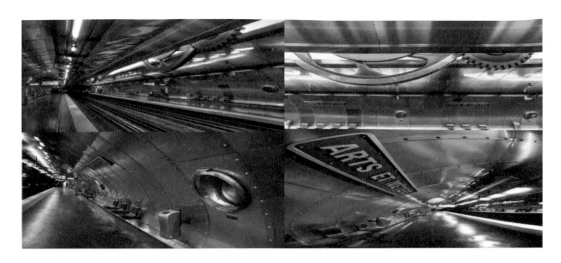

10. 德國漢堡港口地鐵站光之雕塑。設計師 Raupach Architekten 設計概念為凸顯漢堡海港都市自然特性，從集裝箱外形到使用的材料，地鐵站材料特點是對鋼、色彩和光的使用，微妙色彩變化系統將地鐵變成生活藝術館。

11. 義大利那不勒斯托萊多站設計靈感來自於光和水,圓頂好似浩瀚的海洋,美輪美奐,並製造出一種流動的效果,宛如童話世界。

Chapter 10

城際鐵路介紹

10.1 何謂城際鐵路

1. 城際鐵路是都市中心區聯接周邊市鎮及其市鎮之間的通勤化、快速化、大運量的軌道交通系統，提供都市大眾運輸服務，是都市交通組織的重要組成部分。

2. 根據中國對於城際鐵路規範，定義城際鐵路為專門服務於相鄰城市間或城市群，旅客列車設計速度 200km/hr 及以下的快速、便捷、高密度客運專線鐵路。

3. 中國新建城際鐵路設計速度為 200km/hr 及以下的標準軌距。城際鐵路僅運行動車組(類高鐵)列車，設計速度分為 200km/hr、160km/hr、120km/hr 三級。

4. 城際鐵路應採用高密度、小編組、公車化的交通組織模式。

5. 城際鐵路可自成體系，相對獨立營運，重要節點應考慮與鐵路網互聯互通或轉乘的條件，終點站和中間站應與都市軌道等大眾運輸系統順暢銜接、便捷轉乘。

6. 過去城際鐵路主要做為市鎮之間聯繫，現在則轉化為大眾捷運稱為捷運化鐵路，並利用現有或新建城際鐵路車站加大加密、車輛速度加快，配合大眾捷運系統形成都市軌道交通路網或提升速度達 200 公里以上，成為高速鐵路。

7. 中國國家五部委曾發布《關於促進市域(郊)鐵路發展的指導意見》，以擴大市域(郊)鐵路公交化運營服務，將城際鐵路轉化為市域快軌，提供城市公共交通服務，成為城市軌道交通系統。

8. 按照都市鐵路運行區域的不同，城際鐵路可分為市區鐵路、市郊鐵路(捷運化鐵路)和機場聯絡鐵路等，國外則根據服務範圍、車站密度的不同，分為跨區鐵路，區域快線(Regional-Express，RE)和區域鐵路。城際鐵路一般採用 4～10 輛編組，最高速度可達 120～200km/hr，市郊鐵路(捷運化鐵路)運能與地鐵基本相當。

9. 中國境內城際鐵路功能經過多年優化皆已提升，市區鐵路提速後最高速度可達 200km/hr，2007 年 4 月 18 日，中國鐵路第六次大提速，共有 500 列 CRH 動車組上線運行。CRH 為英文縮寫，全名 China Railways High-speed，譯為 "中國鐵路高速"，是中國鐵道部對中國高速鐵路系統建立的品牌名稱，至此城際鐵路(動車)與高速鐵路稱謂已漸模糊化，僅以列車速度界分。

10. 臺灣城際鐵路稱之為臺鐵，於 1887 年成立全臺鐵路商務總局，由劉銘傳負責修築，二戰結束後利用美援將車輛更新與改善路線提升等級，進入鐵路電氣化，21 世紀臺鐵開始進行鐵路捷運化計畫，將西部幹線轉型為長程運輸與短程通勤並重，並提升東部幹線的運能；以西部幹線、東部幹線、南迴線構成的環島鐵路網，為台鐵主要核心營運路線，另包括其他運量較小的支線鐵路。至 2016 年底為止，台鐵的總營運里程數為 1,065 公里。臺鐵區分為城際鐵路及捷運化鐵路兩種形式進行營運。

10.2　城際鐵路歷史

10.2.1　世界鐵路歷史

1. 世界上第一輛火車是在 1803 年由英國人 Richard Trevithick(特雷維西克)研發而成，開闢了鐵路新紀元。

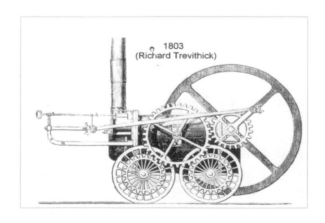

2. 世界第一條營運鐵路於 1825 年 9 月 27 日在英國 stockton-Darlington 開通，全長 42 公里，檢閱式火車由五列列車組成。第一列由蒸汽機車 "旅行號" 牽引，後掛煤水車，32 輛貨車和 1 輛客車。客車編掛在列車中間，專供鐵路公司的官員乘坐。另有 20 輛代用客車，是在貨車內加上座位供一般旅客乘用，其他車廂滿載著煤和麵粉，總重達 90 噸，乘座旅客達 450 人。其餘四列車由一匹馬拖六輛貨車。第一列機車由設計者 Robert Stephenson 親自操縱。

3. 歐美國家自 19 世紀上半世紀開始修築鐵路，法國於 1828 年、美國於 1830 年、德國於 1835 年、比利時於 1835 年、俄國於 1837 年、義大利於 1839 年紛紛進行鐵路建設。

4. 到了 19 世紀 50 年代初期，亞洲、非洲、拉丁美洲地區，也開始鐵路建設。如印度在 1853 年、埃及在 1854 年、巴西在 1854 年、日本在 1872 年，也開始建設鐵路。世界鐵路自 1825 年開始有第一條營運鐵路，到 1840 年發展到 8,000 公里，1850 年發展到 39,000 公里，1860 年發展到 105,000 公里。

5. 世界鐵路在 19 世紀下半世紀開始快速發展，主要集中於英、美、德、法、俄五國。帝國主義國家為侵略其他國家，建立殖民地，不僅僅在自己國家修築鐵路，也在殖民地大量修築鐵路，方便運送人員及機具糧食。

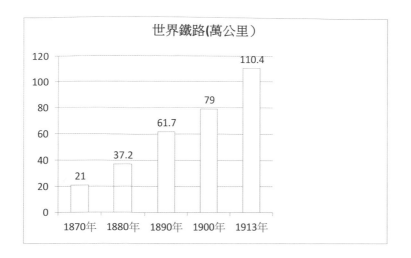

6. 在 20 世紀上半世紀，也就是在第一次世界大戰後到第二次世界大戰前的 20 多年間，主要資本主義國家的鐵路基本上停止發展。但殖民地、半殖民地、獨立國、半獨立國的鐵路，反而發展較快，1940 年世界鐵路營業里程達 135.6 萬公里。

7. 在 20 世紀下半世紀，世界鐵路因技術更新，又重新發展起來。20 世紀 70 年代中期發生世界石油危機，由於鐵路具能源消耗較低，噪音污染較小，客貨運運能強，且安全可靠，因此再度重新發展，而美國、加拿大仍以傳統的內燃機牽引動力為主，但其他國家以研發以電力牽引動力為發展方向，並發展先進鐵路技術。

8. 到了 20 世紀 90 年代末，世界鐵路營業里程已達 140 多萬公里，其中歐洲占最大比例達 42.6%。

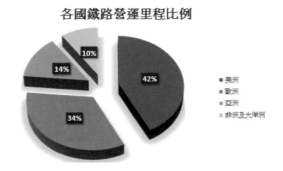

9. 目前世界鐵路長度排名前五名分別為美國、中國、俄羅斯、印度及加拿大。

排名	國家或地區	鐵路長度(km)	年度	備註	國營或私營
1	美國	240,000	2017		私營
2	中國	132,000	2018		國營及私營
3	俄羅斯	86,000	2013	商業運轉鐵路長度	國營
4	印度	66,687	2016	路線長度不是軌道長度	國營
5	加拿大	46,552	2008		私營

10. 現在城際鐵路已不單為客運及貨運功能，世界很多都市之城際鐵路已轉化為觀光功能，形成觀光鐵路。

10.2.2 中國鐵路歷史

中國鐵路經過六次大提速，將城際鐵路轉化為高速鐵路(動車)。

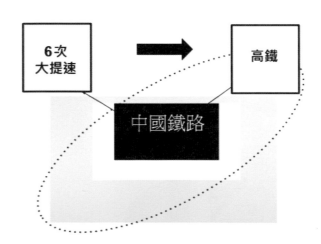

1. 第 1 次大提速：1997 年 4 月 1 日中國鐵路進行第 1 次大提速，這是 1949 年以來，中國鐵路第一次大面積提速，是中國鐵路走入市場經濟的重要一步，也是中國鐵路發展的一個里程碑。以瀋陽、北京、上海、廣州、武漢等大都市為中心，首次開行了最高時速達

140 公里，旅行速度在時速 90 公里以上的 40 對快速列車；同時，首次開行了 78 列夕發朝至列車。中國旅客列車平均時速由 1993 年的 48.1km/hr 提高到 54.9km/hr。採取措施為：

(1) 更換三大幹線提速道岔。

(2) 強化道口管理。

(3) 確保機車、車輛、電務等設備品質。

(4) 對鐵路員工的大量培訓教育。

2. 第 2 次大提速：1998 年 10 月 1 日中國鐵路進行第 2 次大提速，京滬、京廣、京哈三大幹線，最高運行時速達 140～160 公里；廣深線採用擺式列車，最高時速達 200 公里；時速 140 公里的路線由 239 公里增加到 1,454 公里；時速 160 公里的路線由 268 公里增加到 445 公里。

3. 第 3 次大提速：2000 年 10 月 21 日第三次大面積提速在隴海、蘭新、京九、浙贛線順利實施，在前兩次大面積提速的基礎上初步形成了中國鐵路提速網路京廣、京滬、京哈、京九線四條縱貫南北的大動脈和隴海、蘭新線，浙贛線兩條橫跨東西的大幹線，全面實現了提速，中國鐵路提速路線延展里程接近一萬公里，初步形成了覆蓋中國主要地區的"四縱兩橫"提速路網。

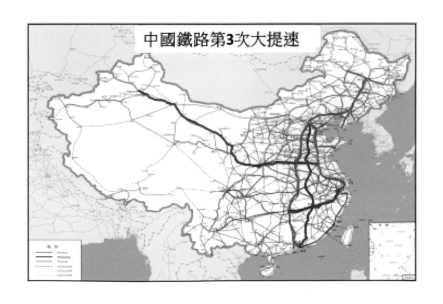

4. 第 4 次大提速：2001 年 10 月 21 日中國鐵路進行第 4 次大提速，這次提速的重點區段為京九線、武昌—成都(漢丹、襄渝、達成)、京廣線南段、浙贛線和哈大線。經過這次提速後，中國鐵路提速路網進一步完善，提速範圍進一步擴大，鐵路提速延展里程達到13,000 公里，使提速路網覆蓋中國大部分省區。第 4 次大提速營運優化包括：。

(1) 對夕發朝至列車時間段進行了優化，更加突出了 "夕發朝至" 的品牌效應。

(2) 增加了行包專列數量，優化了開行方案，行包專列達到 15 對。

(3) 優化了 "五定" 班列開行方案，調整了五定班列始發、終到站，五定班列數量達到79 列。

(4) 對大宗直達貨源貨流進行全面調查、分析和梳理的基礎上，安排了大宗定期始發直達列車 157 列，比 2000 年運行圖增加 19 列。

5. 第 5 次大提速：2004 年 4 月 18 日中國鐵路進行第 5 次大提速，中國鐵路再次承諾：提速不提價；提速路網總延展里程 16,500 多公里，其中時速 160 公里及以上提速路線 7,700多公里；鐵路幾大幹線的部分地段路線基礎達到時速 200 公里的要求；主要都市間客車運行速度進一步提高，旅行時間大幅度壓縮；旅客在廣州喝完早茶，第二天傍晚時分就能在重慶吃上 "麻辣火鍋"。

6. 第 6 次大提速：2007 年 4 月 18 日中國鐵路進行第 6 次大提速，時速 200 公里以上的 212對城際間動車組開行在環渤海、長三角、珠三角都市群和華東、中南、西北、東北地區的重點都市間，形成以北京、上海為中心的快速客運通道；新的列車運行圖將增加 7 對一站直達特快列車，一站直達特快旅客列車總數增加到 26 對。夕發朝至列車也將由當前的 305 列增至 337 列；提速涉及京哈、京滬、京廣、隴海、蘭新等 18 條路線，旅客列車最高運行時速達到 120 公里及以上的路線延展里程共計 2.2 萬公里，比第五次大提速增加了 6,000 公里。

中國鐵路 6 次大提速優勢

1. 提高鐵路交通服務品質，進一步適應人民群眾需求。

2. 緩解鐵路 "瓶頸" 制約、適應經濟社會持續快速發展的迫切需要。

3. 提高鐵路經濟效益、增強鐵路自我發展能力的內在要求。

既有線再提速　　　　　　　　高速客運專線建設

10.2.3　臺灣鐵路歷史

1. 1887 年至 1900 年

1887年成立全臺鐵路商務總局，由劉銘傳負責臺灣鐵路的興建，首段營運路線由台北大稻埕至基隆，於1891年通車，這是縱貫線的開始。後續延伸至新竹於1893年通車，路線在臺灣被日本接收前，僅完成基隆—新竹段。

1895年進入日治時代後，臺灣鐵路由日軍接管，鐵道建設由民間主導，但由於財政困難，臺鐵路線於1899年轉由官方主導，臺灣總督府交通局鐵道部於同年成立，計畫全面興建西部縱貫鐵路。

2. 1901 年至 1945 年

20世紀，鐵道部繼續擴建臺鐵路線，第一條支線鐵路淡水線於1901年通車，服務淡水港與臺北之間的客貨運；除了修建縱貫線外，南部鐵路也進一步擴建，1908年西部縱貫鐵路全線貫通，宜蘭線全線也於1924年完工。

3. 1945 年至 2000 年

1945年二戰結束後，鐵道部於1948年3月5日改組為「臺灣鐵路管理局」，戰後復建完成後，臺鐵利用美援進行車輛更新與改善路線提升等級，於1960年進入柴油化；1979年7月1日西部幹線電氣化完工，臺鐵邁入電氣化；1991年完成環島鐵路網；臺鐵於1999年改隸交通部，全稱「交通部臺灣鐵路管理局」。

4. 2001 年至 2010 年

21世紀，臺鐵開始進行捷運化計畫，將西部幹線轉型為長程運輸與短程通勤並重，臺鐵區分為城際鐵路及捷運化鐵路兩種形式進行營運。同時提升東部幹線的運能，北迴線改善工程於2003年6月底完工，北迴線全線雙軌化工程也於2005年完成。

5. 2011 年至 2020 年

臺鐵持續進行以西部幹線、東部幹線、南迴線構成的環島鐵路網改善工程，包括鐵路高架化及地下化、車輛更新、收費及營運系統更新，南迴鐵路電氣化潮州至枋寮路段於2019年12月20日完成，至2016年底為止，台鐵的總營運里程數為1,065公里。

10.3 城際鐵路工程技術標準

參考各國對於城際鐵路系統之工程規劃內容，就城際鐵路系統基本工程規劃進行說明：

1. 城際鐵路應按雙線電氣化鐵路、左側行車設計，應具備反向行車條件。

2. 城際鐵路設計速限分 200km，160km 及 120km 三級。

3. 城際鐵路正線線間距、最小平面曲線半徑、最大坡度應根據設計速度、營運組織模式、列車運行安全和旅客舒適度要求等因素確定。

4. 城際鐵路平面最小曲線半徑(m)

設計速度(km/hr)	200	160	120
一般條件	2,200	1,500	900
困難條件	2,000	1,300	800

註：車站兩端減加速地段的最小曲線半徑應根據公式計算確定。

5. 城際鐵路區間正線的最大坡度不宜大於 20‰，困難條件下經技術經濟比選後不應大於 30‰。

6. 城際鐵路編組輛數應根據預測的客流量，結合車輛選型、營運組織方案，經技術經濟比選後確定。編組輛數不應大於 8 輛。

7. 設計速度不同之城際鐵路應採用不同級列控系統；且應考量行車間隔、站間距、停車精度等因素。

8. 城際鐵路到發線有效長度應按遠期列車編組長度和列控系統要求計算確定。停靠 8 輛編組的列車編組時，貫通式車站到發線有效長度不應小於 400m；盡端式車站到發線有效長度不宜小於 325m，困難條件下不應小於 290m。

9. 城際鐵路調度指揮方式應採用集中調度。

10. 城際鐵路最小行車間隔應按照客流量需求研究確定，宜採用 3min。

10.4 城際鐵路都市案例

1. 紅色大玩具-瑞士雷塔恩鐵路-伯爾尼納快線，這條穿行在阿爾卑斯山區的紅色列車已經存在了 100 多年，2008 年被評為世界文化遺產。從瑞士聖莫里茨出發，到達義大利的蒂拉諾，全長 130 公里，4.5 小時，是世界上落差最大的鐵路線之一，螺旋式的爬上，爬下，轉彎，盤旋，堪稱鐵路建築的典範傑作。

2. 華麗的東方宮殿-亞洲東方快車，1993 年開通的亞洲頂級豪華火車，從曼谷出發，穿過古老的泰國風情，進入馬來西亞吉達州，經過幽深的熱帶雨林到達吉隆坡，最後抵達新加坡。車上設備，服務完全是五星級標準，被形容爲"在鐵路上前進的華麗的東方宮殿"。

3. 鐵軌上的豪華遊輪-非洲之傲，南非裔富商羅罕‧沃斯(Rohan-Vos)於 1986 年創辦時，不過是爲了實現和家人一起坐火車探尋野生動物的夢想。如今"非洲之傲"已經成爲頂級豪華列車的代名詞，其遍布南部非洲的十餘條經典路線贏得了無數名流顯貴以及浪漫情侶的青睞，有"鐵軌上的豪華遊輪"美譽。

4. 西伯利亞大鐵路橫貫俄羅斯東西，從莫斯科的雅羅斯拉夫出發，到達海參崴。總長 9298 公里，跨越 8 個時區、16 條歐亞河流，駛過貝加爾湖南岸，沿途經停 1000 多個車站，是目前世界上最長的鐵路。

5. 奢華而尊貴-威尼斯-辛普朗新東方快車，1974 年的電影《東方快車謀殺案》豪華列車東方列車在 2009 年停運，現在被稱為"新東方列車"，重現了昔日的經典，保留了老東方快車的模樣和奢華。

6. 青藏鐵路由青海西寧至西藏拉薩，全長 1956 公里，沿途是青藏高原，可可西裏無人區，穿越過唐古拉山，是世界上海拔最高，凍土路段最長的高原鐵路，被譽爲 "天路"。

7. 行走的酒店-澳大利亞鐵路(一)-印度-太平洋號 India Pacific，北半球滿地金黃賞秋景，南半球正綠草茵茵一片春色。澳大利亞有兩條貫穿中國的鐵路線，黃色橫貫路線是印度-太平號，紅色縱貫路線是 "甘" 號。印度-太平洋號列車從東海岸悉尼出發，至西海岸珀斯，橫跨整個澳大利亞，全程 4,352 公里，歷時 3 天。

8. 傳奇列車-澳大利亞鐵路(二)-"甘"號 The Ghan，縱貫澳洲中國南北，穿越阿得萊德附近的灌木叢和牧場，克萊爾山谷的沙漠灌木和案樹叢，鐵銹色的紅色中部地區，植物繁茂的北部熱帶地區，最後到達生活閒適的澳大利亞北領地首府達爾文，"甘"號列車是為了紀念百年前第一批騎著駱駝穿越南北澳大利亞內陸的阿富汗駱駝隊的探險先驅者。

9. 加拿大國鐵 VIA 加拿大人號往返於溫哥華與多倫多之間，經過湖區農場、國家自然保護區、原始森林、河谷、國家公園，全程 3 天，車上設施可以媲美星級酒店。

10. 全透明觀光列車惠斯勒海天號返於加拿大惠斯勒及溫哥華，擁有 360°全景觀的設計，仿佛行駛在空中。進入隧道時更是像時空穿梭機一般，有趣又刺激。

11. 加拿大阿落基山登山者號 Rocky Montaineer 穿行在範庫弗峰-班夫-賈斯柏之間，與惠斯勒海天號一樣，有著透明車廂。曾經 6 次榮獲世界一流火車旅行體驗獎及國家地理雜誌評選的獎項。

12. 移動皇宮-印度皇宮列車 Palaceonwheel，不是印度普通老百姓乘坐，英國殖民時期曾是郡王和印度總督乘坐。14 節車廂，個個都有自己的名字。

13. 秘魯馬丘比丘火車沿著安第斯山行駛的秘魯中央鐵路，在青藏鐵路建成之前，曾經是世界上海拔最高的。從首都利馬的外港卡亞俄出發，向東蜿蜒而上，穿越海拔 4,000 多米高的安第斯山區，全長 380 公里。1911 年，一位美國探險者發現了馬丘比丘古城，火車便以他的名字命名。

14. 票價最昂貴的火車蘇格蘭皇家列車 The Royal Scotsman，1985 年開始營運，這是世界上最昂貴的火車之旅，4 天旅途花費跟乘坐西伯利亞鐵路 19 天價錢一樣，折合約 20 萬元，而且只提供 36 個旅客的住宿。

15. 世界上最美的鐵路-墨西哥奇瓦瓦太平洋鐵路，墨西哥目前唯一保持營運的觀光鐵路，被稱為"世界上最美麗的鐵路"，全長 653 公里、途經 39 座橋梁和大大小小 86 條隧道，穿越無數河流與峽谷，前後耗時 90 年才竣工通車。

Chapter 11

高速鐵路介紹

11.1 何謂高速鐵路

1. 根據國際鐵路聯盟(UIC)的定義，高速鐵路是指透過改造原有路線(直線化、軌距標準化)，使營運速率達到每小時 200 公里以上，或者專門修建新的"高速新線"，使營運速率達到每小時 250 公里以上的鐵路系統，包含傳統式的輪軌型鐵路跟速度更快的磁浮型鐵路。

2. 廣義的高速鐵路包含使用磁浮技術的高速軌道交通系統。

3. 歐盟(EU)定義

   (1) 高速鐵路

      (a) 新建高速鐵路的容許速度達到 250 公里/小時或以上。

      (b) 經升級改造的高速鐵路，其容許速度達到 200 公里/小時。

   (2) 高速鐵道機車車輛

      (a) 在新建高速鐵路上，運行速度最少達到 250 公里/小時，並在可能的情況下達到 300 公里/小時。

      (b) 在既有線或經升級改造的高速鐵路上，運行速度達到 200 公里/小時。

4. 聯合國歐洲經濟委員會(UNECE)的定義

   (1) 高速鐵路

      (a) 高速鐵路專線在主要路段的容許速度達到 250 公里/小時或以上。

      (b) 經升級改造的高速鐵路，在主要路段的容許速度達到 200 公里/小時。

   (2) 高速鐵道機車車輛。

      (a) 在高速鐵路專線上的設計營運速度最少達到 250 公里/小時。

      (b) 在經升級改造的高速鐵路上，設計營運速度達到 200 公里/小時的高速擺式列車。

5. 世界最為廣泛接受的定義

   (1) 最高(日常/商業)營運速度達到 200 公里/小時的鐵路。

   (2) 狹義上的高速鐵路，是指傳統的輪軌式高速鐵路，這也是最普遍的一種理解。

   (3) 廣義上的高速鐵路則包含使用磁懸浮技術的高速軌道交通系統。

   (4) 中國曾提出準高速的概念，是指營運速度於 160Km/hr 及以上的鐵路，也就是動車的概念。

11.2 高速鐵路歷史及特性

11.2.1 高速鐵路歷史

1. 日本是全世界首個投入高鐵營運的國家，1964 年東海道新幹線通車，早了臺灣高鐵 43 年。而日本也是現今高鐵技術最發達的國家，不僅營運 50 年間零死亡紀錄外，2015 年在山梨磁浮實驗線上，飆出時速 603 公里的超高速，同時也向金氏世界紀錄提出申請，標榜是目前地面運行的交通工具中，速度最快的交通工具。

2. 1981 年法國成為世界第二個有高鐵的國家。之後包含德國、義大利、西班牙、英國、比利時、荷蘭，在 80～90 年代開通高鐵營運。而 2000 年美國才開始有高鐵。美國高速鐵路 Acela 於 2000 年 12 月 11 日開始營運，該列車連接了波士頓、紐約、費城、華盛頓，是美國唯一一條高速鐵路。過去美國歐巴馬總統曾經提出 13 條高鐵的興建計畫，但因無止盡的政治紛擾與財務來源爭議，也都不了了之，下一條美國高鐵，較有可能是連接舊金山與洛杉磯的高鐵，但目前尚未開始動工，何時落成仍是未知數。

3. 亞洲地區南韓、臺灣、中國高鐵則紛紛於 2004～2008 年落成。2009 年啟用的土耳其跟俄羅斯高鐵，是迄今除中國外世界上最年輕的高鐵。而目前，全世界僅有 14 個國家有高速鐵路。

4. 中國高鐵是迄今全世界最大的高鐵營運路網。截至 2019 年 12 月總里程突破 3.5 萬公里，其中營運時速可達 300 公里的路線總里程超 1 萬公里，占世界 2/3 以上。另外，目前京滬高速鐵路及京津城際鐵路達到 350km/hr 的全球最快營運速度；預計 2025 年，中國將建成約 38,000 公里的高速鐵路。

5. 高速鐵路歷史共經過三次浪潮

   (1) 第一次浪潮：1964 年～1990 年

   　　1959 年 4 月 5 日，世界上第一條高速鐵路東海道新幹線在日本破土動工，1964 年 10 月 1 日正式通車。全長 515.4 公里，營運速度高達 210 公里/小時，它的建成通車標誌著世界高速鐵路新紀元的到來。

(2) 第二次浪潮：1990 年至 90 年代中期

　　法國、德國、義大利、西班牙、比利時、荷蘭、瑞典、英國等歐洲國家，大規模修建本國或跨國界高速鐵路，逐步形成歐洲高速鐵路路網。此次高速鐵路的建設高潮，不僅僅是鐵路提高內部企業效益的需要，更多的是國家能源、環境、交通政策的需要。

(3) 第三次浪潮：從 90 年代中期至今

　　在亞洲(韓國、臺灣、中國)、北美洲(美國)、澳洲(澳大利亞)世界範圍內掀起了建設高速鐵路的熱潮。主要體現在：一是修建高速鐵路得到了各國政府的大力支持，一般都有了全國性的整體修建規劃，並按照規劃逐步實施；二是修建高速鐵路的企業經濟效益和社會效益，得到了更廣層面的共識，特別是修建高速鐵路能夠節約能源、減少土地使用面積、減少環境污染、交通安全等方面的社會效益顯著，以及能夠促進沿線地區經濟發展、加快產業結構的調整等等。

11.2.2　高速鐵路特性

　　高速鐵路具有以下特性：

1. 速度快：高速鐵路平均營運時速可達 300 公里，有些營運時速可達 300 公里甚至可達 350 公里，即使中國動車，也在 200 公里以上，臺灣高鐵系統設計速度為 350km/hr，營運最高速度為 300km/hr。

2. 行車密度高：由於高速鐵路行車速度快，且採用列車運行自動控制系統(ATC)，因此可提高行車密度。

3. 舒適性高：高速鐵路提供舒服乘車環境及寬敞列車空間與服務，舒適性高。

4. 土地占用面積小：高速鐵路建設利用地下和地上空間進行建設，對於土地占用面積小，減少土地徵收，引起民怨之問題產生。

5. 能耗低：高速鐵路採用電力牽引，能運送大量旅客，且輪軌摩擦阻力較小，對於能源消耗低。

6. 環境污染小：高速鐵路行駛於高架或地下之道路上，對於環境較少產生破壞，同時使用電力牽引，不會有過多空氣污染，路線和車輛上採用降噪措施，較不會對都市環境產生嚴重噪音污染。

7. 外部運輸成本低：由於高速鐵路可大量運輸旅客，外部運輸成本低。

8. 列車運行準點率高：高速鐵路具有專用路權，行駛於於專用車道，不受其他交通工具干擾，不產生路線擁堵狀況，列車按運行圖運行，具可信賴的準時性。行駛快速且定時定速，列車運行準點率高，能安全準時運送旅客。

9. 安全性高：高速鐵路由於行駛於專用路權，因此與其他交通工具隔離，並且有先進的通訊號誌設備，較不會發生交通事故，除因緊急消防事件或人員疏失、高速鐵路故障及跳軌等造成死傷外，不會有太多之傷亡問題，安全性高。

10. 受氣候影響小：高速鐵路不受氣候影響，爲全天候交通工具。

11. 經濟效益佳：高速鐵路車輛大且列車編組輛數多，同時行車速度快，時間短，能大量運輸旅客，不同於軌道交通系統，具有大量運輸能力，經濟效益佳。

11.3 高速鐵路技術

11.3.1　各國高速鐵路技術

1. 高速鐵路共有五大技術，分別爲

    (1) 日本新幹線。　　　　　　　　(4) 美國 ACELA。

    (2) 法國 TGV。　　　　　　　　　(5) 中國-研發創新。

    (3) 德國 ICE。

    由於美國ACELA及中國高速鐵路皆汲取其他系統研發創新，因此僅就日本新幹線、法國TGV及德國ICE工程技術進行比較分析。

技術型式	日本 SKS	法國 TGV	德國 ICE
主要路線營運啓始年	1964(東海道線) 1975(山陽) 1982(東北、上越) 1997 年北陸(Hokuriko 高崎至長野間)2002(東北,盛岡-八戶間) 2004.3(九州島)	1981(東南) 1989(大西洋線) 1992(北線) 2001(地中海線)	1991(漢諾威－維爾茨堡；曼海姆－斯圖加特)1998(漢諾威－柏林)2002(科隆－法蘭克福)

技術型式	日本 SKS	法國 TGV	德國 ICE
營運路線總長	2176km	1542km	793km
最高營運速度	300km/hrr	300km/hrr	300km/hrr
路線最大坡度	15‰～30‰	25‰～35‰	12.5‰～40‰
最小半徑(m)	2500～4000	4000～6000	3500～7000
軌距	1435mm	1435mm	1435mm
列車長度	400m	200m	185m
列車牽引方式	動力分布式(EMU)	動力集中式(Push-Pull)	動力集中式／動力分布式(ICE3)
行車控制/保安	CTC/ATC	CTC/ATC	CTC/ATC
座位數	約 1300	約 380/550	約 400
列車跨國通行範圍	日本	荷蘭，比利時，德，英，義大利，西班牙	荷蘭，比利時，法，瑞士，奧地利

設備名稱	法國TVM300	法國TVM430	德國LZB	日本ATC
運行速度	最高：	最高：	最高：	最高：
營運里程				
閉塞方式	固定閉塞	固定閉塞	固定閉塞	固定閉塞
制動模式	滯後式分級階梯	分級連續式	連續速度控制	提前式分級階梯
控制方式	人控爲主，設備爲輔	人控爲主，設備爲輔	可實行自動控制(ATC)	設備控制優先，人控爲輔
安全號誌傳輸	媒介：無絕緣模擬軌道電路 方向：地對車單方向 載頻：1700Hz、2000Hz、2300Hz、2600Hz 資訊量：18個	媒介：無絕緣模擬軌道電路 方向：地對車單方向 載頻：1700Hz、2000Hz、2300Hz、2600Hz 資訊量：27bit	媒介：數字電道交叉環線 方向：地-車間雙方向 載頻：36±0.4kHz、56±0.kHz資訊量：83.5bit	媒介：有絕緣模擬軌道電路 方向：地對車單方向 載頻：750Hz、850Hz、900Hz、1000Hz 資訊量：10個
其它號誌傳輸	媒介：環線、應答器 方向：地對車或車對地單向	媒介：應答器、無線數傳 方向：地-車雙方向	媒介：應答器、無線數傳 方向：地-車雙方向	媒介：應答器、無線數傳 方向：地-車雙方向

2. 各國使用高速鐵路主要以日本新幹線、法國 **TGV** 及德國 **ICE** 為主，茲說明如下：

◇ **TGV 技術**
- 法國：TGV
- 法國、英國、比利時：歐洲之星
- 西班牙：AVE
- 美：Acela
- 法國、比利時、荷蘭、德國：Thalys
- 韓國：KTX

日本：新幹線（中央新幹線除外）
台灣：臺灣高速鐵路（以新幹線系統爲基礎）
中國：CRH2（以E2系1000型列車為基礎）
英國：英鐵395型（以日立885系車體為基礎搭配新幹線動力轉向架）

◇ **ICE 技術**
- 德國：ICE（德國國內路網）
- 德國、比利時、荷蘭、瑞士、奧地利：ICE（跨國路網）
- 西班牙：AVE S103
- 俄羅斯：Velaro RUS
- 中國：CRH3（以ICE-3列車為基礎，又稱為Velaro CN）

3. **磁懸浮高速鐵路技術**

(1) 中國：1995 年 5 月 11 日在國防科技大學研製成功，中國成爲繼德國、日本、英國、蘇聯、韓國之後，第六個研製成功磁懸浮列車的國家。

　(a) 上海磁浮列車採用德國常導技術的上海磁懸浮路線在 2003 年全線開通，是全球第一條商用磁懸浮列車(TR8)路線。

　(b) 上海磁浮西起上海地鐵二號線龍陽路站南側，東到浦東國際機場一期航站樓東側，全長 30 公里。其設計時速和運行時速分別爲 505 公里和 430 公里。乘客僅需 7 分鐘就可從地鐵站到達浦東國際機場。

(2) 日本：中央新幹線(東京〜大阪，)、山梨リニア(MLX-001)。

(3) 德國：柏林線。

11.3.2　中國高速鐵路技術

1. 中國高速鐵路在速度上不斷刷新世界紀錄，其技術也被公認爲國際領先，但國外不少人認爲中國高速鐵路技術抄襲了外國技術。中國的高速鐵路技術結合自身實際，做到集成創新，形成了自己的特點，雖然部分車輛及號誌控制核心技術尚需國外支援，但國外關於"中國高速鐵路技術系抄襲"的指責不切實際。

2. 現在只有中國才能在山區修高速鐵路。

3. 中國高速鐵路車輛技術：中國目前製造和營運中的高速列車分為和諧號及復興號電力動車組，除 CR200J 以外均為動力分散式列車。和諧號系列列車包括 CRH1 系列、CRH2 系列、CRH3 系列、CRH5 系列、CRH6 系列以及 CRH380 系列。其中 CRH6F 兼具高速列車組和地鐵車輛技術優勢，具有速度快、載客量大、快起快停、快速升降等優點，適合城際鐵路公車化營運需求。而 CRH380 系列通過主要關鍵技術系統和生產管理體系的提升，使得中國高速鐵路列車達成了全國產化。復興號系列列車目前包括 CR400 系列、CR300 系列和 CR200J。其中 CR400 系列的 400AF、400BF 營運速度為 350km/hr，CR300 系列的 300AF、300BF 營運速度為 250km/hr。CR200J 為動力集中式列車，營運速度為 160km/hr。

4. 中國高速鐵路是迄今全世界最大的高速鐵路營運路網。截至 2019 年 12 月總里程突破 3.5 萬公里，其中營運時速可達 300 公里的路線總里程超 1 萬公里，占世界 2/3 以上。

5. 由追風──超風──拉風，或許代表中國高速鐵路短短幾年不斷追趕跨越的 3 個臺階，從追趕到領先再到今天全球的熱捧，中國人這種前所未有的"拉風"感，是前所未有。

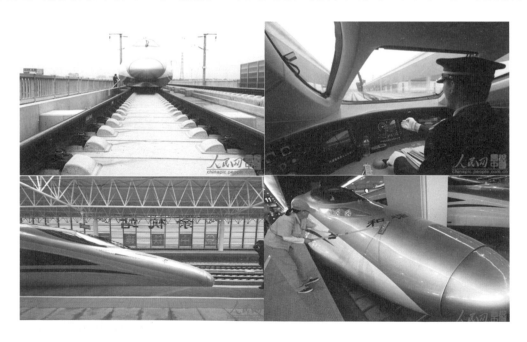

6. 中國高速鐵路引進技術消化吸收再創新，從"技術引進的先行者"到"自主創新的領導者"，和諧號 OR 恥辱號？見人見智。

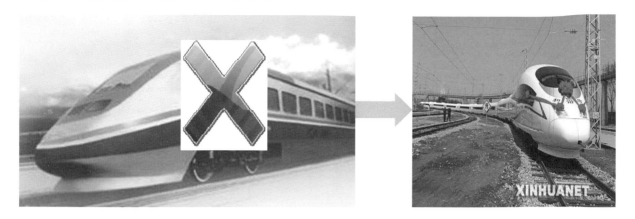

7. 中國高速鐵路優勢

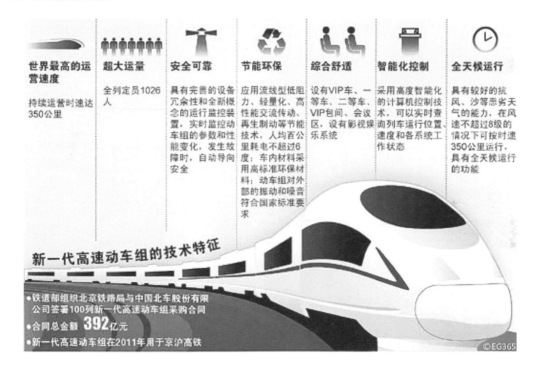

8. 中國第一條城際高鐵—京津城際高鐵。由北京
南站到天津站，全長 113.54 公里，2008 年 8
月 1 日開通，全程運行 29～31 分鐘，最高時
速 350 公里/時。京津城際列車採用新型和諧號
CRH3 動車，這種車比 CRH2 動車更平穩、快
速，啟動時間也更短。從列車發車，僅僅 4 分
鐘後，列車時速就可突破 300 公里。

9. 中國第二條城際高鐵—昌九高鐵。昌九高鐵全長 135 公里，總投資 58.32 億人民幣，2010
年 9 月 20 日開通營運，時速 250 公里/小時，昌九高鐵通車後，贛鄂湘距離大幅縮短，
昌九兩城 45 分鐘即可到達。目前另規劃昌九高速鐵路，即京港高速鐵路昌九段，又名
昌九客運專線，是一條連接江西省南昌市與九江市的高速鐵路，350 公里/小時，是《中
長期鐵路網規劃》(2016 年版)中“八縱八橫”高速鐵路主通道之一“京港通道”的重要
組成部分，與北京至雄安至商丘高速鐵路、商合杭高速鐵路商丘至合肥段、合安高速鐵
路、安九高速鐵路、昌贛高速鐵路、贛深高速鐵路、廣深港高速鐵路深港段共同構成京
港高速鐵路。

10. 目前中國建構八縱八橫高鐵營運計畫，根據 2016 年 7 月經國務院批覆的《中長期鐵路
網規劃》，提出「八縱八橫」高速鐵路主通道，為四縱四橫的基礎上擴增的路線。此外，
中國大陸當局同時規劃布局高速鐵路區域連接線，並發展城際客運鐵路。具體規劃路線
如下：

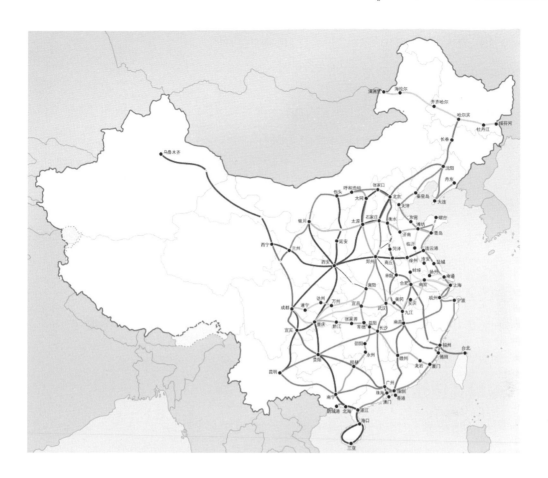

八縱(南北向)

(1) 沿海通道：大連(丹東)－秦皇島－天津－東營－濰坊－青島(烟臺)－連雲港－鹽城－
南通－上海－寧波－福州－廈門－深圳－湛江－北海(防城港)。

(2) 京滬通道：北京－天津－濟南－南京－上海(杭州)，包括南京－杭州、蚌埠－合肥－
杭州，並行北京－天津－東營－濰坊－臨沂－淮安－揚州－南通－上海。

(3) 京港通道：北京－衡水－菏澤－商丘－阜陽－合肥(黃岡)－九江－南昌－贛州－深圳
－香港(西九龍)；支線為合肥－福州，包括南昌－福州(莆田)。

(4) 京哈-京港澳通道：哈爾濱－長春－瀋陽－北京－石家莊－鄭州－武漢－長沙－廣州
－深圳－香港，包括廣州－珠海。

(5) 呼南通道：呼和浩特－大同－太原－鄭州/洛陽－襄陽－常德－益陽－邵陽－永州－
桂林－南寧。

(6) 京昆通道：北京－石家莊－太原－西安－成都－昆明。

(7) 包(銀)海通道：包頭－延安－西安－重慶－貴陽－南寧－湛江－海口。

(8) 蘭(西)廣通道：蘭州－西寧－成都－貴陽－廣州。

　八橫(東西向)

(1) 綏滿通道：綏芬河－牡丹江－哈爾濱－齊齊哈爾－海拉爾－滿洲里。

(2) 京蘭通道：北京－呼和浩特－銀川－蘭州。

(3) 青銀通道：青島－濟南－石家莊－太原－銀川。

(4) 陸橋通道：連雲港－徐州－鄭州－洛陽－西安－蘭州－西寧－烏魯木齊。

(5) 沿江通道：上海－南京－合肥－武漢－重慶－成都，包括南京－安慶－九江－武漢－宜昌－重慶、萬州－達州－遂寧－成都。

(6) 滬昆通道：上海－杭州－南昌－長沙－貴陽－昆明。

(7) 廈渝通道：廈門－龍岩－贛州－長沙－常德－張家界－黔江－重慶。

(8) 廣昆通道：廣州－南寧－昆明。

11.3.3　臺灣高速鐵路技術

　　臺灣高速鐵路主要採日本新幹線系統，於2007年1月5日正式通車。臺灣高鐵系統設計速度為350km/hr，營運最高速度為300km/hr，台北至左營之行車時間為90分鐘，尖峰小時班距為4分鐘，班次密集，無需長時間等候，每日可提供30萬座位；車站尺寸原規劃列車總座位為800個，列車長度不超過320公尺，月台長度概定為330公尺，但在考量日本新幹線列車長度為400公尺，每列車有989以上之座位，臺灣高鐵公司將月台長度調整為420公尺；島式月台寬度為10公尺，岸壁式月台寬度為8公尺；根據臺灣高速鐵路總顧問(法)、特別顧問(德、日)及T.Y.Lin等國內顧問針對路線定線設計準則討論後，路線設計標準如下：

項目	設計標準
1. 設計速度(用於土建工程設計)	350km/hr
2. 營運速度	300km/hr
3. 兩股道中心距	4.7 公尺
4. 最小平面半徑	一般：6,250 公尺，最小值：5,500 公尺
5. 最小豎曲面半徑	一般：25,000 公尺，最小值：19,300 公尺
6. 介曲線型式	正弦半波長遞減曲線
7. 最大坡度	25/1000
8. 隧道內最小坡度	3%
9. 站內最大坡度	1.5%

11.4 高速鐵路都市案例

1. **日本高速鐵路案例**

   (1) 日本高速鐵路是世界最早營運的高速鐵路，在 1964 年 10 月 1 日日本建成東京到大阪的東海道新幹線，最高時速 210 公里，建成後用僅 8 年時間收回成本。

   (2) 日本擁有目前最為成熟的高速鐵路商業運行經驗，近 50 多年沒有出過任何事故。

   (3) 日本為覆蓋率最廣的高速鐵路營運網，同時也是世界高速鐵路營運里程最長國家之一。

   (4) 2015 年日本高速鐵路在山梨磁浮實驗線，飆出時速 603 公里的超高速

   (5) 日本高速鐵路設施最為人性化，同時日本高速鐵路與其他軌道交通系統無縫銜接轉乘，發揮城際及大眾捷運系統最大效益。

   (6) 高速鐵路中央新幹線是日本一項磁浮高速鐵路工程，由東京品川站經名古屋往大阪，預計最高營運時速為每小時 505 公里。該條高速鐵路可將東京至名古屋的車程由東海道新幹線所需的 1 小時 30 分鐘縮短為 40 分鐘，東京至大阪從 2 小時 30 分鐘縮短為 1 小時 7 分鐘，預計 2027 年東京－名古屋開通營運，預計 2037 年名古屋－大阪開通營運。

2. **法國高速鐵路案例**

(1) 法國高速鐵路稱 TGV(Traina Grande Vitesse)法文超高速列車之意。

(2) 法國國鐵(SNCF)從 1950 年開史進行高速鐵路技術研究，1955 年試驗就創造時速 331 公里之當時世界最高記錄。

(3) 第一條法國 TGV 高速鐵路是 1981 年開通的巴黎至里昂線，另外法國境內的加來至馬賽線是一條全長超過 1000 公里的高速鐵路，在這條路線上 TGV 的平均時速超過 300 公里。

(4) 1990 年法國國鐵(SNCF)開通營運的地中海高速線，列車運行時速可達 350km/hr，同一時間時速為 300km/hr 的高速雙層列車問世。

(5) 2004 年 10 月法國阿爾斯通公司將 7 項高速列車的關鍵技術轉讓給中國廠商，從而誕生了和諧號 CRH5 型動車組。

3. **德國高速鐵路案例**

(1) 德國的 ICE 是幾個發展高速鐵路技術起步最晚的國家。

(2) ICE(Inter City Express 的簡稱)於 1979 年開始進行研發，其內部製造原理和型式與法國 TGV 有很大相似之處。

(3) ICE3 為八節車廂之電聯車，包括三節頭等車廂、四節普通車廂及一節餐車，車廂比 ICE1 和 ICE2 之長度稍短、寬度稍窄，全長 200 公尺，共可承載 380 名旅客(四電源系統)或 391 名旅客(單電源系統)。

(4) 八個動力轉向架的輸出馬力達 8000k W；亦可作兩組列車聯掛營運，總長達 400 公尺。ICE3 的車體外型動線化。

(5) 德國高速鐵路系統 ICE(Intercity-Express)其服務範圍除涵蓋德國境內各主要大城外，還跨越鄰近國家行經多個都市。

4. 美國高速鐵路案例

(1) 2000 年美國才開始有高鐵。Acela 特快(全名 Acela Express，但通常只稱 Acela)，是一條由美鐵經營，在美國最大都市圈所在的東北走廊路線上行駛的動力集中式高速鐵路列車，美國高速鐵路 Acela 於 2000 年 12 月 11 日開始營運，該列車連接了波士頓、紐約、費城、華盛頓，是美國唯一一條高速鐵路。

(2) Acela 列車的設計與世界其他地方的高速鐵路不同的地方在於符合美國政府對於客車的一些特殊規定，例如車廂與貨運列車碰撞時車體不致潰縮，因此車廂需用使用更多的鋼鐵，重量也更重。其他國家的高速鐵路系統著重於以現代化的號誌與電腦控制系統避免列車發生碰撞。

5. 中國高速鐵路案例

　　中國高速鐵路案例請參見11.3.2　節中國高速鐵路技術，中國高速鐵路由引進技術消化吸收再創新，從"技術引進的先行者"到"自主創新的領導者"，十幾年來成果豐碩，中國高鐵是迄今全世界最大的高鐵營運路網，截至2019年12月總里程突破3.5萬公里，其中營運時速可達300公里的路線總里程超1萬公里，占世界2/3以上，但中國高速鐵路建設仍流於高大上，車站建設碩大華麗，在在都顯出泱泱大國風範，或許也考慮瞬間人流出入，因此車站建設範圍相當龐大，但有時華而不實，仍應考慮實用性，並與大眾運輸路網無縫銜接轉乘，以減輕高速鐵路建設的財政負擔及都市交通壓力。

Chapter 12

都市軌道交通系統型式選擇

12.1 都市軌道交通系統型式及技術

12.1.1 都市軌道交通系統型式

　　臺灣制訂大眾捷運法所稱大眾捷運系統，亦即都市軌道交通系統，指利用地面、地下或高架設施，使用專用動力車輛，行駛於導引之路線，並以密集班次、大量快速輸送都市及鄰近地區旅客之公共運輸系統，並無特別規範大眾捷運系統型式種類。大陸城市軌道交通系統型式依據《城市軌道交通技術規範》(GB50490-2009)說明，城市軌道交通為"採用專用軌道導向運行的城市公共客運交通系統，包括地鐵系統(臺灣普遍稱為捷運系統)、輕軌系統(臺灣稱為輕軌捷運系統)、單軌系統、有軌電車系統(臺灣稱為輕軌系統)、磁浮交通系統、自動導向軌道系統、市域快速軌道系統(臺灣稱為鐵路捷運化系統)"；但大陸又有一說，城市軌道交通技術等級大約分為五級(如下)，若依此技術等級分類，除地鐵系統外皆可視為輕軌，現代有軌電車(現代輕軌)則視為低運量輕軌，在系統技術分類界線已模糊化，僅是系統型式上不同；國外仍有很多研究將現代輕軌及專用路權輕軌(輕軌捷運系統LRRT)視為輕軌，其他軌道系統則因核心技術驅動方式有不同之稱呼；另外，大眾捷運系統除包括地鐵系統、輕軌捷運系統(LRRT)、單軌系統(Monorail)、輕軌系統(LRT)、磁浮系統(HSST)、自動導軌系統(AGT、APM)、鐵路捷運化系統外，線性馬達系統(LIM)及個人/群組運人系統(P/GRT)也應視為大眾捷運系統，公車捷運系統(BRT)則被視為無軌都市交通運具，但公車捷運系統導引又有軌道導引方式，因此大眾捷運系統型式共有公車捷運系統、個人/群組運人系統、輕軌系統、輕軌捷運系統、單軌系統、自動導軌系統、鐵路捷運化系統、線性馬達系統、磁浮系統及地鐵等十種型式，但鐵路捷運化系統可視為城際鐵路之轉化。

等級	I级	II级	III级	IV级	V级
系统类型	高运量地铁	大运量地铁	中运量轻轨	次中量轻轨	低运量轻轨
使用车辆类型	A型车	B型车	C-I，C-II型车	C-II型车	现代有轨电车
最大容运量（单向万人次/h）	4.5-7.5	3.0~5.5	1.0~3.0	0.8~2.5	0.6~1.0
线路 线路形态	隧道为主	隧道为主	地面或高架	地面为主	地面
路 路用情况	专用	专用	专用	隔离或少量混用	混用为主

项目\等级	I级	II级	III级	IV级	V级
站台 平均站距（m）	800~1500	800-1200	600-1000	600~1000	600-800
站台长度（m）	200	200	120	<100	<60
站台高低	高	高	高	低（高）	低
车辆 车辆宽度（m）	3.0	2.8	2.6	2.6	2.6
车辆定员（人）	310	240	320	220	104-202
最大轴重	16	14	11	10	9
最大时速（km/h）	80-100	80	80	70	45-60
平均运行速度（km/h）	34-40	32-40	30-40	25-35	15-25
轨距（mm）	1435	1435	1435	1435	1435
供电 额定电压（V）	DC1500	DC750	DC750	DC750（600）	DC750（600）
受电方式	架空线	第三轨	架空线/第三轨	架空线	架空线
信号 列车自动保护	有	有	有	有/无	无
列车运行方式	ATO/司机驾驶	ATO/司机驾驶	ATO/司机驾驶	司机驾驶	司机驾驶
行车控制技术	ATC	ATC	ATP/ATS	ATP/ATS	ATS/CTC
运营 列车最大车辆编组	6-8	6-8	4-6	2-4	2
列车最小行车间隔（s）	120	120	120	150	300

就大眾運輸系統之交通需求而言，可分為四個等級，分別為非常高、高、中、低，其中大眾捷運系統之地鐵(捷運)系統交通需求非常高，公車捷運系統及個人/群組運人系統(P/GRT)、輕軌系統交通需求為中低等級，而其他大眾捷運系統則介於中高等級，相關軌道交通系統交通需求如右圖所示。

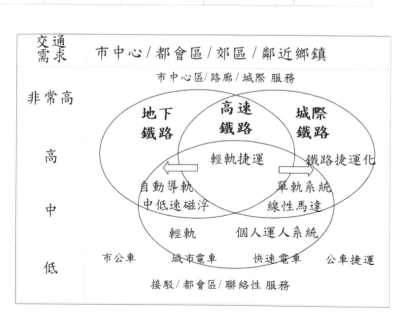

12.1.2　都市軌道交通系統技術

都市軌道交通系統技術可依以下分類：

1. 導引指導車輛轉向之方式

軌道交通系統具有固定之鋼導軌引導車輛轉向，只是導軌的位置、型式、接觸方式依車輛型式各有不同。

2. 推進，指車輛加、減速的方式及動力來源

(1) 內燃機引擎驅動車輛：公車捷運系統。

(2) 直流馬達、交流馬達驅動車輛：地鐵系統、輕軌及輕軌捷運系統、自動導軌系統、個人／群組運人系統、單軌系統。

(3) 線性馬達驅動車輛：線性馬達系統、地鐵系統、自動導軌系統、磁浮系統、個人／群組運人系統、單軌系統。

3. 控制指在整個系統運作中管制車輛運行之控制方式

(1) 號誌管制方式控制車輛運行。

(2) 電腦執行全自動控制。

12.2　都市軌道交通系統型式選擇

都市軌道交通系統型式選擇從技術面及政策面進行選擇，技術面包括系統型式容量、工程限制、系統運轉安全性、系統可靠性及維護性、成本、環境衝擊、自動化程度、民眾接受性及系統提升彈性；政策面包括相關法規之訂定、政府經濟財政政策之考慮、政府推動大眾運輸政策之方針、軌道路網系統相容或一致之銜接方式、中央政府與地方政府就軌道建設推動之優先級、軌道系統型式、民間投資方式(PPP)。都市軌道交通系統型式選擇並非惟一，需視都市規模、客流量需求而定，並因應實際需求因人因時因地制宜，實行多元化之交通出行方式。

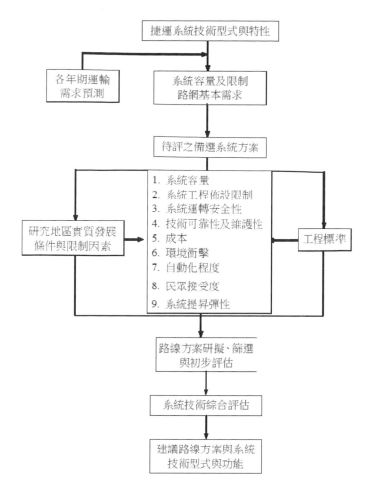

12.2.1 技術面

　　技術面包括系統型式容量、工程限制、系統運轉安全性、系統可靠性及維護性、成本、環境衝擊、自動化程度、民眾接受性及系統提升彈性。

1. 系統型式容量

(1) 系統型式基本要求在於系統載客量

　　各種系統型式之載客量都不同，雖有部分系統型式之載客量相近，必須要依其他因素進行選擇，但系統型式選擇仍應以系統載客量為基本要求。

(2) 客流量決定載客量

　　載客量之大小在於交通走廊目標年之客流需求，一般系以尖峰小時單向客流量做為主要指標，系統客流量決定載客量，載客量決定選擇那種系統型式，系統容量過低，無法滿足客流需求，將造成乘客過份擁擠，延誤行車時間及速度，影響乘客之搭乘意願，並造成系統之折損，導致系統壽命縮短；系統容量過高，雖不致有旅客不便以及系統折損之問題，但將浪費興建營運成本；生一個小孩很容易，養一個小孩很難，亦即興建一個軌道交通系統很容易，但軌道交通系統乃百年大計，必須永續營運，系統型式容量過高，卻無客流量，將造成營運困難，無法持續下去，因此必須選擇足以匹配之系統型式。

(3) 系統型式容量須考慮

(a) 各系統技術容量：系統容量最大者為地鐵系統，單方向每小時運能可達 30,000～70,000 人，是小客車運作效能的 20 倍以上。輕軌(輕軌捷運)系統之運能最具彈性，依照投資成本，可由每小時 3,000 人至每小時 20,000 人不等；其他軌道交通系統服務容量約在 10,000 至 30,000 旅次之間，適合中至高度發展之都市核心區使用。公車捷運系統(BRT)及個人/群組運人系統之車輛設備、車廂及車體、列車組合數都較其他系統為小，因此尖峰小時單向運能平均大約在 5,000 人次以下，但也可達 10,000 人次以上。不同系統型式容量不同，但系統型式容量有重疊可能。

(b) 系統設計容量限制：前述之各系統容量，是為系統型式設計容量。其中由於系統設計之幾何線形、車廂型式、機電動力設計等，都將影響系統的設計容量，以工程幾何線形而言，轉彎半徑愈大、垂直縱坡愈小，則對系統飽和容量的限制愈小，列車則能以接近最大加、減速度的方式運作，班車間距亦因而縮短，從而提升容量。而使用車廂之型式、材質、重量以及車門開關方式、數量，機電動力系統設計的搭配等，也都影響系統的設計容量。系統設計之幾何線形、車廂型式、機電動力設計等，都將影響系統的設計容量。

(c) 營運技術改善容量限制：在系統營運上，系統自動化的程度亦與系統容量有關。例如在輕軌系統或傳統鐵路系統中，導入半自動導引系統，便可有效提升列車平均行駛速度或減短上、下旅客時間，縮短車班間距，提升系統容量。

2. 工程限制

選擇應用任何軌道交通系統時，應該考慮限制工程可行性之系統幾何特性，是否能符合地方實質狀況和環境特性的需要。

(1) 系統車輛限制

以系統特性區分，一般來說，單位車輛長度較短，總容量相對較低；如輕軌系統、自動導軌系統等，每單位車輛容量約在 60 至 220 人左右。至於地鐵系統，雖然每單位車輛運量較高，可達 280 人以上，但相對的單位車輛長度也較長。車輛單位長度越長，則所需之月臺長度、車站使用之土地面積亦相對增加，因而提高在市中心區設站的困難度。同時，車輛長度愈長，可能相對最小轉彎半徑增加，從而提高路線選擇與設計上的困難度。因此，系統車輛幾何尺寸限制是系統選擇時應審慎考量的限制條件。

(2) 轉彎半徑及爬坡度

都市核心區域內地形狀況，多為平原區或為丘陵地、需要跨越多少溪谷、縱坡以及地質條件上是否容許，皆是選擇系統型式之主要限制，而在幾何要素中，最重要的乃是水平定線之最小轉彎半徑，和垂直定線之最大縱坡。若考慮在市區道路以高架方式布設時，限於道路寬度，轉彎半徑受限甚大；另一方面在地形起伏較大處，爬坡的性能則為主要考量之一。

3. 系統運轉安全性

系統運轉及操作之安全性為系統型式選擇上之重要因素。軌道交通系統可藉由自動化操作，提高系統運轉安全及可靠性，以避免人為操作之疏失，所謂「自動化操作」則需要各種輔助系統配合，包括行控系統、號誌系統、通訊系統、煞車系統等等。車廂本身衝擊防護能力及緊急斷電、緊急供電等設備亦是安全考量上不可忽視的一環。

(1) 行控及號誌系統

行車控制系統是軌道交通系統運轉之心臟。就像一般鐵路或高速公路系統，它本身一定有一個行控中心以監視並控管整個路線系統之運作。軌道交通系統之行車控制系統更因為高度之自動化，它必須引導線上所有車輛之行進、停止、車行速度以確保車輛安全、準時地到達目的地，所以其安全性更要提高。號誌系統則必須與控制系統互相連結，透過號誌將控制系統之指令傳輸予列車，以控制列車行車速度增減、列車啟動或停車待命等，也是系統安全上重要的一環。

(2) 通訊系統

通訊系統包括了駕駛、旅客與行控中心之通訊、營運與維修人員間之通訊、緊急事故發生時之緊急通訊及旅客資訊。系統於一般正常營運時，固然須經由通訊系統做必要的聯繫，良好的通訊系統更能消弭意外事故之發生，或即使發生意外事故時，迅速經由通訊系統，做最適時、恰當的處置。通訊系統之良窳，在系統安全上占很大之比重。

(3) 煞車系統

　　軌道式車輛之煞車系統一般兼具電力煞車與摩擦煞車兩種機制，且要能混合一併使用。一般正常狀況下採用電力煞車，緊急煞車則採用摩擦煞車。緊急煞車時須有自動及手動之雙重設計，以供緊急狀況下由駕駛手動操作。無論何種型式之煞車系統，一定必須合於車輛基本設計理念，有效地達到煞車需求。

(4) 車廂

　　車廂本身在衝撞防護上，無論採機械式、空氣式或液體式之衝撞防護系統，均應達成某種程度的衝撞承受能力，以保護意外事故發生時，基本的安全防護。

4. 系統可靠性及維護性

　　當系統元件容易維修時，可靠性便可提高。而高可靠性的系統，維修或備用設備之需求較低，從而減少長期營運中之維修、重置費用。此外，高可靠性的軌道交通系統，能吸引更多的乘客使用，進而增加營收。系統技術是否已具相當成熟性、可靠度及維護性，可參酌其過去是否已有足夠之實用經驗、以及其技術是否能與國內技術水準相接合。一般而言，可視為成熟技術、可靠之系統，至少應有二年左右之安全營運記錄，或五萬公里之軌道交通系統營運安全維修紀錄，或優良之營運績效獲得一致的口碑。這都是系統型式選擇時之重要考慮因素。

5. 成本

　　由於軌道交通系統興建及營運維修成本皆為昂貴，因此成本將成為選擇系統型式重要指標之一。興建成本主要包括土建成本、機電系統成本，營運維修成本包含營運成本及維修成本。

(1) 土地取得成本

　　一般而言，軌道交通系統之建設多沿都市區域現有道路，為避免引起民怨，路線上除非轉彎半徑需要，儘量不去徵用道路以外土地。但車站及機廠用地，則勢必得另行徵收或進行土地開發。車站如以高架或地下方式，建構於公有道路範圍內，或選擇公園、學校等公用地，變更為交通用地，其土地取得成本可大為降低。機廠用地亦同，這些因素在規劃階段，設計者都應考量進去。但實際用地面積需求，與系統型式亦大有關連。

(2) 土建成本

軌道交通系統土建成本最主要差異為土建結構型式，一般來說，能與其他車輛共用路權之平面系統，其土建成本最低，但爾後之營運管理成本卻較高。地下化土建成本通常又為採用高架結構的二倍。各種不同結構建造成本，當然隨當地地質情況、車站大小及數量、設備及服務水準、轉乘設施配合等條件不同而有出入，但差異不致太大。故如居民可以接受且周邊情況許可的話，選擇高架型式結構應列為優先考量。至於如何儘量縮小隧道斷面，以減少建造費用，也可以從系統選擇上著手；線性馬達系統車輛高度較低，約為 3.15 公尺，相較於地鐵車輛 6.3 公尺之隧道直徑，線性馬達系統隧道直徑可降至 4.7 公尺，光隧道部分即可減少 4 成之施工經費，並降低都市施工最惱人的棄土處理問題。其他如簡化結構或車站造型；機械化施工以縮短建設工期等，都是必須要考慮的。公車捷運系統則在車站量體、設備及軌道結構型式都較其他軌道交通系統為小，總言之，以地鐵系統之土建成本最高，公車捷運系統之土建成本最低。

(3) 機電系統成本

機電設備及車輛購置成本組合成機電系統成本，為系統型式選擇要素之一。機電系統成本主要包括車輛、電力、號誌與控制、通訊、機廠設備以及車站設施等計畫。其中機廠設備與車站設備二者與系統型式較無直接的關聯。但是車輛購置成本以及系統供電形式，將影響軌道交通系統機電成本最主要的因素。

車輛購置成本方面，各軌道交通系統因車廂大小不同、使用材質不同，而有不同的車輛購置成本。另外，不同的製造廠商因擁有不同的專利技術，也無法單就車輛大小、車廂材質等相互比較。通常專利化程度較高者，自動化的程度也較高，以致系統中相關元件如車輛、號誌控制系統、電力曳引系統等，必須同時配合使用，而不能與不同廠商設計的其它系統元件配合。如線性馬達系統、自動導軌系統、磁浮系統等，皆標榜全自動化，故其技術型式亦都有專利。此種系統技術的備用零件、技術改良等事宜，僅能由專利擁有廠商或其授權廠商主導，價格較無彈性。

比較一般性技術與受專利權保護之特有化技術的投資成本，一般性技術需要之投資額、營運維護費用較低，可滿足不同的交通需求；而特有化技術的專利系統，需承擔高程度的投資風險、系統擴充或維修時零件供應材料有匱乏、壟斷之虞、以及技術移轉等潛在問題。因此在選擇系統型式時，不應過度傾向於受專利權保障之特有化技術。

但以另一種角度來看，特有化技術能受到專利權保護一定是有它特別的優越性，其他廠商無法達到。例如線性馬達系統所採用的線性馬達(LIM)，車輛不需要傳動箱及軸承，摩擦損耗小、噪音低，車體重量輕，隧道開挖斷面小，降低土建造價。可能機電系統初期採購費用較高，但因土建造價節省、營運用電費用較低、維修費用較低，如再考量舒適度、噪音、震動、準確性、操作性等等，整體成本及效益不見得會較無專利技術的輕軌系統差。

總體而言，機電系統之選擇仍須視地區性及交通需求選擇成本較低且最適之軌道交通系統，公車捷運系統因非專利性，且維修容易，造價相對於其他系統為低，但其缺點為運能較低，且缺乏系統擴充性。

(4) 營運維修成本

營運維修所需成本，亦為評選系統型式時重要的考量因素。系統之車輛、軌道、機電設備系統等，都是需要定期維修而影響維修成本的主要因素；至於營運成本則視自動化程度而定。良好的自動化控制系統、收費系統可以將營運人員降至最低，減少人員訓練、汰換、遣散費用。自動化程度越高，相對的專利程度也越高，固然可節省人力成本，但維修成本也隨著專利技術及零件供應不普及而提高，尤其自動導軌系統及線性馬達系統等專利性都較高，因此在機電系統之選擇應將營運維修成本合併考量。

6. 環境衝擊

一般而言，高架型式之軌道交通系統在噪音、振動及景觀上皆較地下型式之環境衝擊來得大，但考量工程經費、交通需求及地區特性等，採高架型式之軌道交通系統在所難免，但必須考量採取環境衝擊減輕對策，以避免民眾之抗爭，此外鋼軌鋼輪之噪音、振動也較膠輪為大。

7. 自動化程度

自動化程度越高，服務水準、準確度、安全性、可靠性皆較高，此外也可節省營運成本，但自動化程度高，相對地專利性也最高，系統成本也較高；自動化程度較低，系統成本較低。

8. 民眾接受性

軌道交通系統應能為當地民眾接受，主要考慮在於其產生之噪音、震動等，能否為當地居民所容忍，以及是否會破壞當地景觀，或侵害沿線居民之私密性。

(1) 噪音：軌道交通系統所產生之噪音可分為六種

   (a) 行駛噪音，指車輛行駛於軌道上，因車輪與軌道摩擦所產生的噪音。

   (b) 衝擊噪音，指車輛行經軌道接縫、道岔或因車輪不平順所產生的噪音。

   (c) 高頻噪音，指車輛行經轉彎半徑較小的軌道時，所產生頻率較高的噪音。

   (d) 氣動噪音，指車輛高速行駛時(200KPH 以上)或快速出入隧道洞口，列車與空氣摩擦所產生的噪音。

   (e) 橋梁噪音，指車輛行經高架橋梁因結構震動所產生的噪音。

   (f) 其他噪音，如引擎、馬達、空調系統或維修所產生的噪音。

   以上各種噪音中，除橋梁噪音外，或多或少皆與車輛外形、系統有關，一方面固然可以利用隔音牆來減低噪音產生的影響，另一方面亦可經由車輛系統之選擇，找出低噪音產品。

(2) 震動：軌道交通系統所產生的震動，基本上有兩種型式：

   (a) 地層震動，車輛與路基接觸而引發震動傳至地層中，再經由地層之傳播引起建築物震動，再發散為低頻噪音。

   (b) 低頻噪音，經由結構物震動而引發。

   車輛與軌道接觸面愈粗糙，地層震動愈大，軌道上的接縫、道岔等不連續處也會增加地層震動。頻率超過 250Hz 時，地層震動之傳播很差，當隧道內車輛通過而產生 60～150Hz 頻率之震動時，會誘使建築物震動，並發散為低頻噪音；橋梁或其他高架結構引發之震動，也會發散為低頻噪音，此種效應當使用無道碴軌道橫越鋼橋時特別明顯。

   震動防制之對策，可由減少激發源及減少傳送量兩方面著手，基本上由軌道工程上加以改善，於系統型式選擇上能著力的較少。

(3) 景觀及沿線居民接受性

   高架結構之系統動力供應方式以及建造型式與都市景觀有密切的關係。系統動力供應方式可以第三軌方式或架空電線或其它方式供電。一般而言，使用第三軌供電方式之系統對於景觀之衝擊較架空電線供電方式為佳，至於高架結構型式本身如何配合都市景觀，以減緩其對景觀之負面效果，則必須將景觀美學之概念融入結構設計。如採用地下化方式興建，雖較能保障都市景觀原貌，且能顧及沿線居民之私密性。但地下車站之興建，屬於深開挖工程，危險性高、工期長，動輒造成鄰近建築物沉陷、龜裂，沿線居民之民意趨向，應事先瞭解。綜言之，各系統型式對環境衝擊的影響相差不大，但民意趨向不得不顧及。

9. 系統提升彈性

軌道交通系統建造成本極為高昂，故其設計之使用期限亦勢必較長，一般都市軌道交通系統土建設備之設計使用年限，至少設定五十年以上。故於系統型式選擇考量時，未來整體軌道交通系統能否擴張與路線能否延伸，亦應納入，初期興建時，為期降低投資金額，可視區段性運量需求，先施作初期路線，選用較低成本之系統型式，爾後再依都會區之發展，以漸進方式逐步擴充。

(1) 運量擴充彈性

在軌道交通系統運量擴充方面，可從提升單一車廂容量、增加列車組合方式或減少發車間距、增加班次等三種方式著手。提升單一車廂容量涉及車廂之修改，就軌道交通系統車輛而言，於車輛設計之初應已充分考量，後期再來修改之可能性不大，此所謂提升車廂容量一般指車型之選購。調整列車組合方式則系營運時常用之方法以節省空車往返之浪費，因一般計算系統容量時，皆以最大編組對應尖峰運量來比較。而軌道交通系統車輛最大編組受限於車站站體長度，任意加長將導致列車兩端旅客無法進出月臺，就像中國重慶一號線/三號線兩路口站因轉運需求致客流量增大導致車站容量不足，但車站站體長度依原設計而受限，再擴充之機會不大或需付出龐大的代價。系統能否減少發車間距、增加班次則取決於自動化程度，已經全面自動化之系統，影響發車間距的最大因素變成乘客之上、下車時間，而越是尖峰時間乘客之上、下車時間越長，提升運量主要就是針對尖峰時間，故越自動化之系統，越沒有增加班次、提升運量之空間。

(2) 路線延伸彈性

以系統技術型式而言，使用導軌之軌道交通系統，由於車輛必須行駛於專用軌道之上，相關之號誌與控制、通訊等設備亦相當複雜，建構成本高，因此，路線延伸的彈性極小，但如果延伸區域之人口、經濟亦伴隨發展到某一程度，興建軌道交通系統之價值顯現，則原有軌道交通系統能否延伸，就直接影響到新系統型式之選擇，能以現有之系統，將都市區域串聯在一起，當然是最好的選擇。

(3) 系統轉型之可行性

　　系統轉型一定是指由客流量較低之系統轉型成客流量較高之系統，否則就是系統閒置的浪費。對於技術較為複雜之軌道交通系統，因車輛型式、動力型式、配合線型等之限制，轉型之可行性相當低。惟有在現有之技術系統下，研究是否還有改善的空間，如能在客流量較小的階段，以土建先行，先採行公車捷運系統，俟客流量提升至一定程度後，再轉型為其他軌道交通系統，也不為是一種方式。

12.2.2　政策面

　　系統型式技術特性固然會影響系統之選擇，然而政策面之導向也是軌道交通系統型式選擇之要素。政策面包括相關法規之訂定、政府經濟財政政策之考慮、政府推動大眾運輸政策之方針、軌道路網系統相容或一致之銜接方式、中央政府與地方政府就軌道建設推動之優先級、軌道系統型式、民間投資方式。這些政策面之考量雖有部份技術面加以支撐，但絕大部份皆與政府之決策有關，並非規劃單位所能通盤掌控，茲說明如下：

1.　相關法規之訂定解釋

　　臺灣制訂大眾捷運法所稱大眾捷運系統，亦即都市軌道交通系統，指利用地面、地下或高架設施，使用專用動力車輛，行駛於導引之路線，並以密集班次、大量快速輸送都市及鄰近地區旅客之公共運輸系統，並無特別規範大眾捷運系統型式種類。大陸城市軌道交通系統型式依據《城市軌道交通技術規範》(GB50490-2009)說明，城市軌道交通為"採用專用軌道導向運行的城市公共客運交通系統，包括地鐵系統(臺灣普遍稱為捷運系統)、輕軌系統(臺灣稱為輕軌捷運系統)、單軌系統、有軌電車系統(臺灣稱為輕軌系統)、磁浮交通系統、自動導向軌道系統、市域快速軌道系統(臺灣稱為鐵路捷運化系統)"，若依此說明，其他軌道交通系統型式均非屬於都市軌道交通技術規範中之系統型式，然國際上很多皆將公車捷運系統(BRT)、個人／群組運人系統(P/GRT)、線性馬達系統視為都市軌道交通系統型式，因此究竟此三種系統型式是否可合乎國內大眾捷運系統型式，尚待相關法規之訂定解釋；同時，根據中國發改委規定，中國申報發展地鐵系統的都市應達到下述基本條件：

(1) 地方財政一般預算收入在 100 億元以上，國內生產總值達到 1000 億元以上。

(2) 城區人口在 300 萬人以上，規劃路線的客流規模達到單向尖峰小時 3 萬人以上。

其目的在於規範都市發展地鐵系統，避免一窩蜂只單純要求地鐵系統建設，但相關條件不足，卻因地鐵系統建設及營運之財務無法完全支持，導致地鐵建設之延滯或後續營運之困難；臺灣亦制定大眾捷運系統建設及周邊土地開發計畫申請與審查作業要點，旨在針對大眾捷運系統建設進行嚴格把關。

因此，政府對於都市軌道交通系統相關法規之訂定解釋，將決定後續推動何種系統型式，可採因時因地制宜。

2. 政府經濟財政政策之考慮

在經濟政策方面，考量系統技術轉移及產業在地生產之前提下，將形成都市軌道交通系統型式選擇因素之一，系統一致性固然可簡化及配合產品大量生產，降低建設成本，提升工業技術之水準，符合經濟效益，但必須考量是否有足夠之軌道交通建設需求及避免流於系統廠商壟斷之情況產生。

近年來，政府積極推動軌道交通建設，不管是都市軌道交通系統型式、車輛之製造上，政府正積極推動研發，若能在都市內生產製造，相信可大幅減少建設成本，且可提高經濟效益。

在財政政策方面，近年來由於國際金融風暴，且政府稅收減少，財政困難，然而都市軌道交通系統建設經費龐大，且自償率偏低，單靠政府財政方面之補助，難以支持其財務，因此在系統型式選擇上應考慮成本，以符合財政之需求。

3. 政府推動大眾運輸政策之方針

過去國內推動大眾捷運系統建設，大多以地鐵系統為主，地鐵系統固然可帶來都市之交通便利，但地鐵系統之建設經費遠比其他系統為高。考量政府交通財政預算有限，且縣市之客流量不高，若全然採取地鐵系統，不僅造成政府財政赤字加劇，且不符經濟效益，因此對各級政府推動大眾運輸政策之方針不應單純只推動地鐵系統。

4. 都市軌道交通系統相容或一致之銜接方式

都市軌道交通系統路網之銜接方式可分為站外轉乘、站內轉乘或直接銜接，不需轉乘等方式，一般而言，站外轉乘系軌道交通路網規劃階段未考量與其他路線銜接，導致車站本身空間不足或軌道交通路線因距離較遠，必須經由不同車站進行轉乘；站內轉乘則是軌道交通路網因系統不同或方向不同而必須於同一車站進行站內轉乘；直接銜接，不需轉乘則是軌道交通路網系統相容或一致，路線與路線間可直接銜接，不須下車轉乘。

軌道交通路網系統相容或一致除了運量之考量外，政策性之考量也占有一定之因素，並非全然以客流量做爲依據，而是有多方面政策之考量。

5. 中央政府與地方政府就軌道交通建設推動之優先順序

中央政府與地方政府就軌道交通建設推動之優先順序因財政分配、客流需求考量、區域發展、軌道交通建設推動之優先級等而有所不同，然而需求大於一切，中央政府與地方政府應就需要面協調之。

6. 軌道交通系統之型式

軌道交通系統之型式可分爲高架、地下或平面。一般而言，地下型式之建造經費大於高架型式二至三倍，然而地下型式之景觀及噪音振動之環境衝擊較小，因此考量政府財政負擔，在系統型式之選擇除在市區爲避免環境衝擊外，仍建議採高架型式，但系統型式往往取決於政府與民意之妥協下，此乃政策之考量，非規劃者所能決定。

7. 民間投資方式

軌道交通工程建設若能有民間參與投資，可減少政府財政之負擔，也提高軌道交通工程建設效率，縮短建設時程，然而軌道交通工程建設之自償率往往偏低，惟有藉軌道交通周邊之開發效益，才能挹注軌道交通工程建設經費，同時產生開發客流量，增加票箱收入，提高自償率，也惟有如此，才能產生民間投資之誘因。

12.2.3 都市軌道交通系統型式選擇

都市軌道交通系統型式選擇之方式可採用「目標矩陣達成法」進行系統績效值標準化及排序，其程序步驟如下：

1. 擬訂軌道系統型式目標(Goal)。
2. 配合軌道系統型式之環境背景，將各目標引伸爲定義明確、敘述完整的目標(Objective)、評估準則。
3. 對相關的專家學者實施態度調查(Attitude Survey)，以分析各目標、評估準則的相對重要性，再進一步依此相對重要性給予適當的權重。
4. 估算各系統於各目標、評估準則的達成程度，可爲量化(或質化)的準則績效值。

5. 依 TOPSIS 法進行準則績效值之標準化及方案優劣排序。

6. 系統排序位較高之系統型式即爲建議系統。

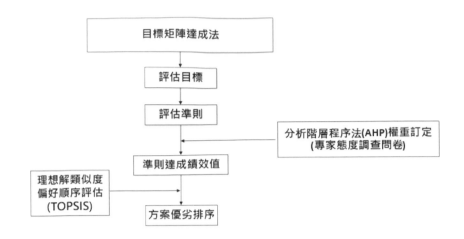

都市軌道交通系統型式選擇並非惟一，需視都市規模、客流量需求而定，並因應實際需求因人因時因地制宜，實行多元化之交通出行方式。

Chapter 13

軌道交通工程組成

13.1 軌道交通工程組成架構

軌道交通工程主要由三大部分組成，第一部分為土建工程部分，包括路線工程、車站站體、建築裝修、機電設施等子計畫，第二部分為軌道及供電系統，第三部分為機電系統，包括號誌系統、通訊系統、自動收費系統、月臺門系統等子計畫以及車輛系統。

機電系統(號誌、通訊、自動收費、月臺門)及車輛系統

軌道、供電

土建(路線工程、車站站體、建築裝修、機電設施)

軌道交通工程
基本組成架構

13.2 軌道交通土建工程

13.2.1 路線工程

路線工程主要包括大地工程、地下車站及隧道工程、橋梁工程、排水及防洪工程、管線工程及交通維持。

1. 大地工程：

軌道交通路線工程中，大地工程是規劃設計及施工重要因素，軌道路線經過之區域，其地質狀況決定規劃設計及施工方式，也決定軌道交通工程穩定與否，包括地下工程及車站，高架工程橋梁之結構基礎，皆與大地工程有關，軌道交通路線經過都市中心區域，地質、環境風險性高，因此對於大地工程進行勘查後，針對不同地質狀況以及建造型式而有不同之大地工程處理方式，包括高架橋梁基礎，地下隧道之施工工法及岩盤穩定，高架及地下車站之地基基礎以及站體擋土結構，天然邊坡人工邊坡穩定性、周邊環境保護皆為大地工程之一環。

大地工程樁基礎

2. 地下車站及隧道工程

　　地下車站主要爲明挖工法、明挖覆蓋工法，隧道工程工法除明挖工法，還包括鑽爆工法、潛盾工法、淺埋暗挖工法、掘進機工法、頂管工法、新奧工法等。軌道交通若採地下方式，地下車站可全面開挖，即爲明挖工法，或在車站區域先施打連續壁，再分層開挖，依開挖順序之不同，而有順作明挖覆蓋工法或逆作明挖覆蓋工法；而針對隧道工程，除全面開挖之明挖法，還有視地質狀況、區域環境、交通及工程必要性等採用不同工法，其中鑽爆工法、潛盾工法是最常使用之工法。

隧道工程

3. 橋梁工程

　　橋梁工程主要包括橋梁基礎、橋梁型式、橋梁工法，其中橋梁基礎有直接基礎、樁基礎、井筒基礎、筏式基礎及箱形基礎等，視地質及道路狀況而定；橋梁型式有簡支梁、箱型梁、U型梁等；橋梁工法有懸臂工法、支撐先進工法、預鑄吊裝工法、場撐工法等，視交通及地形狀況採用不同橋梁工法。

預力梁橋

4. 排水及防洪工程

　　排水工程包括排水系統，隧道、地下車站、地面車站及機廠、跨越橋之排水及山坡地範圍之水土保持計畫；防洪工程則針對地下車站之淹水保護、高架車站地面層之淹水保護進行防洪工程，主要防洪工程包括車站出入口高程提高及設置防洪閘門或水密門等。

車站排水工程

5. 管線工程

軌道交通工程無論是地下隧道及車站之開挖，或是高架橋梁工程之基礎，皆面臨到地下管線之施工衝突，地下管線包括自來水、電信、電力、軍方管線、交通訊號、石油、路燈等，當與軌道交通工程施工造成影響時，處理方式包括就地吊掛保護、臨時遷移及永久遷移等三種方式，同時近年來政府大力推動共同管道建設，將各種不同管線置入管道中，同時進行維修管理，節省管線協調及施工之困難度，可配合軌道交通工程施工，一起施作，節省二者分開施作之工程經費。

就地吊掛保護

6. 交通維持

由於軌道交通工程常占用道路，影響道路交通，因此施工前應針對施工中對於道路之影響進行交通維持計劃之擬定，並在施工時據以執行，交通維持主要為施工區域車道配置、交通管制措施、車流導引等進行規劃，以求在施工前間減少對於道路交通之衝擊。

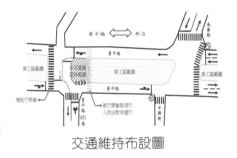

交通維持布設圖

13.2.2 車站站體

車站站體主要包括車站建造及機能型式、車站布設、旅客輸運、車站設計、乘客設施、通風井、維修通路、轉乘方式、公共區之疏散、火災自動報警(FAS)及處理等。

1. 車站建造及機能型式

軌道交通車站建造方式主要有高架車站、平面車站及地下車站等三種型式，機能型式可分為中間站、轉乘轉運站、區域站及終點站四種。

2.　車站布設

軌道交通車站布設爲島式車站、側式車站及疊式車站等三種型式。

島式月臺車站

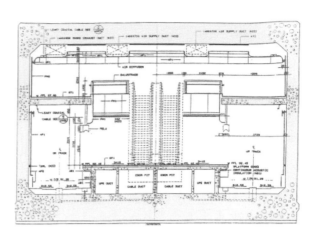

島式月臺車站剖面圖

側式月臺車站

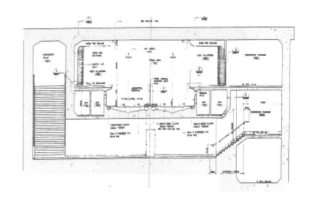

側式月臺車站剖面圖

3.　旅客輸運

軌道交通車站旅客輸運應於周邊整體規劃設置各項導引標誌及設施並予強化車站辨識性及自明性，同時規劃相關設施及交通動線，使乘客可快速到達車站，增加車站可及性，也就是以「短小快」最短的距離，最小的時間，達到最快的轉乘，縮短旅行時間，提高用路人使用率。

4.　車站設計

軌道交通車站可分爲公共區域和非公共區，公共區域即供乘客使用之區域，包括出入口、穿堂層、月臺層等，非公共區則爲限制乘客進入之區域，包括職員區、作業區、機房空間等。公共區域包括付費區及非付費區，車站設計應於安全之前提下，兼顧乘客之動線順暢、營運及維修之便利與乘客之舒適，針對公共區域內之車站服務設施與相關設備、空間等進行設計。

5. 乘客設施

軌道交通車站乘客設施包括廣告、標誌、販賣店、候車座椅、電話、急救處理、垃圾筒及回收站、公廁等，需視旅客客流量及需求進行規劃。

6. 通風井

軌道交通地下車站應設置具排氣、進氣及釋壓功能之通風井，通風井應配合環控系統設計，並應符合建築、環保及其他相關法規之要求。

7. 維修通路

軌道交通車站內所有地區皆應有通路，以供檢修維護作業。

8. 轉乘方式

軌道交通轉乘方式有步行，轉乘其他軌道交通或公車，自行車，計程車，接送等，因此須整體規劃各交通工具之空間位置，以利轉乘。

9. 公共區之疏散

軌道交通車站設計應考量緊急情況時人員疏散之需求，車站之疏散安全區域應為戶外、地面層或具火焰、煙霧隔絕效果之處所；高架或地面月臺之乘客必要時可經由月臺之兩端往避難平臺或軌道方向疏散；同時高架段、地面段及地下段均須設置可供乘客疏散之步道。

10. 火災自動報警(FAS)及處理

軌道交通車站火災自動報警(FAS)及處理應包括防火設施設備、煙霧偵測系統、火災偵測系統、火焰、煙霧控制設施、避難逃生方式、消防員進入車站之通路、滅火方式等。

13.2.3　車站建築裝修

車站建築裝修主要包括建築型式與設計、裝修及配件、門、隔間牆及窗、衛生設備、基地配置及景觀工程、建築物維修、機廠及行政大樓／行控中心等。

1. 建築型式與設計

軌道交通車站建築型式與設計應考量客流量及瞬間大量乘客進出、動線規劃簡單明瞭、空間配置模具化及系統化等進行規劃設計；車站建築設計應簡潔輕巧、通透及易於識別，並以符合環保節能之綠建築指標爲原則。

2. 裝修及配件、門、隔間牆及窗

軌道交通車站裝修及配件、門、隔間牆及窗主要以結構安全爲考量，應考慮承受風力載重，以及須固定於隔間上之裝置與設備、隔音需求及防火區劃等因素，安全、經濟、符合國家標準之產品爲主要原則。

車站崗石地磚及花崗石

車站玻璃護欄及吸音金屬天花板

3. 衛生設備

軌道交通車站衛生設備除男女衛生設備，應包括無障礙衛生設備。

4. 基地配置及景觀工程

軌道交通車站基地配置及景觀工程爲車站及軌道沿線四周之外部景觀工程，包括硬體工程，軟體工程及配合軌道系統之相關園藝工作。

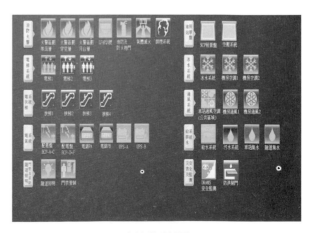

建築物管理

5. 建築物維修

軌道交通車站建築物維修以供料穩定性及維修管理方便為主。

6. 機廠及行政大樓／行控中心

軌道交通車站機廠及行政大樓／行控中心之建築裝修設計以功能性需要為原則,並考慮設施可靠度、耐用度、低維修性、堅固性、安全性、公眾意象及配合鄰近環境。

行控中心

13.2.4 機電設施

機電設施主要包括電氣、機械、環境控制系統(BAS)、電扶梯及電梯等四部分。

1. 電氣

軌道交通電氣設施主要包括車站供電系統及電氣管線及電纜安裝、照明、火災警報與消防等,供電系統至少應提供車輛之牽引動力、低壓不斷電負載及維生負載所需之電力;照明包括入口區照明、站臺區照明、穿堂區照明、標誌照明、室外照明、軌道區照明、機房區照明;各車站應安裝附有火警分區圖面資料之火警受信總機,車站管理區域內的自動火警探測器、手動報警機(附易碎玻璃外框)、排煙設備及消防設備號誌均應接到此火警受信總機進行火災警報與消防。

2. 機械

軌道交通機械設施主要包括車站給排水、消防立管和消防水帶系統,軌道交通系統給排水管路及其設備,應具有防止雜散電流腐蝕之措施;所有車站應至少有兩套分離的排水系統,一套為污水排放系統,另一套為地板排水排放系統,另外應配置消防立管和消防水帶系統。

3. 環境控制系統(BAS)

環境控制系統之通風、排煙及溫濕度控制必須符合下列需求:

(1) 提供乘客舒適之乘車環境。

(2) 提供軌道系統機電設施及設備,正常運作的環境。

(3) 提供緊急狀況下,人員逃生及避難之環境。

開放式之高架、地面車站如通風良好可採自然通風，否則須設置通風與空調設施；地下車站發生火災時，車站內之空調系統應具有自動停止運轉並同時啟動排煙系統之功能。

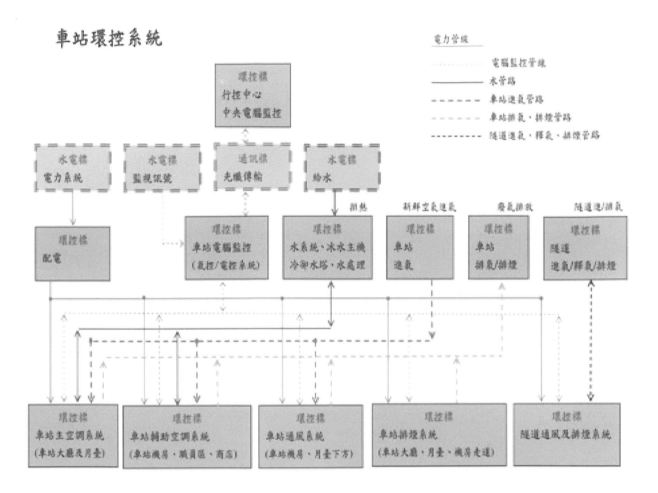

4. 電扶梯及電梯

　　軌道交通車站電扶梯及電梯之配置及數量，應視客流量及無障礙設施需求而定，電扶梯應提供雙向服務功能，以滿足尖峰時段乘客之需求，側式月臺車站穿堂層與月臺層間，電扶梯應儘量沿車站側牆布設。

電扶梯系統

13.3 軌道交通軌道及供電系統

13.3.1 軌道系統

軌道系統包括軌道定線及軌道工程

1. 軌道定線為軌道交通工程路線行走之平面及縱面
   線形，包括：

   (1) 平面定線：圓曲線。

   (2) 平面定線：緩和曲線。

   (3) 平面定線：道岔曲線。

   (4) 縱面定線：縱坡。

   (5) 限界：限定車輛運行及軌道周圍構築物超越的
       輪廓線。限界分車輛限界、設備限界和建築限
       界三種，是工程建設、管線和設備安裝位置等必須遵守的依據。

   (6) 淨空：配合限界，為確保列車安全通行，車輛周圍、設備及車輛與相鄰結構物間必
       需保持之淨空。

2. 軌道工程結構系指軌道頂面以下至支承結構
   面上方之軌道結構，由軌道系統、扣件系統及
   道床系統組成。都市軌道系統大多採用鋼軌鋼
   輪系統，鋼軌系統包括鋼軌、鋼軌接頭、道岔、
   護軌等；扣件系統包括扣夾、墊鈑、鋼軌襯墊、
   錨定組件、基鈑等；道床系統包括軌枕、道碴、
   混凝土道版、彈塑性填充層、混凝土連續道床
   等。軌道工程包括：

   (1) 軌距：標準軌距為 1,435mm。

   (2) 軌道承托系統：鋼軌以扣件系統連結道床系統。扣件系統應能維持軌道相對於道床
       系統之水準位移在容許範圍內。

(3) 軌道路基和道碴：地面段軌道路線之道床系統採用道碴道床為原則，高架段及地下段軌道路線之道床系統採用固結道床為原則。道碴道床與固結道床之介面應有緩衝段調整不同軌道結構之勁度。

(4) 軌道選擇：鋼軌應具有足夠之承載能力、抗拉強度、抗彎強度、斷裂韌性、耐磨性及耐候性；施工規範應規定其化學成份、物理性質、檢驗方法及檢驗標準。

(5) 步道：軌道交通工程高架段、地面段及地下段軌道沿線均須設置可供乘客疏散之步道，步道之設置必須與所規劃之列車乘客疏散方式相配合。

(6) 止沖擋、防撞杆和阻輪器：所有軌道終端處應適當提供止沖擋、防撞杆或阻輪器防止列車衝撞。

(7) 圍籬及軌道標誌：為防止未經許可之人員、動物或車輛進入，及避免物體被投擲或意外掉落在軌道或行駛列車上，某些開放式軌道應設置連續圍籬，以避免人員在上面行走；同時設置軌道標誌提供運轉安全和協助養護維修。

(8) 供電：軌道廠商進行整體設計時應考慮導電軌實際設計位置與錨定。

13.3.2　供電系統

軌道交通供電系統包括主變電站、牽引動力供應、車站電力供應、機廠電力供應、緊急電力供應、電力遙控、電纜布設、導電軌系統等。

1. 主變電站

電力單位提供電力至軌道交通系統之主變電站(Bulk Supply Substation，簡稱BSS)作為軌道交通動力來源。

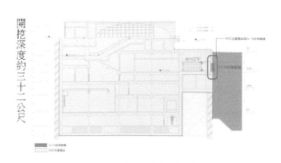

主變電站(BSS)剖面圖

2. 牽引動力供應

牽引動力配電室(Traction Substation，簡稱TSS)電力系由每座主變電站以開放式環狀電路供應，提供車輛之牽引動力、低壓不斷電負載及維生負載所需之電力，牽引動力配電室上游電力應設計可由兩不同主變電站雙迴路供應，當其上游電力故障或維修時，可經由電力轉供方式，以確保供電可靠度。

3. 車站電力供應

每個車站至少有兩組車站配電室設備(Station Substation，簡稱SSS)，以提供車站設備電力，當兩組中任一組供電失效時，另一組車站配電室應能供應車站內維生負載及必要性負載所需電力，地下車站負載包含照明、電扶梯、車站及隧道水電設施、環控系統、自動收費機、號誌、隧道照明、幫浦、通訊、指示標誌和車站資訊板等。部份照明負載、電扶梯、部份自動收費機、廣告板和特定車站資訊板均視為非必要性負載，當其中一組配電室設備故障失效時，將切斷此非必要性負載。

4. 機廠電力供應

機廠牽引動力以電氣方式與主線牽引動力隔離。並將機廠布設成若干可隔離之專屬電力區域並饋入電源。在機廠發生故障或失效時，可隔離動力區間。特定區應提供可交互切換饋電之設施，若機廠區域內任一故障發生時。亦能維持機廠所有負載之供電。

5. 緊急電力供應

為提供緊急狀況時之安全需求，需規設緊急柴油發電機，以供給電力予維生負載。

6. 電力遙控

供電系統應設置電力遙控系統供控制中心監視及操控變電站及軌旁設備。行控中心經由電力遙控系統收取所有車站之智慧型電力遙控箱中設備狀況之最新資訊，以執行系統的監視和操作。電力遙控系統應具兩部功能相同之電腦主機，當一部在運作時，另一部亦隨時溫機待命接管。

7. 電纜布設

　　軌道交通供電系統的布纜需求系包括從電力單位之一次變電所引接至每一個主變電站之電纜，以及從每個主變電站供電到牽引動力配電室和車站配電室的電纜，和軌道交通系統內之其他各項電纜布設之需求。

8. 導電軌系統

　　導電軌(供電軌)系統依軌道交通型式之不同可分為第三軌、架空線或其他。

第三軌供電

13.4　軌道交通機電系統及車輛系統

13.4.1　號誌系統

　　軌道交通號誌系統之主要功能是確保列車在軌道上雙向行駛時之安全，免於碰撞衝擊或出軌；提供營運人員，依據預定計畫行駛列車，或因應任何中斷狀況之方法；提供營運人員列車位置、途徑及列車辨識之資訊；提供行車現況資訊予旅客，因此號誌系統包括自動列車監控系統(ATS)、自動列車保護系統(ATP)、自動列車操作系統(ATO)、中央行車控制(CTC)系統、車上號誌及列車控制設施、班次間隔及車間距、軌道電路、號誌及指示燈、轉轍器控制及操作、聯鎖(CI)、控制盤及遙控設施、電纜布設及供電、機廠號誌控制、列車辨識。

1. 自動列車監控系統(ATS)

　　軌道交通列車自動監控系統主要為對於列車行進間進行自動監控；自動列車監控功能包括列車辨識、列車與道旁通訊、實際列車車速、超速、程序化車站停車、警告產生及故障偵測和診斷功能。

2. 自動列車保護系統(ATP)

　　軌道交通自動列車防護系統為保證列車運行安全、運輸效率提高的重要系統，由車載設備和地面設備組成，系統必須符合安全-故障的原則；自動列車保護系統主要功能為檢測列車位置，進行列車間距控制，監督列車運行速度，對於列車超速進行防護控制，軌道間障礙物和脫軌進行防護，完成列車啟動準備、實施蠕動模式，防止列車誤退行等突發狀況；為列車車門、月臺門的開閉提供安全監控資訊，有效持續控制列車運行，若出現危及運行安全的故障時實施緊急制動，月臺出現緊急情況時立即停車按鈕功能，軌道末端防護。

3. 自動列車操作系統(ATO)

軌道交通自動列車操作系統制列車自動運行，由車載設備和地面設備組成，在ATP系統的安全防護下，根據ATS系統的安全資訊實施列車自動駕駛，除保證列車自動運行安全無疑外，也能對於旅客舒適度提高並達到節能功能，並在緊急情況根據TIAS提供資訊進行列車乘客疏散；自動列車操作系統的主要功能為站間自動運行、車站月臺定點停車、自動折返、列車運行自動調度、列車節能控制等。

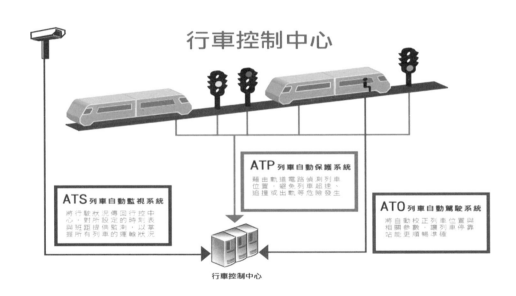

4. 中央行車控制(CTC)系統

中央行控中心是軌道交通系統營運中樞，用來容納人員及設備，以監控軌道運作情形及號誌、供電和環境控制等系統。

5. 車上號誌及列車控制設施

自動列車防護之車上設施，至少包括有感應天線、速率偵測、速限控制、車門控制、零速度偵測及防止非預期移動之保護等功能。

6. 班次間隔及車間距

　　號誌系統設計應依列車營運計畫明訂列車班距。

7. 軌道電路、號誌及指示燈

　　號誌系統軌道電路用以偵測軌道上列車；號誌及指示燈提供列車駕駛員相關資訊。

8. 轉轍器控制及操作、聯鎖(CI)、控制盤及遙控設施

　　號誌系統轉轍器以遙控方式完成聯鎖，防止所有不安全狀況的產生；聯鎖控制設備裝設於其所控制設施就近之車站通訊號誌設備室，中央控制室監控及遙控軌道上列車運作情形及號誌、供電和環境控制系統。

9. 電纜布設及供電

　　號誌系統電纜應配合整體之設計，採故障自趨安全之理念，布設應與電力布設於軌道不同側或採適當之電磁隔離措施，以避免干擾。

10. 機廠號誌控制

　　機廠內之號誌系統，無自動列車保護(ATP)功能，維修區域和維修側線毋需設置號誌。

11. 列車辨識

　　號誌系統應提供資訊，使營運人員瞭解在軌道上每部列車之代號和目的地，並由駕駛員設定列車和人員代號之訊息，這些訊息將傳送到車站號誌設備室，再傳至控制中心。

13.4.2　通訊系統

　　軌道交通通訊系統(COM)主要能使任一車站傳輸設備故障時仍能維持傳輸系統正常運作，主要包括自動電話、直線電話、電子郵件、閉路電視(CCTV)、無線通訊(RAD)、公共廣播(PA)、旅客資訊系統(PIS)、時鐘(CLK)、車載設備、傳輸系統、供電及設備。

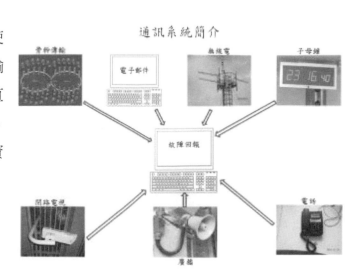

1. 自動電話、直線電話：設置具自動錄音功能之下列有線專用電話：

   (1) 行車控制用專用電話。　　　　　　(3) 環境控制用專用電話。

   (2) 電力調度用專用電話。　　　　　　(4) 道旁聯繫用專用電話

2. 電子郵件：提供網路化辦公室自動化系統資訊之收發。

3. 閉路電視(CCTV)：提供列車駕駛員、車站控制員、控制中心及站務員監控軌道交通系統一切狀況。

閉路電視(CCTV)

4. 無線通訊(RAD)：軌道交通通訊系統應設專用頻道且具自動錄音功能之無線電通訊系統，以供行車調度、電力控制、環境控制、機廠調度、路線維修及緊急狀況處理時通訊使用。

5. 公共廣播(PA)：軌道交通公共廣播系統可分為一般廣播系統及火災緊急廣播系統，但得共用相關之播音設備；一般公共廣播系統應包括行控中心廣播、列車廣播，以及車站廣播。

6. 旅客資訊系統(PIS)：軌道交通旅客資訊系統於車站月臺、驗票閘門前及列車每一車廂都設置中英文乘客顯示設備，能看清本顯示設備畫面，顯示設備由號誌系統驅動，自動顯示下一班車到達所需時間及其目的地。另顯示設備亦可顯示列車到/離站資訊告示及目前時刻，亦可顯示特殊的資訊，如通知列車延誤、逆向行車及其他與乘客相關之資訊，並具有廣告功能；軌道交通旅客資訊系統在站內能提供列

旅客資訊系統(PIS)

車到/離站及目前時刻等視訊，在列車內應能提供列車目的地、停靠站站名、車廂門開啓側等視訊。

7. 時鐘(CLK)：軌道交通系統各車站、行車控制中心、機廠及機電系統等之時間應與行車控制中心母鐘保持同步。產生時間脈衝經由通訊網路送出，並供各關聯標作為基準時間使用。主時鐘設於行控中心，在行控中心設備房的電腦將與此母鐘時間脈衝同步。

8. 車載設備：軌道交通系統列車駕駛室內部及列車與車站、機廠、行控中心之無線電通訊系統。

9. 傳輸系統、供電及設備：軌道交通系統提供光纖傳輸系統，傳輸閉路電視影像訊號至行控中心；同時使用直流正極接地電池充電系統及交流不斷電系統，通訊設備分別安裝位於行控中心設備室、車站的通訊號誌設備室及機廠的通訊設備室。

13.4.3 自動收費系統

軌道交通自動收費系統使用非接觸式IC車票(含單程票、儲值票及特種票)或行動支付，掃碼進出，以控制旅客進出車站付費區；主要包括車票種類、驗票閘門、自動售票及加值機、站務員售票機、查詢機、現金點數與裝袋設備、車站處理機系統、中央處理機系統等。

1. 車票種類：軌道交通車票種類主要包括單程票、儲值票、特種票及工作通行證四種，現在也研發掃碼方式進/出站。

2. 驗票閘門：軌道交通車站驗票閘門系用以控制旅客進出車站之付費區，須包括進站、出站專用閘門及雙向操作之閘門。雙向閘門系由站務員視旅客流量，選擇為進站/出站閘門或由旅客感應車票先進/出站。

車票種類

3. 自動售票及加值機：軌道交通車站以自動售票及加值機販售單程票及加值服務。自動售票及加值機數量因車站客流量及空間大小而有異，但須滿足 25% 之尖峰分鐘旅客流量購票之需，並提供無障礙自動售票及加值；自動售票及加值機提供觸控式螢幕 (touch screen)來顯示交易進行中所需之文字和/或圖形資訊，此螢幕將引導旅客完成付費程序及傳達機器之相關資訊。該自動售票及加值機亦有適當之顯示裝置，以告知旅客該機是否停止服務。

驗票閘門

4. 站務員售票機(PAM)：各軌道交通車站之詢問處及簡易詢問處均裝置站務員售票機，每一詢問處裝置兩臺站務員售票機，一臺靠近車站非付費區之服務窗口，另一臺靠近車站付費區之服務窗口。

自動售票及加值機

5. 查詢機：各軌道交通車站皆設置查詢機查詢車票之各種資訊，查詢機設置於詢問處、簡易詢問處或在車站大廳層非付費區靠牆安裝或獨立安裝。

查詢機

6. 現金點數與裝袋設備：所有軌道交通車站之現金房內均設置錢幣點數與裝袋設備，其中尚應包括有現金／車票手推車及硬幣盒/紙鈔盒/票箱存放櫃，以協助稽核人員將系統設備所收集之現金存入銀行。

7. 車站處理機系統：軌道交通車站內之各項自動收費設備均須與車站處理機系統連接，該系統系用以收集該車站之稽核、統計及設備監視資料。並與控制中心之中央資料處理機連線，以下載必要的營運參數。

8. 中央處理機系統：中央控制中心應設置中央數據處理機系統以執行全路網自動收費系統營運及稽核、監督、控制、管理自動收費系統等功能。

13.4.4　月臺門系統

　　軌道交通月臺門系統(PSD，platform safe door)是介於站臺與軌道之間的一種隔離設施，當列車停靠在站臺時月臺門會以滑動方式打開，並且與車門對齊；月臺門有可減少對環控空調之需求、增加月臺上候車乘客之安全性、改善乘客等候列車時之環境及因環控空調減少而減少相關機房之面積等優點。月臺門系統(PSD)主要包括月臺門型式、月臺門基本需求、月臺門安裝及月臺門控制等。

1. 月臺門型式：軌道交通月臺門型式為頂端與天花板相接的稱作月臺門(platform screen doors，PSDs)，有一定空隙的稱作全高安全門(platform edge doors，PEDs)，一般高度均大於 2 米。而低於 2 米的稱為低安全門。

安全門

月臺門

2. 月臺門基本需求：軌道交通月臺門系統包含外框、玻璃、滑門、緊急門、及月臺兩端通行門。滑門供一般乘客用須與車門對齊，且為電動式；車行方向每節車廂第二個及第四個滑門兩側各設一處緊急門，緊急門為軸承式，以供乘客緊急時使用。

3. 月臺門安裝：軌道交通月臺門安裝在車站站臺邊緣將行車的軌道區與站臺候車區隔開，設有與列車門相對應並可多級控制開閉的滑動門的連續屏障。

4. 月臺門控制：軌道交通月臺門控制系統在列車未進站時，月臺門須閉鎖，如月臺門未閉鎖，列車不能進站。當列車進入月臺停定位後，列車車門及月臺門將收到開啟號誌並同時開啟，上下旅客，待停車時間到達，則列車車門與月臺門同時關閉，兩者皆關閉且閉鎖後，列車才能開動。

13.4.5 車輛系統

軌道交通車輛系統主要包括列車尺寸、列車性能、列車組成、轉向架與車輪、旅客出入、聯結器、空調、列車控制系統(TCS)、無障礙設施等。

1. 列車尺寸：軌道交通列車尺寸根據預估旅客流量而訂定之乘客座位及站位規定、影響列車靠站時間之上下車方便性、車輛長度與寬度之實體限制、車站站臺長度、軌道線形及軌距而有不同。

2. 列車性能：軌道交通列車性能的設計應盡可能降低噪音及振動，以免引起乘客不適。

3. 列車組成：軌道交通列車組成編組可依實際運量需求進行編組，一般而言若三輛車編組所組成，每一組可包括二輛含駕駛室動力車(DM1)、一輛非動力車(T)組成形式為 DM1—T—DM2。

4. 轉向架與車輪：軌道交通車輛轉向架系支撐車體並引導車輛運行的裝置，除了提供車體的承載之外，最重要的是在安全的前提下，提高行車穩定、速度及舒適性，應符合軌道線形規定，使車輪摩耗減至最低。

轉向架

5. 旅客出入：軌道交通旅客出入於自動列車操作模式下列車正確停靠後，正常情形下車門即自動開啟。每節車廂外部兩側應設有可同時開啟同側車組門之裝置。

6. 聯結器：軌道交通之聯結器有固定式(半永久式)-同車組之車相聯接，自動式-車組之連結。

7. 空調：軌道交通列車每一車廂應裝置空調設備，基本上有二個獨立分開之系統。

8. 列車控制系統(TCS)：軌道交通列車控制系統(TCS)為列車以完全自動列車操作(ATO)之操控方式進行設計。車上通常配置駕駛員，在自動列車操作模式下開關車門或手動操作列車；列車須布設連續之同步列車線以使各組牽引與煞車設備均須與此控制系統連接。同時，當駕駛員操作由鑰匙控制主控制器時，駕駛室設備與該控制系統連接。

聯結器

9. 無障礙設施：軌道交通為確保無障礙安全上下列車，一般直線站臺邊緣與車廂地板邊緣間之設計間距須限制讓輪椅能順利進出列車，一般間隙為 7 至 10 公分，同時列車上並設有無障礙專用區。

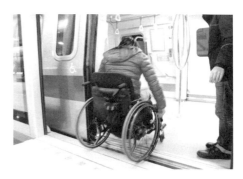

無障礙進出車輛

Chapter 14

軌道交通工程規劃

要瞭解軌道交通工程，首先要從軌道交通工程作業流程開始。軌道交通工程計畫周期的各個階段及其主要的活動如下：

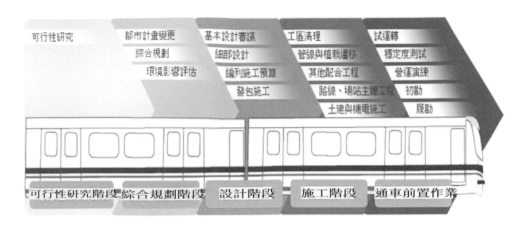

從上述圖可以得知，軌道交通工程之作業流程是從軌道交通工程之規劃、設計、施工到營運，工程規劃流程依據要求須包括可行性研究及綜合規劃，相關作業流程如下圖所示。

綜合台灣及大陸對於軌道交通規劃之要求，軌道交通工程規劃主要內容包括：

1. 都市社經發展、交通運輸下軌道交通系統的功能定位。

2. 軌道交通路網規劃。

3. 軌道交通系統運輸需求預測分析。

4. 軌道交通工程標準及技術可行性規劃。

5. 軌道交通系統路線和車站設計。

6. 軌道交通轉運規劃與設計。

7. 公共運輸系統整合計畫。

8. 軌道交通系統安全防護設計。

9. 軌道交通系統營運規劃。

10. 軌道交通系統用地取得與土地開發。

11. 軌道交通系統環境影響評估。

12. 軌道交通系統經濟效益評估。

13. 軌道交通系統財務計劃及民間參與投資(PPP)可行性分析。

14. 軌道交通系統風險評估。

根據上述內容針對軌道交通工程進行規劃，以符合軌道交通工程規劃之需求。

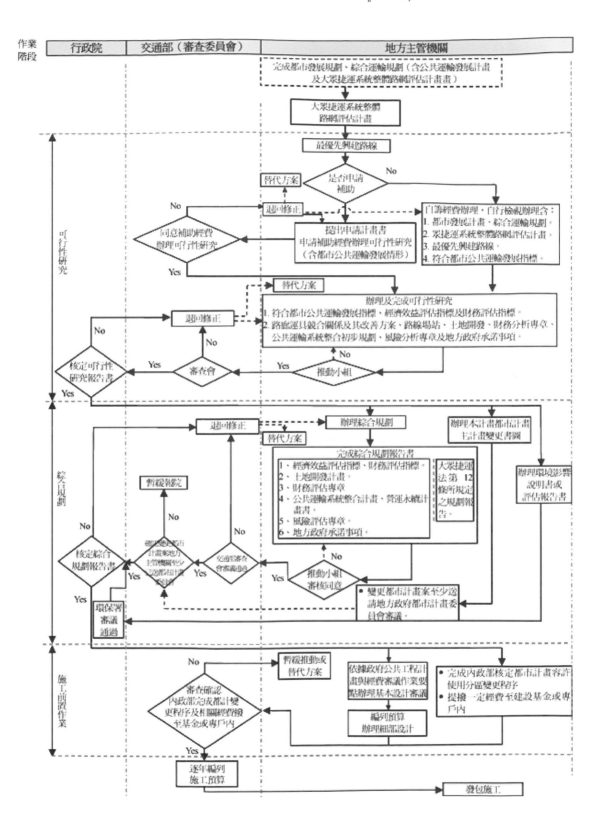

14.1 軌道交通系統功能定位

軌道交通系統功能定位主要針對都市經濟地理特徵，都市計畫總體目標與都市交通結構的協調性，軌道交通在都市的定位及功能評估等進行分析，確認軌道交通系統與都市計畫之關聯性及軌道交通在都市中之功能定位。軌道交通系統與都市計畫應具有一致性考量及目標一致性之共同發展。

1. 都市經濟地理特徵分析

(1) 搜集都市發展與社經資料。

　　(a) 針對都市上位計畫發展資料搜集與分析整理。

　　(b) 都市重大建設與開發計畫資料搜集與分析整理。

　　(c) 都市現況與計畫土地使用狀況資料搜集與分析整理。

　　(d) 都市常住人口、暫住人口、就學、就業、及業等社經資料搜集與分析整理。

(2) 交通系統資料

　　(a) 都市現況與計劃道路建設資料搜集與分析整理。

　　(b) 都市現況與未來交通改善措施方案搜集與分析整理。

　　(c) 相關單位交通流量調查資料搜集分析整理。

　　(d) 都市大眾運輸系統數據搜集分析整理。

　　(e) 都市大眾運輸旅次調查搜集分析整理。

　　(f) 國內外都市間軌道交通方式搜集分析。

(3) 交通量調查與彙整

　　就研究範圍重要路段之交通流量調查、屏柵線調查、公車承載量等資料進行搜集及補充調查及特殊地區進行假日旅次調查，依此資料據以瞭解及分析規劃範圍內主要道路及特殊地點之交通量及服務水準，以及大眾運輸系統之使用現況。

(4) 經濟與財務資料

　　搜集與分析軌道交通系統及各類替代運具系統之各項成本數據，如土木、機電工程等之單位成本及土地取得成本等。並整理近十年來各項成本變動之情形，作為未來預估建設成本之參考。另就都市周邊房地產價格及稅收資料搜集與整理分析。

(5) 環境影響資料

　　針對都市地形地質、水文水質、空氣品質、噪音振動、廢棄物、生態、古蹟遺址、自然人文環境等資料現況監測、調查、搜集與分析整理。

(6) 現場踏勘

　　除前述各項資料取得外，並對規劃沿線地區進行現場勘查，以確認取得之書面或圖籍數據的正確性與可能性，以利路線方案的決定與問題點的瞭解相關機關與民眾的意見搜集。

(7) 對於地方民眾所提意見及政府機關所提相關意見，均應納入規劃內容，以免引起民怨。

2. 都市計畫總體目標與都市交通結構的協調性分析

　　在進行軌道交通工程規劃時，應確認都市計畫總體目標，都市交通結構應與都市計畫相配合，以符合都市總體需求，不致有不一致現象產生，在都市計畫總體目標與都市交通結構的協調下，進行軌道交通工程規劃。

3. 軌道交通的定位及功能評估等

　　軌道交通工程規劃時，須瞭解軌道交通在都市之功能定位，以確認軌道交通有其必要性及建設性。

14.2 軌道交通系統路網規劃

1. 規劃年限

　　由於軌道交通系統由規劃、設計到施工至少需5～10年，依軌道交通建設規劃年期，大多為20年，另考量與都市總體規劃目標年期一致，因此應先確認軌道交通建設規劃年期，同時規劃期限當與都市總體規劃相一致。

2. 規劃範圍及用地

　　路網規劃的規劃範圍及用地，應當與都市總體規劃相一致。

3. 與歷史城區、文物保護單位、歷史街區、歷史建築的符合性

(1) 軌道交通在建設時，需對都市的保護和協調。

(2) 瞭解都市禁建區、限建區、宜建區的分布，注重協調軌道交通路網與綠線(綠地)、藍線(河海湖泊)、黃線(高壓走廊等市政設施)和紫線(文物保護區)的關係，確定路網的布局和結構及規模。

4. 軌道交通路網規劃之研擬必須具備全面性。

首先，分析規劃範圍內之主要交通走廊，確認規劃軌道交通路線所服務之交通走廊。其次，將主要交通走廊內所有可能服務之節點全部列出，接下來考量各節點間之整體發展情形，將連繫各節點所有可能之路廊段全部予以列出，即產生基本路廊，根據基本路廊發展為各不同軌道交通路線方案進行選擇和方案評估。軌道交通路網規劃應考量原則(但不再此限)包括：

(1) 環境敏感區位。

(2) 地質條件限制。

(3) 工程條件限制。

(4) 符合客流量預測之最大交通需求。

(5) 減少用地徵收及建物拆遷範圍。

(6) 減少交通衝擊等因素。

5. 路網構架方案選擇和方案評估

(1) 目標矩陣達成法

利用「目標矩陣達成法」進行綜合評估，此方法之特點在於考量決策層面複雜，無法以單一準則決定方案優劣，故針對不同評估準則之相對重要性給予適當的權重，同時依其在同一評估計畫之達成程度給予合宜的評分，茲就本方法之評估步驟簡要說明如下：

(a) 擬訂評估之目標(Goal)及評估準則。

(b) 對相關的專家學者實施態度調查(Attitude Survey)，以分析各目標、準則的相對重要性，再進一步依此相對重要性給予適當的權重。

(c) 對各目標、評估準則估算達成程度的量化(或質化)標準。

(d) 評估各方案在各目標、評估準則之達成程度，並給予適當的效應值(Effectiveness)。

(e) 各方案之總效應值即為該方案在各目標、評估準則之效應值的總和。

(f) 總效應值最大之方案即為最佳方案。

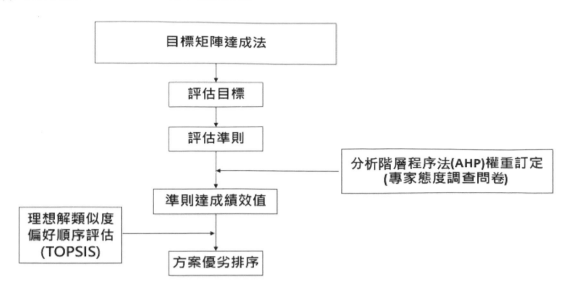

(2) 路線方案評估：採用分析階層程序法(AHP)，並決定目標及評估準則之權重，進行問卷調查，作為評估準則權重產生依據。

目標	評估準則	衡量指標
A. 促進都市發展與交通功能	1. 直接服務人口	直接服務人口數(人數)
	2. 軌道服務運量	服務旅次數(人旅次/日)
	3. 沿線土地開發潛力	增加可建築用地面積(平方公尺)
B. 工程難易	1. 工程建造成本(不含用地及拆遷)	總建造成本(億元)
	2. 特殊路段施工長度	跨越、穿越鐵路長度(公尺)
	3. 施工期間交通維持	施工期間占用既有道路面積(平方公尺)
C. 用地取得與拆遷	1. 用地取得難易	用地取得費用(億元)
	2. 建物拆遷難易	建物拆遷費用(億元)
D. 減輕環境影響	1. 噪音振動程度	路線經過社區密集之路段長度(公尺)
	2. 景觀影響程度	路線高架路段長度(公尺)

(3) 路線方案排序與建議方案

由於各評估準則衡量績效值之單位不同，在計算各方案總績效值及排序時必須先將不同單位之績效值予以標準化，為求公正客觀之評估，可採用 TOPSIS 法進行此一工作。

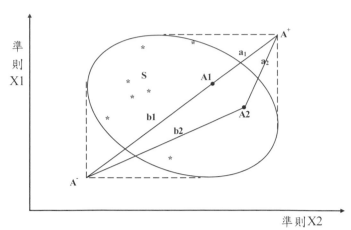

理想解與負理想解概念示意

TOPSIS 為「Technique for Order Preference by Similarity to Ideal Solution」之簡寫，即為「理想解類似度偏好順序評估法」。

TOPSIS 法為 Yoon 與 Hwang 於 1981 年所發展之多準則決策方法，乃根據「距理想解(Ideal Solution)之距離最近，且距負理想解(Negative-ideal Solution)之距離為最遠」，作為方案選擇之依據。

假設每一準則(目標或屬性)具有單調遞增或遞減之效用，則理想解為所有準則最佳值所組成，而負理想解則為所有準則最差值所組成。

由於 TOPSIS 法假設所有準則之效用具單調遞增性或遞減性，因此，就效益準則(Benefit Criteria)而言，準則值愈大，其偏好亦越大；就成本準則(Cost Criteria)而言，其準則值越大，其偏好值就越小，甚至有些評估值可能無法以量化方式處理，即以適當之尺度化方法加以質化。

依 TOPSIS 進行方案優劣排序之步驟如下：

(a) 步驟 1：將決策矩陣標準化

此一步驟主要將各種不同因子次元，轉換成非次元之因子特性，以便因子間之相互比較。第 i 方案第 j 因子之評估值，其標準化值(r_{ij})可依下列方式求取：

$$r_{ij} = \frac{x_{ij} - \min(x_{ij})}{\max(x_{ij}) - \min(x_{ij})}$$

(b) 步驟 2：建立加權平均值決策矩陣(vij)

標準化決策矩陣各方案在各個因子下之評估值，分別乘上各評估因子之權重，即構成加權平均值決策矩陣。

(c) 步驟 3：求取理想解(A^*)與負理想解(A^-)

設若 2 個虛擬之方案 A^* 與 A^-，並定義如下：

$$A^* = \left\{ \left(\max_i V_{ij} \middle| j \in \bar{J} \right), \left(\min_i V_{ij} \middle| j \in J' \right) \middle\| i = 1, 2, \cdots\cdots, m \right\} = \left\{ V_1^*, V_2^*, \cdots\cdots V_j^*, \cdots\cdots V_n^* \right\}$$

$$A^- = \left\{ \left(\min_i V_{ij} \middle| j \in \bar{J} \right), \left(\max_i V_{ij} \middle| j \in J' \right) \middle\| i = 1, 2, \cdots\cdots, m \right\} = \left\{ V_1^-, V_2^-, \cdots\cdots V_j^-, \cdots\cdots V_n^- \right\}$$

其中，$\bar{J} = \left\{ j = 1, 2, \cdots\cdots, n \middle| j \text{ 屬於正向因子} \right\}$；

$$J'j = \left\{ j = 1, 2, \cdots\cdots, n \middle| j \text{ 屬於負向因子} \right\} 子\}$$

(d) 步驟 4：求取分離度

任何方案間之分離度，可利用 n 次元歐幾里得距離加以表示。各方案距理想解之分離度依下列求取：

$$S_{i^*} = \sqrt{\sum_{j=1}^{n} (V_{ij} - V_j^*)^2} \; , \; i = 1, 2, \cdots\cdots, m$$

同理，距負理想解之分離度依下式求取：

$$S_{i^-} = \sqrt{\sum_{j=1}^{n} (V_{ij} - V_j^-)^2} \; , \; i = 1, 2, \cdots\cdots, m$$

(e) 步驟 5：求取距理想解之相對接近度

各方案 A_i 距理想解 A^* 之相對接近度，定義如下：

$$C_{i^*} = \frac{S_{i^-}}{S_{i^*} + S_{i^-}} \; , \; i = 1, 2, \cdots\cdots, m$$

其中 $0 < C_{i^*} < 1$。

顯然若 $A_i = A^*$，則 $C_{i^*} = 1$；若 $A_i = A^-$，則 $C_{i^*} = 0$；

因此 C_{i^*} 愈接近於 1，表示路線 A_i 愈接近於理想解 A^*。

14.3 軌道交通系統運輸需求預測

1. 運輸需求預測是確定軌道交通路網及路線建設規模、能力水準的依據。

2. 程序性總體交通需求模式包括旅次發生、旅次分布、運具分配與路網指派等步驟，透過研究之各項調查數據，建構模式。

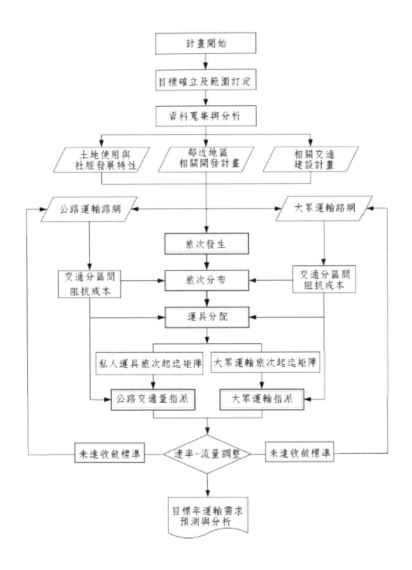

3. 模式各主要分析模組之分析方法及輸入變數整理如下：

模組	計畫	分析方法	引入變數
旅次發生	界內旅次產生	類目分析法 依家戶結構、家戶所得及車輛持有劃分 家戶所得採分配檢定	交通分區人口數 交通分區家戶數 交通分區就業人口數 家戶平均所得 家戶車輛持有數 旅次目的別之旅次產生率 交通分區學生人口數(分 6～15 歲及 16 歲以上) 交通分區學校學生人數 (分 6～15 歲及 16 歲以上)
	界內旅次吸引	回歸分析法	家工作採一、二、三級及業人口數 家其他採一、二、三級及業人口數 非家採一、二、三級及業人口數 家就學採及學人口數
	界外旅次	成長率法	車輛持有成長倍數 人口或就業人口成長倍數 基年旅次產生數
旅次分布	界內旅次	重力模式 阻抗係數函數採 Gamma 函數	旅次產生量 旅次吸引量 旅行成本 阻抗係數函數參數
	界外旅次	成長率法之 Furness 法	旅次產生量 旅次吸引量 基年旅次產生吸引矩陣

模組	計畫	分析方法	引入變數
運具分配	初步運具分配	比例分配法	基年交通車使用比例 旅次產生吸引矩陣
	主要運具分配	個體羅吉特模式	旅次產生吸引矩陣 大眾運輸旅行成本 私人交通旅行成本 效用函數參數
路網指派	私人運具	多重運具指派法 公車旅次(PCU)以先行指派 (Pre-Loading)之方式預置於路網	公路路網 速率流量曲線關係 私人運具旅次起迄矩陣
	公共運具	最短途徑法 由指派後公路路網調整公車速率	大眾運輸路網 大眾運輸旅次起迄矩陣

14.4 軌道交通工程標準及技術可行性規劃

軌道交通工程標準及技術可行性規劃包括以下幾項：

1. 軌道交通系統型式選擇。
2. 土建及機電系統工程標準及規範。
3. 車站、機廠、轉乘點的選址與規模。
4. 路線布設方式規劃。
5. 大地工程。
6. 橋梁工程。
7. 公共管線。
8. 交通維持。
9. 排水工程。
10. 供電系統。
11. 號誌及控制系統。
12. 通訊系統。
13. 自動收費系統。
14. 月臺門系統。
15. 車輛系統。
16. 路網建設順序與營運以及軌道交通與地面交通銜接設計。

　　軌道交通工程標準及技術可行性規劃主要先確定軌道交通系統型式，根據系統型式對於相關之工程規範及標準、車站、路線、土建工程、機電系統工程及車輛工程進行規劃，以確定為可實施，可落地之軌道交通工程。

1. 軌道交通系統型式選擇

　　軌道交通系統型式選擇之良窳將直接影響未來建造成本、營運方式及營運維修成本；因此，系統型式的選擇，應做綜合性的考量，並與路網評估同時進行。進行系統技術型式選擇時除技術面之考量外，應考量政策面因素，包括相關法規及產業策略等國家發展計畫，以便逐一探討各種軌道交通系統在不同都市之適用性。

　　軌道交通系統型式選擇在技術面包括型式容量、工程限制、系統運轉安全性、系統可靠性及維護性、成本、環境衝擊、自動化程度、民眾接受性、系統提升彈性等；在政策面包括相關法規之訂定、政府經濟財政政策之考慮、政府推動大眾運輸政策之方針、軌道路網系統相容或一致之銜接方式、中央政府與地方政府就軌道交通建設推動之優先級、軌道交通系統建造型式及民間投資方式(PPP)等。有關軌道交通系統型式選擇，請參見第十二章都市軌道交通系統型式選擇。

　　軌道交通系統型式選擇並非惟一，需視都市規模、客流量需求而定，並因應實際需求因人因時因地制宜，實行多元化之交通出行方式。

2. 土建及機電系統工程標準及規範：

(1) 制定工程標準及規範之主要目的，為確保各階段之設計過程與成果，均能符合一致的標準及品質，以達成軌道交通系統需求之合理設計。研訂設計標準及規範時，應考量國內相關工程之技術，工業現有之水準、設備及技能，儘量使各項系統之規範標準化、規格化，同時參考國際認可之相關規範及標準。

(2) 研訂設計標準及規範，原則上應著重於規劃及初步設計之方法流程、系統之功能、基本之安全標準及配合國內軌道交通工業政策，訂定適合之標準及規範。

(3) 土建及機電系統工程規範及標準應依據國家相關規範標準最新版本辦理，包括土木、結構、大地、建築、核心機電系統、一般機電系統及車輛系統等。

3. 車站、機廠、轉乘點的選址與規模

　　軌道交通系統車站及機廠之規劃與軌道交通路線布設、客流量需求及客流量特性有著密切且須相互配合的關係，車站之規劃對使用者而言應滿足旅客之轉乘便利性、舒適性、安全性及明確性，為達成完善之服務功能，車站之規劃設計應考慮旅客動線、室內空間配置、安全設施、標誌系統及相關設施，使旅客得到舒適、便捷及安全之服務，同時機廠應考輛駐車、維修及行車控制之方便性及容易性。因此，車站、機廠、轉乘點的選址與規模應考量下列事項

(1) 轉乘便利：軌道交通系統車站與其他軌道交通系統車站或大眾運輸系統之轉乘即為轉運站，轉運站應考量其便利性，轉乘設施則是車站滿足乘客轉乘之需要，所必須提供不同運具轉乘介面之軟硬體設施，硬體設施包括轉乘臨停與轉乘停車系統、人行系統及動線、無障礙系統；軟體設施包括導示系統、資訊系統。

(2) 客流量預測：車站中各項公共設施(如：樓梯及電扶梯之數量及寬度、自動售票機及驗票閘門之數量、月臺之寬度、公共廁所中衛生設備數量)，都是依據設計目標年尖峰時段預測客流量計算所得，不僅需要滿足正常營運時旅客進出車站之需求，也需要符合緊急狀況下能在規定時間內將旅客疏散至安全地點，同時車站、機廠、轉乘點的規模也是依據目標年尖峰時段客流量預測決定其規模大小。過去國內許多車站規劃設計因為節省工程成本，因此客流預測過於保守，導致營運時產生車站空間、轉乘動線空間及設施量不足情況，因此在進行軌道交通系統車站規劃設計時，客流量預測尤為重要，應以客流量預測決定其規模大小。

(3) 車站間距：為方便旅客搭乘，配合系統的營運速度與車站的服務範圍，並考量合理的步行距離下，車站間距在市中心通常在 600～1,000 公尺，在郊區則可維持在 1,000～1,500 公尺，但仍須配合沿線之地形、地貌、開發程度、土地使用及交通狀況而定。

(4) 基地地質狀況：軌道交通系統車站高架、地面及地下之建造型式，對車站位址之選定有很大的影響。不同的建造型式，基於基地地質狀況採用不同的工程技術及施工方法，也造成不同的工程困難度及工程費用，在進行軌道交通系統車站選址時應多加考慮基地地質狀況。

(5) 軌道定線：為防止旅客上下車時發生意外，同時方便殘障人士使用輪椅進出列車，月臺邊緣與列車車門須維持合理的間距(7～10 公分)，軌道的水準曲線半徑須大於

1,000 公尺。為防止列車靠站產生滑動，月臺區軌道之最大允許縱坡為 0.25%，因此，車站的位置必須與軌道定線相互配合。

(6) 管線遷移可行性：為避免與重要之地下管線衝突，尤其是採重力式布設之地下幹管(如：雨水、污水、衛生下水道等)，由於其管線高程無法配合任意改變，必須優先考慮避開。而其他地下重大管線也需事先調查，如有衝突則須事先協調遷移之可行性。

(7) 都市發展配合性：配合都市發展現況(如人口密集)及區域規劃未來具有發展潛力之區域，均應考量設站之可行性，以促進地區之發展。

(8) 土地取得難易性：在車站沿線可資利用的土地中，為避免民眾抗爭，其取得的優先順序如下：A.空地(公有為主) B.公共設施用地 C.低度使用之土地(低矮老舊房舍) D.中度或高度使用之土地(無其他選擇時)。

(9) 土地開發可行性：車站、機廠、轉乘點的選址與規模應結合軌道交通系統車站周邊開發(TOD)，TOD 開發所產生的財務效益一方面可以貼補軌道交通營運費用，同時開發衍生客流量可增加票箱收入。

(10)環境影響之大小：有特殊自然環境之敏感區域，及歷史古蹟受文化資產保存法保護之區域，均應避免因設站或施工而遭破壞。

4. **路線布設方式規劃：路線布設方式規劃應包括**

(1) 工程考量原則

    (a) 路線平面線形符合營運需求。

    (b) 路線縱坡線形符合營運需求。

    (c) 跨越路線之限界、淨空需求。

(2) 減少用地徵收原則

    (a) 儘量利用預留車站位置。

    (b) 儘量沿道路路權或利用公有地。

    (c) 減少用地徵收及建物拆除。

(3) 其他

    (a) 減輕對地面交通之衝擊。

    (b) 降低工程困難性。

    (c) 降低工程經費。

5. 大地工程：大地工程規劃包括

(1) 研究分析軌道路網地下環境地質狀況，包括岩土層、礫石層、砂及黏土層等，以確定軌道交通工程地下工程、高架基礎及建物保護之施工方式。

(2) 軌道交通地下隧道工程施工技術進行評估規劃，包括鑽爆法、潛盾法、掘進機法、淺埋暗挖法、凍結法及明挖及蓋挖法等，車站地下工程可採用連續壁、SMW 或鋼板樁等。

(3) 軌道交通高架工程地基及基礎進行評估及規劃，包括樁基礎、井筒基礎、筏形基礎及箱形基礎等。

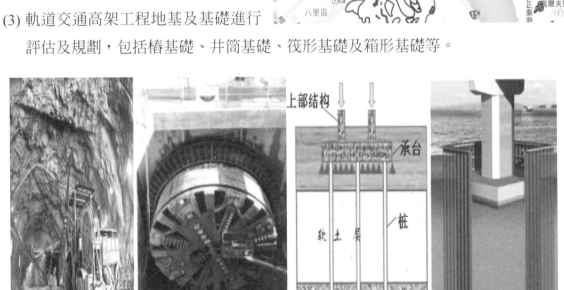

6. 橋梁工程：橋梁工程規劃包括

(1) 橋梁型式研選考慮重點

    (a) 工程效率。

    (b) 橋梁結構耐震需求。

    (c) 地下管線問題。

(d) 鄰近建物保護與環境保護。

(e) 橋梁型式須考慮綠營建之 3R，即減少負荷(Load Relief)，減少材料使用(Material Relief)，減少廢棄物之產生(Waste Relief)，使資源可回收再利用。

(2) 墩柱造型以兼顧上構型式及配合環境與人文風情予以調整演化，以減低都市景觀之衝擊。一般採用圓形或橢圓形單柱式墩柱為主，以減少視覺障礙，增加流暢性。

7. 公共管線

(1) 軌道交通工程無論是地下隧道及車站之開挖，或是高架橋梁工程之基礎，皆面臨到地下管線之施工衝突，地下管線包括自來水、電信、電力、軍方管線、交通號誌、石油、路燈等。

(2) 軌道交通工程施工時與公共管線衝突處理方式有三種

(a) 管線臨時遷移：施工時將管線暫時移住他處，待完工時再遷回原地或相對位置。至於管線臨時遷移時採架空線還是附掛於橋上；臨時遷移管數多寡，應於施工時由施工單位會同各管線單位協商後決定。

(b) 管線永久遷移：工程施工中及完工後，因施工進度及完工位置而影響到現有管線功能者，均將管線永久遷移。

(c) 管線就地保護：施工時對各單位管線影響最輕，且可保留於原地，並不影響工程施工及現有管線功能者。

(3) 共同管道建置：興建共同管道之目的即在提供空間容納各種民生管線，政府大力推動共同管道建設，將各種不同管線置入管道中，同時進行維修管理，節省管線協調及施工之困難度,可配合軌道交通工程施工,一起施作,節省二者分開施作之工程經費。

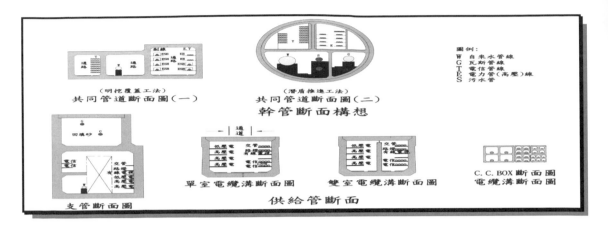

8. 交通維持

(1) 軌道交通工程在規劃階段應就施工期間基本可行之交通維持策略從增加供給面與減少需求面著手。

(2) 增加供給面可考慮削減人行道、中央分隔島及禁止路邊停車以增加可用路幅。

(3) 減少需求面則需憑藉提供改道動線以分散車流等。

(4) 此外更可利用交通管理策略:如單行道、調撥車道、號誌時制計劃,於不變更現有道路條件下,使交通資源利用達到優化。

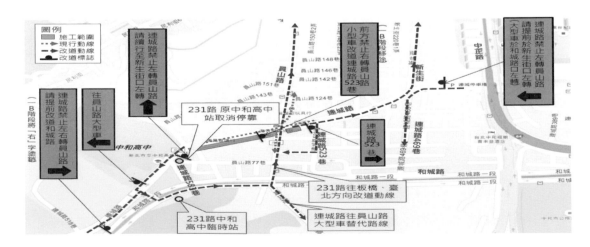

9. **排水工程：排水工程包括**

(1) 高架橋段排水：

    (a) 跨越河面上方橋面路段：橋面逕流藉由橫向路拱及路線縱坡導入橋面兩側一定距離所設置之泄水孔，直接放流入河川內。

    (b) 其餘橋面路段(含車站部分)：橋面逕流藉橫向路拱及路線縱坡導入橋面側邊泄水孔，由縱向排水管收集各泄水孔逕流後再沿橋墩而下導入橋下集水井，再排入附近排水系統設施中排放。

(2) 隧道段排水：

    隧道內之排水系統採明溝加預鑄蓋版方式，並每隔適當間距設格柵蓋版，收集隧道內之滲流水或其他水量(如進出引道段雨水、消防水、隧道洞口之飄入雨水等)，最後集中於適當地點集水坑再以抽水方式抽排至地面排水系統設施(山岳隧道則導排至洞口鄰近地面排水系統設施)。

(3) 平面段排水：

    於路線兩側沿路權邊設置截水明溝截留平面段路面之逕流水排入地面排水系統，防止其漫流至路線周邊區域。

(4) 平面或高架－隧道間交界引道段(出入土路堤段)排水

    於平面或高架段轉入地下隧道段介面處，設置橫向截水溝截留平面或高架段路面之逕流，將其截流導排入附近地面之排水設施。

(5) 地面排水復舊及改道

    規劃路線在進行高架橋墩基礎及地下隧道段開挖施工時，可能將原有地面之排水系統設施(如道路邊溝、管涵、箱涵等)破壞，須配合各施工階段布設臨時導排水路(或將其永久改道)及防災設施，避免施工中造成災害且於完工後將其復舊恢復原有排水防洪功能。

10. 供電系統

(1) 軌道交通供電系統規劃應包括：主變電站(BSS)、動力變電站(TSS)及車站變電站(SSS)。軌道交通系統自電力公司引進特高壓/高壓電源，經降壓整流成直流電，沿路軌供電給電聯車牽引動力使用。

(2) 供電系統應考量規劃操作安全性。

(3) 供電系統應考量規劃維修安全性。

(4) 供電系統應考量規劃可靠度及經濟性。

(5) 供電系統應考量規劃營運路線之電氣獨立性。

(6) 供電系統應適用於一般環境條件。

(7) 供電系統設備應標準化。

(8) 系統基本需求

(a) 供電系統上某一饋線、主變電站、牽引動力變電站或車站變電站發生故障時，不能影響整體軌道交通系統運作。

(b) 供電系統設備容量需滿足任何營運狀況下之負載。

(c) 對於軌道交通系統可能的擴充路網，供電系統可作最小之增加或調整。

(d) 電力公司無法提供電力時，軌道交通系統需提供營運維生用設備負載所需之緊急電力。

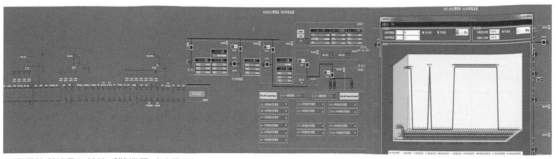

主變電站所轄各車站機房狀態圖（送電前）

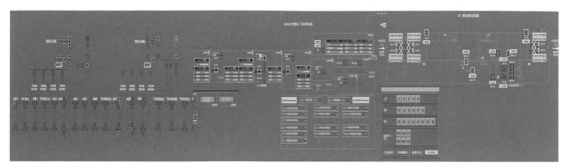

主變電站所轄各車站機房狀態圖（送電後）

11. 號誌及控制系統

(1) 號誌系統應具備兩項基本功能，一為確保各列車行駛的安全，不得有列車衝撞或出軌的情形。一為在安全條件下，經由列車進路的安排，有效運送乘客至目的地。

(2) 號誌及控制系統依據預定行程時刻表及沿線行駛現況，有效調度及行駛列車，並隨時監視緊急狀況，以便採取必要之措施。

(3) 號誌系統提供列車位置、途徑及列車辨識之資訊至車站。

(4) 號誌系統應採用「故障自趨安全」、可靠且有營運實績驗證的號誌系統。

(5) 為達高密度之行車班距(headway)，號誌系統需採自動行車控制系統(ATC)。

    (a) 列車自動防護(ATP)：使用音頻連續軌道電路或感應環軌道電路偵測列車及傳達控速指令，以保持列車間之安全行車距離，按照預定班次間隔行車。

    (b) 列車自動監視(ATS)：透過遙控數據傳輸系統，以中央電腦及狀態顯示盤，掌握全系統動態，自動完成派發車輛及設定行車途徑等作業。

(6) 號誌及控制系統，至少包含下列子系統及設施：

(a) 自動列車控制(ATC)系統。　　(e) 數據傳輸系統(DTS)。

(b) 中央行車控制(CTC)系統。　　(f) 機廠號誌設施。

(c) 車上號誌及列車控制設施。　　(g) 電源設施。

(d) 軌道旁號誌設施。

12. 通訊系統

(1) 通訊系統規劃理念：

(a) 通訊系統重要路由或設備應採雙套相互備援的原則。

(b) 通訊系統或設備容量應考慮未來的擴充性。

(c) 通訊系統應朝使用模塊化及標準化產品的原則。

(2) 通訊系統主要用於協助列車運轉控制、提供乘車資訊、處理意外事故和安全問題，以及平時之管理、維修工作。應用數據、語音及影像通訊技術，而達到各子系統間訊息之傳輸與整合功能，包括下列系統：

(a) 電話系統。　　　　　　　(e) 旅客資訊顯示系統。

(b) 閉路電視系統。　　　　　(f) 列車上通訊系統。

(c) 公共廣播系統。　　　　　(g) 傳輸系統。

(d) 無線電系統。　　　　　　(h) 其他相關設施。

13. 自動收費系統

(1) 自動收費系統除取代傳統人工收費外，更具有資料搜集、整理、統計、儲存、查詢、出入管制、設備監視及定期報表列印等功能。其系採用塑膠磁性車票可配合以管制旅客進出各車站之收費區，另也研發掃碼方式進/出站。整套系統採電腦連線作業，並分為兩階層處理：

　　(a) 車站處理系統：每一車站均設有自動驗票閘門、自動售票機、站務員售票機等設施。

　　(b) 中央處理機系統：安裝於軌道交通系統行控中心，連接到各站之車站處理系統，為一大型電腦以執行整個自動收費系統之稽核、控制與管理。

(2) 自動收費系統規劃理念與通訊系統相同：

　　(a) 自動收費系統重要路由或設備應採雙套相互備援的原則。

　　(b) 自動收費系統或設備容量應考慮未來的擴充性。

　　(c) 自動收費系統應朝使用模塊化及標準化產品的原則。

(3) 自動收費系統之系統架構包括：

　　(a) 自動驗票閘門。　　　　　　　(f) 現金點數與袋裝設備。

　　(b) 自動售票機。　　　　　　　　(g) 可攜式資料存取處理機。

　　(c) 站務員售票機。　　　　　　　(h) 車站處理系統。

　　(d) 加值機。　　　　　　　　　　(i) 中央處理系統。

　　(e) 查詢機。　　　　　　　　　　(j) 集中式之車票編碼與分類設備。

14. 月臺門系統

(1) 月臺門系統安裝在車站站臺邊緣將行車的軌道區與站臺候車區隔開，設有與列車門相對應並可多級控制開閉的滑動門的連續屏障。門頂端與天花板相接的稱作月臺門

(platform screen doors，PSDs)，有一定空隙的稱作全高安全門(platform edge doors，PEDs)，一般高度均大於 2 公尺，而低於 2 公尺的稱為低安全門。

(2) 月臺門主要目的為：

    (a) 安全理由，防止墜軌自殺或因人潮眾多發生墜軌意外。

    (b) 降低風力，防止活塞效應拉扯乘客跌倒。

    (c) 節約能源，防止月臺空調流失及保持月臺溫度。

    (d) 提升安全，限制進入軌道區域。

    (e) 減少垃圾，防止乘客將垃圾丟進軌道，降低火災風險。

    (f) 降低成本，當月臺門與號誌系統配合，可減少人力資源。

    (g) 降低噪音，如列車與軌道磨擦之噪音。

15. 車輛系統：車輛系統規劃應包括

(1) 營運考慮：依據目標年單向站間最大預測客流量，規劃車站長度及車輛長度及大小。

(2) 主要技術特性：軌道交通車輛之工程規劃須包括車輛本身之需求、車輛與其他系統、乘客、操作維修人員等之介面需求。

    (a) 除性能需求與人車介面之外，相關設備、材料應依區域之地理天候條件狀況妥善規劃。

    (b) 採用碟式摩擦煞車系統，並具再生發電功能及載重偵測功能，另需配備駐車煞車裝置。

    (c) 車廂窗戶之材質及顏色，須考量空調耗能，安全性、耐久性及防刮性。

    (d) 車廂地板高度約為 1 至 1.1 公尺，車站須據以設計月臺高度。

    (e) 車門之數量與尺寸，應考量車廂座立位容量及進出車廂之時間。

(3) 推進系統：交流推進設備具有較大動力式電力煞車功能，再生電力亦可輕易的連接輔助負載或經由供電系統送回鄰近列車，可降低機械式煞車系統之需求。

(4) 車體結構：車體結構考量耐用性及天候條件狀況，可採用不同鋼材。

(5) 強度需求：包括車體結構，轉向架、車門、座椅、內裝等必須能承受所有載重條件下之應力，而不產生永久變形或失敗。在正常動態與靜態負載及運轉條件下，車體結構之任何彈性變形均不可損及系統功能。

(6) 材料：車輛材料須爲足以承受規定載重的輕量材質，且須易於組合及使用傳統加工法修理。具有防蝕性，以及多重供應來源。

(7) 環境需求：在區域之地理天候條件下，所有車輛設備及元件必須能安全可靠的連續運轉而不損壞。

16. 路網建設順序與營運以及軌道交通與地面交通銜接設計

(1) 軌道交通系統路網建設順序可分爲全面建設及分階段分期建設兩種，視客流量需求、工程困難度、用地、都市發展、政府財政狀況等進行路網建設。

(2) 軌道交通系統營運方式可分爲成立營運公司及委託營運兩種。

(3) 軌道交通系統與地面交通銜接包括與其他軌道系統銜接及旅客銜接轉乘(公車、自行車、計程車、接送轉乘 kiss&ride、步行)，相關銜接轉乘請參見第十九章軌道交通轉運站規劃設計。

14.5　軌道交通系統路線和車站設計

1. 軌道交通系統路線

(1) 路線走向

　　不同軌道交通系統路線走向取決於車輛大小、轉彎半徑、與坡度線形上之要求、車站長度、車輛加減速與煞車能力、工程困難度、用地等，相關地鐵系統之工程設計準則可參考如表，惟仍須視所選定的系統技術型式而定。

(2) 路線平縱斷面設計包括：

(a) 設計速度。 (d) 軌道。

(b) 最小曲線半徑。 (e) 車站及機廠。

(c) 直線最大坡度。

	項　目			設計參考值	
1	軌距	(公厘)		1435	
2	設計速度	(公里/小時)		80	
3	最小曲線半徑 R	(公尺)		*35	*(30)
4	圓曲線最短長度	(公尺)		15	(0)
5	圓曲線最短直線長度	(公尺)		15	(0)
6	介曲線型式			克羅梭曲線	
7	最短介曲線長度：	(公尺)		8 公尺(min)	
	依最大超高度 L1			$Ls = 5.74 \times e$	
	依最大超高變化率 L2			$Ls = 0.258 \times V \times e$	
	依最大超高不足量變化率 L3			$Ls = 3.44 \times V \times U$	
8	最大超高 C			10%	
9	最大超高不足量 Cd			5%	
10	直線最大坡度	隧道	(0 / 00)	60	(70)
		車站及機廠		0	(5)
11	隧道最小坡度	(0 / 00)		3	
12	最小豎曲線半徑	(公尺)		3000	(1200)
13	跨越公共道路之永久軌道設施底下至少保持 5 公尺之垂直淨空				
14	跨越軌道設施之永久橋梁，其下緣與軌道面至少保持 4.5 公尺之垂直淨空				

註 括弧(　)內數字表示受地形條件限制時所採用之臨界值
 ＊：當設計速度為 25 公里/小時之設計參考值(最小曲線半徑 R)
　　Ls：緩和曲線之長度　　　　　V：設計速率(公尺/秒)
　　e：選用之超高(%)　　　　　　U：不平衡加速度(公尺/秒²)

2. **軌道交通系統車站設計**

(1) 軌道交通系統車站的數量及分布依運量之不同而有不同之站距及站臺長度，請參見下表：

項目/等級		高運量地鐵	大運量地鐵	中運量輕軌	次中運量輕軌	低運量輕軌
站台	平均站距(m)	800~1500	800~1200	600~1000	600~1000	600~800
	站臺長度(m)	200	200	120	<100	<60
	站臺高低	高	高	高	低(高)	低

(2) 軌道交通系統車站建造型式可分為

   (a) 地下車站。

   (b) 高架車站。

   (c) 地面車站。

(3) 軌道交通系統車站月臺型式有三種

   (a) 側式月臺：站臺在兩側，軌道位於中間的站臺型態。

   (b) 島式月臺：為站臺在中間，軌道位於兩側的一種站臺形式。

   (c) 疊式月臺：站臺因道路限制，分別位於上下二層。

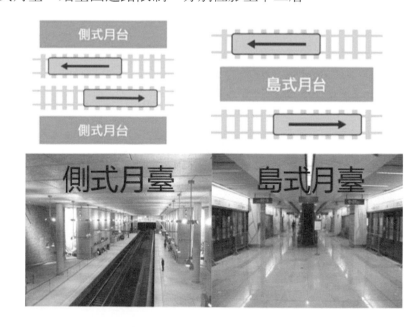

(4) 軌道交通系統車站的站體設計須包括：

    (a) 車站平面概念規劃。

    (b) 車站客流量及相關設施量分析。

    (c) 轉乘設施估算量及建議用地大小。

    (d) 車站站體、出入口、變電、通訊、號誌機房設施及相關設施所需用地範圍。

    (e) 車站周邊土地使用狀況與其他路線轉乘車站規劃。

    (f) 設施用地取得方式。

    (g) 機廠區位、配置、用地需求範圍，應一並考慮是否辦理土地開發、與周邊現有道路通行功能之需求。

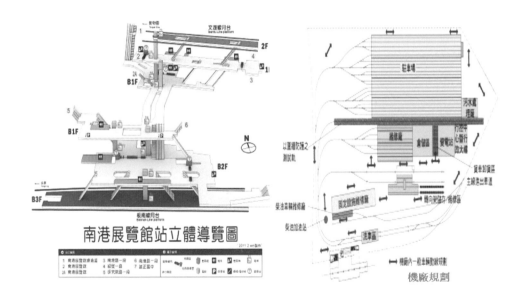

14.6 軌道交通轉運規劃與設計

1. 都市地區轉運點規劃

    軌道交通轉運系指具有提供主要大眾運輸服務路線停靠且提供多種運具服務或設施之車站，大眾運輸系統連接便是所謂轉運站或轉乘站。

2. 軌道交通轉運站為滿足乘客轉乘之需要，必須提供不同運具轉乘介面之軟硬體設施

    (1) 硬體設施：轉乘臨停與轉乘停車系統、人行系統、無障礙系統。

    (2) 軟體設施：導示系統、轉乘資訊系統。

3. 轉運客流分析

　　在進行軌道交通轉運規劃與設計時，應先就各運具間(軌道、公車 、自行車、步行等)轉乘客流及非轉乘客流比例分析，以確認轉乘空間及轉運用地之大小。

4. 轉運站用地分析：在進行軌道交通轉運站規劃設計前，首先應對於轉運站用地進行分析，轉運站用地之大小主要取決於客流量、轉乘設施量及車站開發量，客流量越大，轉運站之用地越大；轉乘其他大眾運輸系統設施量之需求，也決定轉運站之用地大小；同時車站開發量大小也會決定轉運站之用地。

5. 轉運站不同型式協調：軌道交通轉運站可分為兩種不同型式，分別為主運具車站位於相同大樓內，可在付費區轉乘及非付費區轉乘；另一種為相鄰的主運具車站，也可在付費區轉乘及非付費區轉乘。

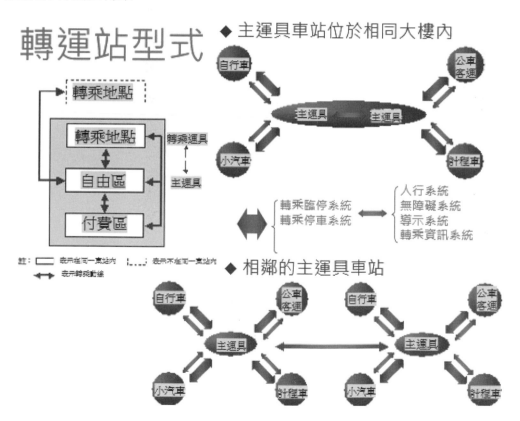

5. 軌道轉運站配置型式

　(1) 轉運站有兩條或兩條以上之軌道路線經過，旅客可經由其中一條路線轉至其他路線。

　(2) 轉運站月臺及穿堂層之布設將可提供旅客轉乘功能。

　(3) 因軌道路線交會的方向不同，可分為平行交會站或非平行交會站(T 接或十字接)。

　(4) 轉乘轉運站的布設相當複雜，且轉乘旅客將大量地於站內流動，因此需就路線方向及不同月臺型式間的選擇特別考慮，以增加其轉乘之便利性及縮短轉乘動線長度。

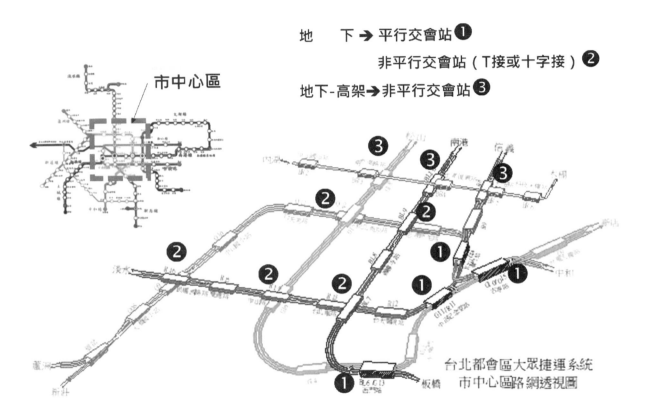

臺北市中心區捷運轉乘交會站(12處)示意圖

地下非平行交會車站-淡水線與松山線中山站交會轉乘　　平行交會車站-新莊線及信義線東門站

高架與地下交會-文湖線與松山線南京復興站交會轉乘　　捷運與台鐵(非捷運路網)交會轉乘--松山站

14.7 公共運輸系統整合計畫

　　公共運輸系統整合計畫，包括地面交通、都市間交通等，具體包括車站周邊其他交通方式站點布設及設計。

　　公共運輸系統整合計畫主要為路網規劃，如何加強軌道交通系統與其他交通方式銜接設計，應從路網規劃硬體及軟體設施著眼。

1. 加強不同大眾運輸路網之整合

依區域周邊大眾運輸特性、區域活動關係、民眾使用方式，預先建立合理之大眾運輸路網，讓民眾能行的方便，亦能安全到達目的地為主之大眾運輸路網整合，「以軌道為綱，公車為網」之整合路網分工服務概念，構建出綿密的大眾運輸路網。

2. 提升大眾運輸系統服務速率及可靠度

若大眾運輸提升其可及性(door to door service)及資訊透明性，即透過網站、手機軟體或電話語音等方式，使搭乘民眾即時接收到大眾運輸系統之相關資訊，使民眾可以掌握其行程安排，藉此提高民眾搭乘意願，另外大眾運輸系統之服務速率亦必須保有與私人運具競爭之能力。為要達到提升大眾運輸系統服務速率與可靠度，大眾運輸系統須朝向無縫交通方向努力，如有效率主幹線加上良好人性化之轉乘系統，加上即時大眾運輸動態系統等內容，提高搭乘品質，吸引更多使用者。

3. 擴大轉乘系統建置

在擴大轉乘系統建置方面，應以軌道交通車站或重要轉乘轉運節點為中心，放射狀向外擴散服務範圍，發展規劃完整之轉乘系統。除了建立大眾運輸轉乘系統外，並應吸納計程車、自行車及行人，甚至是私人運具，成為多元轉乘系統之一環。同時對於如何強化相關交通管理配套措施，如：檢討規劃同步實施汽車管理政策及一定路線長度內客流以自行車取代等方式。

4. 軌道交通系統與其他交通方式銜接設計包括

(1) 人行動線：考慮人行動線之安全、順暢及無障礙。

(2) 公車/客運：轉乘臨停上下客設施、轉乘停車設施。

(3) 旅遊車：轉乘臨停上下客設施、轉乘停車設施。

(4) 計程車及網約車：轉乘臨停上下客區、計程車及網約車排班區。

(5) 私人運具接送：小汽車及機車轉乘臨停上下客區。

(6) 私人運具停車：自行車、小汽車及機車轉乘停車場。

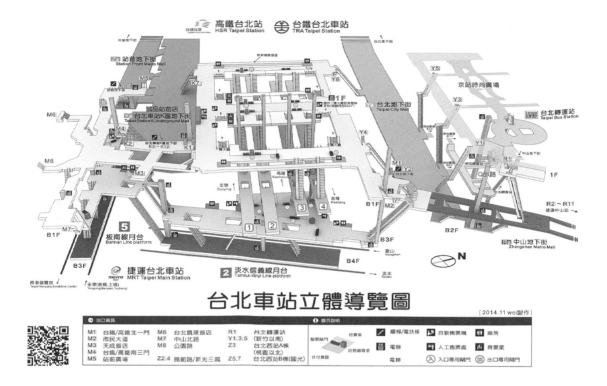

台北車站立體導覽圖

[2014.11 wei製作]

出口資訊						圖例說明					
M1	台鐵/高鐵北一門	M6	台北凱薩飯店	R1	台北轉運站			樓梯/電扶梯		自動售票機	廁所
M2	市民大道	M7	中山北路	Y1.3.5	(新竹以南)	收費閘門	付費區	電梯		人工售票處	育嬰室
M3	天成飯店	M8	公園路	Z3	台北西站A棟	站務諮詢室	非付費區				
M4	台鐵/高鐵南三門				(桃園以北)			電梯		入口專用閘門	
M5	站前廣場	Z2.4	館前路/新光三越	Z5.7	台北西站B棟(國光)					出口專用閘門	

14.8 軌道交通系統安全防護設計

1. 軌道交通系統安全防護設計

軌道交通系統安全防護設計應依災害發生之預防、災害發生時之控制及災害發生後之緊急搶救三個階段分別予以考慮，以構建完整性之軌道系統防災與應變措施。

2. 地震防護

(1) 耐震設計考慮：

  (a) 耐震性能設計。

  (b) 結構系統優化。

  (c) 結構體輕量化。

(2) 耐震設計基本原則，系確保設計建築及橋梁主結構體在發生中小地震時(約30年回歸期)能保持在彈性限度內；發生設計地震時(約 475 年回歸期)容許

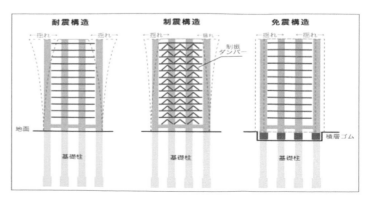

產生塑性變形及一些韌性損壞，但仍可修復；發生最大考慮地震時(約 2500 年回歸期)容許產生極限塑性變形，但不得產生建築物倒塌、橋梁落橋或崩塌等致命性的損壞(最終仍依國家標準)。

(3) 提升施工階段之耐震考慮，以降低施工階段之地震災害。

3. 防火災規劃

(1) 防火材料：採用防火並耐高溫之材料做為車站之結構與裝修材料，除不易燃、不助燃外，高溫時亦不得釋放有毒氣體。

(2) 防火區劃：防火區劃旨在將車站內部分隔成小部份，以阻隔火災之漫延，俾利於人員逃生及救災滅火。

(3) 防煙區劃：為遲滯煙霧之擴散並提高旅客、工作人員逃生疏散之安全性，地下軌道車站設有防煙區劃，並利用緊急電源以機械排煙方式從排煙口及排煙風管作強制排煙。

(4) 火警區劃：除了樓梯間及電梯間外，每一個火警分區不能超過一層樓，或者面積不能超過 500 平方公尺。

4. 火災防護包括

(1) 火源使用計畫。
(2) 火災早期感知通報計畫。
(3) 初期滅火計畫。
(4) 火災延燒擴大防止計畫。
(5) 煙流控制計畫。
(6) 緊急疏散標示。
(7) 火災避難計畫。
(8) 災害防救與通報。

5. 防洪工程

(1) 防洪工程應進行基本資料調查，包括水文、氣象、河川水系、雨水下水道系統及灌排水路等，並調查歷年暴雨頻率等資訊以供作規劃設計之參考。並搜集近年來易淹水區域及淹水潛勢等相關資料，以作為未來防洪及排水設計之依據。

(2) 防洪防災重點首在有效地防止地面洪水逕流灌入地下隧道段或車站，確保地下隧道及車站本身不為暴雨洪災所害。最有效益之防洪措施則為加高出入口等結構開口高程至所需之防洪高程(臺北捷運為 200 年洪水位加 110 公分)要求或設置防洪閘門、水密門等防洪措施。

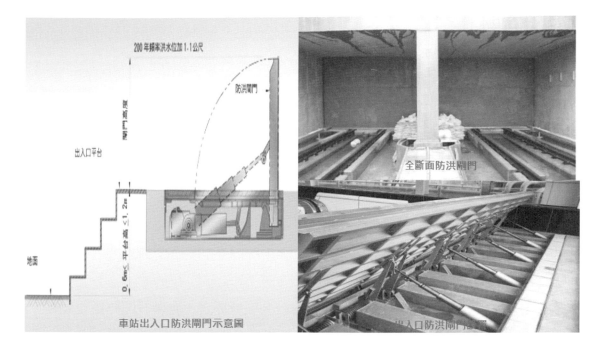

車站出入口防洪閘門示意圖　　　　出入口防洪閘門施置

6. 雜散電流防護

(1) 通常直流鋼軌鋼輪系統產生雜散電流
的原因為負回流經車行鋼軌與負回流
電纜流回牽引動力變電站負極端時，鋼
軌因自身的電阻流通牽引負回流而於
其上產生壓降，鋼軌與大地間不可能完
全絕緣，故有部份負回流從路線各處的
鋼軌泄漏至大地，並進入軌道附近電阻
較低的傳導途徑(例如軌床下的結構鋼
筋或軌道鄰近的金屬結構物)，最後直

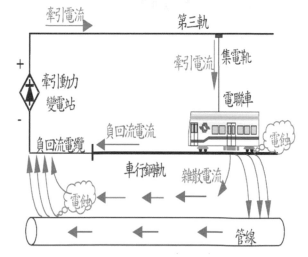

接或再經大地回流至變電站，此即為雜散電
流，雜散電流將會到處流竄，會對附近之金
屬結構物引起腐蝕現象。

(2) 防止雜散電流之措施及方法

    (a) 鋼軌下方利用軌床之結構鋼筋做為雜散
電流搜集網(Stray Current Collector Mats

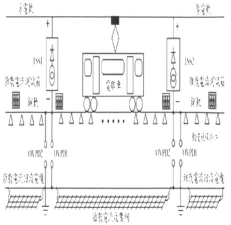

簡稱 SCCM)來搜集雜散電流,以避免流過地下金屬管或結構鋼筋而產生腐蝕。

(b) 高導電度之牽引供電回路系統。

(c) 軌道與周圍結構之有效絕緣。

(d) 適當足夠之接地系統。

(e) 變電站之負極排電系統及雜散電流監測。

7. **軌道交通營運中安全對策與應急措施**

(1) 車站內安全

(a) 車站區域:區域內應設置警告、禁制及危險防護標誌及設施,並加強站務員訓練及嚴格要求保全措施,以保障車站內安全。

(b) 對現場狀況之掌握:在車站、月臺等公共區域周邊,應裝設閉路電視鏡頭,由行控中心及車站站務室(PAO)藉以監視、掌握車站全區之狀況。

(c) 月臺門:應考置月臺門或其他設施,避免自殺事件產生及旅客掉落月臺或進入列車行駛區域而發生危險。

(d) 月臺端牆門:為防止乘客由月臺端牆門侵入軌道區,該端牆門應設計嚴密的安全措施,禁止任何人隨意進出。若發現月臺端牆門開啟,為避免有人進入軌道區,列車將暫停行駛,直至確認無違規進入後,再恢復運轉。

(e) 指定候車區:為維護乘客之生命財物安全,特別是針對深夜離峰時段之婦女乘客,考慮在月臺上明顯規劃一個「指定候車區」(Designated Waiting Area,DWA),裝置相關監視系統。

(f) 其他安全設施:其他安全設施包括列車進出站警告、避難空間、緊急按鈕、緊急通話器、急救器材、緊急逃生途徑指示、緊急逃生樓梯、緊急照明設備、電梯/電扶梯緊急停機鈕、火災蔓延抑制設施(劃設消防區)、煙霧擴散抑制設施(防煙垂直壁)、緊急排煙設備及消防設備等。

(2) 列車上安全

當列車發生事故時,原則上將應優先讓乘客留在車上,司機員會讓列車行駛至下一個車站再疏散乘客。若不得已須在軌道上進行乘客疏散,則必須由營運公司人員引導下,才能進行。

(3) 列車上安全觀念與措施

   (a) 車體結構：車體結構應符合國際標準，以免防止乘客及司機員受到傷害。

   (b) 車體內裝：所有用於車體內裝之設備，均使用符合隔音、隔熱、防水、防火等要求之不燃材料。

   (c) 車門開關連鎖裝置：每一車門應設有車門開關傳感器，以偵測車門之開/關狀態，並連線至駕駛室，以供司機員監視所有車門狀態。當車門未完全關閉時，連鎖裝置將防止司機員徑行行駛列車。

   (d) 緊急照明：車上應有備用電池將作為緊急照明。

   (e) 車門緊急開關：在車廂的側門外裝有緊急開設拉杆，於緊急狀況時，自車廂外可以手動打開拉杆以開啟車門逃生，或從事救援。

   (f) 緊急逃生門：在駕駛室車輛的前端裝有緊急逃生門供車上乘客疏散。

   (g) 其他安全設施：列車內其他安全設施包括車內廣播系統、扶手及拉環、安全警示牌、防滑地板、隔離供電軌供電之設備、緊急通風設備、火警與消防設備、急救器材等。

(4) 沿線安全

   (a) 路線安全檢查：每日開始營運前，應有巡軌列車先行檢查正線軌道。

   (b) 安全監測設施：依所經過之地形，設置所需之安全監測設施，包括隧道段水位監測、地震監測、風速監測、沼氣監測、沈陷觀測點、土壤傾斜變位監測、土地滑動監測等設施。

   (c) 其他安全設施：沿在線其他安全設施另包括緊急斷電開關、緊急逃生走道、緊急照明系統、緊急通風系統、路線隔離柵欄、緊急通話系統及消防設備等。

(5) 緊急狀況處理

   (a) 車站人潮管制。

   (b) 車站旅客疏散。

   (c) 列車旅客疏散。

   (d) 列車出軌或碰撞。

   (e) 軌道受阻。

   (f) 軌道區內遭非法侵入事件。

   (g) 人員傷亡事件。

   (h) 火災。

   (i) 地震。

   (j) 積水。

   (k) 惡劣的天候。

   (l) 爆裂物威脅。

14.9 軌道交通系統營運規劃

1. 營運班次及時段分析

(1) 營運班次分析

營運班次分析乃依據客流量分析之站間客流量結果，及所選定之車輛型式與編組方式，推估目標年各種營運情境所需的列車營運班次數。營運班次數將以滿足尖峰站間最大乘載量為原則，其推估方式如下：

$$F = \frac{MAXL}{(C \times a)}$$

MAXL：站間最大乘載量　　　C：列車容量　　　a：乘載率。

(2) 營運時段分析

以臺北捷運系統為例，各路線端點發車大約都維持在 6：00 左右發出首班車，而末班車從端點發車時間為 24：00。

2. 列車組數推估

列車組數之推估主要依據目標年之營運需求、營運路線長度與列車行駛時間等，並考量維修與備用車輛，推估足夠營運調度的車輛數。營運所需列車組數與列車行駛時間、列車整備調度時間及營運班距有關，估算方式如下：

$$N = 2 \times \frac{(T + t)}{h}$$

其中，N：列車組數　　　T：列車行駛時間　　　t：列車回車時間，取3～5分鐘　　　h：班距

3. 相關基本假設參數

研擬列車服務計畫乃基於下列前提：

(1) 車輛型式：依據選定軌道交通系統之編組方式，決定每列車容量與車輛型式。

(2) 營運速度：依據選定之軌道交通系統決定列車平均營運速度。

(3) 回車時間：一般而言，軌道交通系統路線兩端點之列車回車時間約 3～5 分。

(4) 軌道交通系統備用列車數：軌道交通系統所需備用列車數為系統路線上所需列車總數之 10%，若經費允許，也可調整為 15%。

4. 軌道交通系統列車營運規劃案例

(1) 發車班距

假設目標年尖峰小時站間最大客流量，若為 19,500 人次/小時，每列車最大載客量以 AW3(每平方公尺 6 人)計算，車輛最大載客量 670 人，為滿足此一客流量需求，尖峰所需之發車班次與班距計算如下：

$$F = \frac{19,500}{670} = 29.1$$，取 30，即尖峰小時發車 30 班，發車班距為 2 分鐘。

離峰站間最大客流量約 6,501 人次/小時，為滿足此一客流量需求，離峰所需之發車班次計算如下：

$$F = \frac{6,501}{670} = 9.7$$，取 10，即離峰小時發車 10 班，發車班距為 6 分鐘。

(2) 所需列車數

列車營運長度為 40km，列車平均行駛速率為 30km/hr(含車站停靠)，行駛時間預估約為 80 分鐘，所需列車組數估算如下：

$$N = 2 \times \frac{(80+3)}{2} = 83$$，另考慮 10%之維修備用率，路線營運所需之列車組數為 92 組。

14.10 軌道交通系統用地取得與土地開發

1. 用地選擇原則

(1) 優先利用公共土地

國內雖為土地公有制，但除已開闢或管理機關已有明確使用計畫外，在用地選擇時應優先考慮使用公共土地，以減少用地取得及拆遷成本，且可活化公有土地之使用效益。

(2) 利用原有公共設施用地

公共設施用地原屬公眾使用性質，因此，使用或取得土地之爭議性較低。因施工需要，可使用河川、溝渠、涵洞、堤防、道路、公園及其他公共使用之土地。公共設施用地如原本屬低度使用，或提供軌道交通系統使用不致減損原公共設施之使用目的及效益(如：道路用地等)，應列入優先考量。

(3) 利用尚未開發、低度使用之土地

　　為降低開發衝擊與土地取得及拆遷之費用，應儘量利用尚未開發及低度利用之土地，亦能增進土地利用效能，引導地區良性發展。

(4) 整合相關建設計畫及沿線土地開發

　　軌道交通系統路線、車站、出入口及通道等設施，可考量與毗鄰之相關建設計畫共用或共構，或與其他相關發展計畫共同進行規劃配置考量，並在未來進行軌道交通建設時能與周邊土地使用進行整合，如場站土地開發、都市更新再造、工業區轉型計畫等，以達成利用大眾運輸導向策略(Transit-Oriented Development， TOD)誘導沿線土地開發之目標。

(5) 配合未來發展及擴充可能

　　軌道交通系統路線、車站、出入口及通道等設施用地勘選上，應考量未來發展及擴充之可能性，在沿線土地開發尚未開發前，先取得所需用地，同時考量「事業所必須者」及「損失最少」等原則，待周邊發展成熟後，再進行車站土地開發之評估，如地主或投資人提出新增或變更出入口之車站土地開發計畫。

2. **軌道交通系統土地開發可劃分為四種不同的開發類型進行土地開發**

(1) 軌道交通車站單獨土地開發：軌道交通車站主體(如穿堂層及出入口之用地)或車站相關設施(如車站之通風口或變電站)或 P+R 土地上下方立體多目標之開發使用。此種土開方式基地約在 $1,000m^2$ 至 $5,000m^2$ 左右，其中以 $2,000m^2$ 至 $3,000m^2$ 規模之基地為最多。

(2) 軌道交通車站與鄰接土地共同開發：軌道交通車站及周邊鄰接土地，以整體開發模式進行。

(3) 軌道交通車站鄰近周邊土地開發：軌道交通車站影響範圍內(一般約軌道交通車站距離 500 公尺之步行可容忍距離至 0.5 哩(800 公尺)範圍)的基地開發。

(4) 軌道交通車站廊帶開發：軌道交通車站沿線聯合開發，形成多點多線區域廊帶開發，區域大小視需求及條件而定，但須考慮交通配套措施及交通乘載力。

14.11 軌道交通系統環境影響評估

1. 根據環保署「開發行爲應實施環境影響評估細目及範圍認定標準」第 7 條第 1 項第 1 款之規定大眾捷運系統興建工程應實環境影響評估，軌道交通系統環境影響評估在規劃時應對於施工階段及營運階段皆提出分析及減輕對策。

2. 軌道交通系統主要環境問題包括施工期的揚塵、噪音、污水、占道施工等影響；營運期的噪音、振動、車站及機廠污水、固體廢棄物、變電站電磁輻射的影響。其環境影響的主要特點爲營運期的振動、噪音影響。

3. 評估內容主要包括

   (1) 空氣品質。   (4) 廢棄物。

   (2) 河川水文水質。   (5) 文化資產。

   (3) 噪音振動。   (6) 生態。

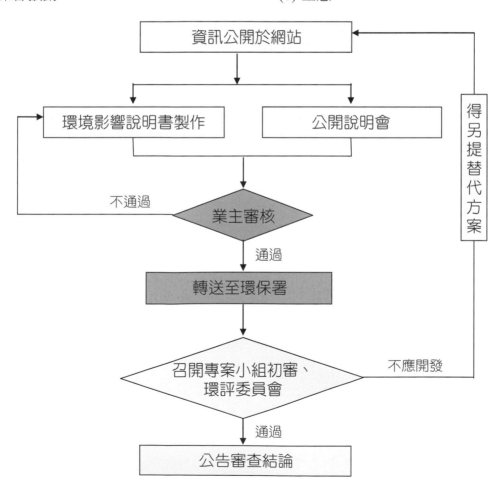

14.12 軌道交通系統經濟效益評估

軌道交通系統經濟效益評估系就公共建設投資計畫所引發之成本與效益，就整體社會資源運用之觀點加以比較之，評定建設投資計畫在經濟上是否具可行性。經濟效益評估與財務評估不同之處，在於財務評估著重建設投資計畫實際之現金支出及收入，而經濟效益評估則著重於資源之耗用與節省，二者就效益考量方向不同。

軌道交通系統經濟效益採用成本效益分析法，該方法是經濟效益評估應用最廣之方法，其精神在將建設投資計畫所引發之成本及效益計畫予以貨幣化並進行比較。成本效益分析法之評估指標採用以下三種：

1. 淨現值(Net Present Value，NPV)

淨現值乃未來年效益折現之總值減去成本折現之總值，若淨現值為正，則表示該投資計畫在經濟上可行。計算公式如下：

$$NPV = \sum_{t=1}^{N} \frac{(R_t - C_t)}{(1+i)^t}$$

R_t：第 t 年之效益值　　　C_t：第 t 年之成本值　　　i：折現率　　　N：評估年期

2. 益本比(Benefit-Cost Ratio，B/C)

益本比是採用總效益現值與總成本現值之比做為評估之依據，若該比值大於1，則表示該投資計畫在經濟上可行，計算公式如下：

$$\frac{R}{C} = \frac{\sum_{t=1}^{N} \frac{R_t}{(1+i)^t}}{\sum_{t=1}^{N} \frac{C_t}{(1+i)^t}}$$

R_t：第 t 年之效益值　　　C_t：第 t 年之成本值　　　i：折現率　　　N：評估年期

3. **內生報酬率(Internal Rate of Return，IRR)**

內生報酬率之定義為使投資計畫總效益現值等於總成本現值之折現率，亦即使淨現值為零的折現率，其求算方法為解下式之 r 值：

$$\sum_{t=0}^{T} \frac{R_t - C_t}{(1+r)^t} = 0$$

R_t：第 t 年之效益值　　C_t：第 t 年之成本值　　r：內生報酬率　　T：評估年期

內生報酬率為投資計畫獲利能力之指標，若其值大於政府投資的邊際報酬率則投資計畫可行，政府投資邊際報酬率即所謂政府資金的機會成本。政府資金的機會成本大小端視資金來源對民間投資與消費的影響，若整體社會資源在充分利用的情況下，則對民間投資與消費有等額的排擠效果；若資源有閒置情況，資金的機會成本則較小。

14.13 軌道交通系統財務計畫及民間參與投資(PPP)可行性分析

1. **軌道交通系統成本收益分析**

(1) 興建成本預估與分析

在興建成本方面，分為用地取得、拆遷補償費及工程建造費二大項，工程建造費包括：

(a) 工程建造費：各工程計畫單價包括工地工程費、施工設備費及工地費用、設計費、承包商利潤、保險及管理費、加值營業稅等。

(b) 間接工程成本：包括行政管理費、工程管理及監造費、空氣污染防治費及環境監測費等。

(c) 工程預備費：為彌補規劃設計期間因所搜集引用資料之精度、品質和數量不足部分、或無法預期事件狀況等估列工程預備費。

(d) 物價調整費：依工程性質需要或相關法規規定，酌予考慮編列必要之物價調整費。

(2) 營運及維修成本

營運及維修成本系針對軌道交通系統營運期間，維持正常營運所應花費之員工薪資、能源消耗、行政及管理費用、設備及車輛維修、重置成本等成本。

(3) 收益分析

軌道交通系統收益包括票價收入、附屬事業收入、周邊土地開發效益。

2. 財務效益分析

軌道交通系統財務效益分析包括自償率、經營比及投資效益(含淨現值、內部報酬率及回收年期)。

(1) 自償能力系指營運評估年期內各年現金淨流入現值總額,除以軌道交通建設工程興建評估年期內所有工程建設經費各年現金流出現值總額之比例,自償率＞1 時,表示該軌道交通建設具完全自償能力,亦即該軌道交通建設所投入的建設成本可完全由淨營運收入回收之;1＞自償率＞0 時表示該軌道交通建設不具有完全自償能力,需政府投入資金以挹助軌道交通建設之經費;自償率＜0 時則表該軌道交通建設完全不具自償能力,亦即該軌道交通建設之營運淨收益為負值,如此是否仍執行該軌道交通建設則需視其他可行性分析或政策需要而定。

(2) 經營比代表軌道交通系統營運時收入與支出之比值,收入為票箱收入、附屬事業收入,支出為正常營運所應花費之員工薪資、能源消耗、行政及管理費用、設備及車輛維修、重置成本等成本,經營比大於 1 時,表示該軌道交通建設可永續營運,若經營比小於 1 時,表示該軌道交通建設無法持續營運,呈虧損狀況。

(3) 投資效益:投資效益包括淨現值、內部報酬率及回收年期,淨現值為正值,內部報酬率達到設定要求邊際報酬率,且回收年期能在一定期限內快速回收,即軌道交通建設財務計畫可行。

3. 敏感性分析及風險管理

針對影響軌道交通建設的重大參數進行敏感性分析,以瞭解參數變動對軌道交通建設效益的影響程度,並藉由評估這些變動擬定風險控管計劃。

4. 民間參與可行性評估

以營運者觀點,探討軌道交通建設成本與營運收支等計畫,預測目標年因軌道交通建設投入資金、軌道交通系統營運開支、軌道交通系統土地開發及軌道交通系統營運各項收入的財務現金流量,以瞭解軌道交通系統本身的財務自足能力與軌道交通系統營運之財務績效,作為建設財源籌措與營運資金調度規劃之基礎,進行民間參與可行性評估。

14.14 軌道交通系統風險評估

1. 軌道交通工程規劃階段應訂定風險管理機制，以確認後續軌道工程執行永續性。

2. 為了能達成有效的風險管理，政府部門在進行策略規劃、管理與決策時，首先皆須將風險納入考慮，其次則是檢視組織內部營運環境，最後則是規劃如何將風險管理並入組織內治理之一環。

3. 風險架構之建立，主要可透過 5 項要素組合

   (1) 風險管理政策與目標。

   (2) 權責區分。

   (3) 風險管理之整合。

   (4) 檢視與評估。

   (5) 風險管理文化。

4. 風險管理步驟

   (1) 定義計劃或活動，並訂定其目標。

   (2) 界定計劃的時間範圍及空間範圍。

   (3) 明定任何必要的分析及其範圍、目標與所需的資源。

   (4) 明定所執行的風險管理活動的範圍及內容。

   (5) 在執行風險管理時，機關內各個部門所扮演的角色及所負的責任。

   (6) 風險管理計畫與其他計畫或機關內其他部門之間的關係。

Chapter15

軌道交通土建、軌道及供電系統工程設計概論

15.1 軌道交通土建工程設計

軌道交通土建工程設計內容包括路線工程、車站站體、車站建築裝修及車站機電設施。其中路線工程涵蓋大地工程、地下車站與隧道工程、橋梁工程、排水及防洪工程、管線工程、交通維持；車站站體涵蓋車站建造及功能型式、車站布設、旅客輸運、車站設計、乘客設施、通風井、維修通路、轉乘方式、公共區之疏散、火災自動報警(FAS)及處理、調車場設施；車站建築裝修涵蓋建築型式與設計、裝修及配件、門、隔間牆及窗、衛生設備、基地配置及景觀工程、建築物維修、機廠及行政大樓／行控中心；車站機電設施涵蓋電氣、機械、環境控制系統(BAS)、電扶梯及電梯。

15.1.1 軌道交通路線工程設計

1. 軌道交通大地工程設計

(1) 軌道交通路線地質及水文勘查：在進行軌道交通大地工程設計前，首先先進行軌道交通路線地質及水文勘查，瞭解沿線地質狀況，作爲大地工程設計時之依據，地質及水文調查包括沿線土壤地層調查及地質鑽探，以確認土壤性質是否與實際地質狀況一致。

(2) 土壤基本物理性質：土壤基本物理性質包括砂石層、卵礫石層、粘土層、岩土層等，各種不同土壤性質所使用之大地工程技術皆有所不同。

(3) 土壤強度參數：各種不同土壤性質，其土壤強度參數皆不同，同時也會造成軌道交通大地工程設計使用之形式及工法皆不同。

(4) 軌道交通大地工程設計主要是針對高架橋梁基礎，地下隧道之設計、施工工法及岩盤穩定，高架及地下車站之地基基礎以及站體開挖擋土結構，天然邊坡人工邊坡穩定性、周邊建物保護、監測環境保護等實施大地工程設計。

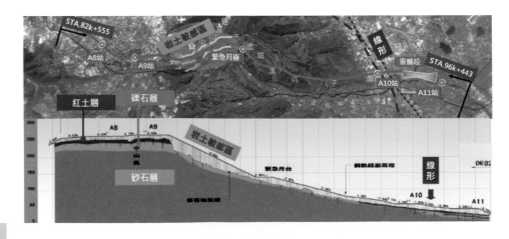

2. 軌道交通地下車站及隧道工程設計

　　軌道交通地下車站設計工法主要為明挖工法、明挖覆蓋工法，隧道工程設計工法除明挖工法，還包括鑽爆工法、潛盾工法、淺埋暗挖工法、掘進機工法、頂管工法、新奧工法等。

(1) 地下車站設計工法

　　(a) 明挖工法：明挖工法是先從地表面向下開挖基坑至設計標高，然後在基坑內的預定位置由下而上建造主體結構及其防水措施，最後回填土並恢復路面。

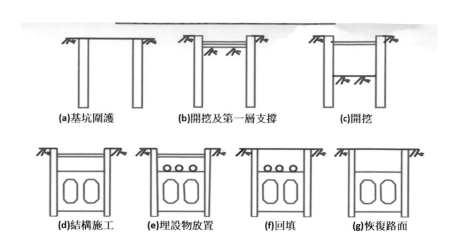

(a)基坑圍護　　(b)開挖及第一層支撐　　(c)開挖
(d)結構施工　　(e)埋設物放置　　(f)回填　　(g)恢復路面

　　(b) 明挖覆蓋工法：明挖覆蓋工法分為明挖覆蓋順打工法及明挖覆蓋逆作工法。

　　在既有道路上先完成周邊圍護擋土結構及設置在擋土結構上代替原地表路面的縱橫梁和路面板(連續壁及覆蓋板)，在此遮蓋下由上而下分層開挖基坑至設計標高，再依序由下而上施工結構物，最後覆土恢復為明挖覆蓋順打工法；反之先行構築頂板並恢復交通，再由上而下施工結構物爲明挖覆蓋逆打工法；在埋深較淺、場地狹窄及地面交通不允許長期占道施工情況下採用明挖覆蓋工法施工。

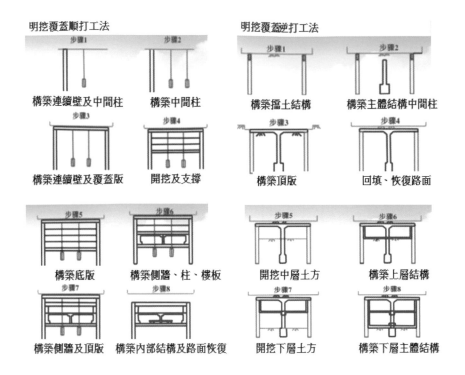

(2) 隧道工程設計工法

    (a) 隧道工程設計工法除明挖工法，還包括鑽爆工法、潛盾工法、淺埋暗挖工法、掘進機工法、頂管工法、新奧工法等，一般使用鑽爆工法、潛盾工法、淺埋暗挖工法居多。

    (b) 鑽爆工法施工的全過程可以概括爲：鑽爆、裝運出碴，噴錨支護，灌注襯砌，再輔以通風、排水、供電等措施，一般用於岩土層居多。

(c) 潛盾工法施工是以潛盾機在地下暗挖隧道的施工方法，潛盾機在地下前方鑽掘並進行環片組裝形成隧道，鑽掘土方則在後方出土，同時進行土壤灌漿以保護地質穩定，一般可分爲單孔與雙孔兩種，孔徑及形狀依潛盾機而有所不同，是都市常用隧道鑽掘工法。

(e) 潛盾法施工順序如下：

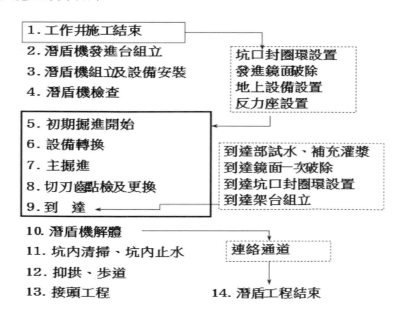

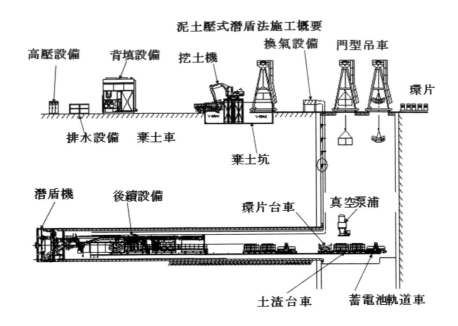

(d) 淺埋暗挖工法又稱礦山工法，是中國人自己創造發明，適合中國國情的邊開挖邊澆注的施工工法，利用土層在開挖過程中短時間的自穩能力，採取適當的支護措施，使岩盤或土層表面形成密貼型薄壁支護結構的不開槽施工方法，適合於都市地區鬆散土壤條件下，隧道埋深小於或等於隧道直徑。

3. 軌道交通橋梁工程設計

軌道交通橋梁工程設計主要包括橋梁基礎、橋梁型式、橋梁工法等。

(1) 軌道交通橋梁基礎：在進行軌道交通橋梁工程設計前，首先要確認橋梁基礎，以求橋梁工程之穩定。橋梁基礎可分為直接基礎、樁基礎、井筒基礎、筏式基礎及箱形基礎等，依地質狀況決定橋梁基礎形式。

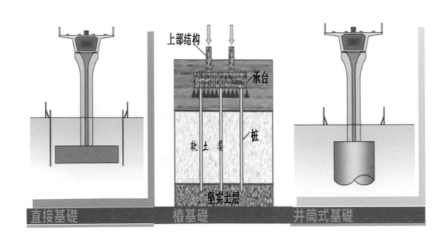

(2) 軌道交通橋梁型式設計：橋梁型式有簡支梁、箱型梁、U 型梁等：橋梁型式設計之選擇應考量

 (a) 符合車輛及軌道交通系統需求，提供足夠之強度與勁度，以確保乘客之安全及舒適。

 (b) 提供足夠之車輛運轉、纜線配置、維修及安全逃生走道空間，並預先考慮橋梁檢測、養護及維修空間。

 (c) 橋型選擇需考慮轉轍軌道及道岔位置之布設。

 (d) 橋梁結構系統之減振制噪與耐震需求。

 (e) 與高架車站配置、造型及結構搭配。

 (f) 橋梁結構量體輕量化、造型美化、成本優化。

 (g) 墩柱造型以兼顧上構型式及配合環境與人文風情予以調整演化，以減低都市景觀之衝擊。一般採用圓形或橢圓形單柱式墩柱為主，以減少視覺障礙，增加流暢性。

(3) 軌道交通橋梁工法設計：軌道交通橋梁工法主要可分為預鑄吊裝工法、支撐先進工法、場撐工法、懸臂工法等四種。

 (a) 預鑄吊裝工法：適合夜間運輸及橋梁吊裝時對交通影響小。

 (b) 支撐先進工法：為自動化施工且不受地形限制。

 (c) 場撐工法：畸零跨度不適自動化工法時採用場撐工法。

 (d) 懸臂工法：懸臂工法不影響交通，且不受河川阻隔。

預鑄吊裝

支撐先進工法

懸臂工法

場撐工法

4. 軌道交通排水及防洪工程設計

(1) 排水工程設計

(a) 排水工程設計包括排水系統，隧道、地下車站、地面車站及機廠、高架橋、跨越河川橋之排水及山坡地範圍之水土保持計畫。

(b) 地面排水若須臨時或永久改道，須以維持既有排水功能為原則，改道之水路須依照主管機關之標準或規定設計。

(c) 軌道交通系統內之排水設計包括地面排水、高架橋排水、地下車站排水、隧道排水、臨時排水。

(d) 排水系統必須提供完整之設施以有效排放及處理地面水(含滲漏水)及污水。所有地面層之地表水應直接排放至主管機關之排水系統，地下段之滲漏水，均必須排到集水坑，再排放至主管機關之排水系統內(可考慮抽水)

(2) 防洪工程設計

    (a) 所有軌道車站出入口平臺，要比相鄰的人行道或地面高。

    (b) 所有地下車站出入口、通風井及結構物之開口必須加以保護使車站不淹水。此類保護裝設包括水密門、水密蓋板或防洪門，並盡可能於建築物或結構物內部操作。

    (c) 高架車站之地面層機電設備及機電系統房之防洪標準設計同地下車站出入口。

    (d) 軌道交通路線沿線可設置截流溝或滯洪池進行防洪工程設計，避免因瞬間暴雨導致雨水無法大量宣泄因而淹水。

    (e) 防洪工程設計內容包括施工中入侵工區水源及途徑、施工中防洪措施、永久防洪措施。

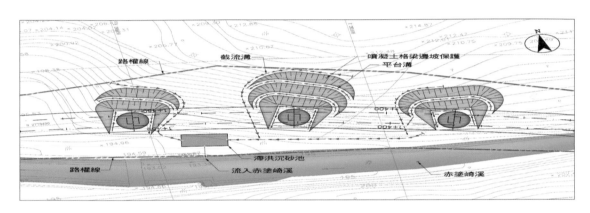

5. 軌道交通管線工程設計

(1) 管線調查：軌道交通工程無論是地下隧道及車站之開挖，或是高架橋梁工程之基礎，皆面臨到地下管線之施工衝突，在進行管線工程設計前，首先要進行管線調查。公共管線包括自來水管、電信、電力、軍方管線、交通號誌、石油、路燈、瓦斯、排水管、污水管等。

(2) 軌道交通工程施工時與公共管線衝突處理方式有三種

    (a) 管線臨時遷移：施工時將管線暫時移住他處，待完工時再遷回原地或相對位置。至於管線臨時遷移時採架空線還是附掛，臨時遷移管數多寡，應於施工時由施工單位會同各管線單位協商後決定。

    (b) 管線永久遷移：工程施工中及完工後，因施工進度及完工位置而影響到現有管線功能者，均將管線永久遷移。

    (c) 管線就地保護：施工時對各單位管線影響最輕，且可保留於原地，並不影響工程施工及現有管線功能者。

(3) 共同管道建置：興建共同管道之目的即在提供空間容納各種民生管線，政府大力推動共同管道建設，將各種不同管線置入管道中，同時進行維修管理，節省管線協調及施工之困難度，可配合軌道交通工程施工，一起施作，節省二者分開施作之工程經費。

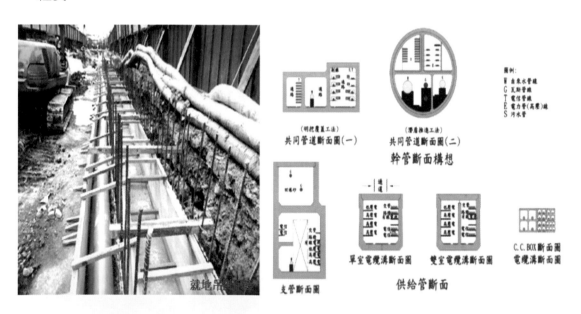

6. 軌道交通交通維持設計

(1) 由於軌道交通工程常占用道路，影響道路交通，因此施工前應針對施工中對於道路之影響進行交通維持計畫擬定，並在施工時據以執行，以求在施工期間減少對於道路交通之衝擊。

(2) 交通維持策略包括

　(a) 施工車道配置及車流導引計畫(施工期間車道布置、疏導動線、導引措施及預告標誌)。

　(b) 交通管制配合措施(號誌時制調整、轉向管制、單行管制、調撥車道或不平衡車道管制、槽化設施及停車管制等)。

　(c) 安全防護措施(含圍籬、交通錐、紐澤西護欄、夜間安全防護、預告牌及疏導人員配置計畫等)。

　(d) 公車系統調整(例：公車路線、班距調整及站牌遷移)。

　(e) 行人動線規劃及通行安全措施。

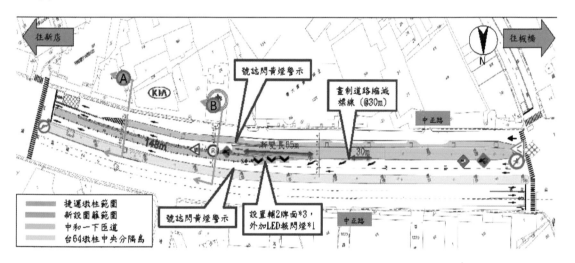

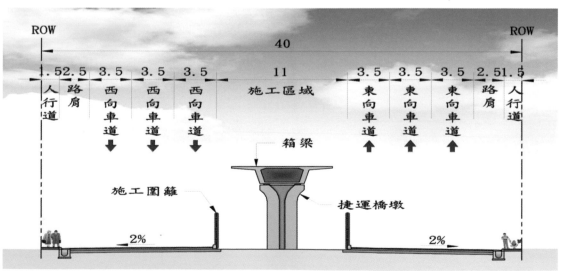

15.1.2 軌道交通車站站體工程設計

1. 軌道交通車站建造及機能型式

(1) 軌道交通車站建造型式共有三種

(a) 地下車站：主要以地鐵系統、線性馬達系統為主，但不再此限。

(b) 高架車站：主要以輕軌捷運系統、單軌系統、自動導軌系統、線性馬達系統、中低速磁浮系統、個人/群組運人系統為主，但不再此限。

(c) 地面車站：主要以輕軌系統、公車捷運系統為主，但不再此限。

(2) 軌道交通車站機能型式可分為四種：

(a) 中間站：軌道交通路線中間單獨設站。

(b) 轉乘轉運站：平行或非平行軌道兩種運作型式。

(c) 區域站：能使列車在站內折返或停車，便於區間調度。

(d) 終點站：軌道交通路線終點車站，營運觀點而言，於終點站採用島式站臺較側式站臺為佳。

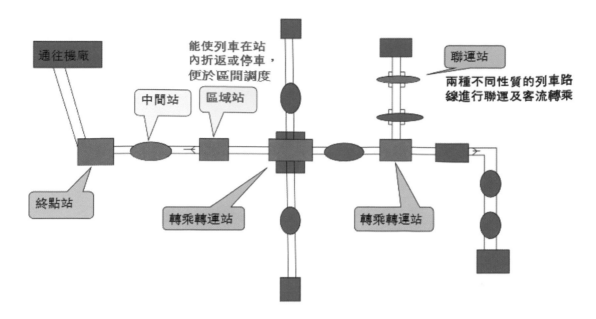

2. 軌道交通車站布設

軌道交通車站布設有公共區及非公共區兩種。

(1) 公共區

　(a) 站臺：分島式月臺、側式月臺及疊式車站等三種型式。島式月臺為站臺在中間，軌道位於兩側的一種站臺形式；側式月臺為站臺在兩側，軌道位於中間的站臺型態；疊式月臺之站臺因道路限制，分別位於上下二層。

　(b) 穿堂層：付費區及非付費區。

　(c) 出入口：車站穿堂與其四周街道之連接功能。

(2) 非公共區：職員區、作業區以及機房空間。

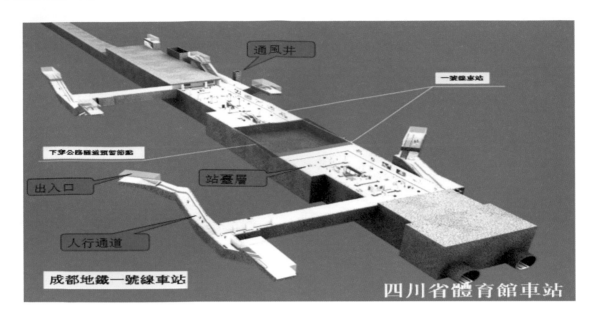

成都地鐵一號線車站

四川省體育館車站

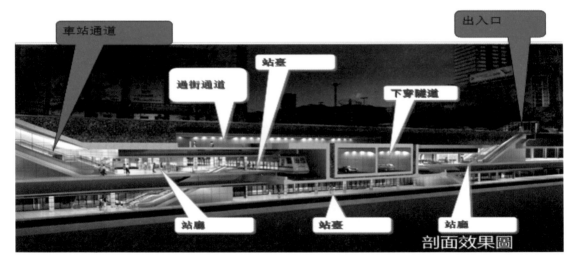

剖面效果圖

3. 軌道交通車站旅客輸運：

　　軌道交通車站周邊整體考量，設置各種導示系統及設施並予強化車站辨識性及自明性，增加車站可及性，也就是以「短小快」最短的距離，最小的時間，達到最快的轉乘，縮短旅行時間，提高用路人使用率。

(1) 最短之進出站臺移動距離及不同路線間之轉乘距離。

(2) 充分之空間容量以供旅客流動所需。

(3) 方便，包括有關方位、動線型態之良好資訊。

(4) 安全及保全，包括發生意外時之高度保護措施。

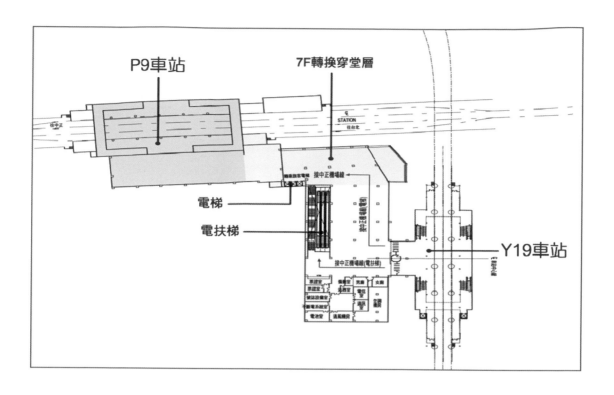

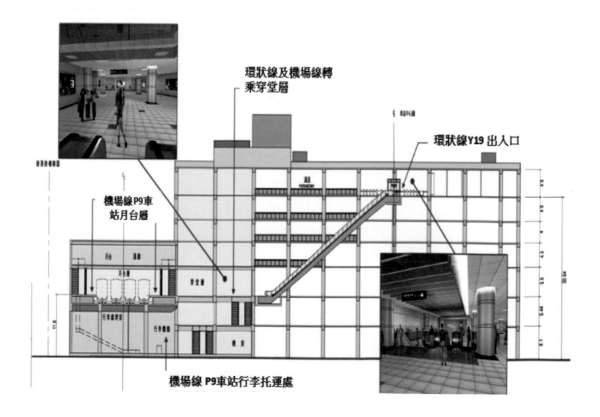

4. 軌道交通車站工程設計

軌道交通車站設計應於安全之前提下，兼顧乘客之動線順暢、營運及維修之便利與乘客之舒適，針對公共區域內之車站服務設施與相關設備、空間等進行設計。軌道交通車站設計應包括：

(1) 站臺設計。

(2) 穿堂層設計。

(3) 出入口設計。

(4) 電扶梯及樓梯設計。

(5) 無障礙設施。

(6) 通道及坡道設計。

(7) 緊急疏散設計。

(8) 車站防洪設計。

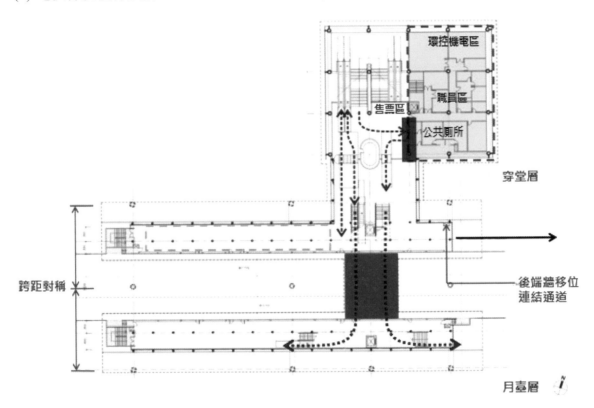

5. 軌道交通車站設計新技術

(1) 建築資訊模型(BuildingInformationModeling，簡稱 BIM)

(a) BIM 技術可用於車站設計，BIM 技術模擬車站設計之各項介面，除了能應用於初期軌道交通設計外，更整合應用於後續施工階段及營運階段，提供完整的全生命周期應用，減少設計、施工及營運階段之介面及各階段內部介面之衝突。

(b) 傳統軌道交通工程，營運公司提出營運需求，納入規劃設計 BIM 模型，施工階段結合 BIM 模型及施工工序，進行 BIM 模型再修正，減少土機及機機介面衝突，加快施工時程及減低工程費用，並建設符合營運需求之軌道工程。

(c) 軌道交通統包工程(EPC)可將營運公司需求結合設計施工，建立 BIM 模型，利用營運實際經驗，邊設計邊施工，滾動式優化，全過程建設。

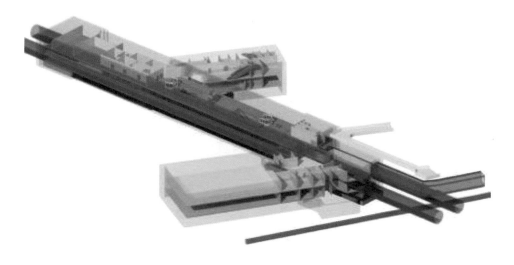

臺北軌道萬大線 LG06 站 BIM 模型

(d) 自 2016 年起德國 DB 公司即使用 BIM 進行 13 個橋梁、隧道、車站 3D 規劃、設計、建造與營運的大型軌道交通計畫，並以生命周期計算出各階段所需的時間、成本與風險。一般民眾亦可上網查詢該計畫的詳細資訊。

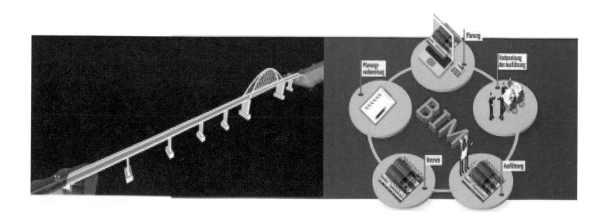

(2) 軌道交通車站人流仿真模擬

    (a) 人流仿真模擬主要瞭解行人通行速率、設施數量、空間布設合理性等。

    (b) 人流仿真模擬營運時人流出入動線,建立模型,以合理確認設計階段電梯、電扶梯及樓梯、自動收費系統、出入口等之數量及空間配置,車站大小及月臺長度等。

6. 軌道交通車站乘客設施

    軌道交通車站乘客設施需視旅客客流量及需求進行規劃設計,以滿足需求。乘客設施包括:

(1) 廣告:廣告為營運收入之重要來源。

(2) 標誌:搭乘軌道交通系統所需識別、引導、說明、警告等基本需求。

(3) 販賣店。

(4) 候車座椅。

(5) 電話。

(6) 急救處理。

(7) 垃圾筒及回收站。

(8) 公廁。

廣告　　　　標誌　　　候車座椅　　　電話　　　　公廁

7. **軌道交通車站通風井**

(1) 地下車站之環控系統應設置通風口連通機房與戶外自然空氣，通風井應配合環控系統設計，並應符合建築、環保及其他相關法規之要求。

(2) 通風井包括排氣井、進氣井以及減壓井。

8. **軌道交通車站維修通路**

車站內所有地區皆應有通路，以供檢修維護作業。

9. **軌道交通車站轉乘方式**

軌道交通車站配合轉乘方式進行轉乘設施及轉乘空間設計。

(1) 軌道交通系統旅客將以下列方式到達或離開車站

  (a) 步行。

  (b) 搭乘公車或其他軌道交通系統。

  (c) 搭乘計程車、網約車或接送轉乘。

  (d) 停車轉乘(自行車或機車)。

  (e) 停車轉乘(小汽車)。

  (f) 其它運具轉乘。

(2) 轉乘設施包括：

  (a) 人行道。

  (b) 公車或其他軌道交通轉乘設施。

  (c) 計程車、網約車及接送轉乘設施。

  (d) 自行車停放設施。

  (e) 機車停放設施。

  (f) 小汽車停放設施。

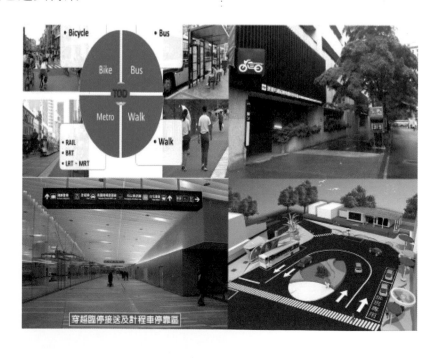

10. 軌道交通車站公共區之疏散

(1) 軌道交通車站設計應考量緊急情況時人員疏散之需求，車站之疏散安全區域應為戶外、地面層或具火焰、煙霧隔絕效果之處所；高架或地面月臺之乘客必要時可經由月臺之兩端往避難平臺或軌道方向疏散；同時高架段、地面段及地下段均須設置可供乘客疏散之步道。

(2) 軌道交通車站緊急情況疏散：根據最壞之緊急情況及設計準則，所有車站之設計建議將站臺乘客於 4 分鐘內疏散完畢，並在 6 分鐘內抵達安全地方。

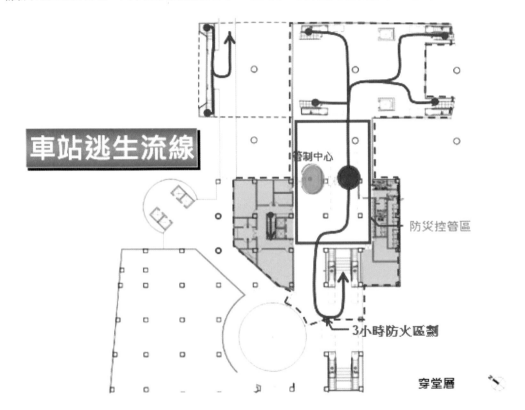

11. 軌道交通車站火災自動報警(FAS)及處理

(1) 軌道交通車站之設計，應包括下列各項：

(a) 防火措施。

(b) 火災控制設施。

(c) 火災偵測系統。

(d) 煙霧偵測系統。

(e) 逃生方式。

(f) 消防員進入車站之通路。

(g) 滅火方式。

(2) 防火措施：藉適當材料與設備之選擇、配置、安裝以減少發生火災之危險。

(3) 火災控制設施：可採防火區劃、防煙區劃、煙霧抽排及圍堵等方法。

(4) 軌道交通車站防火重點

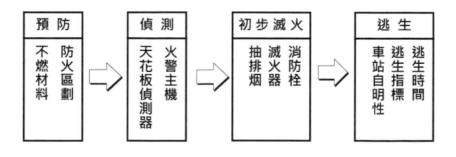

15.1.3 軌道交通車站建築裝修設計

1. 軌道交通車站建築型式與設計

(1) 軌道交通車站建築型式：以現代且先進的設計手法反映中國文化傳統並應具有當地文化及歷史的特色，同時符合當代創新的思維做爲車站建築設計目標。

(2) 軌道交通車站建築設計：應具提升軌道交通系統之功能，使其成爲符合大眾所期望之必要社區服務設施。其內涵爲強調進步性、前瞻性，並表現機能效率及其適用性。同時應考量客流量及瞬間大量乘客進出、動線規劃簡單明瞭、空間配置模具化及系統化等進行規劃設計；車站建築設計應簡潔輕巧、通透及易於識別，並以符合環保節能之綠建築指標爲原則。

(3) 軌道交通車站導示系統設計應具備

    (a) 系統辨識(systemidentity)。

    (b) 路線辨識(lineidentity)。

    (c) 車站辨識(stationidentity)。

- 簡易性
- 可讀性
- 經濟性
- 明確性

2. 軌道交通車站建築裝修及配件

裝修及配件之選擇將做下列之一般性考慮：

(1) 耐久且易於維修。　　(4) 成本因素。

(2) 安全。　　(5) 貨源及更換性。

(3) 防火。　　(6) 美觀。

(7) 採用符合國家標準之產品為原則。

車站玻璃護欄及□□□局天花□

3. 軌道交通車站門、隔間牆及窗應考量

(1) 門：主要以空心金屬及不銹鋼之門框及門扇為主。

(2) 隔間牆：應考慮受風壓力載重(airpressureloadings)，以及須固定於隔間牆上之裝置與設備、車站主結構與牆間之所有移動及交互作用、隔音需求、防火區劃。

(3) 窗：應使用合格安全材料。

4. 軌道交通車站衛生設備

軌道交通車站衛生設備包括：

(1) 落地式或蹲式瓷質(vitreouschina)抽水馬桶。

(2) 掛牆式瓷質盥洗盆。

(3) 掛牆式沖洗閥的瓷質小便鬥。

(4) 落地式沖洗閥的瓷質小便鬥。

(5) 掛牆式瓷質抽水箱。

(6) 不銹鋼洗槽附單孔落水口。

(7) 琺瑯鑄鐵洗盆。

5. 軌道交通車站基地配置及景觀工程

　　基地配置及景觀工程為車站及軌道沿線四周之外部景觀工程。景觀工程包括硬體工程，含步道鋪面、圍牆、平臺、排水、灌溉設施以及各種雜項設計的街道家具、照明和其他設備；軟體工程包含植栽以及配合軌道交通之相關園藝工作。

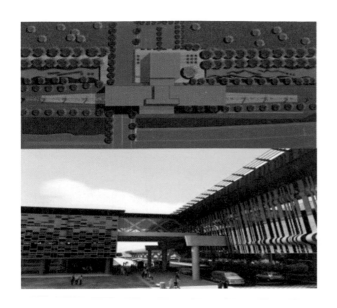

站前廣場　林蔭步道　公園　綠地

停車場　自行車道　戶外雕塑

6. 軌道交通車站建築物維修

　　軌道交通車站建築物維修在設計及選擇裝修材料和配件時，應考慮供料穩定性及維修。

7. 軌道交通機廠及行政大樓／行控中心

(1) 機廠主要設置目的如下說明，藉以達到有效管理與安全運輸。

　　(a) 提供列車調度、駐車及測試。

　　(b) 提供車輛外部自動清洗及車廂內部清潔工作。

　　(c) 車輛定期及不定期之檢查與維修。

　　(d) 支援軌道、供電、號誌、通訊及自動收費系統等設備之維護工作。

　　(e) 儲存維修設備與材料及備品倉儲區

(2) 機廠功能：提供電聯車及機電設備之維修及儲藏空間，並使整體機廠及行政大樓／行控中心建築設施能提供機能需要。

　　(a) 出入線：提供列車進出機廠基地之軌道。

(b) 進出場檢查線：提供列車進出場檢查之軌道，並依車輛檢查結果分配至維修工廠或駐車段。

(c) 臨時檢查線：提供列車作為臨時或突發性檢查之用；亦可作為一般性維修、定期檢查、經常性檢查之軌道。

(d) 洗車線：提供列車自動清洗或人工清洗之軌道。

(e) 試車線：提供列車運行試驗或故障檢修試車之軌道。

(f) 駐車段：提供列車停放之空間。

(g) 維修工廠：提供列車作重大檢修或定期機件換置之場所。

(h) 物料儲存區：主要儲存系統運轉、養護維修所需組件與零件；亦提供緊急事故時可能需抽換之備份用品。

(i) 管理中心：本中心為機廠轉運所在，除提供員工辦公(含機廠調度工作)、訓練與休憩娛樂之場所外，另亦可規劃檢驗中心，舉凡精密或特殊器材，均可於此進行檢驗工作

(j) 變電區：提供機廠電力供給之來源，以免主要設備或不可斷電設備之損害。此外，如諧波律波器等設備亦可設置於此處，以發揮吸收電力諧波之作用。

(k) 污水處理廠：列車清洗等污染或具污染性之流質物體，透過污水處理廠之分類處理後，方可排放出機廠。

(3) 行車控制中心原則上規劃布設於機廠之管理中心大樓內，本中心之功能為全線路網系統運作之控制與管理轉運。中央行車控制系統具有自動化控制功能，可提供控制中心人員監控整體路網系統運轉狀況，並進行現場遙控、管控發(調)車等作業，此外，尚可執行途徑設定、停靠時間調整、列車辨識、編譯及驗證時刻表等功能。

(4) 型式與設計：滿足機廠作業及行政大樓／行控中心的功能性需要為原則，並考慮設施可靠度、耐用度、低維修性、堅固性、安全性、公眾意象及配合鄰近環境。

(5) 設施配置：主要為軌道工程及相關設施空間、行政大樓／行控中心機能需求及關聯性，再考慮消防救災車行動線及維修車行動線、員工及訪客之車行動線及人行動線後進行規劃。

(6) 軌道交通機廠及行政大樓／行控中心設計應考慮防洪及排水、火災防範及).相關標誌設置。

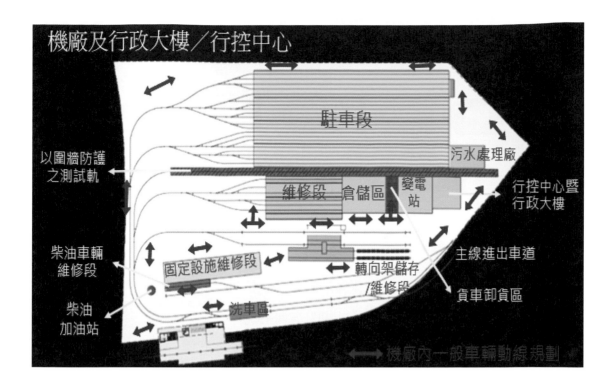

15.1.4　軌道交通車站機電設施設計

1. 軌道交通車站電氣設施設計

電氣設施設計主要包括：

(1) 車站供電系統：地下車站內應設有二組不斷電系統電源，地面及高架段車站則視需
要而定(通常只設單一組不斷電系統)。不斷電系統電源系提供車站內公共區域緊急照
明(大約等於公共區域全部照明的 10%)、軌道區照明、非公共區域信道及機房照明使
用。

(2) 電氣管線及電纜安裝。

(3) 照明：照明設計原則如下，照明設計包括：

(a) 入口區照明。　　　　　　　　(e) 室外照明。

(b) 站臺區照明。　　　　　　　　(f) 軌道區照明。

(c) 穿堂區照明。　　　　　　　　(g) 機房區照明。

(d) 標誌照明。

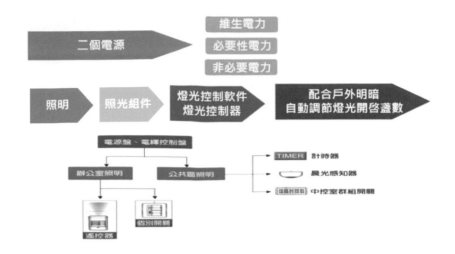

(4) 火災警報與消防設計：火災警報與消防設計包括：

    (a) 各火警區劃火警綜合號誌(用以關閉空調系統)。

    (b) 各排煙區劃火警綜合號誌(用以啓動排煙閘門及排煙機)。

    (c) 自動滅火系統。

2. 軌道交通車站機械設計

機械設計主要包括：

(1) 給水：每一車站及附屬建物所需用水，需由接至地區主幹管之進水管供水。

(2) 排水：所有車站均應有兩套分離的排水系統，一套爲污水排放系統，另一套爲地板排水排放系統。

(3) 消防立管和消防水帶系統包括：

    (a) 消防立管及消防栓箱應依照相關　　　(c) 水霧滅火系統。
    法規之要求設置。

    (b) 手提式滅火器。　　　　　　　　　(d) 氣體自動滅火系統。

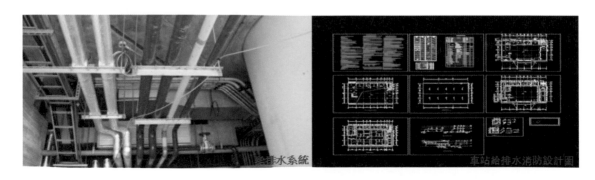

3. 軌道交通環境控制系統(BAS)設計

(1) 環境控制系統為確保軌道系統正常運轉，主要功能有

    (a) 正常操作期間，提供空調通風系統，控制局部環境中的溫度及濕度，使達到令人舒適可接受的水準。

    (b) 在任何可預測的意外狀況下，能確保乘客及人員的安全。

    (c) 提供可控制的環境狀況，使與軌道交通系統有關的機電設施及設備，皆能正常操作。

    (d) 處理電聯車磨擦、煞車及空調設備產生的熱。

(2) 車站環控之設計

    (a) 高架車站的站臺區可以遮棚遮蓋，也可以露天方式搭建，車站穿堂層及其公共區域須機械式排風。

    (b) 地面車站的站臺區及車站穿堂可以遮棚遮蓋，也可以露天方式搭建。

    (c) 地下車站須有環控機電設施室及控制室，用於設置環控相關設備，以提供車站穿堂層及站臺層之空調、通風及排煙等需求。

(3) 隧道通風系統之設計

    列車正常運轉期間，原則上隧道不需要機械通風。但是，隧道內出現塞車及緊急狀況時，必須提供機械通風，在車站兩端均應設置隧道通風設施。

(4) 軌道交通環境控制系統空調系統涵蓋區及無空調區如下：

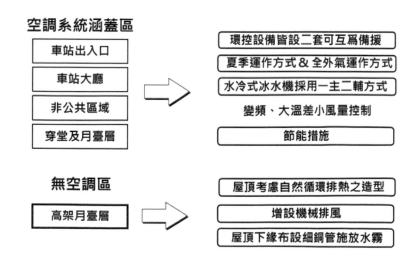

4. 軌道交通車站電扶梯及電梯設計

(1) 軌道交通車站電梯及電扶梯數量視客流量及無障礙設施需求而定。

(2) 車站電扶梯設計：

    (a) 所有電扶梯必須屬於重負載(heavyduty)、耐候(weatherproof)，可逆轉型式，並且適合於公眾交通。電扶梯必須能以任一方向連續運轉以符合服務時間不少於每天20 小時，每年 365 天之要求。

    (b) 電扶梯應提供雙向服務功能，以滿足尖峰時段乘客之需求，側式月臺車站穿堂層與月臺層間，電扶梯應儘量沿車站側牆布設。

(3) 車站電梯設計

    電梯之設計以無機房式電梯為原則，在建築結構高程或設計負載超過一定限度而不適用無機房式電梯時，則考慮採用牽引式電梯或液壓式電梯。

15.2 軌道交通軌道工程設計

軌道交通軌道工程設計內容包括軌道定線及軌道工程。其中軌道定線涵蓋平面定線、縱面定線、限界及淨空；軌道工程涵蓋軌距、軌道承托系統、軌道路基和道碴、軌道選擇、步道、止沖擋、防撞杆和阻輪器、圍籬及軌道標誌、供電。

15.2.1 軌道交通軌道定線

1. 軌道交通平面定線—圓曲線

(1) 當列車行經一段平面圓曲線時，車輛本身及車上乘客會感受到一股偏離曲線中心的離心力，此種離心力太大時，車上旅客會有不舒適的感覺，尤有甚者，過大之不平衡離心力可能導致車輛出軌。

(2) 為了抵消離心力之影響，設計時可藉由提高外側軌之軌道踏面高程(超高)克服之，超高路段之軌道高程則以內側軌(較低軌)之軌道踏面為路軌設計高程。

(3) 都市軌道交通系統之運轉，與長距離(提供城區間服務)之城際鐵路不同，乃因營運時間行駛於同一路段軌道上之軌道車輛只有一種型式，而且多以相同的速率度行駛，因此軌道設計系提供最佳之超高以維正常的行駛速率，最小鋼軌/鋼輪之磨損，以及使旅客能獲致最大之舒適度，並確保在高於或低於正常行駛速率時仍舊安全為目標。

(4) 平衡超高系在特定之曲率半徑及某特定之速率下所計算出之理論超高，而最佳選用超高通常均較此值少 25mm。以地鐵系統為例，當採用 25mm 作為標準超高不足(不平衡超高 cantdeficiency)，而列車以略低於設計速率行駛時，仍將於曲線段維持一平衡狀態，並將降低車輪與鋼軌之作用力而減低噪音及磨損，而且不會因少量的超高不足感到不適。

(5) 道岔處設置超高近乎不可能，因此列車(車輪)行經此處時承受相當大之側向力，為降低所受之側向力及使不平衡超高維持一較小值，列車在行經所有道岔之岔口處時，速度必須減緩。

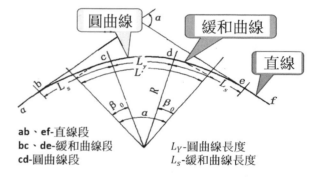

ab、ef-直線段
bc、de-緩和曲線段 L_Y-圓曲線長度
cd-圓曲線段 L_S-緩和曲線長度

(6) 超高及超高不足限制：單位(mm)(以地鐵為例)

超高	希望選用	絕對需求
最大選用超高	130	150
最大不平衡超高(超高不足)		
規範速度		150
連續長焊鋼軌(CWR)	90	110
有接點之主線軌道		90
道岔		90
有接點之機廠軌道(含道岔)		90
最大負超高(超高過量)		80

(7) 採用之超高及允許之超高不足，可界定列車最大速度與曲率半徑

$$V = 0.29 \times (R(E+D))^{0.5} \quad \text{或} \quad R = \frac{11.82V^2}{(E+D)}$$

式中，V = 曲線設計最大速率 km/h　　　R = 曲率半徑 m

　　　　E = 選用之超高 mm　　　　　　　D = 允許之超高不足 mm

(8) 車站若布設於平面圓曲線上，則列車之中點或兩端與站臺間將產生較大之間隙，爲避免前述之大間隙危及上下車旅客安全，因此站區範圍之軌道最小曲率半徑規定不得小於 1000 公尺。

2. 軌道交通平面定線—緩和曲線

　　爲使列車由直線段駛入曲線段之途徑間有一漸變之曲率，路線設計時於直線與圓曲線之間應設置緩和曲線。

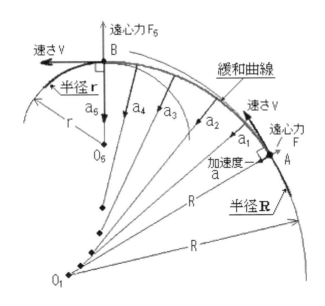

3. 軌道交通平面定線—道岔曲線

　　在道岔處，不設置緩和曲線，但應對列車之速度設限，而速限應用之範圍，應包括列車任一點進入或離開曲線或任何鄰近之緩和曲線。以地鐵系統爲例，在主線及機廠連絡道布設剪式(菱形)橫渡線時，須檢討其上下行軌中心線間距，以確保列車於穿越剪式(菱形)橫渡線換軌行駛之過程中，每列電聯車中至少有兩節以上動力車能同時接觸到導電軌，而得以維持列車之最小動力來源。

4. **軌道交通縱面定線—縱坡**

(1) 軌道交通主線最大縱坡依軌道交通系統爬坡能力而有不同，以地鐵系統為例，最大縱坡不得超過 3%，但在現場狀況特殊及距離不長之情形下，可以達到 3.5%。

(2) 軌道交通車站，側線及機廠最大縱坡以水平為宜，但仍容許 0.3% 之坡度。

(3) 軌道交通主線隧道及高架段之最小縱坡應保持最小 0.3% 之坡度以便排水。但高架段亦可令排水向橫向兩側排除而不設計縱向排水坡度。

(4) 軌道交通路線隨車輛加速或減速時調整縱坡下降或爬升大小。

(5) 車輛停泊之縱坡以水平為宜。

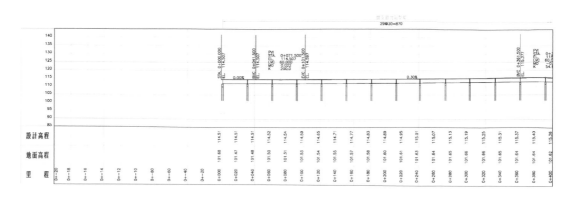

5. 限界

限定車輛運行及軌道周圍構築物超越的輪廓線。限界分車輛限界、設備限界和建築限界三種，是工程建設、管線和設備安裝位置等必須遵守的依據。

6. 淨空

為確保列車安全通行於隧道、高架段、鄰近結構物中、軌道旁之安裝設備及人員的安全，並考慮結構建造費盡可能縮小結構尺寸；必需明白的定義車輛周圍及車輛與相鄰結構物間必需保持之淨空。因此定義了車輛包絡線、車輛與設備及結構物之間的關係及淨空，意義與限界類似。

15.2.2 軌道交通軌道工程設計

軌道工程結構系指軌道頂面以下至支承結構面上方之軌道結構，由軌道系統、扣件系統及道床系統組成。都市軌道系統大多採用鋼軌鋼輪系統，鋼軌系統包括鋼軌、鋼軌接頭、道岔、護軌等；扣件系統包括扣夾、墊鈑、鋼軌襯墊、錨定組件、基鈑等；道床系統包括軌枕、道碴、混凝土道版、彈塑性填充層、混凝土連續道床等。軌道工程設計包括：

1. 軌道軌距

所有軌道交通系統(含道岔及特殊軌道)之標稱軌距(nominalgauge)為1,435mm。軌距之量測基準在鋼軌踏面(topofrail，T/R)以下14mm處，且垂直於軌道中心線。

2. 軌道承托系統

鋼軌以道床扣件(direct-fixationfasteners)或其它鋼軌／墊片(pad)／支承系統直接安裝在混凝土基座(plinthpad)(二次澆置混凝土)上

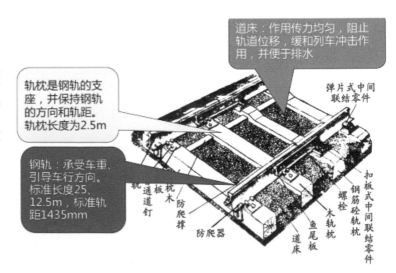

3. 軌道路基(Roadbed)和道碴(Ballast)

軌道路基(軌床，trackbed)系採既有的地面、一層經選擇性之回填土和一層經選擇性之材料作為底碴(subballast)，其上鋪設道碴，無道碴道床扣件使用彈性基鈑(DFF)以達減震、減噪音之效果。

4. 軌道選擇

軌道之鋼軌需符合國家規範及UIC60(國際鐵路聯盟)之鋼軌斷面，其製造應滿足國家規範及UIC或AREA規範之相關規定及指定之硬度分布。

混凝土無道碴床軌道　　　混凝土無道碴床軌道

5. 軌道布設

為了維持營運的彈性和服務的可靠性，鋼軌鋼輪軌道交通系統除了正線外，通常設計有相當數量的側線、迴轉軌道(Turnback Track)及橫渡軌道(Crossover)等以因應運轉上的需要。如使用只能單向行駛的車廂，更需要有一能中途迴轉的回路(Loop)以便中途回車減少不必要的班次。鋼軌鋼輪軌道交通系統除了正線以外另須轉以側線、橫渡線、儲車軌及尾軌等副線，以便供調整班距、尖峰時段儲車、故障列車拖離及回車、避車、儲車之用。

6. 軌道交通系統步道(Walkways)

(1) 緊急情況下，旅客可能必須離開車廂進入介於兩車站間之軌道，並步行至最接近的車站或軌道出口。

(2) 在道碴道床軌道上，步道是沿著路肩布設。至於地下段之步道，是位於兩鋼軌之間以及沿軌道之側邊步道，當旅客需緊急疏散時，將不允許列車進入或通過該區域。

(3) 高架軌道之步道，在單一軌道橋面版(single track viaduct)上是位於其中一側，若兩橋面版間有電纜槽(cable tray)橫跨時，則位於電纜槽之上方。

7. 軌道交通系統止沖擋(Buffer Stops)、防撞杆(Bumping Post)和阻輪器(Wheel Stops)

(1) 在所有軌道終端處應適當提供止沖擋、防撞杆或阻輪器

(2) 止沖擋之設計旨在提供逐漸增加之阻力(retardation)，在所有正線，只要有可能發生承載列車被迫停止之地方，均應首先考慮使用止沖擋。

(3) 每一個位置在作選擇時，第一考慮因素為旅客安全，其次才是避免或減少車輛受損。

8. 軌道交通系統圍籬(Fencing)及軌道標誌(Markers)

(1) 路權範圍與產業(premises)內為防止未經許可之人員、動物或車輛進入，及避免物體被投擲或意外掉落在軌道或行駛列車上，在平面段之軌道應設置連續圍籬，若是行經市區，所設之圍籬須為不可攀爬。橫越軌道段之橋梁，必須設置不可攀爬式之胸牆，以避免人員在上面行走。

(2) 下列軌道標誌將提供運轉安全和協助養護維修：

    (a) 警沖標誌(fouling point markers)。

    (b) 維修用之曲線標誌(curve posts for maintenance)。

    (c) 高程坡度標誌(elevation gradient point markers)。

    (d) 里程標誌(chainage markers)。

9. 軌道交通系統供電(Power Supply)

    導電軌實際設計位置與錨定等，屬於軌道廠商進行整體設計時應考慮之一環。電力供應點、電力回路電纜點等是由供電廠商提供，至於導電軌之終斷點及電力接續電纜之位置則是由軌道廠商協調供電廠商決定。

15.3 軌道交通供電系統工程設計

    軌道交通供電系統系提供整體軌道交通系統運作所需要的能源，為確保軌道交通系統能可靠地及安全地運轉，供電系統於設計時，將下列條件納入考量範圍。

1. 操作安全性。

2. 維修安全性。

3. 可靠度及經濟性。

4. 營運路線上之電氣獨立性。

5. 適用於一般環境條件。

6. 設備標準化。

　　軌道交通供電系統負責提供軌道系統所有機電設備、車站、機廠及行駛列車之電力來源。供電系統工程設計內容包括主變電站、牽引動力供應、車站電力供應、機廠電力供應、緊急電力供應、電力遙控、電纜布設、導電軌系統。

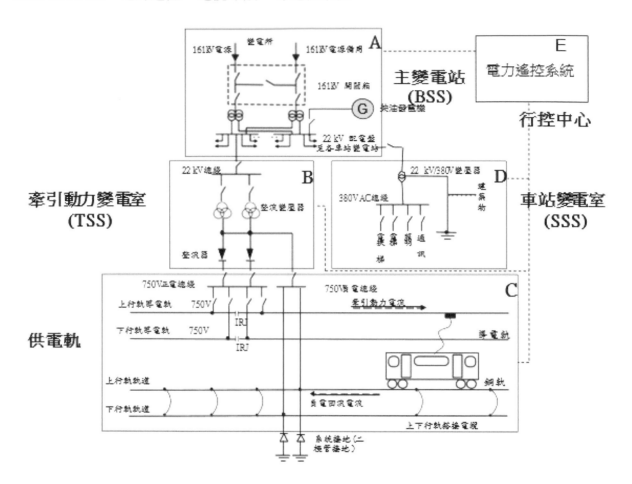

1. 軌道交通主變電站

(1) 電力單位提供電力至軌道系統之主變電站(Bulk Supply Substation，簡稱 BSS)，設置地點宜靠近軌道沿線。規劃設計主變電站數量時，應考慮利用既有主變電站，且轉供電調度不卸除下，達到快速復電之要求，另設置次變電站提供次要電力供給。

(2) 當路網中任一主變電站故障有需要轉供電時，系統之設計應可重組電力系統以便軌道交通系統能繼續正常運轉。

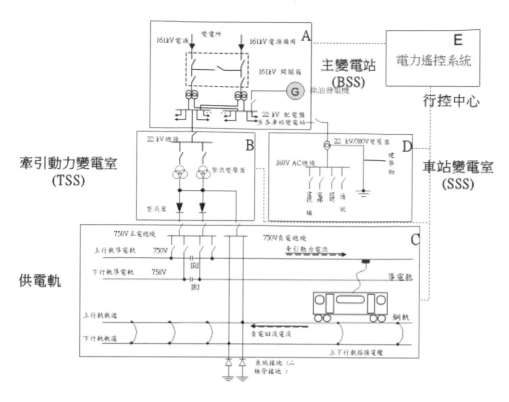

2. 軌道交通牽引動力供應

(1) 牽引動力配電室(Traction Substation，簡稱 TSS)電力系由每座主變電站以開放式環狀電路供應；這種方式下，各個牽引動力配電室有 2 組電力供應。

(2) 牽引動力變電室將 22KV 電源降壓整流為 750/1500V 的直流電，經由供電軌供電給電聯車使用。

(3) 沿線約每 1.5 公里設置一座，提供電聯車安全無虞之用電，其電源系由同一主變電站以環路方式供電。

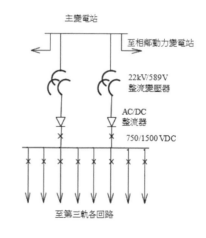

3. 軌道交通車站電力供應

(1) 每個車站至少有兩組車站配電室設備(Station Substation，簡稱 SSS)，以提供車站設備電力。當兩組配電室設備中之任一組失效無法供電時，另一組車站配電室能供應車站內所有必要及維生設施所需電力。

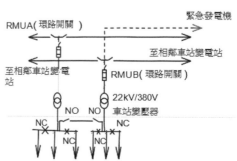

(2) 車站內依低壓負載性質及供電重要性與否，分為維生性、必要性及非必要性負載。

(3) 正常供電狀態下，車站內 2 組變壓器分別供應其下游低壓設備所需電力。

(4) 車站電力供應如下

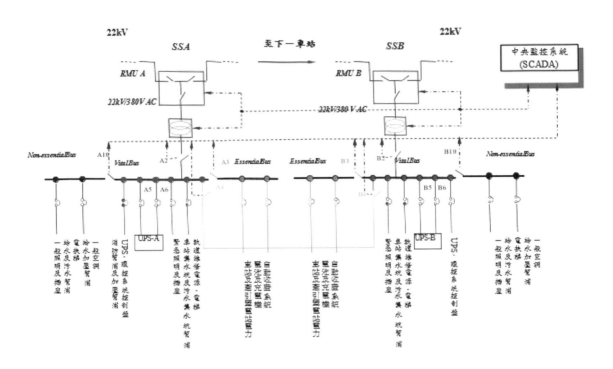

4. 機廠電力供應

　　機廠供電系統應視需要劃分成數個供電區段，每個供電區段由2個配電室供電，每一配電室之容量應足以涵蓋該供電區段之需求，以備其中一配電室故障時，不致影響該區段之正常供電

5. 緊急電力供應。

　　為提供緊急狀況時之安全需求，需規設緊急柴油發電機，以供給電力予維生負載。

6. 電纜布設

　　軌道交通供電系統的布纜需求系包括從電力單位之一次變電所引接至每一個主變電站之電纜，以及從每個主變電站供電到牽引動力配電室和車站配電室的電纜，和軌道交通系統內之其他各項電纜布設之需求。

7. 電力遙控

(1) 配電室在正常運轉下是無人看管，所以需要電力遙控系統來監視和操控電力供應設施(PSCADA)，電力遙控系統監控整個供電系統，圖像顯示器顯示整個供電系統運轉情形、負載狀況、警報事件訊息及斷路器狀態，鍵盤供電力控制員遙控供電系統設備。

(2) 電力遙控系統主要由行控中心之電力控制員，經中央電腦監控系統、通訊傳輸系統、現場工作站之可程控器及數位、類比之輸出入設備，快速、連續、可靠的對 161kV、22kV、直流牽引、車站設備、機廠電氣等設施進行監視及控制，以達到軌道交通供電系統能以最安全、穩定及可靠之品質服務乘客。

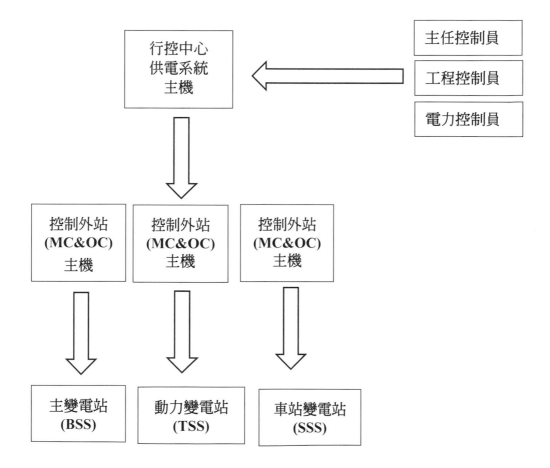

8. 導電軌(供電軌)系統

(1) 導電軌(供電軌)系統可分為第三軌、架空線或其他。

(2) 軌道交通線形的設計，需考慮導電軌之布設間距，不得造成電聯車停駐於該間距時無法啟動。

(3) 爲符合隧道段、高架段及地面段不同型式之軌道交通支撐系統，須供應不同型式之導電軌(供電軌)支撐。

第三軌及支撐架　　　　第三軌安全罩蓋　　　　　　　　架空線　　　　跨坐式單軌系統供電

Chapter 16

軌道交通機電及車輛系統工程設計概論

16.1 軌道交通機電系統工程設計

軌道交通機電系統工程設計包括號誌系統工程(SIG)、通訊系統工程(COM)、自動收費系統工程(AFC)、月臺門系統工程(PSD)。其中號誌系統工程(SIG)涵蓋自動列車監控系統(ATS)、自動列車保護系統(ATP)、自動列車運行系統(ATO)、中央行車控制(CTC)系統、車上號誌及列車控制設施、班次間隔及車間距、軌道電路、號誌及指示燈、轉轍器控制及操作、聯鎖(CI)、控制盤及遙控設施、電纜布設及供電、機廠號誌控制、列車辨識；通訊系統工程(COM)涵蓋自動電話、直線電話、電子郵件、閉路電視(CCTV)、無線通訊(RAD)、公共廣播(PA)、旅客資訊系統(PIS)、時鐘(CLK)、車載設備、傳輸系統、供電及設備；自動收費系統工程(AFC)涵蓋車票種類、驗票閘門、自動售票機、站務員售票機、查詢機、現金點數與裝袋設備、車站處理機系統、中央處理機系統；月臺門系統工程(PSD)涵蓋月臺門型式、月臺門基本需求、月臺門安裝、月臺門控制。

16.1.1 軌道交通號誌系統工程設計

1. 軌道交通號誌系統工程之主要功能是

(1) 軌道交通號誌系統應具備兩項基本功能，一為確保各列車行駛的安全，不得有列車衝撞或出軌的情形。一為在安全條件下，經由列車進路的安排，有效運送乘客至目的地。

(2) 依據預定行程時刻表及沿線行駛現況，有效調度及行駛列車，並隨時監視緊急狀況，以便採取必要之措施。

(3) 提供列車位置、途徑及列車辨識之資訊至車站。

(4) 軌道交通號誌系統應採用「故障自趨安全」、可靠且有營運實績驗證的號誌系統。

(5) 為達高密度之行車班距(headway)，號誌系統需採自動行車控制系統(ATC)。

2. 軌道交通號誌系統工程之設計理念如下

(1) 攸關全系統操作及營運安全，須引用成熟且經成功驗證之科技。

(2) 安全電路(Vital Circuit) 須有故障自趨安全(Fail-to-safe) 的設計。

(3) 列車控制須有備援式設計，不致因單一裝置故障而造成系統無法運作或危險情形。

3. 軌道交通號誌系統工程之設計考量

　號誌系統之設計應依據列車營運計畫，進行下列設計：

(1) 應明訂列車服務班距及車間距，車間距爲閉塞區間設計之依據。

(2) 應明訂營運正線上，正常行車方向最高速限及其餘可利用之號誌系統的速度指令。

(3) 應明訂列車靠站時間。

(4) 應明訂列車組合型式，兩端均需配置駕駛室號誌。

(5) 自動列車控制(ATC)號誌系統於正線上，應能允許列車反向行駛。

(6) 列車行駛於正線與機廠間，將由行控中心與機廠控制室聯鎖控制。

4. 軌道交通號誌系統工程架構

　軌道交通號誌系統工程架構是由車輛車載設備、道旁、號誌控制器及行控中心結合爲軌道交通號誌系統，號誌系統架構及相對關係如下：

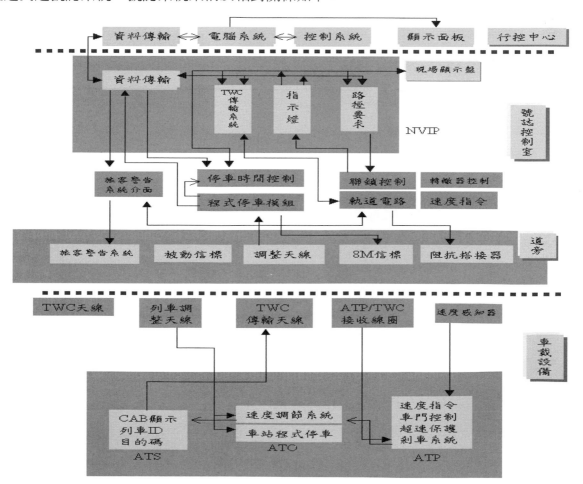

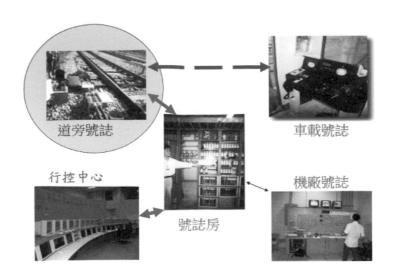

道旁號誌

車載號誌

行控中心

機廠號誌

號誌房

5. 基於通訊的列車控制系統

　　基於通訊的列車控制系統(Communication Based Train Control System)簡稱CBTC系統為一種目前在城際軌道交通系統和都市交通軌道系統都積極採用的列控系統，是當前列車營運中移動閉塞技術的核心，屬於軌道交通號誌系統中的一部分。按美國電氣及電子工程師學會(IEEE)在1999年對於CBTC的定義：利用(獨立於軌道電路的)高精度列車定位、雙向大容量車-地數據通訊和車載、地面的安全功能處理器實現的一種連續自動列車控制系統。CBTC系統基本特性如下：

(1) 不依賴軌道電路的高精度列車定位。

(2) 連續的車-地和地-車數據通訊網，比傳統系統可傳輸更多的控制和狀態資訊，使軌道交通號誌系統運作更為準確，且列車營運準時準點，縮短行車班距，不會有列車碰撞情況產生。

(3) 軌旁和車載核心處理器處理列車的狀態和控制數據，並可提供列車自動保護(ATP)、列車自動運行(ATO)和列車自動監控(ATS)功能。

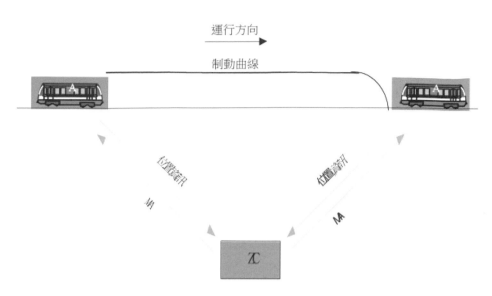

6. 閉塞區間

(1) 閉塞區間顧名思義系將軌道區分為一段段的區間，其目的為提高客流量及保持前後列車有一定之安全距離，即使於列車及路軌狀況最壞的條件下，仍能避免衝撞或追撞。

(2) 為便於列車能有安全距離及安全速度，利用電氣原理以電氣號誌隔離特定長度之軌道區段，在其端點連接發射器，構成獨立之電路作為偵測列車及傳輸速度指令之區間單元，此單元即為閉塞電路。

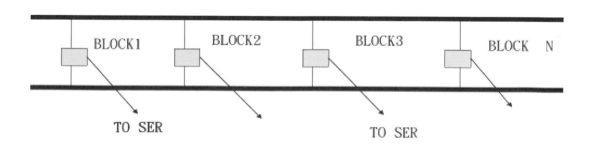

7. 軌道交通自動列車控制系統

軌道交通自動列車控制系統(ATC)包括自動列車監控系統(ATS)、自動列車防護系統(ATP)、自動列車運行系統作(ATO)三種功能，說明如下：

(1) 自動列車監控系統(ATS，Automatic Train Supervision)

(a) 自動列車監控系統主要功能為對於列車行進間進行自動監控。

(b) 自動列車監控功能包括列車辨識、列車與道旁通訊、實際列車車速、超速、程序化車站停車、警告產生及故障偵測和診斷功能。

(2) 自動列車防護系統(ATP，Automatic Train Protection)

(a) 自動列車防護系統為保證列車運行安全、運輸效率提高的重要系統，由車載設備和地面設備組成，系統必須符合安全-故障的原則。

(b) 自動列車防護系統主要功能為檢測列車位置，進行列車間距控制，監督列車運行速度，對於列車超速進行防護控制，軌道間障礙物和脫軌進行防護，完成列車啟動準備、實施蠕動模式，防止列車誤退行等突發狀況；為列車車門、月臺門的開閉提供安全監控資訊，有效持續控制列車運行，若出現危及運行安全的故障時實施緊急制動，月臺出現緊急情況時立即停車按鈕功能，軌道末端防護。

(3) 自動列車運行系統(ATO，Automatic Train Operation)

(a) 自動列車運行系統由車載設備和地面設備組成，在自動列車防護系統的安全防護下，根據自動列車監控系統的安全資訊實施列車自動駕駛，除保證列車自動運行安全無疑外，也能對於旅客舒適度提高並達到節能功能，並在緊急情況根據行車綜合自動化系統(TIAS)提供資訊進行列車乘客疏散。

(b) 自動列車運行系統的主要功能為站間自動運行、車站月臺定點停車、自動折返、列車運行自動調度、列車節能控制等。

8. 軌道交通中央行車控制(CTC)系統

(1) 中央行控中心是軌道交通系統營運中樞，用來容納人員及設備，以監控軌道交通運作情形及號誌、供電和環境控制等系統。

(2) 號誌系統於各線均提供一圖型顯示單元，以顯示系統概況，另有控制臺，提供途徑及操控轉轍器。

(3) 中央行控中心和各車站號誌設備，經由數據傳輸路線，建立遙控和顯示之鏈結，以互相傳輸相關資料。

(4) 萬一數據傳輸路線失效，列車為維持服務，每一車站號誌設備需能提供就地自動列車監視之功能(不包含提供剎車系統監視與牽引動力)。使在數據傳輸路線失效，或中央行控中心控制權移轉至就地控制盤時，就地控制盤之轉轍器及路線控制功能可正常運作。

(5) 行車控制中心系統設備功能為允許控制中心人員對軌道系統進行自動或手動監控。

(6) 正常情況下，列車調派是由行車控制中心設備自動控制， 而各聯鎖區途徑之設定則由道旁控制設備自動設定。

(7) 突發狀況或其他情形下，行車控制中心人員可以更改自動控制為手動操作並中斷所有自動化派車和自動途徑設定等功能，以因應狀況需要和維護系統之正常運轉。

9. 軌道交通車上號誌及列車控制設施

(1) 自動列車防護之車上設施，至少包括有感應天線、速率偵測、速限控制、車門控制、零速度偵測及防止非預期移動之防護等功能。

(2) 自動列車運行之車上設施，至少包括有駕駛室列車控制及顯示、自動速度調整、程式化靠站停車等功能。

(3) 自動列車監控之車上設施，至少包括有與軌旁通訊、調整功能等級、自動途徑確認及到站停車時間控制等功能。

(4) 車上手控操作設施，至少包括有操作模式選擇，速率控制、剎車號誌及警示等功能。

(5) 車上號誌設施的布置與配線，應與列車各系統互相配合，其介面於細設時應予明訂。

10. 軌道交通班次間隔及車間距

(1) 軌道交通號誌系統設計應依列車營運計畫明訂列車班距。

(2) 列車靠站時間通常為 25 秒，且該靠站時間之控制為自動列車控制功能之一部份。

11. 軌道交通電路、號誌及指示燈

(1) 軌道交通電路由電氣性隔離之軌段所構成，由於主線採音頻軌道電路，故除了在聯鎖區域外，軌道電路兩端並不需要軌道絕緣接頭。軌道電路的主要功能，系用以偵測軌道上車輛之存在，並提供斷軌時之列車保護功能。在正線上各車站號誌設施可利用軌道電路，將資料傳送至車上駕駛室及列車控制系統等設施。軌道交通電路應有足夠之可信度，並具"故障自趨安全"的特性。軌道電路須和牽引動力電力回流系統相容及避免電磁干擾。

(2) 軌道交通號誌系統須能提供列車駕駛員下列資訊：

(a) 主線上連續性駕駛室號誌。

(b) 所有轉轍器上之雙向指示燈，顯示轉轍器鎖定狀態。

(c) 列車離站之鳴聲介面(表示靠站時間終了)， 涵蓋所有站臺之雙向行駛路線。

12. 軌道交通轉轍器控制及操作

(1) 轉轍器以遙控方式安排列車途徑及完成聯鎖。轉轍器設定之位置及鎖定狀況，須能顯示於相關之現場控制盤及中央控制室。

(2) 當行控中心遙控系統、車站號誌系統或電力系統失效時，設施仍能以手動操作。

13. 軌道交通聯鎖

(1) 所有電動轉轍器皆須提供聯鎖，以防止所有不安全狀況的產生。

(2) 聯鎖功能：移動轉轍軌以改變列車運行方向。

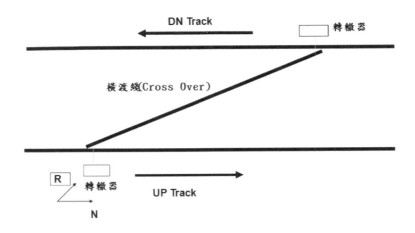

(3) 聯鎖程序：列車通過橫渡線時須先

    (a) 建立途徑。   (c) 轉轍器被鎖定。

    (b) 相關的轉轍器及號誌燈依設計之   (d) 途徑入口號誌燈被設定為綠燈。

        程序動作。   (e) 列車完全通過後，轉轍器解鎖。

14. 軌道交通控制盤及遙控設施

(1) 聯鎖控制設備裝設於其所控制設施就近之車站通訊號誌設備室。

(2) 中央控制室是軌道系統營運中樞，配有控制人員及設備，以監控軌道上列車運作情形及號誌、供電和環境控制系統。

(3) 行控中心設置顯示面板，以顯示系統概況；同時相關控制臺可提供途徑及轉轍器之控制。

(4) 控制臺包含視訊顯示單元並配合控制鍵盤和螢幕尋址系統。中央控制室和各個車站通訊號誌設備室間，經由通訊路線，建立遙控和顯示之鏈結，以互相傳輸和顯示數據。

15. 軌道交通電纜布設及供電

(1) 軌道交通號誌電纜應配合整體之設計，採故障自趨安全之理念。主電纜採複式布設，布設於軌道兩側或在不同的電纜槽中。號誌電纜布設應與電力布設於軌道不同側或採適當之電磁隔離措施，以避免干擾。

(2) 一旦電力供應失效或牽引動力電源供應中斷時，列車需能依其他列車位置及聯鎖情況滑行至下一車站，所以每一車站均需有一不斷電系統。

16. 軌道交通機廠號誌控制

軌道交通機廠內之號誌系統，無自動列車防護(ATP)功能，維修區域和維修側線毋需設置號誌，其餘區域則須提供下列設施

(1) 號誌燈是兩相式號誌燈。

(2) 列車偵測功能需具故障自趨安全之設計，在駐車段亦須提供列車偵測及顯示。

(3) 適合於機廠操作之轉轍器。

(4) 若沒機廠號誌控制室，則機廠號誌控制臺裝設於控制室且不受中央控制監督。

(5) 配合機廠列車速度及移動所需提供聯鎖。

(6) 機廠至主線之軌道出口，提供有發車前偵測功能的設施。

(7) 進入或離開轉換軌，或要開始營運，自動列車操作皆可施行。

17. 軌道交通列車辨識(PTI)

(1) 軌道交通號誌系統應提供資訊，使營運人員瞭解在軌道上每部列車之代號和目的地，並由駕駛員設定列車和人員代號之訊息，這些訊息將傳送到車站號誌設備室，再傳至控制中心。

(2) 列車的代碼和目的地之訊息將用在：

  (a) 車站旅客資訊顯示。   (c) 在道岔軌處的自動控制途徑。

  (b) 就地控制盤之顯示。   (d) 行控中心之顯示。

(3) 旅客資訊顯示

　　車站站臺及大廳應設置中英文矩陣顯示板，顯示板須能自動顯示下二班列車到達所需時間及其目的地，另顯示板亦可顯示列車離站告示及目前時刻，並具有廣告功能。

(4) 所有在控制中心的資訊用以：

　　(a) 追踪列車。

　　(b) 行控中心之監控功能，包括自動派車、設定途徑、監視系統、調整參數、及時刻表驗證等。

　　(c) 自動監視功能：包括利用軌旁通訊傳輸列車所須訊息、提供主線列車調度功能、就地控制及維護功能、系統故障警報之顯示和報知、提供列車運轉資訊等。

16.1.2　軌道交通通訊系統工程設計

1. 軌道交通通訊系統之功能如下

　　軌道交通之通訊系統主要用於協助列車運轉控制、提供乘車資訊、處理意外事故和安全問題，以及平時之管理、維修工作。應用數據、語音及影像通訊技術，而達到各子系統間訊息之傳輸與整合功能。

2. 軌道交通通訊系統工程之設計理念如下

　　(1) 重要路由或設備應採雙套相互備援的原則。

　　(2) 系統或設備容量應考量未來的擴充性。

　　(3) 朝使用模組化及標準化產品的原則。

3. 軌道交通通訊系統工程架構

　　軌道交通通訊系統工程架構是由車輛、車站、機廠及行控中心結合為軌道交通通訊系統，通訊系統架構如下：

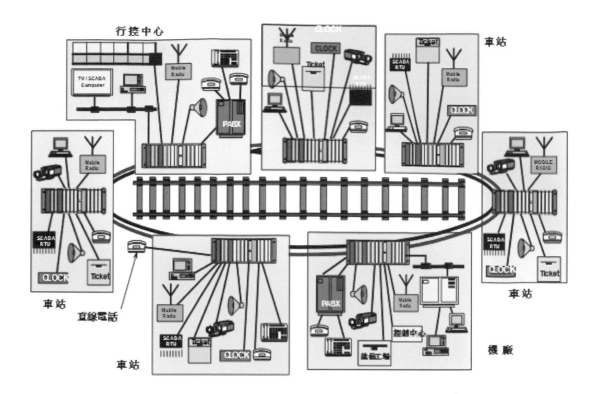

4. **軌道交通自動電話**

   (1) 自動電話通訊設備應涵蓋整個軌道交通系統，且每一分機可依其需求設定或調整服務等級。

   (2) 主電子交換機置於控制中心設備房，機廠亦有電子交換機，且經由幹線與主電子交換機連接。

   (3) 主電子交換機可執行車站用戶的交換任務及軌道交通系統控制中心的分機交換任務。

5. **軌道交通直通電話：每一軌道線依使用目的不同提供四種通話性質的直通電話系統：**

   (1) 行車控制直通電話系統。

   (2) 變電站直通電話系統。

   (3) 維修直通電話系統，可分為二個子系統：

   　(a) 工程控制員維修直通電話系統。

   　(b) 環控員維修直通電話系統。

(4) 軌旁跳脫站直通電話系統：工程控制員可利用軌旁直通電話系統與沿著軌道設置之軌旁電話及月臺前端牆及尾端牆電話通話。本系統主要目的在確認導電軌電力切離。

6. 軌道交通電子郵件

提供網路化辦公室自動化系統資訊之收發。

7. 軌道交通閉路電視(CCTV)

(1) 閉路電視的監看，系為營運及安全的需要。

(2) 列車駕駛員在靠站時可以監視車站月臺的狀況。

(3) 車站控制員可以監視整個車站公共區域。

(4) 控制中心可以監視整個軌道交通系統車站公共區域。

(5) 站務員可以監視票閘出口及入口的狀況，機廠閉路電視系統可幫助機廠控制員監視機廠控制塔視線以外的區域。

(6) 系統需具有可供操作人員錄放影、尋找畫面等功能，以便記錄或分析事故。

(7) 系統需具有畫面字幕顯示功能。

(8) 系統設定功能應包含日期／時間，攝影機／監視器分群、旋轉順序和顯示停留時間等。

8. **軌道交通無線電系統**

(1) 開放式全數位無線電系統，需提供控制中心、車站人員、列車駕駛、機廠人員及維修人員等通訊所需之無線電通訊。

(2) 每一列車與行車有關的無線電在通話前及通話中，控制中心的螢幕上皆可顯示。

(3) 控制中心可對全體或選定的列車通話，所有的通話均應錄音。

(4) 不同路線相交之共同區域，無線電系統需使不同路線的人員能與此區域內的各列車及相關人員通話。

(5) 系統須設置跨頻耦合器，以確保相鄰站之無線通訊順暢。

(6) 全線需適當調配使用泄漏電纜和架空天線技術，除地下段軌道交通主線，其無線電涵蓋範圍至少須達 95%外，其餘路段之涵蓋範圍應於設計階段訂定。

(7) 需提供維修專用頻道、警用頻道及緊急反應頻道。

(8) 消防隊車輛無線電臺可藉連接至地下車站或通風層之無線電系統，以提供站與站間之無線電通訊。

(9) 每個地下車站均需設置消防無線電介面箱，並應儘量接近車站主出入口。

(10)　無線電有群組通訊，供不同之控制員監控：

(a) 列車通話群組。　　　　　　　　(d) 維修通話群組。

(b) 機廠通話群組。　　　　　　　　(e) 公安通話群組。

(c) 車站通話群組。

9. **軌道交通公共廣播**

　　軌道交通公共廣播範圍應涵蓋每個車站的所有相關區域，車站劃分為若干區域以利廣播，包含站臺、大廳、停車場、走道等及非公共區域，由站務員控制盤主控。

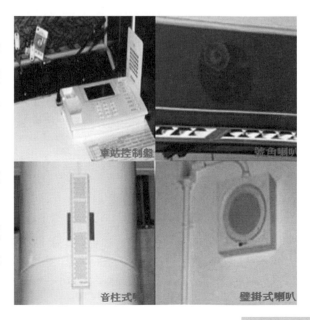

(1) 每一車站均設有公共廣播設備，且於設計時將車站劃分為若干區域以利廣播，可由當地車站及控制中心，選擇個別或數個車站的區域廣播，並於顯示器顯示廣播系統的使用狀況。

(2) 每一廣播區域可自動偵測背景噪音的強度，以控制擴大器輸出之音量。

(3) 每一車站及控制中心均需具有一錄放音設備，並與公共廣播系統連接。

(4) 聲音需避免干擾鄰近住宅及商業區。

(5) 公共廣播的設計需符合相關消防法規。

(6) 列車的廣播系統由駕駛室控制，亦可連接至車上無線電。

10. 軌道交通旅客資訊系統

軌道交通旅客資訊系統於車站月臺、驗票閘門前及列車每一車廂都設置中英文乘客顯示設備，能看清本顯示設備畫面，顯示設備由號誌系統驅動，自動顯示下一班車到達所需時間及其目的地。另顯示設備亦可顯示列車到/離站資訊告示及目前時刻，亦可顯示特殊的資訊，如通知列車延誤、逆向行車及其他與乘客相關之資訊，並具有廣告功能；軌道交通旅客資訊系統在站內能提供列車到/離站及目前時刻等視訊，在列車內應能提供列車目的地、停靠站站名、車廂門開啓側等視訊。

(1) 軌道交通車站月臺、驗票閘門前設置旅客用顯示板，應顯示足夠之列車資訊，使乘客在月臺上即可看清，搭乘正確列車。另，顯示板亦可視需要顯示列車到離站告示及目前時刻，或執行廣告功能及特殊資訊。

(2) 列車、驗票閘門前及車站月臺設置點矩陣旅客資訊顯示板，藉由號誌系統軌道訊號觸發，以自動顯示下一班列車到達時間及目的地之實時資訊，亦可由列車、車站或控制中心傳送一般訊息或特殊資訊。

11. 軌道交通時鐘

(1) 標準系統母鐘設置於控制中心設備房，經由通訊網路將時間同步訊號傳至各車站及機廠次母鐘及子鐘。

(2) 母鐘：母鐘爲軌道交通系統時間校正之依據，其所產生時間脈衝經由通訊網路送出，母鐘設於控制中心。在控制中心的電腦與此母鐘時間脈衝同步，但失聯時，電腦仍可獨立運作，當時間脈衝恢復時，電腦應自動校準時間。

(3) 子鐘：設計時須考量子母鐘間之最長距離、準確度及其可視距離。

12. **軌道交通車載設備**

(1) 車載設備能由駕駛室驅動的廣播系統，且能轉接由無線電系統傳來的廣播

(2) 車載設備爲連接列車前駕駛室與該車後駕駛室的電話回路。

(3) 車載設備藉由旅客緊急通訊器供旅客與列車駕駛室作緊急通訊。

(4) 車載設備爲列車駕駛室與行控中心正常情況下的無線電通訊系統。

(5) 車載設備爲列車駕駛室與行控中心緊急情況下的無線電通訊系統。

(5) 車載設備爲列車在機廠時使用的無線電通訊系統。

13. **軌道交通傳輸系統**

(1) 通訊系統應提供光纖傳輸系統，本系統始於行控中心設備室。光纖電纜在隧道段系沿著人行步道下方之電纜溝布設，在高架段則沿著電纜槽布設，在平面段則沿著電纜溝布設。光纖電纜必須提供二條，並沿上下軌道布設。

(2) 通訊傳輸系統需利用光纖傳輸訊號，以降低鄰近動力和電力系統之干擾影響，行控中心、車站、機廠間的光纖傳輸路網應構成環狀自複式網路，光纖傳輸系統亦可提供影像訊號介面，傳輸閉路電視影像訊號至行控中心。

14. 軌道交通供電及設備

(1) 軌道交通車站通訊系統使用直流正極接地電池充電系統及交流不斷電系統。

(2) 通訊設備分別安裝位於行控中心設備室、車站的通訊號誌設備室及機廠的通訊設備室。

16.1.3 軌道交通自動收費系統工程設計

1. 軌道交通自動收費系統之功能需求及工程設計準則如下

(1) 軌道交通自動收費系統除取代傳統人工收費外，更兼具有資料搜集、整理、統計、儲存、查詢、出入管制、設備監視及定期報表列印等功能。其系採用塑膠磁性車票可配合自動驗票閘門，以管制旅客進出各車站之付費區。整套系統採電腦連線作業，並分為兩階層處理：

(a) 車站處理系統：每一車站均設有自動驗票閘門、自動售票機、監票員售票機等設施。

(b) 中央處理機系統：安裝於軌道交通行控中心，連接到各站之車站處理系統，為一大型電腦以執行整個自動收費系統之稽核、控制與管理。

(2) 自動收費系統應有兩階層處理系統，亦即車站處理系統及中央處理機系統。

2. 軌道交通自動收費系統工程之設計理念

(1) 重要路由或設備應採雙套相互備援的原則。

(2) 系統或設備應考量未來的擴充性。

(3) 朝使用模組化及標準化產品的原則。

3. 軌道交通自動收費系統工程架構如下

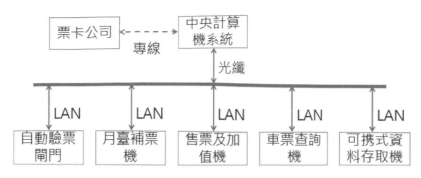

中央計算機與車站設備系統架構圖

4. 臺灣桃園機場捷運及高雄捷運自動收費系統工程架構如下

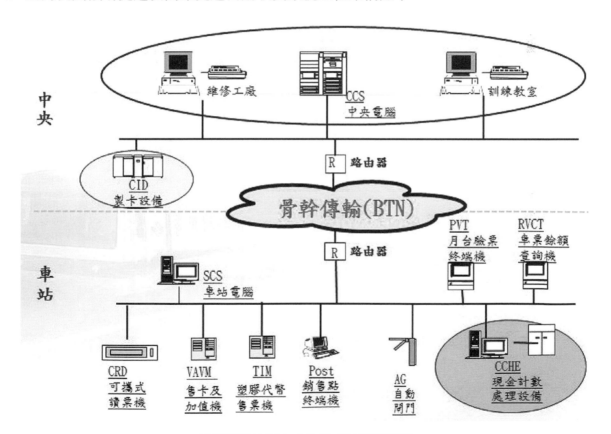

桃園機場捷運自動收費系統工程架構

■ 自動收費系統架構

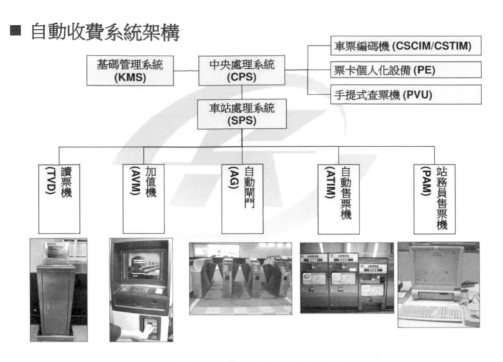

高雄捷運自動收費系統工程架構

4. 大陸軌道交通自動收費系統工程架構如下

北京城市軌道交通 AFC系統架構

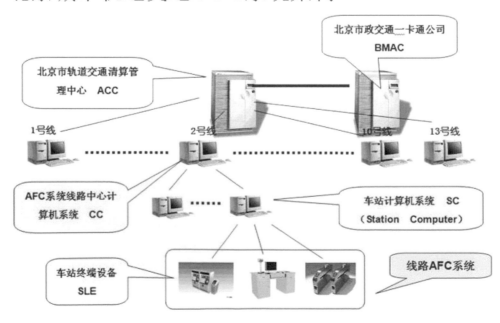

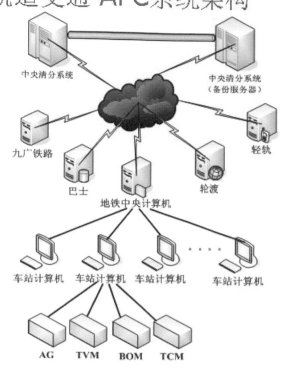

香港城市軌道交通 AFC系統架構

5. **軌道交通車票種類**

(1) 自動收費系統使用非接觸式 IC 車票(含單程票、儲值票及特種票)或行動支付，以控制旅客進出車站付費區。

(2) 車票種類分為

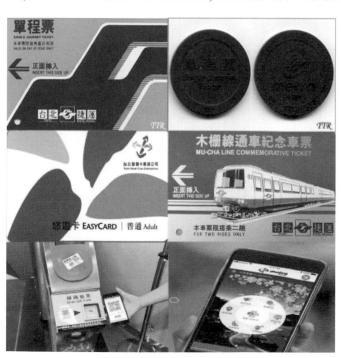

  (a) 單程票：可回收非接觸式 IC 代幣或接觸式紙票。

  (b) 儲值票：非接觸式 IC 卡。

  (c) 特種票：紀念票、定期票(如周票、月票、季票等)及旅遊票(如一日票、三日票、七日票等)。

  (d) 工作通行證：供經其核可之人員免費搭乘用，亦可作為操作、維修特定設備前之辨識。

6. 軌道交通驗票閘門

(1) 驗票閘門用以控制旅客進出車站付費區，須包括進站、出站專用閘門及雙向操作閘門。雙向閘門由站務員視旅客流量選擇為進/出站閘門或由旅客先感應車票進/出站。

(2) 進站及出站閘門可調整之最低進站值功能，進站閘門每分鐘至少處理 60 張車票，出站閘門每分鐘至少可處理 45 張車票。

(3) 在車站主出入口須為乘坐輪椅或其它殘障旅客、推嬰兒車之旅客或其他行動不便之旅客提供無障礙驗票閘門。

(4) 閘門設計分為

    (a) 三轉柱式。   (b) 門片式。   (c) 剪式伸縮門。

(5) 車票處理裝置

    (a) 車票處理裝置是自動驗票機的另一個關鍵部件，車票處理裝置負責完成車票讀寫、傳送及回收處理。

    (b) 車票處理裝置主要包括兩大部分：車票讀寫設備和車票傳送裝置。

    (c) 車票處理裝置通常需要配置兩個票箱，並實時監控票箱的狀態，在票箱未安裝、票箱將滿或票箱已滿時需要向主控單元發送相關資訊。

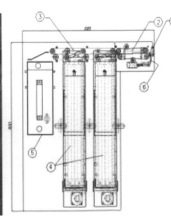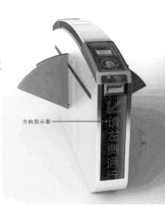

①车票投票口
②车票信息读取装置
③车票回收装置
④车票回收箱
⑤废票回收箱
⑥电磁快门

7. **軌道交通自動售票及加值機(ATIM)**

(1) 軌道交通所有車站均以自動售票機販賣單程票及加值。售票機數量因車站不同而有異，但須滿足 25% 之尖峰分鐘旅客流量購票加值之需。各車站之每一售票區至少須有二臺自動售票機。基於系統擴充之需，每站須預留 50%之設備空間。

(2) 每臺自動售票機均須能販賣多種面值車票，並在各次交易可連續出售多張車票。

(3) 自動售票機應提供觸摸螢幕(touch screen)來顯示交易進行中所需之文字和/或圖形資訊，此螢幕將引導旅客完成付費程序及傳達機器之相關資訊。

(4) 為服務行動不便者，各車站自動售票機中至少有一臺供行動不便者使用之自動售票機。

8. **軌道交通站務員售票機(PAM)**

(1) 軌道交通各車站之詢問處及簡易詢問處均須裝置站務員售票機負責

    (a) 發售車票。

    (b) 補票、加值、退費及退卡功能。

    (c) 驗證任何車票。

    (d) 車站設備監控功能。

(2) 站務員售票機亦具有車站之設備監控功能，使站務員能藉由本設備監視與控制車站內所有與本機連線之自動收費設備，本機亦可顯示上列設備之故障及異常訊息，以利檢修。

9. 軌道交通查詢機

　　旅客可將車票放在查詢機之車票讀寫器感應區上，以獲知車票餘額、有效期限及近期交易細節等資料，可顯示最近六筆車票事務數據及最近一筆加值交易資料。

10. 軌道交通現金點數與裝袋設備

　　(1)所有車站之現金房內均須設置錢幣點數與裝袋設備，硬幣輸送機可將現金盒內之硬幣以輸送帶送至點數設備。

　　(2) 錢幣點數與裝袋設備須包含一控制電腦並與車站處理機系統連線，使車站能自動監控並完整記錄所有送往控制中心保存之現金。此控制電腦並可執行車站處理機系統功能。

11. 軌道交通車站處理機系統

　　(1) 軌道交通車站處理機具有對車站內自動收費設備管理、監視及營收稽核之功能，並將中央處理機下傳之參數或更新程序轉送至各車站內自動收費設備，或將車站內自動收費設備交易數據或訊息轉送至中央處理機。

　　(2) 軌道交通車站處理機須與控制中心之中央數據處理機連線，以下載必要的營運參數。

12. 軌道交通中央處理機系統

(1) 軌道交通中央控制中心應設置中央數據處理機系統以執行全路網自動收費系統營運及稽核、監督、控制、管理自動收費系統等功能。

(2) 軌道交通中央控制中心中央數據處理機系統需與車站處理機系統連線以使數據能上傳及下載，使旅客得以非接觸式 IC 卡車票完成旅程。

16.1.4　軌道交通月臺門系統工程設計

1. 軌道交通月臺門(platform safe door，PSD)

　　是介於站臺與軌道之間的一種隔離設施，當列車停靠在站臺時月臺門會以滑動方式打開，並且與車門對齊

2. 軌道交通月臺門主要目的為

(1) 安全理由：防止墜軌自殺或因人潮眾多發生墜軌意外。

(2) 降低風力：防止活塞效應拉扯乘客跌倒。

(3) 節約能源：防止月臺空調流失及保持月臺溫度。

(4) 提升安全：限制進入軌道區域。

(5) 減少垃圾：防止乘客將垃圾丟進軌道，降低火災風險。

(6) 降低成本：當月臺門與號誌系統配合，可減少人力資源。

(7) 降低噪音：如列車與軌道磨擦之噪音。

3. 月臺門型式

　　安裝在車站站臺邊緣將行車的軌道區與站臺候車區隔開，設有與列車門相對應並可多級控制開閉滑動門的連續屏障。門頂端與天花板相接稱作月臺門(platform screen doors，PSDs)，有一定空隙稱作全高安全門(platform edge doors， PEDs)，一般高度均大於2米。而低於2米的稱為低安全門。

4. 軌道交通月臺門基本需求及安裝

　　軌道交通月臺門包含外框、玻璃、滑門、緊急門、及站臺兩端通行門。滑門供一般乘客用須與車門對齊，且為電動式；車行方向每節車廂都設緊急門，緊急門為軸承式，以供乘客緊急時使用。月臺門須能提供車輛長度使用，其長度為第一節車廂之月臺門縮減至駕駛門後，供裝置站臺監視螢幕，且不設駕駛門；最後一節車廂之月臺門，除於終點及交會站其設置原則同第一節車廂之月臺門外，其他車站則自站臺末端算起不須退縮，駕駛員區域設有駕駛門。

5. 軌道交通控制方式

　　列車未進站時，月臺門須閉鎖，如月臺門未閉鎖，列車不能進站。當列車進入站臺停定位後，列車車門及月臺門將收到開啓號誌並同時開啓，上下旅客，待停車時間到達，則列車車門與月臺門同時關閉，兩者皆關閉且閉鎖後，列車才能開動。此月臺門系統可採自動或手動操作模式。站臺滑門之控制可在手動控制板上操作，其裝設位置應位於站臺前端通行門附近。

6. 軌道交通月臺門安全開門原理

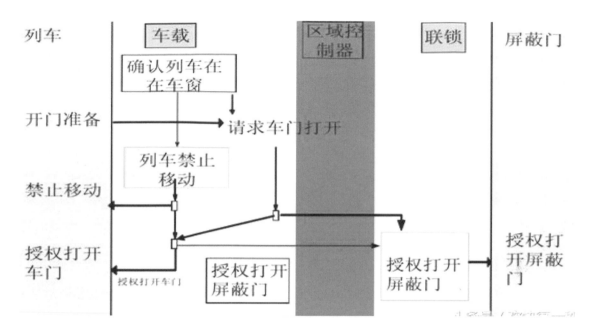

7. 軌道交通月臺門安全關門原理

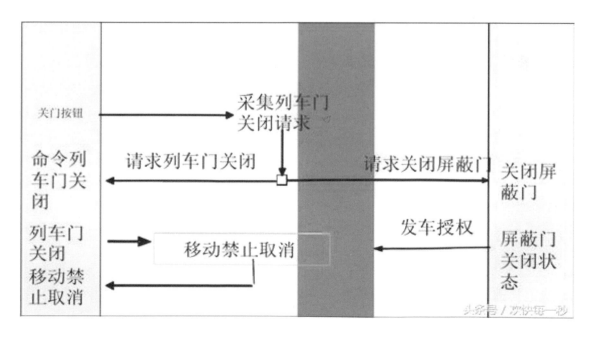

16.2 軌道交通車輛系統工程設計

軌道交通車輛系統工程設計包括列車尺寸、列車性能、列車組成、轉向架與車輪、車體及內裝、旅客出入、聯結器、空調、列車控制系統(TCS)及無障礙設施。

1. 軌道交通列車尺寸

(1) 影響列車尺寸之因素有：

(a) 根據預估旅客流量而訂定之乘客座位及站位規定。

(b) 影響列車靠站時間之上下車方便性。

(c) 車輛長度與寬度之實體限制。

(d) 車站站臺長度。

(e) 軌道線形。

(f) 軌距。

(2) 車輛座椅以外之地板面積可提供每 6 人/平方公尺之站位容量。但是，基於舒適性之考慮，以 5 人/平方公尺為原則，於列車營運規劃時，並據以推估列車營運時之列車數量。

2. 軌道交通列車性能

(1) 軌道交通列車最大營運速度需考慮車站站距之設計，旅客(特別是站立旅客)之舒適度以及輪軌粘著係數決定加速度之上限。

(2) 軌道交通列車低煞車率將需要較長之列車間距，故煞車率須依實際可行性盡可能提高，以使列車得以於緊密的班距下營運。

(3) 軌道交通列車輛的設計應盡可能降低噪音及振動，以免引起乘客不適。

3. **軌道交通列車組成**

(1) 軌道交通列車組成編組可依實際客流量需求進行編組,依據目標年尖峰小時單向預測最大客流量,以決定車隊規模,並作爲營運及維修費用估算之依據。

(2) 車輛編組後之乘載量,需符合尖峰及離峰時之預測客流量。月臺之寬度與長度需足以應付目標年預測客流量,爲避免目標年後客流量成長而擴建,估算月臺長度時,車輛組成之長度系以在尖峰時段的車廂容量爲標準

(3) 一般而言若三輛車編組所組成,每一組可包括二輛含駕駛室動力車(DM1)、一輛非動力車(T)組成形式爲 DM1—T—DM2。

4. **軌道交通轉向架與車輪**

(1) 軌道交通車輛轉向架系支撐車體並引導車輛運行的裝置,除了提供車體的承載之外,最重要的是在安全的前提下,提高行車穩定、速度及舒適性。

(2) 軌道交通車輛轉向架全部均爲動力轉向架,轉向架除本身之架框結構外,裝置有牽引馬達,以提供牽引動力之來源,其它包括懸吊系統(主懸吊橡膠彈簧圈、次懸吊空氣彈簧)、輪軸、齒輪箱、撓性聯軸器、煞車系統、軸箱、輪緣潤滑器及集電器等裝置。

(3) 軌道交通轉向架無論有無承梁均應符合軌道線形規定,使車輪摩耗減至最低。

5. 軌道交通車輛旅客出入

(1) 於軌道交通自動列車操作模式下列車正確停靠後，正常情形下車門即自動開啓。每節車廂外部兩側應設有可同時開啓同側車組門之裝置。而列車操作員必須可在各車廂內開啓車門。車廂門應具備障礙偵測及自動重開/關功能，以保障乘客安全。

(2) 以地鐵系統而言，緊急狀況下，車上旅客能穿越各車再由列車二端下車至軌道上。車與車之間設置可通行之安全走道。

6. 軌道交通車輛聯結器(地鐵系統爲例)

(1) 固定式(半永久式)：同車組之車相聯接；自動式：車組之連結。

(2) 軌道交通車輛聯結器在垂直或水準方向應具有足夠擺動空間，俾能於行駛路線上使列車正常行駛，且可在最大水準曲率半徑軌道上進行聯結。

(3) 軌道交通車輛車組間之自動聯結器應能同時將機械、電氣及氣動聯結或解聯。這些操作應可於駕駛室遙控，或於軌旁聯結器處手動操作。若電氣或氣動故障時，應能於聯結器處以手動解聯。

7. 軌道交通車輛空調

(1) 軌道交通車輛每一車廂之空調設備，基本上有二個獨立分開之系統，包括安裝於底盤之壓縮機/冷凝器及安裝於頂板之蒸發器風扇。

(2) 調節後之空氣系由車廂兩端之空調設備透過管路均勻分布於車廂內部，以使車內任一處均具兩個不同來源之調節空氣。調節後之空氣系由先行過濾之新鮮空氣與再循環空氣混合組成，空氣品質須符合軌道營運環境之國際標準。在緊急狀況下，必須提供足夠之新鮮空氣量，以確保乘客逃生之安全。

8. 軌道交通列車控制系統(TCS)

(1) 軌道交通列車須以完全自動列車操作(ATO)之操控方式進行設計。車上須配置駕駛員，在自動列車操作模式下開關車門或手動操作列車，若自動列車操作發生故障，駕駛員可執行降級運轉，包括半自動駕駛或手動駕駛。列車須布設連續之同步列車線以使各組牽引與煞車設備均須與此控制系統連接。同時，當駕駛員操作由鑰匙控制主控制器時，駕駛室設備與該控制系統連接。

(2) 軌道交通列車控制功能還包括：

    (a) 以單一動作控制列車輔助系統之啟動與關閉。

    (b) 以鑰匙開啟方有作用之主開關，其位置有"後退"、"機廠手動"、"全手動"、"半自動"、"洗車/聯結"及"全自動"。

    (c) 無線電與廣播設備。

    (d) 車門控制。

(3) 操作駕駛室

    (a) 一個相當車體寬之操作駕駛室位於 DM1 車之 1 號端。

    (b) 儀器裝配於駕駛室區域以控制列車運轉及停止、車門之操作並監控次系統及列車狀況。

    (c) 大部份經常使用之控制設備及指示器系集中於控制臺總成上，其設備放置位置系設計成方便於駕駛員之使用。

    (d) 輔助駕駛臺系安裝於對面側輔助駕駛室。

9. 軌道交通車輛無障礙設施

(1) 為確保無障礙安全上下列車，一般直線站臺邊緣與車廂地板邊緣間之設計間距須限制讓輪椅能順利進出列車。

(2) 軌道交通車輛應設置年老與殘障人士座椅及殘障輪椅專用區。

(3) 為提供緊急逃生之需，全車須有一無障礙通道。

Chapter 17

軌道交通工程專案管理

17.1 軌道交通工程專案管理意涵

過去傳統軌道交通工程系由業主委請顧問公司進行設計，完成後交由施工承包商施工，並由顧問公司負責監造，確保工程品質。然因軌道交通工程之設計、施工均為多項專業層次，一般業主大都不太清楚，故對顧問公司之設計是否達到其要求，無法確實核實，對承包商之施工品質等級，亦不易認定；而施工中若發生工期延誤或工程糾紛，將影響整體軌道交通工程建設，致使業主蒙受損失。

今日之軌道交通工程隨著空間環境、交通需求及各項軌道交通工程技術及機電系統創新，其工程規模及專業日益龐大及複雜，傳統設計、施工之管理方式已無法適應，必須整合各專業人才，方以解決各項要求，所以專業化之專案管理(Project Construction Management)制度乃因應而生。

專案管理乃為一特定之工程管理組織，可由業主自行專案管理或委請專業管理廠商以其所具備之規劃設計、施工或監造及管理等各方面專業知識、技術及能力，居中於顧問公司與施工承包商間，亦可以由施工承包商自行負責施工階段專案管理。專案管理組織監督顧問公司確實履行其義務，包括各項規劃設計成果、圖面及施工階段之監造；另一方面亦依工程預算、完成期限，督促顧問公司及施工承包商進行成本控制及計畫進度管制，以符軌道交通工程需求及目標。專案管理可從工程規劃階段即行參與，將軌道交通工程之規劃設計、招投標、施工，到工程完工營運等階段作一全過程處理，使整個工程能掌控在既定之時程、品質及成本之要求下，滿足軌道交通建設之需求。

因專案管理系以維護業主的利益為出發點，在工程招投標前以施工之可行性為考量來審查設計，工程招投標後與顧問公司、施工承包商間居中協調，並於施工階段控管施工之時程、品質、成本及工地安全，故能夠以一貫的理念，自設計至完工營運一氣呵成。

要如何瞭解軌道交通工程專案管理意涵，首先要對於軌道交通工程特點、專案管理模式、專案管理重點、專案管理目的、專案管理內容、完成軌道交通工程施工手段及專案管理績效評定等有一定認知。

1. **都市軌道交通工程具有以下特點：**

   (1) 環境複雜：都市軌道交通工程面臨之環境包括地質環境、周邊環境、自然環境及社會環境等，工程環境複雜。

(2) 技術複雜：都市軌道交通工程主要爲土建工程、機電系統工程及車輛工程，包括 30 多項不同專業設施設備，系統技術複雜整合，系統整合將是軌道交通工程專案管理之重中之重。

(3) 管理複雜：都市軌道交通工程單位複雜，包括內部單位及外部單位，且專業多，介面整合難，造成軌道交通工程專案管理複雜。

環境複雜	技術複雜	管理複雜
• 地質環境 • 周邊環境 • 自然環境 • 社會環境	• 深開挖 • 大斷面 • 工法多 • 工序多 • 高新技術	• 單位多 • 專業多 • 規模大 • 介面多 • 交叉多

2. 軌道交通工程專案管理模式有三

(1) 業主自行組織專案管理模式：業主在軌道交通工程進行之前，先行組織軌道交通工程之建設團隊，進行軌道交通工程專案管理。軌道交通工程專案管理之人員組織，可在前期規劃時即先行成立，或在設計階段或施工階段再行組織，時間點視軌道交通工程建設之規模大小及需求性而定，但越早成立組織，對於軌道交通工程建設越能正面幫助，但缺點在於隨軌道交通工程建設越增龐大後，業主必須增加人員組織，造成人員管理困難情況產生，且人員之能力無法確實符合軌道交通工程之專業需求。

(2) 業主委託承包商承包建設模式：業主在軌道交通工程施工階段，委託承包廠商除進行施工外，並對於軌道交通工程進行專案管理，業主僅對於承包廠商進行品質管理，軌道交通工程之成敗交付承包廠商。此種模式之優點在於單純，軌道交通工程指揮系統單一，介面處理之問題少，業主不需費心協調，可專注於品質及設施功能之要求，同時責任明確，不易發生承包廠商推責任之爭議；缺點在於顧問公司與施工承包商對於設計及施工間之介面問題，需施工承包商自行協調，惟顧問公司與施工承包商皆爲業主委託單位，施工承包商無法強制要求顧問公司配合，介面協調困難度較高；同時業主對於軌道交通工程品質管理必須有嚴格管控機制，稍有不慎，即造成軌道交通工程品質問題，影響後續軌道交通系統營運，同時業主若對承商產生疑慮，往往會影響軌道交通工程執行，一般較不採用。

(3) 業主聘請管理廠商模式：基於業主人力或能力不足，聘請專案管理廠商對於軌道交通工程進行專案管理，這是軌道交通工程常見之專案管理模式，接續將以此模式進行專案管理說明。軌道交通工程專案管理廠商扮演業主代理人之角色，在技術層面，代表業主予以審定(核定)，並需將技術面問題轉化為業主可瞭解之資訊，以供業主在行政面決策之參考。專案管理廠商協助業主進行整體軌道交通工程之規劃設計和施工階段的服務，以其提供的專業知識降低總成本，並確保應有的工程品質及縮短工期。聘請之時間點一般可分為設計階段即由專案管理廠商進行專案管理至施工階段，其優點在於對設計顧問公司及承包商進行專案管理，減少設計及施工之介面產生；或施工階段聘請專案管理廠商對於軌道交通工程進行專案管理，協助業主對於軌道交通工程進度、成本、品質及風險進行專案管理，減少業主之專案管理壓力，但缺點在於業主及專案管理廠商需花較多的人力做監督管理。

3. 軌道交通工程專案管理重點

(1) 業主、專案管理廠商、設計及監造顧問公司、施工承包商、營運單位一體化：軌道交通建設從規劃設計至施工營運，環環相扣，乃全過程之工程建設，缺一不可，因此業主、專案管理廠商、設計及監造顧問公司、施工承包商、營運單位應一體化相互配合，進行軌道交通建設。

(2) 建設單位與營運單位應整合，使建設與營運相互配合：軌道交通工程建設單位之規劃設計及施工不見得完全符合營運單位之需求，因此軌道交通營運單位應提早介入建設單位之規劃設計及施工，提出營運需求及實際營運經驗，相互反饋，並建立營運意見反饋建設單位機制，避免軌道交通工程不符營運實際要求，而需變更設計。

(3) 計畫進度管理：軌道交通工程之進度往往影響整個工程建設成本及營運，計畫設計嚴格控制是縮短建設周期的關鍵，因此對於軌道交通工程施工時設計變更應限期顧問公司完成必要變更，同時對於施工進度嚴格管控，督導及早因應預備消檢、無障礙檢查、竣工勘驗等作業及督導系統測試和教育訓練，以利後續之通車營運。

(4) 計畫成本管理：軌道交通工程計畫資金控制按重要性依次為是計畫決策期，計畫準備期，施工期，投入營運期，計畫前期控制是降低建設成本的關鍵，對於都市軌道交通工程計畫成本管理應形成一套成本管理體系架構，每一方面的控制都體現了對計畫本身成本的管理能力。同時軌道交通工程建設成本往往因變更設計、估驗結算及物調指數而提高，因此在規劃設計及施工時應對於相關設計之完整性及數量、工程計畫完成之估驗結算及物調指數進行嚴格控管，以免因計畫成本管理不當造成軌道交通工程延滯或建設資金不足。

(5) 計畫施工品質管理：都市軌道交通工程計畫施工品質管理主要爲督導品質管理制度落實，包括工程品質、施工承包商品質管理系統、監造顧問公司品質保證系統及主管機關施工查核機制都應具體落實，以保證施工品質。軌道交通工程施工品質影響未來軌道交通營運，同時施工品質不佳，也會造成工程建設成本提高，因此軌道交通工程施工時應嚴格進行品質管理，以免因品質缺失造成未來營運維修問題，提高工程建設成本，甚至造成人員及乘客損傷。

(6) 計畫風險管理：軌道交通工程存在多種風險，包括設計風險、財務風險、施工風險、環境風險、物理風險、法律風險、政治風險等，應進行軌道交通工程計畫風險管理，減少不必要之風險產生。

(7) 計畫整合管理：軌道交通工程環境複雜、技術複雜、管理複雜，急需計畫整合管理，尤其軌道交通工程包括內部單位及外部單位，且專業多，介面整合難，因此必須建立一套計畫整合管理機制，減少不必要之介面問題。同時都市軌道交通工程計畫整合管理在內部單位主要爲督導完成 CSD 系統整合介面圖、SEM 結構與機電介面整合圖及介面整合會議(CIP)運作，其中主要以機電、環控、車輛爲主，土建水電爲輔，外部單位與管線單位等就暨有設施之介面清查，專案管理廠商依機關單位期望，督導施工期間導入軌道營運的觀念及需求，避免日後變更設計。

4. 軌道交通工程專案管理目的

(1) 提高工作效率，以縮短工期，降低成本：軌道交通工程專案管理能使工程依工作進度進行，不致有延滯現象產生，同時工作效率提高，更或超前進度，縮短工期，且節省人力，降低成本。

(2) 防止作業流弊，以施工規範確保工程之品質：軌道交通工程專案管理可以因管理機制避免施工作業流弊，並且因施工規範及標準，使工程品質提升，確保工程品質。

5. 軌道交通工程專案管理目標

    (1) 進度→工程施工須在預定工期內完成(on schedule)。

    (2) 成本→工程費用須在預估經費以內(within budget)。

    (3) 品質→工程品質須在設計要求標準以上(to the quality)。

    (4) 風險→工程須在安全考慮下完成(under the safety measures)。

    (5) 整合→工程需在規劃設計、施工及營運整合下完成(under the intergration)。

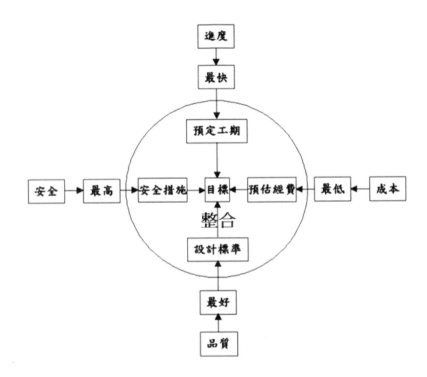

6. 軌道交通工程專案管理內容

    軌道交通工程專案管理內容包括人力、材料、機具、施工方法、財務：

    (1) 人力管理

        (a) 作業階層。   (c) 管理作業階層。

        (b) 執行階層。   (d) 領導階層。

    (2) 材料管理

        (a) 材料之採購。   (c) 材料之試驗。

        (b) 材料之儲存。   (d) 材料之使用。

　(3) 機具管理

　　　(a) 機具之使用。　　　　　　　　(c) 機具之維修。

　　　(b) 機具之調度。

　(4) 施工方法之檢討。

　(5) 財務管理

　　　(a) 成本控制。　　　　　　　　　(c) 帳務處理。

　　　(b) 現金需求。　　　　　　　　　(d) 財務行為監督。

7. 完成軌道交通工程施工手段(5M)

　(1) 人(men)→工人、監工、工程師、主任……等。

　(2) 方法(method)→規劃、設計、施工、營運……等方法。

　(3) 材料(materials)→砂、石、水泥、紅磚、鋼筋、鋼骨……等工程材料。

　(4) 機械(machines)→挖土機、推土機、壓路機、拌合機、潛盾機……等施工機械。

　(5) 資金(money)→施工成本。

8. 軌道交通工程專案管理階段績效評定

　(1) 規劃設計階段

　　　(a) 工程計畫內容是否明確？　　　(d) 工程設計費用編列方式是否妥當？

　　　(b) 土地拆遷補償是否解決？　　　(e) 管線遷移協調是否圓滿？

　　　(c) 是否落實先期作業？　　　　　(f) 設計是否正確？

　(2) 招投標階段

　　　(a) 是否流標？　　　　　　　　　(d) 工程計畫內容是否明確？

　　　(b) 是否綁標？　　　　　　　　　(e) 預估底價與市價是否相符？

　　　(c) 採購是否延誤？　　　　　　　(f) 核定底價是否合理？

　(3) 施工階段

　　　(a) 是否經常變更設計？　　　　　(e) 工期是否延誤？

　　　(b) 預算是否經常修正？　　　　　(f) 瑕疵是否偏多？

　　　(c) 配合工程是否順利？　　　　　(g) 驗收是否通過？

　　　(d) 工期訂定是否合理？

17.2 如何進行軌道交通工程專案管理

要如何進行軌道交通工程專案管理，首先要瞭解專案管理除業主、專案管理廠商、設計及監造顧問公司、施工承包商、營運單位一體化及建設單位與營運單位應整合，使建設與營運相互配合等二項為需相關單位協調配合外，還有五大管理重點，分別是計畫進度管理、計畫成本管理、計畫施工品質管理、計畫風險管理及計畫整合管理。

1. 軌道交通工程計畫進度管理

(1) 軌道交通工程規劃設計階段

專案管理廠商依據規劃設計、監造工作擬定基本時程後，業主、專案管理廠商、顧問公司共同研擬招投標文件，並將業主需決定事項、其他工程介面之里程碑、專案管理廠商建議之時程加入各里程碑及前置作業計畫，成為初步的執行計畫。

(2) 軌道交通工程招投標與施工階段

為使軌道交通工程進行時，施工承包商能控制工程進度，於招投標文件中依照主要計畫時程表明定計畫進度里程碑，專案管理廠商要求施工承包商按既定計畫進度里程碑提送預定工作細項預定進度表，若細項預定進度表因工程有所調整，應定期按既定里程碑提送工程細部時程調整表，進而依工作計畫關係完成邏輯網狀圖。

施工承包商之工作細項預定進度表核定後應並入總預定進度表做為目標時程，於工程進行中逐項追蹤進度；專案管理廠商則依目標時程管制管控施工承包商進度。若承包商進度落後，則要求承包商調整施工計畫以追趕回目標時程。

軌道交通工程施工時若需設計變更，應限期顧問公司完成必要變更，同時對於施工進度嚴格管控，督導及早因應預備消檢、無障礙檢查、竣工勘驗等作業及督導系統測試和教育訓練，以利後續之通車營運；施工承包商應對變更設計提出工期要求，專案管理廠商於變更設計進行工程議價完成後，提出變更通知調整進度，並對要徑工程計畫進行總工期調整或執行趕工計畫。

(3) 軌道交通工程完工階段

　　軌道交通各分項工程施工完成後，專案管理廠商於時程進度管控表中登入實際完成日期，全部工程完成時即要求施工承包商提出工程完工報告，並依此作爲計算施工承包商提前完工或逾期完工之依據。

(4) 根據上述軌道交通工程規劃設計階段、招投標與施工階段及完工階段，軌道交通工程計畫進度管理主要內容包括事前、事中和事後控制。

    (a) 軌道交通工程規劃設計階段即爲進度的事前控制，即爲工期控制。

    (b) 軌道交通工程施工階段即爲進度的事中控制，是施工階段的關鍵節點(Mile Stone 里程碑)。

    (c) 軌道交通工程完工階段即爲進度的事後控制，即"負債管理"。

(5) 軌道交通工程計畫設計嚴格審查是縮短建設周期的關鍵

　　軌道交通工程設計合理與否對建設周期影響很大，在規劃及設計階段，若軌道交通工程規劃設計不當，將在後續施工階段造成設計變更，影響軌道交通工程進度。

2. 軌道交通工程計畫成本管理

(1) 軌道交通工程規劃設計階段

　　於軌道交通工程規劃設計階段依據顧問公司之規劃構想、初步設計及造價資料等編擬軌道交通工程計畫投資成本，此時軌道交通工程計畫投資成本之影響可能性在百分之五十上下。

　　顧問公司完成細部設計，編列軌道交通工程計畫投資成本及工程預算，此時軌道交通工程計畫投資成本之影響可能性在百分之二十上下。

(2) 軌道交通工程招投標與施工階段

　　軌道交通工程招投標後，依招投標合約金額修正工程預算及計畫投資成本，並將各工作計畫金額顯示於施工時程計畫，作爲進度追蹤及計價之依據。變更設計核可後依變更內容修正施工時程計畫及工程合約金額，並將工程合約金額標示於施工時程計畫內，此時軌道交通工程計畫投資成本之影響可能性在百分之十上下。

(3) 根據上述，軌道交通工程計畫設計嚴格控制是影響計畫投資的關鍵

設計經濟合理與否對投資額和建設周期影響是巨大的，在初步設計階段，影響計畫投資的可能性為 50%，在細部設計階段，影響計畫投資的可能性為 20%，而在施工階段，影響計畫投資的可能性為 10%。

(4) 軌道交通工程計畫成本管理為全過程管理

軌道交通工程計畫成本管理貫穿計畫全過程，包括計畫前的成本概預算、計畫後的成本計畫與成本核算、計畫結束前的成本考核，形成一套成本管理體系架構，每一方面的控制都體現了對計畫本身成本的管理能力。

(5) 軌道交通工程計畫前期控制是降低建設成本的關鍵

軌道交通工程計畫資金控制按重要性依次為是計畫決策期，計畫準備期，施工期，投入營運期。計畫決策到準備期統歸為計畫前期。按可控制資金比例劃分，前期控制可以達到 70%，施工期達到 20%，營運期達到 10%。

(6) 規劃設計及施工時應對於相關設計之完整性及數量、工程計畫完成之估驗結算及物調指數進行嚴格控管，以免因計畫成本管理不當造成軌道交通工程建設延滯或建設資金不足。

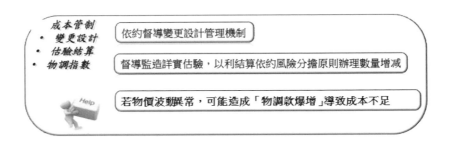

3. 軌道交通工程計畫施工品質管理

軌道交通工程計畫施工品質管理的目的在完成最佳軌道交通工程建設及最符合業主需要工程服務，其計畫執行需要業主、專案管理廠商、設計及監造顧問公司、施工承包商、營運單位共同努力配合，為一綜合性、全面性的制度。在業主要求下，透過施工品質管理機制達到業主要求。而在品質管理機制中進行計畫(PLAN)、執行(DO)、評估(CHECK)及改進(ACTION)，即P.D.C.A.四大步驟，來合理導入品質管理，從而達到業主對軌道交通工程建設品質及服務的嚴格要求。

(1) 軌道交通工程計畫施工品質管理程序

 (a) 確立標準：包括建立軌道交通工程成本、性能、安全及可靠性等各方面的品質標準以利於管制程序的執行。

 (b) 評估及核定：查核軌道交通工程是否達到規範要求。

 (c) 修正缺失：將民眾反應作為修定程序及要求的參考，以提升民眾對軌道交通系統滿意度。

 (d) 建立軌道交通系統改良制度：除了應民眾要求作軌道交通系統優化外，業主應在成本、性能、安全及可靠性方面不斷的改良，以建立良好的品質改良制度。

(2) 軌道交通工程計畫施工品質管理組織

 軌道交通工程計畫施工品質管理，系由三層級的品質管理組織而成。專案管理廠商會同業主負責的「品質管理」、顧問公司負責的「品質保證」、施工承包商負責的「品質管制」就是三層級的品質管理組織。三者除合約的縱橫關係外，還需要彼此分工合作才能將品質管理做好。

(3) 軌道交通工程各階段計畫品質作業內容

 (a) 軌道交通工程規劃設計階段

  ■ 設計圖說審查。 ■ 設計圖說介面整合審查。

  ■ 設計變更審查。 ■ 施工材料、規範審查。

 (b) 軌道交通工程招投標階段

  ■ 準備招標文件。 ■ 審查價格標。

  ■ 審查資格標。 ■ 審查比價/議價。

 (c) 施工階段

  ■ 審查顧問公司監造計畫。 ■ 監工審查。

  ■ 審查施工承包商施工計畫。 ■ 施工審查。

 (d) 完工驗收試營運階段

  ■ 準備完工報驗文件。 ■ 改正複驗。

  ■ 初次驗收。 ■ 正式驗收。

(e) 完工進駐階段

- 準備交付文件。
- 會同定期檢查。
- 會同點交。
- 稽查保固維修。
- 缺失改正。

(f) 品質稽查計畫。

(4) 軌道交通工程計畫品質管理系統

　　建立軌道交通工程品質保證責任、資訊指令執行反饋、品質責任考查考核、品質動態報告等四個系統。加強品質管理措施的建立、明確各參與單位品質管理體系的職責範圍、在施工管理與內業資料管理等方面相應規章制度並加強對相關從業人員的培訓、切實可行的品質獎懲、考核辦法。品質無小事，只有強化工程計畫品質才能達到整個計畫的順利實施。

(5) 軌道交通工程計畫品質監督是強化工程品質的關鍵

(a) 現場允許制度。

(b) 加強品質培訓教育。

(c) 實驗、檢驗、檢測。

(6) 督導品質管理制度落實包括

4. 軌道交通工程計畫風險管理

(1) 軌道交通工程風險之來源

(a) 設計方面。

- 設計不當。
- 設計錯誤。

(b) 財務方面

- 估價不確實。
- 資金不足。
- 物價上漲，施工成本增加。

(c) 施工方面

- 安全措施不足，造成人員傷亡。
- 管理不當，造成進度落後、品質不良及成本增加。
- 工程執行監督不當，造成施工災害。

(d) 環境方面

- 環境惡劣。
- 交通不便。

(e) 物理方面

- 地質狀況不明。
- 颱風、洪水、地震等天災。

(f) 法律方面

- 法律不明確。
- 誤觸法網。

(g) 政治方面

- 戰爭、罷工。
- 附近居民抗爭。

(2) 軌道交通工程建設常見的風險因素

(a) 地質風險因素。

(b) 環境風險因素。

(c) 自然風險因素。

(d) 技術風險因素。

(e) 管理風險因素。

(f) 工期風險因素。

(g) 經濟風險因素。

北京地鐵某車站支架坍塌　　　　　　上海某隧道坍塌

臺北某隧道坍塌　　　　　　廣州某深基坑坍塌

(3) 軌道交通工程建設風險管理體系

    (a) 注重風險評估，強化源頭預防預控。

    實施安全風險評估預控制度，通過事前對安全風險的有效辨識、風險評估、分級預控、專家把關等措施，消減安全風險，同時對不可避免的安全風險實施強化管理措施，制定專項應急預案，確保安全風險處於受控狀態。

    (b) 注重過程控制，強化各項安全措施。

    在軌道交通工程施工階段，按照沉穩的管理思維，通過精細化、資訊化、程序化的管理手段，強化動態管理，強化過程控制，監督措施和行爲規範的有效執行，將風險防範落實與績效考核及獎懲制度合一，保障軌道交通工程建設穩定、安全。

    (c) 注重應急管理，強化險情處置工作。

    軌道交通工程建設所面臨的地表建(構)築物環境、地下管線環境、工程地質和水文地質環境的複雜性、多樣性和不確定性，加大了施工難度和安全風險，事故和險情難免發生，爲最大程度地控制險情發展，減少損失，保障公眾的生命財產安全，各參與單位應積極強化應急管理工作。

(d) 注重各方主要作用，強化安全責任落實。

- 建立安全責任體系。
- 實施安全建設獎懲機制。
- 建立安全建設考核機制。

(e) 注重監督指導，強化執法力量。

- 強化軌道交通工程制度建設。
- 落實安全預警制度。
- 實施分級管理制度。
- 強化安全執法力量。

5. 軌道交通工程計畫整合管理

(1) 專案管理廠商督導施工承包商組成計畫整合工作小組，以討論介面整合事宜，該小組之功能如下：

(a) 訂定介面管理計畫及其自主檢查表。

(b) 模擬可能之介面衝突及成因，以檢討修正施工方法及配置位置之可行性。

(c) 建立施作程序。

(d) 施工順序、動線及場地安排等協調事項。

(2) 軌道交通工程計畫整合管理在內部單位主要為督導完成 CSD 系統整合介面圖、SEM 結構與機電介面整合圖及介面整合會議(CIP)運作，其中主要以機電、環控、車輛為主，土建水電為輔，外部單位與管線單位等就暨有設施之介面清查，專案管理承包商依機關單位期望，督導施工期間導入軌道營運的觀念及需求，避免日後變更設計。

(3) 軌道交通工程計畫整合管理體系

(a) 準確劃分施工介面，並提前交付協調結果。

(b) 明確相關介面責任。

(c) 強調工序移交和交接標準。

(d) 定期召開例會，協調解決現場問題。

(e) 建立整合制度。

Chapter 18

軌道交通營運管理

18.1 軌道交通營運管理做法

1. 軌道交通營運管理服務理念

軌道交通營運主要乃提供符合世界水準的軌道交通系統及相關服務，結合大眾運輸系統，解決都市交通問題，提高大眾運輸使用率，降低私人運具使用率，使都市成爲宜居及工作的都市。因此軌道交通營運管理服務理念如下：

(1) 使命：提供安全、可靠、親切之高品質交通環境。

(2) 願景：軌道交通安全零故障。

(3) 經營理念：顧客至上、品質第一。

2. 軌道交通營運管理基本要求—安全營運

(1) 提供安全可靠營運環境，運行路線、設備、設施必須達到零故障之系統安全運送條件，滿足乘客出行需求，保障乘客行的安全，並能在最佳狀態下營運。

(2) 車輛安全運行是乘客搭乘軌道交通系統的保障，因此車輛運行時之安全及日常維修保養格外重要，車輛區間安排應配合各階段客流變化進行規劃，並考慮擴大列車規模和列車編組之可能性。

(3) 完善營運計畫是保證軌道交通系統營運安全的基礎。

(4) 軌道交通營運管理應對於車站內、車輛上及沿線安全進行管理，以確保軌道交通系統安全無疑。

3. 軌道交通營運管理策略

軌道交通營運管理策略有六，分別爲：

(1) 建立良好顧客關係。

(2) 強化轉乘接駁功能。

(3) 強化風險管理與危機處理。

(4) 拓展多角化經營。

(5) 強化內部管理及資訊化。

(6) 營造良好學習成長環境。

4. 軌道交通營運管理策略成功關鍵因素：

   (1) 安全績效　　　　　　　安全

   (2) 保全績效　　　　　　　保安

   (3) 財務績效　　　　　　　效率及效能

   (4) 顧客及市場導向　　　　提升運量、顧客服務及滿意度、環境保護

   (5) 卓越的軌道服務　　　　可靠度及修護能力 RAMS

   (6) 卓越的組織　　　　　　人力資源

   (7) 資本投資　　　　　　　財產管理

   RAMS代表可靠度、可用度、可維修度與安全度(Reliabilityl, Availability, Maintainability and Safety)，指的是營運時相關人員的安全保障。

   (1) 可靠度可分為固有可靠度(inherent reliability)與操作可靠度(operational reliability)，固有可靠度為軌道交通系統之可靠度水準，操作可靠度微系統操作之可靠度評估值，度量指標為平均失效間格時間(MTBF，小時)、失效率(失效次數/每百萬小時)、成功機率(%)等。

   (2) 可用度分為固有可用度(Inherent Availability)、達成可用度(Achieved Availability)與操作可用度(Operational Availability)。

   (3) 可維修度為軌道交通系統進行維修時，在規定的時間區間內完成有效維修之可能性，可維修度度量指標包含：平均維修時間(MTTR)、完成修復機率(M(t))等。

   (4) 安全度為軌道交通系統於系統生命週期中，在有限的時間、成本、以及操作環境下獲致安全性的最適水準。

5. **軌道交通營運管理方針為**

   (1) 擴展大眾運輸服務範圍。

   (2) 強化車站周邊居民生活品質。

   (3) 提供高品質乘車環境。

   (4) 提升軌道妥善率與可靠度。

6. 軌道交通營運組織架構

軌道交通營運組織架構主要包括：(以臺北爲例)

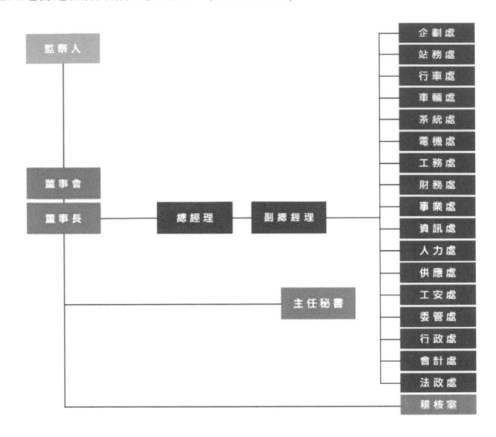

7. 軌道交通營運管理

軌道交通營運管理應從上述營運管理之服務理念、基本要求、營運策略、營運方針內容具體要求，成立全方位功能性之軌道交通營運組織來進行軌道交通營運管理，建立安全可靠、無縫轉乘之大眾運輸宜居都市。

18.2 軌道交通營運管理特性及模式

18.2.1 軌道交通營運管理特性

1. 軌道交通系統營運可區分爲三大系統

(1) 車輛營運系統

車輛營運系統包括路線、車輛、牽引供電、號誌、通訊、行車控制中心等。

(2) 旅客服務系統

旅客服務系統包括車站、自動收費系統、通訊系統、消防水電環控、電梯電扶梯等。

(3) 檢修保障系統

　　檢修保障系統保障上述設備性能良好，能隨時啟動重新投入運行而具備的檢修手段及檢修能力等。

2. 軌道交通營運管理功能特性

　　軌道交通營運管理功能特性有網路化營運、系統聯動、時空安排、統一指揮等四種功能特性：

(1) 網路化營運

    (a) 經營管理主體多元化。

    (b) 軌道交通形式、功能和型式多樣化。

    (c) 網路結構複雜化。

    (d) 列車運行方式的多樣化。

    (e) 其他交通方式銜接需求的多重性。

    (f) 客流需求的高增長和波動性。

(2) 系統聯動

    (a) 安全運行和優質服務的基礎是：軌道交通各專業系統同時正常協調地運行，保障軌道交通 30 多項不同專業設施設備 24 小時正常運行。

    (b) 路線、車輛、牽引供電、號誌、通訊、行車控制中心等有各自的運行規律，各種設備之間正常運行時具有相互依托關係，這些關係的存在要求設備之間有嚴格的技術配合流程。

(3) 時空安排

    (a) 有別一般製造業明顯不同的時間和空間概念。

    (b) 設備故障必須立即處理，儘快恢復正常。

    (c) 設備的檢修一般安排在夜間進行，有些需同時到場聯合作業。

(4) 統一指揮

    (a) 控制中心(調度室)負責軌道交通系統行車控制。

    (b) 控制中心控制號誌系統、供電系統、環控系統、主機及顯示螢幕、通訊系統等。

    (c) 控制中心人員包括行車調度員、電力調度員、環控調度員。

18.2.2　軌道交通營運管理模式

1. 軌道交通所有權與經營權關係之營運管理模式

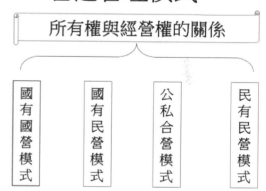

    軌道交通所有權與經營權關係之營運管理模式可分為國有國營模式、國有民營模式、公私合營模式、民有民營模式四種。

(1) 國有國營模式有二

    (a) 無競爭條件下的國有國營

        指由政府負責軌道交通的投資、建設，所有權歸政府，營運由政府部門或國有企業負責，代表都市有紐約、巴黎、莫斯科、北京、廣州等，絕大多數都市採用此種模式。

        以紐約為代表的國有國營模式，紐約政府負責紐約軌道交通工程投資資金及建設，在軌道交通工程完成後，將軌道交通營運所有權交與紐約市運輸局，負責營運和管理。軌道交通營運相關費用由政府承擔，政府制定票價，確保軌道交通發揮公共服務效益。

        該營運管理模式缺點在於軌道交通工程建設經費大，但營運收益往往因配合公共服務而無法提高票價，導致收益不佳，並需政府補助，政府出資進行建設、營運管理，外加營運財政扶持，所出財政資金過高。因此，以紐約為代表的國有國營模式適應於發達國家大都市。

(b) 有競爭條件下的國有國營

指由政府出資建設，所有權歸政府，國有企業通過競爭取得營運權，代表都市有首爾。

首爾軌道交通採用的是"政府投資建設，政府競爭經營"的模式，即：首爾的軌道交通系統由政府出資建設，並委託國有企業營運；在同一個都市內兩家以上的軌道交通營運企業，通過招投標的方式獲得新路線的建設及經營權。

首爾的軌道交通路網包括首爾地鐵和首爾鐵路系統兩部分，分別由首爾地鐵公社、首爾都市鐵道公社兩家國有公司營運，競爭機制的引入打破了"公營等於低效率"的成見，這其實與臺北捷運公司及新北捷運公司有些許類似。

(2) 國有民營模式

指軌道交通的路線完全由政府投資建設，建成後委託企業負責營運管理(OT)，典型代表有新加坡，該模式適用於客流量大、市場化程度較高、市場環境和市場機制較好的都市。

新加坡國有民營模式在新加坡政府財政扶持下，外加部分借貸資金，由新加坡國土運輸局負責軌道交通工程投資與建設等前期工作，而新加坡軌道交通後期營運與管理由新加坡快速軌道交通公司全權負責，政府不會對其後期營運加以扶持和補貼。在後期營運階段主要採取市場經營模式，由國土運輸局負責對其進行監管，確實保障軌道交通在獲利基礎上，充分發揮其公共服務功能，同時與企業聯手確保軌道交通的安全運行。

該經營模式的優點為軌道交通結合市場形勢，改善以往的軌道交通營運方式，保障軌道交通資金最大化利用，以最少資金保障軌道交通最高效率及高效能運行；缺點為由於軌道交通投資建設與營運管理主體不同，在資源配置等事項上易出現分歧。

(3) 公私合營模式

指由政府與企業共同出資設立公司，負責軌道交通的投資、建設和營運，代表都市有倫敦與香港。

倫敦軌道交通營運為典型的公私合營模式，軌道交通在政府的鼓勵下，獲得民間支持及投資；並由倫敦地鐵公司基於地鐵營運盈利基礎掌控票價決策權及工程發包權。此外，政府對於軌道交通營運建立相關扶持政策，以降低投資公司的壓力及成本，在公私合作機制下確保軌道交通穩定營運。

　　該營運模式的優點為政府與企業合作，可以保障軌道交通營運效率與安全性，同時軌道交通營運盈利空間大；缺點在於政府與企業合作參與，導致產權不易劃分，利益涉及方容易產生糾紛，從而影響到軌道交通正常營運。

(4) 民有民營模式

　　指由私人集團投資建設，並由私人集團經營。代表都市有曼谷。

　　以曼谷輕軌為代表的軌道交通營運模式，主要特點為政府只提供軌道交通工程建設用地，並擁有軌道交通制定票價權。而整個軌道交通工程建設及營運由都市建設委員會和軌道交通公司負責，曼谷軌道交通公司出資建設與營運，營運收益歸公司所有，且營運初期無需向政府繳納稅費，但其在營運過程中需受政府監督管理。

　　曼谷輕軌營運為典型的軌道交通營運模式，公司負責軌道交通投資、建設、營運，但軌道交通營運需在政府監管下保持正常運行，同時政府擁有制定票價權卻不會對其予以財政扶持和資金補貼，導致公司需要承擔較大營運資金風險，若客流量不大或無法進行業外投資開發，將導致虧損。

(5) 軌道交通營運管理模式適用性

　　影響軌道交通管理模式主要為軌道交通客流量和軌道交通系統型式、路線等。

條件	適用模式
客流密度在 0～1.5 萬人/(km·日)時	國有國營
客流密度在 1.5～2.5 萬人/(km·日)時	有競爭條件下的國有國營、公私合營、國有民營
客流密度在 2.5 萬人/(km·日)以上時	國有民營
當業主獨自承擔建設費用，客流密度大於 1 萬人/(km·日)時	國有民營
客流密度在 1.7 萬人/(km·日)以上時	民有民營

2. 依軌道交通的管理方式可分為一體化模式及專業化模式二種。

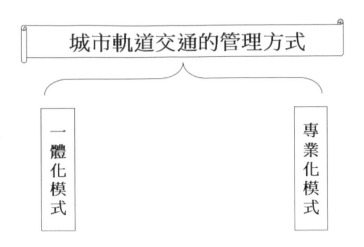

(1) 一體化模式

　　集軌道交通投融資、建設、營運、沿線商業開發統一運作的公司制模式，如廣州地鐵。

　　廣州地鐵總公司參考香港地鐵經驗，整合各類資源，發揮協同效應，提高工作效率，縮短建設工期，降低工程投資。多條路線的工程建設只由廣州地鐵一個業主完成，集交通投融資、建設、營運、沿線商業開發四位一體統一運作，一體化地鐵經營理念，形成具有廣州地鐵特色的經營管理模式。

(2) 專業化模式

　　把軌道交通的投融資、建設、營運、沿線商業開發分別由專業化的公司來承擔，各公司之間可以是以資產為紐帶的企業集團形式，也可以是完全相互獨立的市場化合約關係，如 2000 年至 2004 年期間的上海地鐵，上海地鐵採 "四分開" 模式，分為申通集團、建設公司、營運公司及監管單位負責軌道交通工程建設及營運。

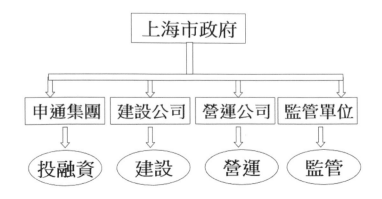

18.3 軌道交通營運管理內容

軌道交通營運管理包含五大內容：

1. 行車管理。
2. 站務管理。
3. 票務管理。
4. 車站設備管理。
5. 安全營運。

18.3.1 軌道交通營運行車管理

軌道交通營運行車管理包括行車計畫、車輛配備計畫、列車牽引計算、列車運行圖的安排、列車區間營運計畫、運輸能力計算及列車運行與行車調度。

1. 軌道交通營運行車計畫

(1) 營運班次分析

軌道交通營運行車計畫必須進行營運班次分析以確認班次及班距。營運班次分析乃依據客流量分析之站間客流量結果，及所選定之車輛型式與編組方式，推估目標年各種營運情境所需的列車營運班次數。營運班次數將以滿足尖峰站間最大乘載量為原則，其推估方式如下：

$$F = \frac{MAXL}{C \times a}$$

其中，MAXL：站間最大乘載量　　　　　C：列車容量
　　　　a：乘載率。

(2) 營運時段分析

以台北大眾捷運系統為例，各路線端點發車大約都維持在 6：00 左右發出首班車，而末班車從端點發車時間為 24：00。

2. 軌道交通車輛配備計畫

(1) 軌道交通車輛配備計畫需推估列車組數進行車輛配備。列車組數之推估主要依據目標年之營運需求、營運路線長度與列車行駛時間等，並考量維修與備用車輛，推估

足夠營運調度的車輛數。營運所需列車組數與列車行駛時間、列車整備調度時間及營運班距有關,估算方式如下:

$$N = 2 \times \frac{T+t}{h}$$

其中,N:列車組數　　　　　　　　　　T:列車行駛時間

　　　　t:列車回車時間,取 3～5 分鐘　　h:班距

(2) 相關基本假設參數

　　研擬車輛配備計畫乃基於下列前提:

(a) 車輛型式:依據選定軌道交通系統之編組方式,決定每列車容量與車輛型式。

(b) 營運速度:依據選定之軌道交通系統決定列車平均營運速度。

(c) 回車時間:一般而言,軌道交通系統路線兩端點之列車回車時間約 3～5 分。

(d) 軌道交通系統備用列車數:軌道交通系統所需備用列車數為系統路線上所需列車總數之 10%,若經費允許,也可調整為 15%。

3. 軌道交通列車營運規劃案例分析

(1) 行車計畫

　　假設目標年尖峰小時站間最大客流量,若為 19,500 人次/小時,每列車最大載客量以 AW3(每平方公尺 6 人)計算,車輛最大載客量 670 人,為滿足此一客流量需求,尖峰所需之發車班次與班距計算如下:

$$F = \frac{19,500}{670} = 29.1$$,取 30,即尖峰小時發車 30 班,發車班距為 2 分鐘。

　　離峰站間最大客流量約 6,501 人次/小時,為滿足此一客流量需求,離峰所需之發車班次計算如下:

$$F = \frac{6,501}{670} = 9.7$$,取 10,即離峰小時發車 10 班,發車班距為 6 分鐘。

(2) 車輛配備計畫

　　列車營運長度為 40km,列車平均行駛速率為 30km/hr(含車站停靠),行駛時間預估約為 80 分鐘,所需列車組數估算如下:

$$N = 2 \times \frac{80+3}{2} = 83$$,另考慮 10% 之維修備用率,路線營運所需之列車組數為 92 組。

4. 軌道交通列車牽引計算

　　軌道交通系統列車牽引計算在於確認列車編組車輛數，尖峰時段及離峰時段全線段及路線區間客流量需求皆不同，因此根據站間客流量需求及採不同列車編組車輛數載客量計算各班次、班距，瞭解列車採用之列車編組車輛數，即爲列車牽引計算，以重慶軌道交通而言，2號線單軌系統採4車及6車編組，3號線單軌系統採6車及8車編組。

5. 軌道交通列車運行圖的安排

(1) 列車運行圖是列車運行的綜合計畫，包括列車占用區間的次序，在每個車站出發、到達或通過時間，區間運行時分，車站停車時分，也規定了路線、站場、車輛和通訊號誌等設備運用流程與行車有關各部門的工作。

(2) 列車運行圖運用坐標原理來表示列車運行。列車運行圖又稱爲時距圖，通常以圖解法來表示行車時刻，利用坐標原理表示列車運行狀況，列車爲一個質點，斜線就是列車運行的軌跡，代表列車的運行線。

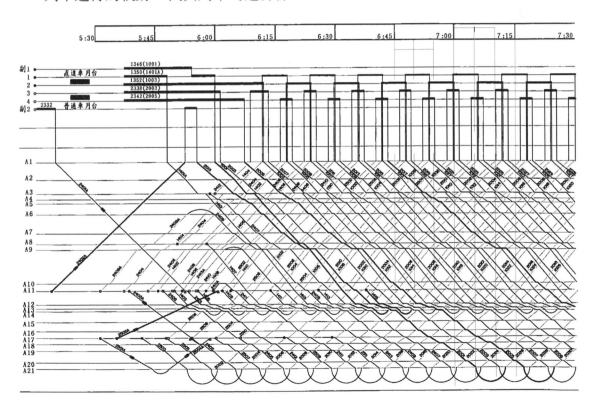

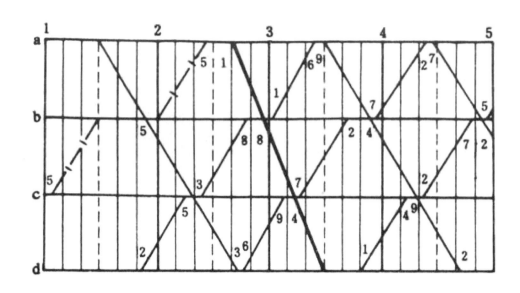

6. 軌道交通列車區間安排計畫

　　根據營運組織要求、營運條件及區段客流量需求，按運行圖或由調度指揮列車採區間運行、全線運行的列車運行計畫。

(1) 全線營運：列車全線運行，爲全線提供運輸服務。

(2) 區間營運：列車因區段客流量需求，利用道岔或橫渡線調度，在指定的車站折返，路線區段運行。

(3) 全線及區間營運：列車在路線上的運行有區間運行、全線運行並行之二種情形並存。

7. 軌道交通系統列車運輸能力計算

　　軌道交通系統列車運輸能力計算主要取決在於軌道交通列車最大載客量及班距，列車載客量(每平方公尺/人)可分爲空車、空載、最大荷載(5人/m2)或(6人/m^2)，考慮乘客舒適度可採(5人/m^2)及擁擠荷載(9人/m^2)，列車最大載客量*每小時列車組數即可知每小時列車運輸能力。

8. 軌道交通系統列車運行與行車調度

　　爲實行統一指揮，有序組織運輸活動，軌道交通列車運行與行車調度設立調度控制中心，調度控制中心實行分工管理原則，按業務性質劃分、設置不同的調度工種。如圖所示，

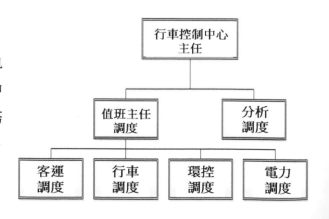

在控制中心通常設有行車調度、客運調度、電力調度和環控調度等調度工種，有的還設置分析調度。

18.3.2　軌道交通營運站務管理

軌道交通的站務管理應密切注意車站乘客動態，發現危及行車和乘車安全的情況，及時與有關人員聯繫，進行處理

1.　車站區域

區域內應設置警告、禁制及危險防護標誌及設施，此外並應加強站務員訓練及嚴格要求保全措施，以保全人員配合捷運警察執行勤務，以保障車站內安全。

2.　對現場狀況之掌握

在車站、月臺等公共區域周邊，應裝設閉路電視攝像頭，由行控中心及車站站務室(PAO)藉以監視、掌握車站全區之狀況，同時瞭解月臺間之乘客流量與動向，並錄影存證，以嚇阻違規及犯罪事件，列車司機員也可利用閉路電視螢幕，適時關閉車門開車。

3.　月臺門

軌道交通系統應考量設置月臺門或其他設施，避免自殺事件產生及旅客掉落月臺或進入列車行駛區域而發生危險。

4.　月臺端牆門

為防止乘客由月臺端牆門侵入軌道區，該端牆門應設計嚴密的安全措施，禁止任何人隨意進出。若發現月臺端牆門開啓，為避免有人進入軌道區，列車將暫停行駛，直至確認無違規進入後，再恢復運轉。

5.　指定候車區

為維護乘客之生命財物安全，特別是針對深夜離峰時段之婦女乘客，考量軌道交通系統在月臺上明顯規劃一個「指定候車區」(Designated Waiting Area，DWA)，裝置閉路電視攝像頭、保全系統按鈕、電話與對講系統等緊急狀況處理設施。如有需要，乘客可自行進入該指定候車區，接受安全保護，安心候車。

6. 其他安全設施

其他安全設施包括列車進出站警告、避難空間、緊急按鈕、緊急通話器、急救器材、緊急逃生途徑指示、緊急逃生樓梯、緊急照明設備、電梯/電扶梯緊急停機鈕、火災蔓延抑制設施(劃設消防區)、煙霧擴散抑制設施(防煙垂直壁)、緊急排煙設備及消防設備等。

18.3.3 軌道交通營運票務管理及車站設備營運管理

1. 軌道交通票務管理包括票制、票價的確定和自動收費系統及其運用管理。

(1) 軌道交通系統使用非接觸式 IC 車票(含單程票、儲值票及特種票)或行動支付,掃碼進出,以控制旅客進出車站付費區。票制包括

(a) 單程票:可回收非接觸式 IC 代幣或接觸式紙票。

(b) 儲值票:非接觸式 IC 卡。

(c) 特種票:紀念票、定期票(如周票、月票、季票等)及旅遊票(如一日票、三日票、七日票等)。

(d) 工作通行證:供經其核可之人員免費搭乘用,亦可作為操作、維修特定設備前之辨識。

(2) 軌道交通系統票價的確定

軌道交通系統常用之計價方式有單一費率、里程費率、固定分區費率、分區里程費率等,各具不同優缺點及執行難易程度。考量旅客付費公平性與購票之便利性,軌道交通系統綜合里程費率制及變動分區費率的優點,依旅客搭乘里程計算每位旅客乘車票價,並訂定乘車基本里程,超出基本里程之計價,則採變動分區票價之累計結構。除可避免單一票價或以固定分段點方式訂價,造成短途補貼長途之不公平現象外,亦可提升旅客在購票時之便利性並便於行銷宣導。

(3) 自動收費系統及其運用管理

軌道交通自動收費系統除取代傳統人工收費外,更兼具有資料搜集、整理、統計、儲存、查詢、出入管制、設備監視及定期報表列印等功能。其系採用塑膠磁性車票可配合自動驗票閘門,以管制旅客進出各車站之付費區。整套系統採電腦連線作業,並分為兩階層進行運用管理:

(a) 車站處理系統：每一車站均設有自動驗票閘門、自動售票機、監票員售票機等設施。

(b) 中央處理機系統：安裝於軌道交通行控中心，連接到各站之車站處理系統，為一大型電腦以執行整個自動收費系統之稽核、控制與管理。

2. 軌道交通車站設備的營運管理

軌道交通車站設備包括服務設施系統、通訊及號誌系統、自動收費系統、供電系統、環控系統、通風及排煙系統、防災系統、給排水及消防系統、電梯及電扶梯運載系統等設施，設備的操作運用和養護維修管理必須定期且依SOP處理。

18.3.4　軌道交通安全營運

軌道交通安全營運條件在於充足的備用營運設備及訓練有素的工作人員，除提供安全可靠營運環境、車輛營運及維修保養、完善營運計劃、車站內安全管理外，車輛上安全、沿線安全、緊急狀況處理也非常重要、應進行管理，以確保軌道交通系統安全營運。

1. 列車上安全

當事故發生時應規劃乘客的逃生路線及設施。當列車發生事故時，原則上將建議優先讓乘客留在車上，司機員會讓列車行駛至下一個車站再疏散乘客。若不得已須在軌道上進行乘客疏散，則必須由軌道交通營運公司人員引導下，才能進行。列車上應有之安全觀念與措施如下：

(1) 車體結構

軌道交通系統車輛的車體結構應符合國際標準，在最大載重情形下，即使發生碰撞事故，各車端機械保險裝置，將盡可能吸收碰撞能量，而在堅強的車體結構保護下，得以防止乘客及司機員受到傷害。

(2) 車體內裝

所有用於車體內裝之設備，諸如天花板、地板、牆板及內襯密封物等材料，均使用符合隔音、隔熱、防水、防火等要求之不燃材料。地板總成為濃煙及火焰之隔離體，當車底失火時，具有 45 分鐘以上的火焰隔離時間，俾乘客逃生。

(3) 車門開關連鎖裝置

　　每一車門應設有車門開關感應器，以偵測車門之開/關狀態，並連線至駕駛室，以供司機員監視所有車門狀態。當車門未完全關閉時，連鎖裝置將防止司機員巡行行駛列車。

(4) 緊急照明

　　不論是車輛外部供電或者內部低電壓供電中斷時，車上備用電池將提供電力給車內三分之一的照明燈具使用，作為緊急照明，且將維持 45 分鐘以上。

(5) 車門緊急開關

　　在車廂的側門外裝有緊急開設拉杆，於緊急狀況時，自車廂外可以手動打開拉杆以開啟車門逃生，或從事救援。

(6) 緊急逃生門

　　軌道交通系統對於進行緊急狀況處理的理念，應盡可能讓乘客待在列車內，聽從列車司機員的指揮或等待救援人員前來，避免乘客自行逃生，遭致接近列車衝撞或供電軌電擊。在駕駛室車輛的前端裝有緊急逃生門。在緊急狀況下，進行列車間疏散時，當作事故列車與救援列車間的接駁板，或在確定供電軌電源完全中斷時，列車司機員可打開緊急逃生門，向外推出，即可形成一階梯，供車上乘客疏散。

(7) 其他安全設施

　　列車內其他安全設施包括車內廣播系統、扶手及拉環、安全警示牌、防滑地板、隔離供電軌供電之設備、緊急通風設備、火警與消防設備、急救器材等。

2. 沿線安全

　　軌道交通沿線安全，系以嚴密的隔離措施，避免非必要的人員及物品進入或逗留於路線內，另外在沿線上應設置必要之安全監測設施，以防止外來或自然的因素所造成的事故。沿線應有之安全觀念及設施如下：

(1) 路線安全檢查：每日開始營運前，應有巡軌列車先行檢查正線軌道，以期儘早發現異常情形，並避免前一日維修工作將工具或物品掉落在軌道上，影響行車安全。

(2) 安全監測設施：依所經過之地形，設置所需之安全監測設施，包括隧道段水位監測、地震監測、風速監測、沼氣監測、沈陷觀測點、土壤傾斜變位監測、土地滑動監測等設施。

(3) 其他安全設施：沿線上其他安全設施另包括緊急斷電開關、緊急逃生走道、緊急照明系統、緊急通風系統、路線隔離柵欄、緊急通話系統及消防設備等。

3. 緊急狀況處理

主要的緊急狀況處理，應包括：

(1) 車站人潮管制。

(2) 車站旅客疏散。

(3) 列車旅客疏散。

(4) 列車出軌或碰撞。

(5) 軌道受阻。

(6) 軌道區內遭非法侵入事件。

(7) 人員傷亡事件。

(8) 火災。

(9) 地震。

(10)　積水。

(11)　惡劣的天候。

(12)　爆裂物威脅。

(13)　有毒害氣體侵襲。

(14)　群眾運動事件。

(15)　重大刑案、挾持人質。

18.4 軌道交通營運評估

軌道交通營運評估包含經濟效益評估、社會效益評估及環境效益。

1. 軌道交通營運經濟效益評估指標體系如下

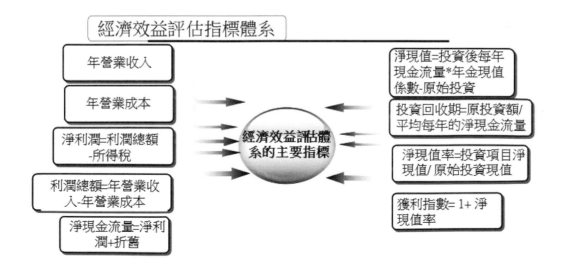

2. 軌道交通營運社會效益評估指標體系

軌道交通系統建成後，所帶來的諸多效益中有直接效益和間接效益。直接效益主要除為軌道交通自身營運所取得的財務效益和營業外收入，包括計算期末回收固定資產餘值和流動資金。間接效益主要指軌道交通給社會和環境所帶來的社會效益和環境效益。社會效益主要著重於乘客的服務水準和社會經濟效益兩個方面：

(1) 乘客服務水準：安全性、便捷性、可靠性。

(2) 社會經濟效益：產生投資乘數效益、節約旅行時間、提高勞動生產率、減少交通事故、節省公車車輛的投入費用、有利於增加社會就業、促進都市經濟的發展。

3. 軌道交通營運環境效益評估

軌道交通營運環境效益評估包括：

(1) 軌道交通替代汽車，將大大減少地面車流量，從而減少油料消耗量，可節約石油資源，減輕大氣污染，同時降低市區噪音水準。

(2) 有利於居民居住環境和生活品質的提高。

Chapter 19

智慧軌道交通建設

19.1 智慧軌道交通的由來

　　IBM於2008年提出了"智慧地球"，其核心是以更智慧的方法利用新一代資訊技術來改變政府、公司和人之間的交互方式，以提高交互的明確性、效率、靈活性和響應速度。"智慧交通"是"智慧地球"的理念在交通運輸行業的具體表現，而"智慧軌道交通"則是"智慧交通"在軌道交通(如鐵路、大眾捷運)領域的具體體現。智慧軌道交通是人類社會對軌道交通發展趨勢和運作模式的抽象，是軌道交通發展遠景的宏觀理念和建設目標，它"以人類智慧與經驗為指導，以號誌和資訊的數字化處理為基礎，以'物'的智慧化資訊採集為基礎，以'能實現人、機、物的全面互聯'的'全聯網'(IoT)為資訊交換和資源共享平臺，實現軌道交通系統的控制與管理過程智慧化，使之具有更透徹的感知、更廣泛的互聯互通和更深入的智慧化處理能力"。從而構建集人和人類智慧、軌道交通物理網路、"全聯網"、智慧資訊處理技術及各類數字化資訊為一致，構建"高效、便捷、安全、可視、可預測、環保和智慧"的現代軌道交通系統。中國城市軌道交通協會於2020年3月12日正式頒布《中國城市軌道交通智慧城軌發展綱要》。該《發展綱要》按照"1-8-1-1"的布局結構，對智慧軌道交通進行了更系統的定義，即；創建智慧乘客服務、智慧運輸組織、智慧能源系統、智慧列車運行、智慧技術裝備、智慧基礎設施、智慧運維安全和智慧網路管理八大體系；建立一個城軌雲與大數據平臺；制定一套中國智慧城軌技術標準體系。統籌規劃、上位設計、自主創新、重點突破、分步實施，台灣目前也朝向智慧軌道交通邁進。

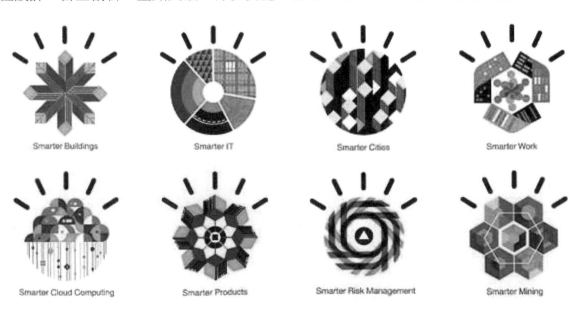

Smarter Buildings　　Smarter IT　　Smarter Cities　　Smarter Work

Smarter Cloud Computing　　Smarter Products　　Smarter Risk Management　　Smarter Mining

19.2　智慧軌道交通的趨勢與價值

1. 軌道交通的發展趨勢

(1) 軌道交通的定位發生變化

　　軌道交通的建成給都市帶來人流量和服務性質上的巨大變化，從而影響都市土地利用和產業空間布局，進而影響都市空間結構與形態。軌道交通大運量、快速度的特點使它能夠把人流引向特定的地點，並且在某個點上集中大量的人流，這種特性決定了軌道交通對於都市不僅具有定位於交通運輸，更兼具都市公共空間、商業服務、文化宣傳、社會經濟等多種功能定位。

(2) 客運業務壓力不斷增大

　　目前，軌道交通客運業務以人工處理為主，即人工詢問，票卡處理，客流情況監控，客流疏導，常態化資訊公告以紙質版公告為主，缺乏智慧化的技術手段，面對客流的不斷攀升，形勢嚴峻。

(3) 營運管理效率有待提升

　　當前軌道交通管理所使用的自動化系統相對孤立，業務執行需要操作多個終端，為應對不斷提升的服務需求，營運人員往往需要高頻次在多區域執行人工巡檢，由此產生大量的使用紙質報表和公告。比如：需要至設備現場進行的操作，包括：通過 PSL 進行站臺門手動開啟測試、開啟自動扶梯及無障礙電梯、開啟捲簾門等；因此，智慧化程度極待提升。

(4) 乘客需求不斷變化和拓展

　　隨著互聯網資訊手段的普及推廣，乘客對軌道交通能提供的服務需求不斷提升，包括乘坐體驗的豐富多元性，資訊獲取的便利多樣性，乘客導向的及時準確性等。都需要我們去思考如何來更好地滿足乘客需求，提升服務品質。

2. 智慧給軌道交通帶來的預期價值

　　軌道交通的基本功能是為都市人口提供大眾化出行服務。具有速度快、容量大、惠民生的特點。放眼國外軌道交通，在新科技革命浪潮背景下推進的新一代資訊技術從根本上變革了軌道交通的運行、管理、服務方式，使軌道交通更加智能、智慧。新加坡地鐵利用專案管理軟體在計畫預算和計控、計畫成本及現金流、預測風險和問題等方面上進行營運情況分析，對乘客提供各種軌道交通實時營運資訊管理控制，提高了專案管理水準，靈活應對市場的各種挑戰。

隨著我國軌道交通快速發展進入新常態，成網路化營運局面逐漸形成，大軌道交通在交通運輸體系中承擔著越來越重要的角色和作用。台灣軌道交通在建設初期採用一線一核，一核一建的方式，資訊系統基本上也是隨用隨建設，不僅各都市自行建設，都市與都市間也缺少統籌規劃，導致系統相對獨立，應用、數據、網路、設備設施等資源統合利用率不高。

軌道交通智慧化帶來社會資源有效整合，包括各條路線營運人員、客運人員、建設人員、維護人員有效的整合優化，減少營運維護人員工作量，減少人工在調度管理模式下錯誤操作；重塑各設備及設備間介面，確保設計及生產技術及資源的有效整合，有利於技術的再創新和性能的提升；施工及調試標準化，有利於施工建設、設備調試及測試規範、工具及自動化測試設備等由於規模效益產生良性發展；營運管理手段也將在統一標準的基礎上得到持續改進和完善。通過建立集監測、監控和管理於一致的網路安全防護體系，以實際行動實踐"網路安全"理念，可有效保障高精度、高敏感的軌道交通訊息安全，防範因網路安全問題帶來的社會風險。

軌道交通智慧化建設，其成果有助於提升整個軌道交通資訊化建設水準，推動軌道交通智能化、智慧化發展。軌道交通是一個專業性很強的領域，對專業人才的依賴非常高，隨著軌道交通運建設的加快，資源與人才的缺失難以支持；而通過雲平臺建設，構建強大的資訊化系統，大幅減輕人工作業量，降低對專業人才的依賴程度。此外，通過雲方案科研成果的推廣應用，可以實現各專業系統間資訊實時共享，對軌道交通數據進行充分挖掘，從而大幅提升軌道交通營運效率與安全管控；尤其是未來從路線到路網營運模式轉型過程中，提供統一的平臺支持。

此外，充分利用互聯網等資訊技術手段，可打破資訊不對稱。通過數據共享和數據交換，可精準對接供需、高效配置資源，促進軌道交通領域資訊資源高度開放共享和綜合開發利用，為民眾多元化的資訊需求提供跨越式發展服務。

19.3　智慧軌道交通建設途徑

　　智慧軌道交通建設通過感知層、執行層及應用層既有和新增功能模塊的融合，在既有綜合監控系統基礎上打造智慧化運行與營運管理系統，具備運行狀態全方位精準感知、運行趨勢智慧化分析預判、資訊指令一體化主動推送、運行規則擬人化自動進化功能。其中，資訊感知層通過既有機電號誌設備及新增智慧感知設備實現對於設備、客流、工作人員的全息感知。執行層通過融合既有系統及新增面向乘客的自主服務終端，在管理網及生產網共同實現對於軌道交通的自動化運行及營運人員、施工管理、生產管理等營運綜合管理。最終在智慧化運行與營運管理系統實現對於整個智慧功能融合。該系統面向軌道交通管理應用場景，採用人機高度協同合作的方式，具備運行狀態全方位精準感知、運行趨勢智慧化分析預判、資訊指令一體化主動推送、運行規則擬人化自動進化功能，目標實現面向乘客的全方位體驗、面向設備的全自動運行、面向運維的輔助性決策、面向事件的共治式聯動等運行效果。

1.　狀態感知

　　通過應用智慧傳感、影片分析等智慧感知技術，建構以新型感知為依托的軌道交通全自動智慧運行系統，實現對設備、環境、客流、人員等對象的群體智慧主動感知與發現。

　　狀態感知功能為軌道交通的智慧化運行提供基礎的數據支持和智慧化控制執行。狀態感知包含客流感知、人員感知、設備感知、環境感知四方面內容，為軌道交通的智慧化運行提供基礎的數據支持和智慧化控制執行。通過多功能傳感器與智慧表計等實現軌道交通環境的全面感知；依托影片智慧分析、WIFI嗅探、AFC客流等技術的綜合應用實現對客流的實時感知；應用智慧手持終端實現員工高精度室內定位、人員布設、途徑跟蹤等功能。

2.　數據管理

　　匯聚軌道交通系統內各類實時數據、靜態數據、業務執行數據等，統一對數據進行抽取、清洗、加載等管理，實現軌道交通業務的全數字化管理。

3.　自動診斷

　　應用大數據智慧分析與決策技術、多源異構數據融合、智慧學習、設備消耗與健康診斷模型等，建構以軌道交通為建模對象的智慧運行系統，通過對各類營運場景下的運行數據深度分析挖掘，實現大客流預測與預警、設備健康度分析、系統故障預警與診斷、突發時間智慧識別與聯動以及車站運行節能減排等應用功能，形成面向軌道交通運行管理與應急處置的智慧化營運輔助決策功能。

4. 業務閉環

面向軌道交通管理業務需求，通過應用先進的資訊系統集成架構，並應用可視交互引擎、高效人機協同合作、智慧建模集成等技術，建構以可視化為核心的全自動智慧運行系統，實現基於業務場景的自動控制和預案聯動。

5. 持續進化

在長期營運過程中，通過資訊化系統所積累的數據，利用雲計算、大數據、虛擬仿真、在線智慧學習、流式計算等人工智慧等技術，實現局部區域的全自動智慧運行並對營運效果自我評估、對運行策略自動修正與完善、調度決策分析建議、綜合節能、安防體系、綜合維修與狀態維修等，最終達到智慧軌道交通系統的持續進化。

持續進化功能根據狀態感知提供的數據支持、智慧診斷、業務閉環提供功能支持，進行數據建模，採用被動統計學習、主動學習、算法教學、演示學習、感知因果學習、增強學習等機器學習模式，構建小數據大任務的智慧軌道交通核心大腦，實現軌道交通的自我評估與車站運行策略的自動完善。

19.4 創新技術在智慧軌道交通建設全生命期的融合應用

智慧軌道資訊化建設將依托"人工智慧技術、區塊鏈技術、雲計算、大數據、物聯網、建築資訊模型(BIM)技術、數字孿生技術"等新技術的支撐，重構業務應用體系格局，向著跨專業業務整合的方向，進一步支持軌道交通資訊化永續發展。

新技術與智慧軌道交通融合的目標覆蓋效率、人員、成本、安全四個方面，通過採用創新技術，提高軌道交通運行效率，減少營運人員數量和全壽命周期總成本，保障軌道交通營運安全著手，在設計、施工、營運全過程中、全壽命周期內確保軌道交通建設的系統投資降低、設備用房減少、管理效率提升、人員配置減少、運維成本降低、系統運力提升、安全風險降低。

1. 人工智慧技術

　　人工智慧通過電腦模擬人的思維過程和智慧行為，從而使得電腦實現更高層次的應用，具備數據挖掘、機器學習、認知與知識工程、智慧計算等應用能力，是當前科學技術發展中的一門前沿學科。人工智慧技術在軌道交通領域的應用，相對於醫療、金融、互聯網等傳統行業而言起步較晚，目前為止人工智慧技術已逐步運用於軌道交通規劃、設計、施工、營運等業務中，並在實際的應用流程中發揮了作用，能夠極大簡化業務應用流程、降低用戶使用技能要求、提供系統智慧化水準，人工智慧技術必將極大推動未來智慧軌道交通的發展。

2. 區塊鏈技術

　　區塊鏈(Blockchain)技術是一種將數據區塊有序連接，並以密碼學方式保證其不可篡改、不可偽造的分布式帳本(數據庫)技術，可以在無需第三方背書情況下實現系統中所有數據資訊的公開透明、不可篡改、不可偽造和可追溯。區塊鏈技術核心本質是解決了在不依靠中心機構、在完全無信任基礎的前提下如何建立信任機制的問題。區塊鏈底層技術服務與新型智慧都市建設相結合，可探索在資訊基礎設施、智慧交通、能源電力等領域的創新應用，提升都市管理的智慧化和精準化水準。智慧軌道交通建設要求打破傳統的"資訊煙囪"和"數據孤島"現象，實現從縱向開放向橫向一致化延伸，建構透明高效、安全可靠的軌道交通綜合管理體系。其中涉及大量的路網數據跨層次、跨區域、跨系統的高效、有序、低成本流動，正逐漸成為訂定新型智慧軌道交通建設的重要因素。區塊鏈技術集合了點對點網路、數據加密、協商一致機制、智慧契約等優勢，可以為可靠的軌道交通數據流通提供了一種低成本的解決方案，將有效地促進新型智慧軌道交通高水準發展。

3. 雲計算技術

　　雲計算技術能夠實現隨時隨地、便捷地、隨需應變地從可配置計算資源共享池中獲取所需的資源(例如網路、服務器、存儲、應用及服務等)，具有按需付費、彈性伸縮、可靠性高等特點，是架設供需銜接的"橋樑"設施。軌道交通行業最典型特點是以計畫制爲主，相對比較臨時、有獨特性，標準化程度不高；傳統資訊化建設模式，硬體成本高、利用率不高、可擴展性低、維護成本高，難以支持BIM、CIM類應用。可以預計雲計算技術爲核心，將形成軌道交通領域的資訊基礎設施，軌道交通大數據雲服務平臺，實現行業大數據的獲取匯集、整理處理和雲服務，滿足用戶對建築數據的綜合應用需求，在此基礎上構建各類專用雲服務。

　　目前，已有都市嘗試使用雲原生技術進入智慧軌道交通建設領域，基於雲原生建構新的地理資訊服務方式，通過整合從底層數據獲取、數據中臺分析到上層應用擴展的能力，利用雲原生技術實現在線、實時處理數據，從而大幅提升效率。其中最關鍵的就在於雲原生及AI的應用結合，通過雲原生構建了智慧建模算法引擎、地理資訊算法引擎及AI算法引擎等，打通從數據搜集、建立模型、共享合作、多方面大範圍數據應用的點到點閉環，使地理空間服務"在線化"。非常貼合了未來智慧軌道交通的建設有兩大要素：一是物理空間的全面數字化；二是空間規劃、監管等營運治理能力提升，在海量空間數據的基礎上，能否在線、實時、高效地處理數據將決定軌道交通的有效管理和營運效率。

4. 大數據技術

　　大數據具有體量大、種類多、速度快、價值大等特點，經過挖掘分析可以得到隱藏的價值。在軌道交通建設領域，設計、施工、運維等過程中會產生海量數據，且涉及大量的決策分析應用，針對軌道交通規劃設計，需要有預見性，大數據技術在軌道交通行業中具有良好的應用前景。

軌道交通訊息資源整合應用：建立數據治理的統一標準，通過統一標準，避免數據混亂衝突、一數多源等問題；通過大數據品質管理，及時發現並解決數據品質參差不齊、數據冗餘、數據缺值等問題，規範數據在各業務系統間的共享流通，促進數據價值充分釋放，提高數據資源的利用水準。

軌道交通大數據挖掘分析應用：通過軌道交通大數據的挖掘分析，提升軌道交通公共服務水準，譬如通過行為軌跡、社會關係、社會輿情等集中監控和分析，為軌道交通營運指揮決策、緊急事件應急研判提供有力支持。

5. 物聯網技術

物聯網(Internet of Things，IoT)是新一代資訊技術的重要組成部分。物聯網通過智慧感知、識別技術與普適計算等通訊感知技術，廣泛應用於網路的融合中，也因此被稱為繼電腦、互聯網之後世界資訊產業發展的第三次浪潮。物聯網技術在智慧建設、智慧工地、都市設施管理等領域有著廣泛的應用，實現可感知、可測量、可分析、可控制和可視化的智慧應用。

在工程施工現場條件下，利用物聯網技術推進施工現場管理、物資管理、地下空間施工等方面的資訊化應用。在包括人員、車輛、設備、環境、材料等管理，以及高大模板變形監測、塔吊運行監控、大體積混凝土無線測溫等安全和品質管理等應用場景中，通過各種物聯網傳感器，實時自動獲取工地現場的揚塵、噪音、煙霧、溫度、濕度、風速以及用水量、用電量等數據。實現節約資源、提升效率、規範管理，通過移動設備環境、設備實時異地監管和移動辦公，對計畫全周期數據採集並利用大數據技術達到輔助決策。實現資訊化與工業化的有效融合，提高工程施工的品質、安全監控能力，推進施工企業科技水準提高。

6. 建築資訊模型(BIM)技術

建築資訊模型(Building Information Modeling，BIM)技術思想由美國 Autodesk 公司在2002年率先提出，目的在於實現建築從設計、施工直至計畫結束的資訊集成。BIM 技術的發展與應用，已被公認為繼CAD技術之後建築業的二次科技革命。

BIM技術是一種應用於工程設計建造管理的數據化工具，通過參數模型整合各種計畫的相關資訊，在計畫策劃、運行和維護的全生命期過程中進行共享和傳遞，使工程技術人員對各種建築資訊做出正確理解和高效應對，為設計團隊以及包括營運單位在內的各方建設主體提供協同工作的基礎，在提高生產效率、節約成本和縮短工期方面發揮重要作用，目前已經在全球範圍內得到業界的廣泛認可。

BIM技術的核心是通過建立虛擬的軌道交通工程三維模型，利用數字化技術，為建築資訊模型提供完整的、與實際情況一致的工程資訊庫。該資訊庫不僅包含描述構築物構件的幾何資訊、專業屬性及狀態資訊，還包含了非構件對象(如空間、運動行為)的狀態資訊。借助這個包含工程資訊的三維模型，大大提高了工程的資訊集成化程度，從而為工程計畫的相關利益方提供了一個工程資訊交換和共享的平臺。

BIM技術覆蓋軌道交通全生命期的特性將徹底改變整個行業固有的資訊孤島問題，用更高程度的數字化及資訊整合對包括招投標、設計、施工和運維在內的軌道交通全產業鏈進行優化。BIM技術的主要應用場景包括資訊 整合、場地分析、策劃和論證以及可視化設計等。

7. 數字孿生技術

數字孿生(Digital Twin)概念由密歇根大學的Michael Grieves首次提出，具體指"物理產品或資產的虛擬複製"。數字孿生的最大好處是不用費太高成本構造一個物理資產，就可以通過數字化技術進行相關操作，並且無需承擔物理資產損害的後果。

數字孿生因感知控制技術而起，因綜合技術集成創新而興。數字孿生都市是在都市累積數據從量變到質變，在感知建模、人工智慧等資訊技

術取得重大突破的背景下，建設新型智慧軌道交通的一條新興技術途徑，是軌道交通智慧化、營運永續化的前沿先進模式，也是一個吸引高端智力資源共同參與，從局部應用到全域優化，持續疊代更新的都市軌道路網級創新平臺。數字孿生理念自提出以來不斷升溫，已成為新型智慧都市和軌道交通建設的熱點，受到政府和產業界的高度關注和認同。數字孿生的核心要義是，在網路數字空間，再造一個與現實物理軌道交通匹配對應的數字軌道交通，通過建構物理軌道交通與數字軌道交通一一對應、協同交互、智慧操控的複雜系統，使其與物理軌道交通平行運轉，通過虛擬服務現實，數據驅動治理，智慧定義一切等運行機制，實現軌道交通全要素數字化和虛擬化、全狀態實時化和可視化、軌道交通運行管理協同化智慧化，形成物理維度上的實體世界和資訊維度上的虛擬世界同生共存、虛實交融的都市發展新模式，是具有深度學習、自我優化能力的智慧軌道交通建設。

Chapter 20

軌道交通轉運站規劃設計

20.1 軌道交通轉運站規劃設計理念

　　大眾運輸系統除公車系統以外，依據前述軌道交通系統型式介紹，還包括大眾捷運系統及城際軌道交通系統。大眾捷運系統包括公車捷運系統、個人/群組運人系統、輕軌(輕軌捷運)系統、單軌系統、自動導軌系統、市域快速軌道系統、線性馬達系統、磁浮系統及地鐵，城際軌道交通系統包括城際鐵路及高速鐵路。

系統選定主要原則為：

都市運量 ⟺ 系統容量

道路路網 ⟺ 工程限制

永續財務 ⟺ 建置成本

環境相容 ⟺ 系統營運與發展彈性

　　大眾運輸系統連接便是所謂轉運站或轉乘站，轉運站已成為帶動都市發展之核心(如捷運站、高鐵站、城際鐵路站、客運站等)。根據臺灣調查，23%～30%民眾不使用大眾運輸的主要原因為「轉乘不便」，各政府單位更應重視各大眾運輸轉乘介面之規劃設計。因此轉運站大眾運輸轉乘設施規劃為重要課題

　　轉運站系指具有提供主要交通運輸服務路線停靠且提供多種運具服務或設施之車站，轉乘設施則是車站滿足乘客轉乘之需要，所必須提供不同運具轉乘介面之軟硬體設施，硬體設施包括轉乘臨停與轉乘停車系統、人行系統及動線、無障礙系統；軟體設施包括導示系統、資訊系統。

　　軌道交通車站轉乘對於區域內外動線尤為重要，因此區域內部動線應流暢化，整合硬體設施及軟體設施，務求達到區域內部動線分流順暢；區域外部交通一體化，根據臺大教授張學孔提出BBMW&D自行車+公車+軌道+步行結合成為綠色交通智慧永續都市，意在利用各種運具以「短小快」最短的距離，最小的時間，達到最快的轉乘，縮短旅行時間，提高用路人使用率，打造BBMW&D永續都市。

20.2　軌道交通轉運站規劃設計作法

20.2.1　軌道交通轉運站區位分析

1. 轉運站用地分析

在進行軌道交通轉運站規劃設計前，首先應對於轉運站用地進行分析，轉運站用地之大小主要取決於客流量、轉乘設施量及車站開發量，客流量越大，轉運站之用地越大；轉乘其他大眾運輸系統設施量之需求，也決定轉運站之用地大小；同時車站開發量大小也會決定轉運站之用地。

2. 轉運站不同型式協調

軌道交通轉運站可分為兩種不同型式，分別為主運具車站位於相同大樓內，可在付費區轉乘及非付費區轉乘；另一種為相鄰的主運具車站，也可利用聯通道在付費區轉乘及非付費區轉乘。

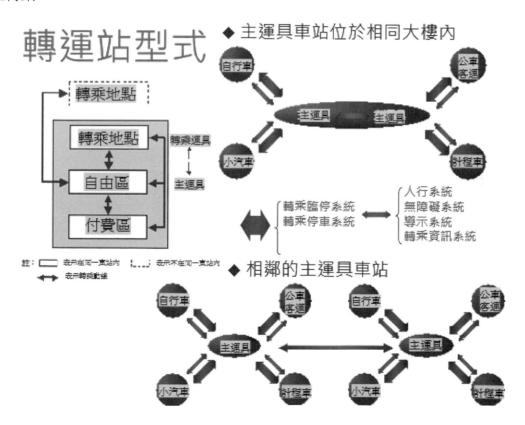

20.2.2　軌道交通轉運站轉乘問題探討

在進行軌道交通轉運站規劃設計前，針對各項轉乘設施乘客反應狀況提出探討，方能對轉運站具體規劃設計。相關問題如下：

	轉乘臨停系統	轉乘停車系統	人行系統
乘客反應狀況	■未提供遮雨(陽)設施 ■行走距離過遠	■數量不足 ■收費過高 ■繳費設施不夠便利 ■動線不清楚	■動線不清楚 ■人車衝突 ■無行人專用標誌/號誌 ■場站太大過於空曠 ■通道距離太長 ■缺乏手推車 ■行李拖運不便 ■通道太窄
	無障礙系統	導示系統	轉乘資訊系統
乘客反應狀況	■標示位置不當 ■數量不足 ■設施位置不當 ■設施設計不良	■布設位置過於混亂 ■容易迷路 ■依循指標仍找不到目的地 ■圖形不易辨識 ■字型太小 ■標誌說明不明確 ■數量不足	■提供資訊不足 ■資訊未能立即更新

20.2.3　軌道交通轉運站轉乘設施規劃設計

一、軌道交通轉運站轉乘設施規劃設計流程

軌道交通轉運站轉乘設施規劃設計流程如下：

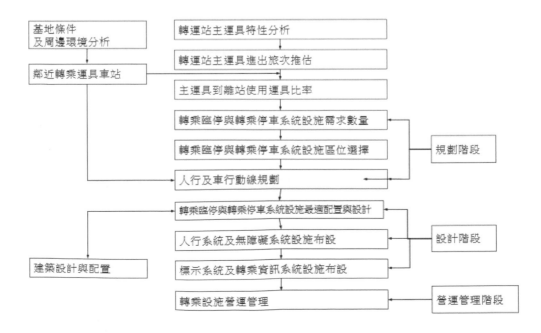

二、軌道交通轉運站轉乘設施規劃

軌道交通轉運站轉乘設施規劃主要包括五大部分，分別爲轉乘臨停與轉乘停車系統，人行系統，無障礙系統，導示系統及轉乘資訊系統。

1. 轉乘臨停與轉乘停車系統

轉乘臨停與轉乘停車系統設置時。

(1) 需考慮其優先級及設施內部化。

(2) 需考慮周邊停車設施之供需狀況。

(3) 旅遊車停靠站可與客運停靠站共同設置。

(4) 考慮運具間轉乘需求，設施需求合併估算且共同設置之可能性。

2. 人行系統

人行系統應考量：

(1) 以使用者觀點爲出發，人行動線爲最優先考慮。

(2) 依層級性區分主輔助通道。

(3) 良好動線設計以減少設置其他輔助軟體設施。

(4) 需強調大眾運輸之轉乘規劃設計，並於初期就一併考慮。

(5) 先期建設需預留後期建設的銜接介面。

3. 無障礙系統

無障礙系統可參照相關之建築物無障礙設施設計規範。

4. 導示系統

導示系統在轉乘設施規劃尤爲重要，能帶領用路人在最短的距離，最短的時間，達到最快的轉乘，導示系統應注意

(1) 導示系統除標誌外，尚應包含標線及播音。

(2) 播音系統具實時性，可於乘客下車時實時導引其至最近轉乘出口。

(3) 導示設置優先順序應以「轉乘需求」最多者爲最優先。

(4) 考慮資訊層級性，避免過多資訊造成乘客無法瞬間接收。

5. 轉乘資訊系統

　　轉乘資訊系統告訴用路人轉乘相關資訊，其資訊規劃應考量

(1) 轉乘資訊系統應包含動、靜態系統及資訊交換平臺，並考慮資訊之互動與整合。

(2) 轉乘運具多元化更需提供完整的轉乘資訊。

(3) 班次整合將強化民眾使用大眾運輸轉乘的意願。

三、軌道交通轉運站規劃設計

　　軌道交通轉運站規劃設計主要針對硬體設施之轉乘臨停與轉乘停車系統，人行系統，無障礙系統，以及軟體設施之導示系統及轉乘資訊系統進行規劃設計。

(一)轉乘臨停與轉乘停車系統

1. 轉乘臨停與轉乘停車系統規劃程序包括

(1) 人行動線：考慮人行動線之安全、順暢及無障礙。

(2) 公車/客運：轉乘臨停上下客設施、轉乘停車設施。

(3) 旅遊車：轉乘臨停上下客設施、轉乘停車設施。

(4) 計程車及網約車：轉乘臨停上下客區、計程車及網約車排班區。

(5) 私人運具接送：小汽車及機車轉乘臨停上下客區。

(6) 私人運具停車：自行車、小汽車及機車轉乘停車場。

2. 轉乘臨停與停車系統設施型式與規格

(1) 大客車轉乘臨停設施型式

    (a) 大客車轉乘臨停設施型式有以下幾種：

線性式(Liner)	通常被用在大客車停留時間較短的情形，如路邊公交車停靠站	
鋸齒式(Sawtooth)	大客車可獨立的駛進及駛出站台，通常用于市區公車轉乘站	
斜角式(Angled)	大客車需倒車方可駛離站台，通常使用在大客車需于站台停等較長時間的情形	
中間分隔島式 (Drive-Through)	各站台候車區獨立使用，乘客需穿越車道或透過人行天橋、地下道才能抵達站台	

    (b) 各類大客車轉乘臨停設施之設計標準應依車輛尺寸及能否獨立駛入或駛出狀況而定。

    (c) 道路外緣劃設公車車停靠區之寬度最少 2.6 公尺，並在路面劃設「公車停靠區」字樣，長度視需求而定。

    (d) 路緣線型公車車彎之寬度最小 3 公尺，長度最小 15 公尺。

(2) 計程車、小汽車轉乘臨停設施型式

    (a) 計程車、小汽車轉乘臨停設施型式以線型臨停彎為原則。

    (b) 計程車、小汽車臨停彎車位單位長度 6 公尺，寬度 2.5 公尺；兩車位之間隔 1 公尺。

(3) 機車轉乘臨停設施型式

    (a) 機車轉乘臨停設施型式以線型臨停彎為原則。

    (b) 機車臨停彎車位單位長度 2 公尺，寬度 1 公尺。

(4) 轉乘臨停系統設施需求推估

(a) 設施需求與容量公式

$$K_D = \frac{T_p \times D_T}{O_V \times C_R} \times e$$

K_D：臨停設施需求　　　　　　　　O_V：平均每車乘載人數

T_p：尖峰小時到離站旅次數　　　　C_R：平均車位小時換率

D_T：運具分配率　　　　　　　　　　　　（即車位容量；車／小時）

　　　　　　　　　　　　　　　　　　　e：需求滿足係數

$$C_R = \frac{3600\left(\dfrac{g}{c}\right)R}{\left(\dfrac{g}{c}\right)D + t_c}$$

C_R：車位容量(車／小時)　　　　　R：折減係數

c：號誌週期時間(秒)　　　　　　　D：上下車時間(Dwell Time)

g：每週期綠燈時間及黃燈時間(秒)　t_c：清站時間

(b) 上下車時間

單門開啟　　　　　　　　　$D = (aA) + (bB) + t_{OC}$

雙門開啟　　　　　　　　　$D = \max\left\{(aA + t_{OC}), (bB + t_{OC})\right\}$

端點站(僅有上車乘客或下車乘客)　$D = aA + t_{OC}$　　或　　$D = bB + t_{OC}$

A：平均每車上車乘客　　　　　　a：上車乘客平均每人所需時間

B：平均每車下車乘客　　　　　　b：下車乘客平均每人所需時間

t_{OC}：車門開啟與關閉時間

(c) 平均車位日轉換率、尖峰停車需求倍數視各地情況

$$P_D = \frac{T_D \times D_T}{O_V \times C_T} \times e$$

P_D：轉乘停車系統設施需求　　　　O_V：平均每車乘載人數

T_D：全日到站旅次數　　　　　　　C_T：平均車位日轉換率(車／日)

D_T：運具分配率　　　　　　　　　e：需求滿足係數

或

$$P_D = \frac{T_P \times D_T}{O_V} \times F_D$$

P_D：轉乘停車系統設施需求　　　　　　O_V：平均每車乘載人數

T_P：尖峰小時到站旅次數　　　　　　　F_D：尖峰停車需求倍數

D_T：運具分配率　　　　　　　　　　　　　　(臺北地鐵採 2.5)

(二)人行系統

1. 人行動線規劃應包括

(1) 轉乘動線優先級之考慮：優先考量人行動線，其次為大眾運輸系統及其相關設施，最後為私人運具及其相關設施。

(2)轉乘設施動線規劃之考慮：

(a) 室內通道：步行距離、動線區隔、通道寬度及乘客特性。

(b) 室外通道：遮雨(陽)、照明、行人穿越設施/專用號誌。

(3) 新舊車站連通設施預留之考慮：車站規劃設計時即須考慮未來與其他主運具車站之整合及車站路線的提升及擴展，同時車站須預留未來連通銜接介面。

2. 行人步行空間連續性、安全性及無障礙化常見問題

(1) 遮陽避雨設施不連續。

(2) 周邊行人通道被車輛停放或商家占用，行人需步行於車道旁。

(3) 鋪面不平整不利行李拖行。

(4) 照明不足。

(5) 無障礙設施不連續，及身心障礙停車位被占用。

(6) 未提供行人專用號誌供乘客穿越車道。

(7) 垂直轉乘多，但電扶梯與電梯設置不足。

(8) 行人通道寬度不足以供尖峰乘客通行。

3. 行人穿越設施設計

(1) 以平面行人穿越道為設計考慮。

(2) 受車站或道路條件限制及轉乘設施區位等因素，方考慮採立體穿越設施輔助。

(3) 行人穿越道設計原則

(a) 人車分離：平面分離、垂直分離及時間分離。

(b) 安全設計：止滑、耐壓。

(c) 安全及舒適：照明、安全視距、避免死角、休息區座椅。

(d) 一致及連續：高程、設計元素、色彩、質感、設施使用。

(e) 美觀及融合：與整體環境景觀相互配合。

4. **人行系統設施需求推估**

(1) 樓梯、通道

$$W = \frac{Q}{M}$$

W：有效寬度(公尺)

Q：需求流率(人／分)

M：設計流率(人／分／公尺)

(2) 電扶梯

$$D = \frac{Q}{C}$$

D：設施需求(座)

Q：需求流率(人／分)

C：設計容量(人／分／座)

(3) 需求流率

(a) 一般車站按尖峰 15 分鐘運量之每分鐘客流量。

(b) 班距長且運具乘載量高之運輸車站可用尖峰 5 分鐘運量之每分鐘客流量。

(c) 臺北地鐵採尖峰分鐘運量(尖峰小時運量之 2.5%)。

5. **動線交會及人流匯集處考慮重點**

(1) 規劃設計階段

(a) 以目標年所預估之尖峰客流量作為基礎。

(b) 考慮設施需求與乘客特性。

(c) 考慮單向、雙向及多向不同移動型態之通道寬度改變。

(2) 興建營運階段

(a) 以行人通道設計流率進行檢核。

(b) 低於設計標準需採取改善措施：包括原有動線檢討、改善導示系統、進出口分離管制。

(三)無障礙系統

1. 身心障礙者之特性與需求包括：

(1) 情報障礙

(a) 著重於引導系統的建立及警示系統的規劃。

(b) 提供如何補足其障礙資訊，增進其對環境適應處理能力。

(2) 移動障礙

(a) 掌握移動障礙者的特徵和需要。

(b) 提供適切的輔助設施、輪椅使用空間(高低差/斜坡道)、道路鋪面及播音號誌。

(3) 巧致動作障礙

(a) 對於生活上較為細緻的動作會產生障礙→轉鎖/按鈕。

(b) 預先分析後再藉由規劃與設計加以克服。

2. 無障礙設施規劃設計注意事項如下

	室外通路及室內走廊	出入口及門	坡道	升降機
注意事項	▪採人車分離 ▪動線簡潔 ▪行進方便性及安全性	▪播音系統 ▪輪椅使用者需求特性與設施連續性 ▪玻璃門辨識	▪與路面作對比區分 ▪避免轉彎 ▪不貼導盲磚 ▪設置扶手 ▪近出入口	▪點字系統 ▪導示號誌明確 ▪提供無障礙停等空間 ▪導盲磚布設
	停車位	導盲磚	標示	電腦查詢系統
注意事項	▪設置於同樓層 ▪近電梯且有斜坡道連接 ▪避免設於斜坡道上	▪因地制宜 ▪重點式布設 ▪室內避免布設 ▪不宜影響他人通行	▪輔有觸覺文字/符號 ▪設置位置不宜過高 ▪採豎立式避免貼地式	▪至少應有一台供輪椅者使用 ▪台面與地板面之距離應為70-80公分

(四)導示系統

1. 導示系統規劃設計原則

(1) 往其他主運具車站：其導示系統為最優先級置於最前面位置。

(2) 公車車站/計程車及網約車招呼站。

(a) 同設施設置於多處時，以車站位置圖標示位置，不設置導引標示。

(b) 同設施統一集中設置時，採設置導引標示。

(3) 轉乘停車設施

    (a) 進出站站臺位於相同介面及樓層時，不設導引標示。

    (b) 進出站站臺位於不同介面及樓層時，需設導引標示。

    (c) 停車設施設置於多處時可以編號方式加以區隔。

    (d) 非車站所提供之停車設施可於車站區位圖上顯示。

(4) 轉乘臨停設施：可由出入口及區位標示得知位置，不需導引標示。

2. 導示系統設計型式

(1) 懸吊式系統

    (a) 提供車站內主要動線(含轉乘設施)之指引。

    (b) 設置位置需與天花板及其他設施整合。

    (c) 設置高度及可視距離需因地制宜並提供照明

(2) 立地式系統：多用於停車設施及無障礙設施之標示。

(3) 貼壁式系統

    (a) 動線轉折處與人行動線垂直方向之指引。

    (b) 往站臺、出口及站內無障礙設施之指引。

(4) 地面式系統

    (a) 布設於設施與信道之銜接介面，具警示作用或作為隊伍隔離及動線區分之指引。

    (b) 通道交會處、站臺出口、樓梯口、電扶梯口之設施方向導引。

3. 導示系統設計考慮及因地制宜

(1) 於狹長型通道時需考慮標示布設間距。

(2) TOD 開發或地下道連通時需考慮標示內容之層級性。

(3) 於垂直動線及樓層轉換需考慮標示布設之連續性。

(4) 不同車站因站體規模及空間差異需考慮其因地制宜。

(5) 車站興建初期即需考慮轉乘設施動線以利標示布設。

4. 播音系統設置需求包括

(1) 提供乘客在無法閱讀標誌及標線時之替代方案。

(2) 於緊急事故發生時告知乘客轉乘的位置。

(3) 必須具實時性及隨時性，以最直接、簡單的方式告知乘客最便捷的轉乘動線。

(4) 播音地點為(下客)站臺及(入境)大廳。

(5) 播音需配合車輛到站時間，導引乘客至最近出口。

(6) 資訊提供可含轉乘設施種類、出站站臺、出口方向出口位置及乘車地點等。

(五)轉乘資訊系統

1. 大眾運輸系統資訊提供方式包括

(1) 網頁(A)。

(2) 電腦查詢系統(B)。

(3) 動態資訊廣告牌(C)。

(4) 靜態資訊廣告牌(D)。

(5) 宣傳折頁(E)。

班次時刻資訊　行車狀況資訊　旅程規劃資訊　路網資訊　費率資訊

交通系統	路網資訊	班次時刻資訊	費率資訊	行車狀況資訊	旅程規劃資訊
空運	A,B	A,B,C	A,B	A,B,C	A,B
海運	A,B	A,B,C	A,B	A,B,C	A,B
城際鐵路	A,B,E	A,B,C,D,E	A,B,D,E	A,B,C	A,B
高鐵	A,B,D,E	A,B,C,D,E	A,B,D,E	A,B,C	A,B
長途客運	A,B,E	A,B,C,E	A,B,E	A,B,C	A,B
市區公車/地區客運	A,B,E	A,B,C,E	A,B,E	A,B,C	A,B
地鐵	A,B,D,E	A,B,D,E	A,B,D,E	A,B,C	A,B

2. 轉乘資訊提供型式及內容如下

時點＼方式	網頁	宣傳折頁	動、靜態資訊廣告牌	電腦查詢系統	主要資訊內容
旅次發生前	★	★			▪可供搭乘轉乘運具種類 ▪何處搭乘(配置圖) ▪轉乘運具班次、票價、路線、上下車停靠站
轉乘地點 - 臨停區 - 公車站 - 停車場		★	★	★	▪班次、票價 ▪路線、上下車停靠點 ▪車輛實時資訊
出入口及車站外重要通道		★	★	★	▪可供搭乘轉乘運具種類 ▪何處搭乘(配置圖) ▪轉乘運具之班次、票價、路線、上下車停靠站

四、軌道轉運站轉乘設施整合規劃

1. **轉乘臨停與轉乘停車系統整合**

   (1) 同地區具相近或相同規劃建設時程之相鄰不同主運具車站

      (a) 各主運具車站之轉乘設施需求規模應個別估算。

      (b) 系統布設時應作一併考慮。

      (c) 以乘客轉乘便利及土地資源作最有效運用為前提。

   (2) 車站具有一種以上之主運具

      (a) 建設時程相同時，設施需求規模應個別估算，布設則一併考慮。

      (b) 建設時程不同時，應預留後續開發車站轉乘需求設施或用地。

   (3) 新建車站周邊具營運中車站

      (a) 新建車站之轉乘臨停設施需求應由車站本身提供。

      (b) 系統布設時以內部化為原則。

      (c) 倘公車站設施剩餘容量足敷新增轉乘需求則可考慮共享設施。

   (4) 新建車站周邊具營運中停車設施

      (a) 新建車站之轉乘停車設施需求應由車站本身提供。

      (b) 系統布設時以內部化為原則。

      (c) 若新建車站受基地用地條件限制，而步行距離範圍內之停車場的剩餘容量足敷新增需求，則可規劃作為替代設施。

   (5) 車站結合土地開發

      (a) 車站本身與土地開發之轉乘設施需求應個別估算。

      (b) 系統布設時應作一併考慮。

      (c) 開放大眾使用之設施應共同設置。

      (d) 開放與未開放大眾使用之設施應進行必要區隔。

2. **人行系統及無障礙系統整合**

(1) 動線之整合

　(a) 動線依其層級性區分為主要及輔助通道。

　(b) 主要轉乘設施應設置於主要動線作最優先考慮。

　(c) 無障礙及弱勢族群動線應與主要動線進行區隔，減少彼此間衝突。

(2) 設施區位之整合

　(a) 規劃設計時間應事先預留連通通道、緩衝空間及設施設置位置。

　(b) 同為新建車站時，先建設車站亦必須預留必要設施通道之緩衝區，將來連通時再各自配合建設。

(3) 共同通道需求整合

　(a) 不易確定每一通道之使用人數，但可確定由一運具至另一運具之轉乘乘客數，故建議以總量方式檢討。

　(b) 須推估每一處通道承載分量，且寬度應滿足其需求。

(4) 共同樓梯、電扶梯需求整合

　(a) 按樓層分別就各運具運量檢討其樓梯與電扶梯之寬度。

　(b) 共同大廳層應同時滿足個別及合併計算運量所需，再設依設計流率檢討樓梯與電扶梯之寬度及數量。

(5) 共同出入口需求整合：無法判別乘客是經由此一出入口使用何種運具時，應滿足各運具分別計算之需求，亦應滿足各運具合計運量所需出入口需求。

3. **導示系統整合**

(1) 動線之整合

　(a) 主要轉乘設施利用懸吊式燈箱標示於主要動線。

　(b) 次要轉乘設施僅需標示於次要動線，或利用貼壁式提供導引標示及車站資訊圖。

(2) 標示內容之整合：中、英文用詞、符碼圖案、標示設計、色彩、文字(中、英文字型及字體大小)、箭頭、硬體設計(材質、形式及尺寸)、照明。

(3) 標示設置之整合

    (a) 整合設置地點、設置位置及設置高度等計畫。

    (b) 設置地點及位置須配合動線作整合。

    (c) 應考慮標示布設高度及間距。

    (d) 設置高度以不影響人行動線為主要原則，並提供約 15-30 公尺之可視距離。

    (e) 提供給輪椅用戶閱讀之導示系統則須考慮其可視高度。

    (f) 除於動線決策點布設外，導引標示間距應在 20-30 公尺內，以避免乘客產生疑惑感。

(4) 建立共同數據庫平臺

    (a) 透過統一窗口提供及搜集大眾運輸營運資訊。

    (b) 透過網路或網路專線達成數據搜集整合目的。

 (5)資訊維護與管理

    (a) 依用戶需求設定資訊內容、讀取權限及安全控管機制等。

    (b) 資訊內容須確保正確、實時，並定期維護。

    (c) 車站營運單位透過共同數據庫平臺搜集並發布轉乘運具相關資訊。

    (d) 建議將大眾運輸營運單位之資訊提供及維護納為營運與服務評鑑計畫。

(6) 轉乘資訊系統整合協調

    (a) 發展共同數據庫平臺。

    (b) 可衡量是否擴充相關功能。

20.3 臺北捷運轉運站案例

20.3.1 軌道交通轉運站軌道配置型式

    軌道交通轉運站有兩條或兩條以上之軌道路線經過，旅客可經由其中一條路線轉至其他路線，轉運站月臺及穿堂層之布設將可提供旅客轉乘功能，因軌道路線交會的方向不同，可分為平行交會站或非平行交會站(T接或十字接)，交會站的布設相當複雜，且轉乘旅客將大量地於站內流動，因此需就路線方向及不同月臺型式間的選擇特別考慮，以增加其轉乘之便利性及縮短轉乘動線長度。

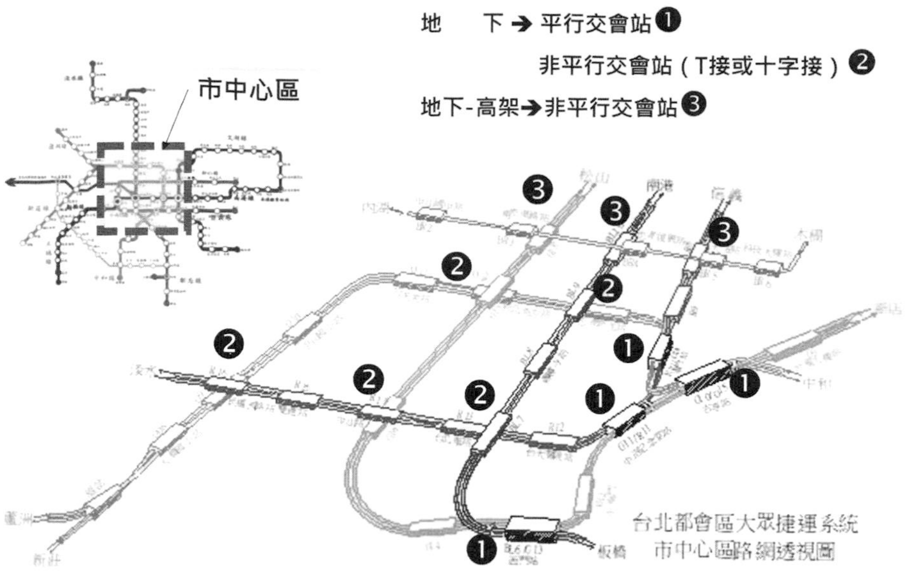

地　下→平行交會站❶
非平行交會站（T接或十字接）❷
地下-高架→非平行交會站❸
市中心區
台北都會區大眾捷運系統
市中心區路網透視圖

臺北市中心區捷運轉乘交會站(12處)示意圖 2

20.3.2　臺北捷運轉運站規劃

臺北捷運轉運站規劃前期在捷運路網內進行路網整體交會轉乘規劃，以發揮路網綜效；在車站整體設計預留最短轉乘路徑、提供足量轉乘設施、站內轉乘、無縫轉乘銜接，規劃完整交通配套措施等進行路網內轉乘規劃。

但臺北中運量輕軌環狀線規劃歷經三十年，西環段於2020年1月31日正式通車，連接新店線、中和線、板南線、新莊線及機場捷運等五條捷運路線進行轉乘，由於規劃時程過久，導致部分轉乘站因其他捷運路線先行營運，但環狀線存在建設未確定性而沒預留轉乘空間，無法進行站內轉乘，只能利用票證清分整合進行站外轉乘，此爲臺北捷運轉運站規劃之一大缺失，可爲進行軌道交通轉運站規劃之借鏡。

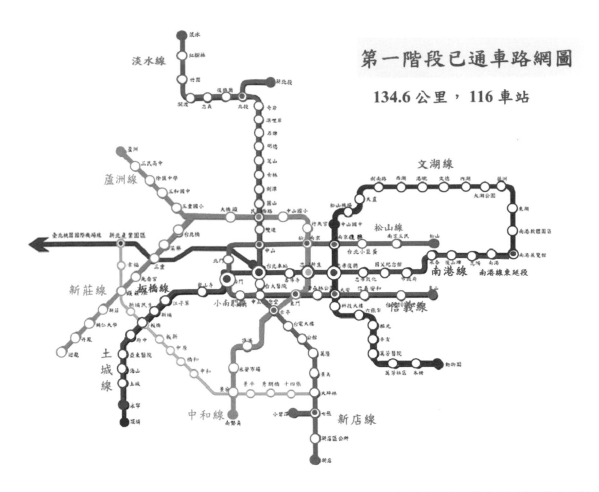

捷運路網與其他交通系統規劃協調轉乘設施，包括公車停靠區、計程車排班區、接送轉乘區、自行車及停車空間等，以發揮路網綜效；針對票證差異部分，利用出站、再進站，旅客服務導向，多卡通，盡可能最短途徑，公車車路線與站臺調整及雙向轉乘優惠進行與其他交通系統轉乘規劃。

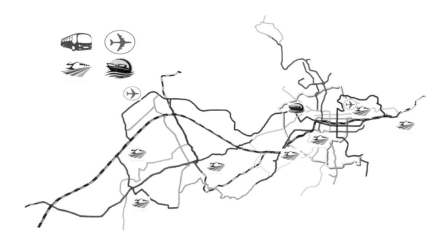

地下非平行交會車站-淡水線與松山線中山站交會轉乘　　　平行交會車站-新莊線及信義線東門站

高架與地下交會-文湖線與松山線南京復興站交會轉乘　　捷運與台鐵(非捷運路網)交會轉乘--松山站

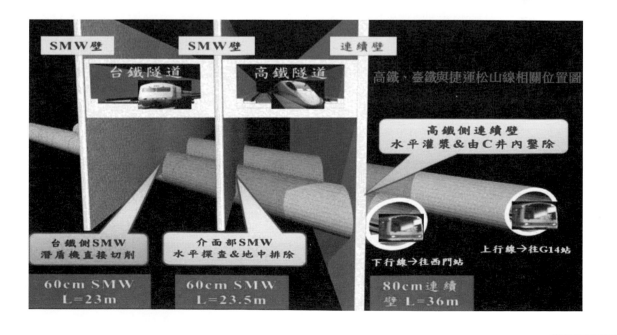

20.3.3　臺北車站轉運站規劃

臺北車站位於臺北市中心區，為捷運淡水線、板南線、松山線、機場捷運及臺鐵、高鐵六條軌道交通匯集之車站，臺北車站客運轉運站為長途客運轉運之轉乘站，並與商業TOD開發合一採BOT方式建造營運；整個臺北車站轉運站系利用立體地下、平面及高架人行遮蔭通道進行連結轉乘其他交通工具，人本設計，大眾運輸無縫轉乘。

1.　臺北車站客運轉運站

臺北車站客運轉運站集結了長途客運車站、購物中心、影城、旅館、辦公大樓、集合住宅等不同類型設施的大型複合式客運轉運站，乃第一座由地方政府規劃，以BOT模式委託民間廠商興建及營運之長途客運轉運站。整個設施分為京站和轉乘站兩個部分，京站部份包含集合住宅、酒店、購物中心等；而轉運站位於該建物東南側的1至4樓，包含候車月臺、售票處、1樓商店街和位於B1的商店街，站內採取人車完全分離，以提升候車環境品質及安全性。轉運站主體於2009年8月19日開始營運，並利用地下通道與臺北車站主體連接進行轉乘。

　　臺北車站客運轉運站是第一個京站模式，共構整合「台北京站」在地面地下不同空間層次上，共整合地鐵、機場捷運、高速鐵路、城際鐵路與長途客運五大交通系統，並透過地下街步行廊，連結月臺層、平面穿堂層與空中廊道，進行公鐵聯運、無縫對接的共構整合系統工程；然由於發展快速，客運轉乘需求日增，原有空間已漸不敷使用，因此未來轉運站規劃設計時應考慮安全係數，以免不敷使用。

- ■基地面積 2.1374公頃
- ■國有54.77%、市有5.23%
- ■第3種商業區使用
- ■建蔽率：80%
- ■容積率：560%
- ■含捷獎容積 670%
- ■地下4-6樓、地上4-18樓
- ■轉運站 —17.28%
- ■購物中心—19.81%
- ■觀光旅館—14.05%
- ■住辦 —44.13%

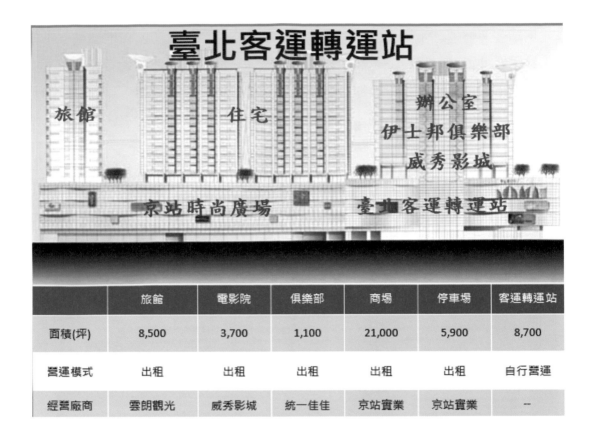

	旅館	電影院	俱樂部	商場	停車場	客運轉運站
面積(坪)	8,500	3,700	1,100	21,000	5,900	8,700
營運模式	出租	出租	出租	出租	出租	自行營運
經營廠商	雲朗觀光	威秀影城	統一佳佳	京站實業	京站實業	--

2. 機場捷運臺北站

機場捷運臺北站為機場捷運的始發站，由此站可透過站內地下通道前往臺鐵、高鐵、地鐵板南線、淡水線四線共構的臺北車站以及松山線的北門站，2017年3月通車。連接臺北車站的電動步道，已於2019年2月啟用；同時以BOT模式委託民間廠商興建及營運之雙子星大樓已於2019年12月與民間廠商簽約，2026年完工。

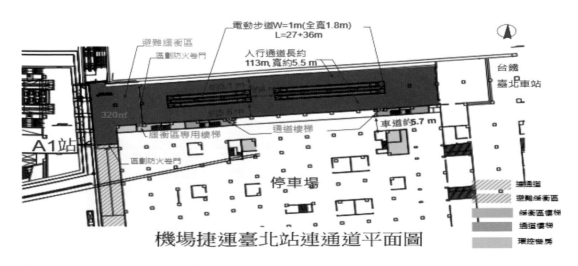

機場捷運臺北站連通道平面圖

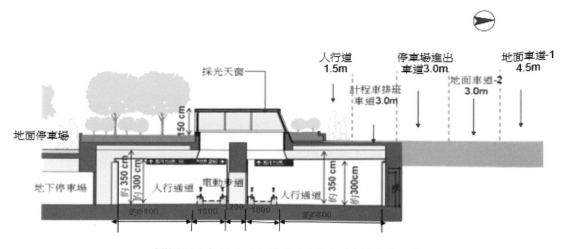

機場捷運臺北站連通道剖面圖

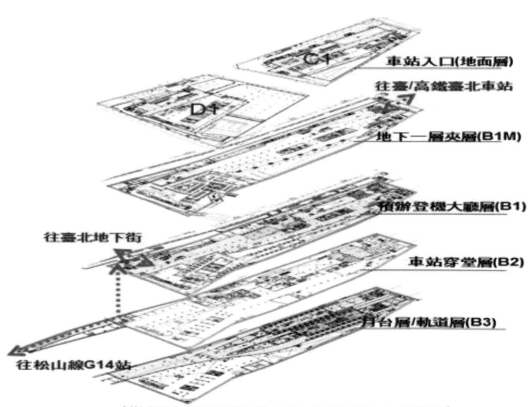

機場捷運臺北站連通道立面圖

3. 臺北車站轉運站轉乘設施整合規劃

臺北車站共有六條軌道交通路線在此交會，各軌道交通路線間利用地下廊道進行轉乘，提供便捷、快速轉乘服務；主體地下一層停車場規劃轉乘停車及計程車排班區；平面層規劃計程車及私人運具下客區；車站周邊規劃公車及大客車停靠區；並利用地下街步行廊、平面與空中廊道規劃多元立體整合，提供優質行人空間及無縫轉乘方式；車站地下、平面、高架設置多種動態及靜態導示系統，提供各項交通系統轉乘資訊，就轉運站而言，臺北車站轉運站乃為一成功案例。

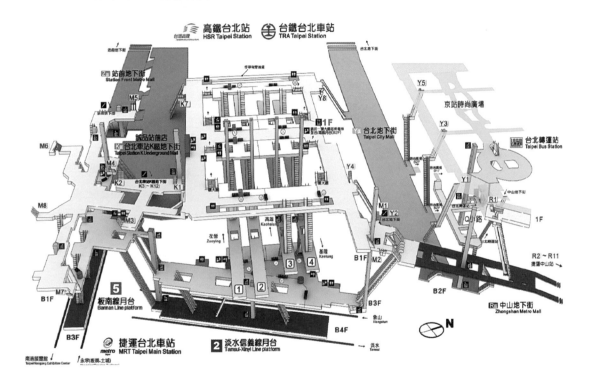

Chapter 21

軌道交通車站開發(TOD)規劃

21.1 永續 TOD 發展理念

永續TOD發展理念可從TOD的定義、發展背景、發展面向、開發理念、實踐效益來進行說明。

1. TOD 的定義

何謂大眾運輸導向周邊開發(TOD)？TOD (Transit Oriented Development)概念最早起源於60年代美國學者Guttenberg(1960)、Lowry(1964)先提出大眾運輸建設對於周邊土地使用有相對影響；後來由新城市主義代表人物美國彼得‧卡爾索爾普(Peter Calthorpe)於1993年在《下一代美國大都市地區：生態、社區和美國之夢》(<The American Metropolis-Ecology，Community，and the American Dream>)一書中提出了以TOD替代郊區蔓延的發展模式，即為TOD乃是以大眾運輸為導向之開發模式。TOD是國際上具有代表性的都市社區開發模式，同時，也是新城市主義最具代表性的模式之一，目前被廣泛利用在都市開發中，尤其是在都市尚未成片開發的地區，通過先期對規劃發展區域的用地以較低的價格徵收，導入大眾運輸，形成開發地價的時間差，然後，出售基礎設施完善的"熟地"，政府從土地升值的回報中回收大眾運輸的先期投入。

TOD理念可運用於大眾運輸開發策略，並且引導都市發展與土地使用，亞洲地區TOD理念成熟區域主要為日本、香港，新加坡及臺灣也漸趨成熟，中國目前正發展以TOD導向周邊開發。

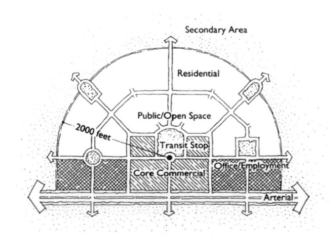

彼得·卡爾索爾提出的 TOD 原型

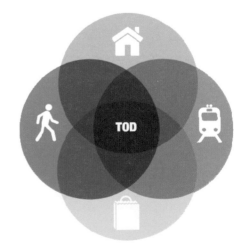

TOD 模式示意圖

　　TOD發展可結合大眾運輸面向與土地使用思維，導入永續發展觀念，包括利用大眾運輸結合都市發展的智慧型成長(Smart growth)、複合都市(Compact city)、永續發展(Sustainable development)等，將都市計劃與交通規劃結合並行，進行永續都市發展，一般而言，TOD開發之規劃程序為：

(1) 重新檢視都市總體規劃。

(2) 納入 TOD 開發理念重新調整都市與交通規劃。

(3) 針對 TOD 開發區域進行產業規劃及策略分析。

(4) 以 TOD 導向周邊開發進行都市及交通設計。

(5) 基礎建設及 TOD 建築開發規劃設計。

2. TOD 發展背景

　　TOD發展背景為美國Newman and Kenworthy(1999a、2000)曾指出，大眾運輸與土地使用影響下的都市型態主要可分為下列四個發展階段：

(1) 1880 年以前為傳統步行都市 (traditional walking city，簡稱 TWC)。

(2) 1880-1920 年代為工業化軌道交通都市 (industrial transit city，簡稱 ITC)。

(3) 1920-1990 年代為汽車導向發展都市 (automobile-oriented development city，簡稱 AOD)，1920-1970 年代為一般道路導向的都市內開發 (compact of AOD，簡稱 AOD-C)；1970-1990 年代為高速公路導向郊區開發(sprawl of AOD，簡稱 AOD-S)。

(4) 1990 年代以後為永續都市 (sustainable city)，也就是利用節能減碳大眾運輸工具結合車站周邊土地，以 TOD 導向周邊開發之永續都市發展理念。

3. TOD 引導都市發展面向

利用TOD引導都市發展面向可以透過新城市主義、智慧永續發展與綠色交通之概念，可劃分為三項面向：

(1) 區域面向：從大範圍而言，就區域角度來看，TOD 可以重塑都市結構，優化及強化都市能力，重構都市計劃進行調控。

(2) 都市面向：就都市角度來看，TOD 可以引導都市空間發展，進行都市提級，增加都市競爭力。

(3) 地區面向：TOD 提高都市生活品質，帶動地區開發或都市更新，提高人民生活水準。

因此 TOD 開發是從區域→都市→地區進行整體開發。

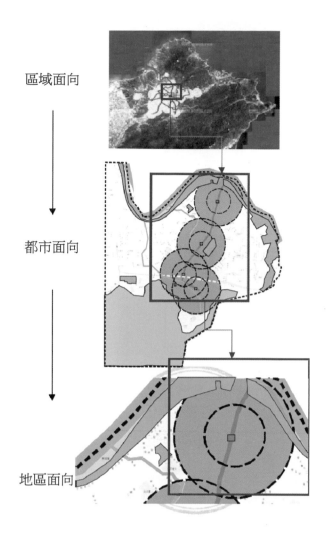

區域面向

都市面向

地區面向

4. 永續 TOD 開發理念

　　永續TOD開發理念乃是以大眾運輸導向的都市發展(Transit-Oriented Development，TOD)，經由回復混合土地使用(Mixed Land-Use)以鼓勵大眾運輸的使用、提高行人搭乘旅次，作為都市擴張的另一種規劃方向。其發展理念參見如圖，依發展面向應先從區域的角度出發，從宏觀且全面性的觀點來探討都市發展型態，以永續發展的三個目標，進而有計劃的整合大眾運輸系統，落實到場站規劃的層次：

(1) 環境保護面：將限制開發區域的發展，引導到大眾運輸廊帶及車站周邊，保護生態環境。

(2) 經濟效益面：透過大眾運輸廊帶及車站周邊混合土地使用及提高使用強度，促進經濟發展與工作效率的提升。

(3) 社會公平面：在混合土地使用及提高使用強度的同時，亦提供多樣化的住宅型態，維護社會的公平正義。最後，在區域觀點下的場站規劃將能引導都市發展，符合永續發展目標。

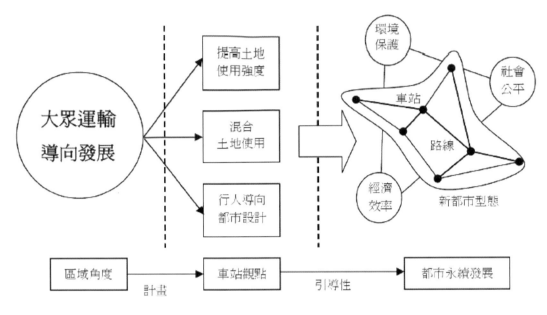

TOD 發展理念圖

　　資料來源：李家儂、賴宗裕，「臺北都會區大眾運輸導向發展目標體系與策略之建構」，地理學報第48期，2007。

5. TOD 開發實踐效益

　　透過TOD發展理念的實踐，可帶來三大層面的效益：

(1) 自然環境保護：包括控制污染、車輛循環使用、替代新能源、高效能智慧化車站、再生建設材料、土地資源保護等。

(2) 提升經濟與財務效益：包括整體財務管理、經濟效率最大化與社會成本最小化、促進地方經濟發展。

(3) 促進社會公平：包括滿足居民交通需求、大眾化的合理票價、生活品質的提升、促進都市合理的發展、確保民眾健康與安全。

　　換言之，引入TOD都市發展理念，將有助於達成大眾運輸永續營運、政府財政永續均衡與都市環境永續發展等目標，在環境保護面、經濟效益面及社會公平面均衡發展下打造永續TOD都市。

21.2 軌道交通導向周邊開發(TOD)

21.2.1 軌道交通 TOD 開發歷程及開發作法

一、軌道交通 TOD 開發歷程

　　過去軌道交通車站純粹只有運輸功能，後來慢慢演進成為軌道交通車站之平面或上下方用地可作為立體使用，也就是車站本身進行複合式機能開發；然而利用軌道交通車站進行車站開發後，衍生客流量遽增，財務效益立現，周邊用地隨之與軌道交通車站聯合開發，形成互利虹吸效應；慢慢地車站開發往外發展，形成以車站為中心之地區多功能開發，一般而言以車站周邊400～800公尺或步行5～10分鐘為主之TOD車站開發，而500公尺被視為人能容忍之步行距離，因此地區開發皆以此距離居多；結合各車站地區開發，變為廊帶型TOD開發，這就是軌道交通TOD由點線面開發的歷程由來。

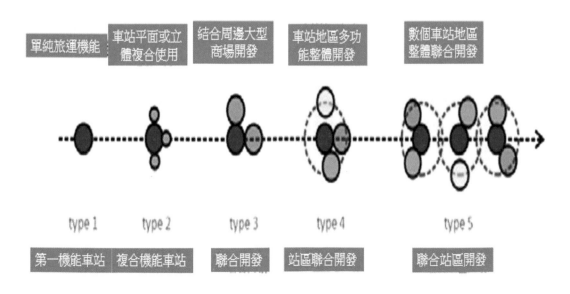

資料來源：臺北市政府捷運局

二、軌道交通 TOD 開發標準及要件

國際交通組織ITDP對於TOD開發曾研擬原則標準，TOD有八大標準：

1. 步行：打造鼓勵步行的街區

目標 A.　安全、完整以及對所有人開放的步行環境。

目標 B.　積極、活躍的步行環境。

目標 C.　怡人、舒適的步行空間。

2. 自行車：優先發展非機動交通出行路網

目標 A.　安全、完整的自行車道路網。

目標 B.　充足、安全的自行車停放設施。

3. 連接：創建密集的街道路網

目標 A.　便捷、直達和多樣的步行和騎行途徑。

目標 B.　步行和騎行比機動車出行更便捷。

4. 大眾運輸：臨近高品質大眾運輸進行開發

目標 A.　讓高品質大眾運輸步行可達。(TOD 基本要求)

5. 混合：規劃功能、人口結構、收入水準混合的社區

目標 A.　生活、工作區域步行可達範圍內布滿服務與機遇；公共空間長時間保持活躍。

目標 B.　當地居民應涵蓋多樣化的人口結構和收入群體。

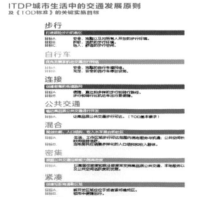

圖片來源：ITDP

6. **密集：根據大眾運輸運載能力提高密度**

   目標 A. 以高居住密度和就業密度來支持高品質大眾運輸、本地服務以及公共空間活躍度的發展。

7. **緊湊：創建短距離通勤區域**

   目標 A. 新開發區域應位於或者緊鄰建成區。

   目標 B. 都市中便捷出行。

8. **轉變：通過規範停車、道路空間使用 ，提升出行能力**

   目標 A. 機動車所占空間最小化。

   根據ITDP對於TOD開發標準，TOD開發原則應該具備以下幾個要件來進進行TOD開發：

1. 多元運具整合：TOD 開發應整合各種不同運具，包括軌道交通、公車、自行車、步行等，並進行無縫轉乘，以「短小快」最短的距離，最小的時間，達到最快的轉乘，縮短旅行時間，提高用路人使用率。

2. 完整街道設計：TOD 開發之街道設計應建構在棋盤式的道路系統上，縮短街道距離，強調步行安全和舒適；同時形成良好互動空間，增進交流，激發都市活力；平等行人、小汽車等交通方式進入都市空間的權利；多條窄小道路疏解交通流，避免集中在少量幹道上，使交通流在整個路網範圍內更加均勻地分布，可使道路的利用率更高。

3. 多樣性及多元化建築：TOD 開發之建築應設計各種不同類型之建築，配合實際之需求及塑造建築風貌。

4. 智慧停車管理：對於 TOD 開發地區停車需求，應考量發展密度及停車密度，在車站核心開發地區應提高發展密度，降低停車密度，同時進行智慧化停車管理。

5. 優化開發密度：TOD 開發強度應視交通乘載力給予不同開發密度，而不是一昧地提高開發密度，同時應有相關交通配套措施，以優化開發密度。

6. 混合土地使用：TOD 開發之土地使用，乃是通過都市計劃各項控制指標，進行總體控制來實現土地使用與服務的最佳平衡，同時提供各項有良好可及性公共設施和開放空間並維護社會公平正義。

7. 交通寧靜區：對於 TOD 核心開發區域，應設置交通寧靜區，提高行人安全，同時改善人行品質，提高用路人可用之空間。

8. 人行及自行車系統：依照 ITDP 對於 TOD 開發之原則標準，首重步行及自行車，因此 TOD 開發應針對人行及自行車系統進行完善規劃，提供安全便捷之行人及自行車環境。

9. 道路系統路網整合：對於 TOD 開發區域內之道路系統，應針對主幹道、次幹道及街道進行整合，以"窄馬路、密路網"的都市道路布設，建設快速道路、主次幹道和街道合理分配之道路系統，過寬的道路使穿越不便，不利於形成商業氛圍，大型商業區和居住社區等"超大街區"將形成封閉區塊，弱化都市滲透性，行人無法穿越，剝離社會體驗，降低內部活力，且交通可及性較低，出行距離長，公車服務滲透力弱，覆蓋率難以提高。

10. 第一哩及最後一哩連接：對於 TOD 開發區域內之大眾運輸，應考慮交通可及性進行第一哩及最後一哩連接，包括步行、自行車、社區巴士及接駁公車等，並可引進無人自動駕駛公車進行交通轉運。

三、TOD 開發策略及作法

　　近年來德國提出永續發展架構A-S-I，A為Avoid：提高公車及軌道交通系統效率，透過整合性土地及交通需求管理，減少旅次需求，縮短旅次長度；S為Shift：提高旅次效率，鼓勵轉換交通方式，由私人運具轉為非機動運具(步行及自行車)及公車與軌道交通；I為Improve：提高車輛效率、能源效率，將公車及軌道交通基礎最優化，提高大眾運輸使用率；另國際上也提出永續都市發展規劃SUMP，由傳統之交通規劃到移動性規劃，過去傳統交通規劃解決交通壅堵問題，對交通流通行能力、移動速度特別重視，但移動性規劃中之移動定義是採用空間活動模式概念來表達移動性需求，即空間活動發生、進行和完成，因此移動性規劃乃重視交通可及性與生活品質，交通可及性在於減少最大的出行，在一個移動空間中自給自足，食衣住行育樂在同一空間產生，特別注重對經濟活力、社會公平、公眾健康和環境品質等，也就是以大眾運輸為導向的都市發展。結合永續發展架構A-S-I及永續都市移動性規劃SUMP納入大眾運輸導向周邊開發，創造永續TOD綜效，這就是TOD開發策略之首要。

對於TOD開發策略及作法，筆者提出3個6的觀念，以6OD理念進行6D規劃設計，打造6S永續都市，6OD即為TOD、GOD、HOD、COD、WOD、IOD；6D即為Density、Diversity、Design、Distance、Destination Accessibility、Difference；6S即為Sustainable for Socity、Environment、Economic、Finance、Operation、Policy。

1. 何謂 6OD

(1) TOD (Transit-Oriented Development，TOD)：傳統之以大眾運輸為導向的都市發展，著重在環境保護面、經濟效益面、社會公平面。

(2) GOD (Green-Oriented Development，GOD)：以綠色(綠生態、綠建築、綠交通)建構為導向的都市發展，著重在永續發展及節能減碳。

(3) HOD (Humanity-Oriented Development，HOD)：以人本為導向的都市發展，以人為本位，營造安全、友善、可靠、舒適、健康的永續人本環境。

(4) COD (Culture-Oriented Development，COD)：為以歷史文化扎根為導向的都市發展，保留歷史文化古蹟，強化營造生活藝文空間與文化意象，加強文化旅遊的競爭力。

(5) WOD (Water-Oriented Development，WOD)：以健全水保為導向的都市發展，健全都市水資源的保全與涵養，藉由水環境營造與水資源回收再利用，增加都市的水涵養，打造海綿都市。

(6) IOD (Intelligent-Oriented Development，IOD)：以智慧為導向的都市發展，結合智慧交通，智慧保安防災，智慧能源管理，智慧建築，智慧教育學習，智慧醫療保健，智慧運動休閒娛樂，智慧政府，打造智慧都市。

2. 6D 規劃設計作法

對於TOD規劃設計之作法，傳統之TOD主要為3個D元素，也就是發展密度(Density)、混合使用(Diversity)及設計(Design)，發展密度為提高車站周邊使用強度，必須視交通乘載力及相關交通配套措施而定；混合使用為車站周邊規劃多元混合使用，以維護民眾社會公平正義，一般為車站周邊400-800公尺或步行5-10分鐘為主之區域，而500公尺內之地區開發居多；設計則以人本、步行為主，納入綠建築、綠生態、綠交通進行節能減碳設計，而不是一昧以商業、私人運具為主；但現代化之TOD規劃設計作法，將原有之3D轉化為5D-6D之規劃設計元素，加入距離(Distance)、可及性(Destination Accessibility)及差異性(Difference)，距離(Distance)為到軌道交通車站之距離，距離影響用路人搭乘軌道交通之意願，是在進行軌道交通TOD開發必須考慮之因素；可及性(Destination Accessibility)為搭乘軌道交通至目的地之可及程度，這也會影響人是否願意在此進行TOD開發；差異性(Difference)為對於TOD開發應針對地區性及人文景觀特色而有差異性之設計，不能一成不變，每個TOD開發區域應有不同特色及都市風貌，來凸顯與其他TOD開發區域的不同。6D規劃設計相關作法原則如表所示。

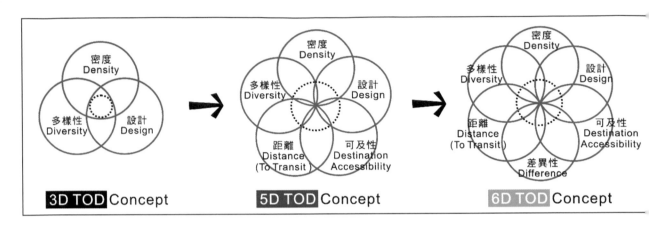

3D	5D	6D	密度 Density	■ 增加土地使用密度及緊湊度 ■ 吸引足夠居民、工作者及消費者 ■ 提高大眾運輸使用率及周邊土地開發效益
			多樣性 Diversity	地區土地混合使用、多樣性住宅、多元建築形式、多尺度鄰里街巷設計
			設計 Design	人本設計，包括基地配置、開發硬體設施、空間美學以及友善步行環境、自行車道系統、公車系統等無縫轉乘接軌設施
			距離 Distance	至大眾運輸場站之距離
			可及性 Destination Accessibility	至目的旅次起訖點的可及性程度
			差異性 Difference	■ 營造地區特色之差異性及自明性 ■ 創造不同特性之空間風貌

根據TOD規劃設計之作法，可以將軌道交通劃分爲四種不同的開發類型進行TOD開發：

(1) 軌道交通車站單獨土地開發：軌道交通車站主體(如穿堂層及出入口之用地)或車站相關設施(如車站之通風口或變電站)或 P+R 土地上下方立體多目標之開發使用。此種土開方式基地約在 1,000m² 至 5,000m² 左右，其中以 2,000m² 至 3,000m² 規模之基地爲最多。

(2) 軌道交通車站與鄰接土地共同開發：軌道交通車站及周邊鄰接土地，以整體開發模式進行。

(3) 軌道交通車站鄰近周邊土地開發：軌道交通車站影響範圍內(一般約軌道交通車站距離 500 公尺之步行可容忍距離至 0.5 哩(800 公尺)範圍)的基地開發。

(4) 軌道交通車站廊帶開發：軌道交通車站沿線聯合開發，形成多點多線區域廊帶開發，區域大小視需求及條件而定，但須考慮交通配套措施及交通乘載力。

　　軌道交通車站開發方式，筆者提出城中站及站中城的概念，城中站主要針對都市中心軌道交通車站進行都市更新及TOD開發，由於都市中心區域之開發早已形成，並無太多用地可再開發，因此配合軌道交通車站將老舊危老建築與少數用地重新整合進行都市更新開發，重塑都市風貌，此爲需求導向型TOD開發；站中城主要針對都市外圍之大眾捷運及城際軌道交通車站進行TOD開發，由於都市外圍之客流量較小，且可用土地較多，因此配合軌道交通可將車站周邊土地重新整合規劃，配合軌道交通車站重新檢視及調整都市計劃用地，以TOD導向周邊開發進行都市計劃，此軌道交通車站不一定爲單一車站，可結合多個車站形成廊帶型開發，作爲都市副都心，此爲需求導向型TOD開發。

　　針對軌道交通車站TOD開發強度，建議可分爲三個圈層，軌道交通車站周邊300米範圍內爲軌道交通車站TOD核心功能區，開發強度最大；軌道交通車站周邊300～500公尺範圍爲軌道交通車站TOD次核心功能區，開發強度次之；軌道交通車站周邊500～800公尺範圍爲軌道交通車站TOD輻射影響區，開發強度比都市一般區域適當提升，並與軌道交通車站TOD核心功能區、次核心功能區協同發展。

　　根據上述，軌道交通TOD開發容積可提高因素：

(1) 軌道交通周邊開發強度-可稱之爲增額容積，以軌道交通車站周邊 800 公尺爲主，但不在此限，應考量交通容受度(承載力)。

(2) 軌道交通車站周邊聯合開發獎勵容積。

(3) 都市更新獎勵容積。

(4) 危老建築更新獎勵容積。

(5) 容積移轉。

　　但軌道交通TOD開發不應僅考量開發強度及容積獎勵，無限上綱，應進行容積總量管制，同時考量交通配套措施及基礎設施建設，提供TOD開發區域優質生活條件及機能。

　　根據上述軌道交通車站規劃設計作法、開發類型、開發方式及開發強度，軌道交通車站TOD開發對於區域內外動線尤為重要，因為動線決定人流，人流決定金流，因此區域內部動線應流暢化，整合硬體設施及軟體設施，硬體設施包括轉乘臨停與停車系統、人行系統及動線、無障礙系統、開發設施足量；軟體設施包括導示系統及資訊系統，務求達到區域內部動線分流順暢；區域外部交通一體化，根據臺大教授張學孔提出BBMW&D自行車+公車+軌道+步行+開發結合成為綠色交通智慧永續都市，意在利用各種運具以「短小快」最短的距離，最小的時間，達到最快的轉乘，縮短旅行時間，提高用路人使用率，同時吸引人流，配合開發，創造最大財務效益。然現代化之TOD開發仍應納萬物共享觀念，配合共享出行，引入出行即服務MaaS作法，結合各種運具及開發，打造BBMW&DS永續TOD都市。

3. **6S 永續都市(Sustainable City)：6S 永續都市包括**

　　(1) 社會永續(Sustainable society)：滿足個人和社會基本的可及性需求外，維護社會公平正義，考慮周遭地區、老人、殘障及族群的可及性問題，使之達到社會公平。除了提供基本行的需要，尚包括個人健康與安全維護、生活品質提升與社會公眾參與及社會責任。

　　(2) 環境永續(Sustainable environment)：應要求都市發展對生態環境、土地資源的消耗最小化，且其廢棄物可被地球吸收分解，形成一可循環的生態系統，維持最適承載力。

　　(3) 經濟永續(Sustainable economy)：對於經濟發展應考慮以「質」的提升取代「量」的擴增，提升經濟競爭力，著重於良好品質及環境兼容，經濟發展與地球環境承載力取得協調，保護人類賴以生存的自然資源和環境。

　　(4) 財務永續(Sustainable finance)：對於政府財政收支應取得均衡，收入包括都市開發土地效益、稅收(TIF)等，支出主要為公共服務及建設，地方財政收入應與公共服務債務支出平衡。若未來地方財政收支現值等於目前公共債務水準，代表財務永續。

(5) 營運永續(Sustainable Operation)：營運永續在於都市發展著重在營運永續，都市如何開發營運，策略及方針為重點，如何將區域發展經營永續，除收營比須為正值外，亦須考慮與上述永續相配合，打造永續環境。

(6) 政策永續(Sustainable policy)：上述永續在沒有政策支持下，無法達成永續環境，因此即使政黨輪替，政府換屆，仍應政策永續，並進行滾動式調整，共同打造永續都市。

21.2.2　軌道交通 TOD 開發實踐

一、軌道交通 TOD 開發目標

軌道交通TOD開發主要有六大目標：

1. 擴大財務效益

如何運用軌道交通TOD開發使土地開發效益提高，挹注軌道交通建設為首要目標。

2. 擴大軌道交通建設規模

軌道交通建設規模與TOD開發為一體兩面，應整合各項政府資源，擴大軌道交通建設規模。

3. 軌道交通建設及 TOD 開發時程整合發揮綜效

運用TOD開發規劃帶動車站周邊發展先決條件在於車站整體開發與軌道交通建設時程須同步進行，始可發揮TOD最大綜效。

4. 大眾運輸系統整合及交通配套措施規劃

TOD開發成功要素在於如何將各種大眾運輸工具整合，無縫轉乘，提高大眾運輸使用率，同時規劃交通配套措施，增加交通乘載力，提升開發強度。

5. 創造產業結合，提升財務創新策略

TOD開發規劃之際，除針對都市總體規劃檢視調整外，應就產業規劃及策略分析，引進不同產業進行產業聯盟，以創新創意創造三創之策略提升財務效益。

6. 建立政府及民間夥伴關係帶動地方及產業發展

政府應與民間合作，共同進行TOD開發，創造雙贏局面，帶動地方經濟產業發展。

二、軌道交通 TOD 開發實踐及問題對策

1. 軌道交通 TOD 開發實踐模式

軌道交通TOD開發PPP實踐模式乃藉由民間活力，與政府合作，共同創造開發效益，互利共享，軌道交通TOD開發PPP實踐總體利益分配結構請參下圖：

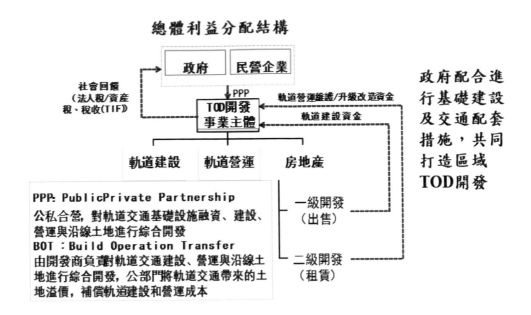

軌道交通TOD開發PPP模式主要有下列幾種方式：

(1) BOT 模式：政府委託民間進行 TOD 商業開發興建及營運，營運期滿後收回，營運期間政府每年收取權利金，若收益超過或低於設定投資報酬率，則由雙方議定收益或損益分配機制，此乃平準機制；也可由政府一次性收取土地及開發權利金，營運期滿後收回。

(2) BT+OT 模式：政府委託民間進行 TOD 開發興建，興建完成後付予工程款項並將所有權收回，即為延遲付款；此開發主體再委託民間經營，收取權利金或政府本身經營。

(3) OT 模式：政府進行 TOD 商業開發興建，委託民間經營，收取權利金。

(4) BOO 模式：政府賦予民間進行 TOD 開發興建權利，並擁有開發主體及經營權，政府收取土地及開發權利金。

(5) PPP 模式：政府與民間共同成立開發公司，進行 TOD 興建及營運，利益共享。

2. **軌道交通 TOD 開發 PPP 實踐問題對策**

(1) 缺乏 TOD 開發保障機制

    (a) 政府開發規模和出資機制模糊：須以科學、彈性方式計算政府土地開發規模和出資方式，不要考慮太多圖利因素，公平公正公開。

    (b) 風險機制無法明確：確認 TOD 開發存在風險，通過一定的合作機制與公私分擔開發風險、共享開發收益，形成雙方風險分擔機制。

    (c) 政府和企業角色不明： TOD 開發 PPP 模式能否成功運作的關鍵是政府的協助及監管，除鼓勵民營企業參與 TOD 開發，政府仍應配合進行基礎建設及交通配套措施，並加強合約執行和企業監管，而非計畫開發後就置之不理。

(2) 理念清楚，但執行不易，導致 TOD 開發效益無法立即呈現

    (a) 開發主體主導性不清→明確 TOD 主導之主體及定位。

    (b) 部門眾多協調困難→一體化統一上位設計，責任區分。

    (c) 都市總體規劃難調整→政府應主動參與規劃調整，符合市場需求，調整都市與軌道交通規劃，制定都市計劃調整機制。

    (d) 土地溢價回饋困難→土地管理層面，加強分批出售(租)，健全土地儲備機制，設計土地出售(租)回饋途徑及機制。

    (e) 土地開發權取得困難→訂定特定用地開發權出售(租)模式。

    (f) 現有經驗缺機制配套→土地開發辦法雖有局部訂定 TOD 指標規範標準、辦法及系統性 TOD 法律文件，但土地開發強度等辦法仍為地方法令，部分需中央制定一致性辦法，使 TOD 開發有法可依。

    根據上述問題對策，軌道交通TOD開發應大開大闔、大破大立，務使技術落實→市場落實→機制落實。

三、軌道交通 TOD 開發實踐效益

    TOD開發對都市發展實踐效益從大方向而言，TOD開發理念將軌道交通系統與土地使用相整合，針對空間結構，包括人口分布、產業能量、活動據點、交通動線及地價分布再重新調整，引導填入式發展，最後得到自然環境面、經濟財務面及社會公平面之效益，此為宏觀之實踐效益，旨在打造永續TOD都市；在小方向則TOD開發所產生的財務效益一方

面可以貼補軌道交通營運費用，另一方面可以為車站改造、交通配套及基礎設施優化提供資金，同時開發衍生客流量可增加票箱收入。

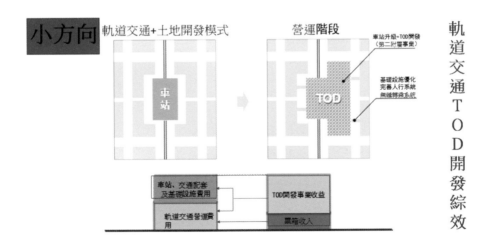

21.3 軌道交通 TOD 都市開發案例

21.3.1 日本東京典型 TOD 開發案例分析

1. 日本東京品川車站

品川車站位於日本東京品川地區，屬地面型車站，藉由大平臺之建設，將車站兩側進行都市縫合及開發。其相關位置及車站開發如下所示：

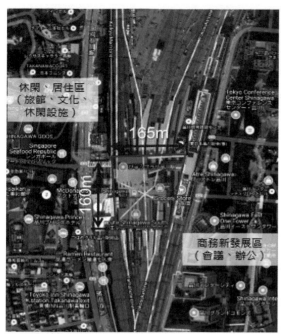

品川車站 Shinagawa	
地區	東京都品川地區
車站形式	地面型車站
開幕年	1933(主車站)/ 2003 (新幹線增建)
開發商	東日本鐵道公司
營運路線	1.JR東日本(8站台15線路) 2.JR東海(2站台4路線) 3.京濱急行電鐵(2站台3線路)
外圍商業設施	1.東京品川會議中心 2.品川Innercity 3.高輪口 4.水族館 5.美術館 6.Season Terrace商辦混合大樓
車站設施	跨站平臺ecute商場 1F 外帶美食區 2F 美妝雜貨、書店、餐廳

圖片來源：Google Map

品川車站TOD開發成功要素為：

(1) 考慮轉乘需求，於付費層設商業設施，增加附屬事業收入。

(2) 結合鐵道兩側商業設施、串聯軌道兩側土地，進行都市縫合。

(3) 結合都市更新開發外圍土地。

(4) 配合新幹線停靠，發展跨國企業商務區域。

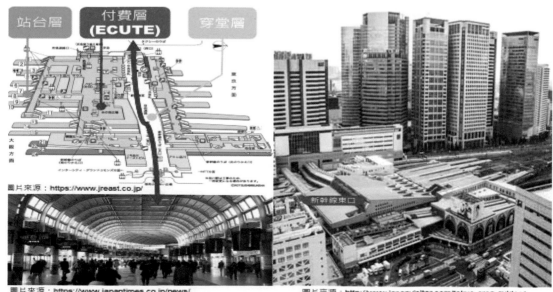

圖片來源：https://www.jreast.co.jp/

圖片來源：https://www.japantimes.co.jp/news/

圖片來源：http://www.japanvisitor.com/tokyo-area-guides/

2. 日本東京六本木車站

　　日本戰後成爲美軍駐軍之場所，東京六本木地區形成酒吧、餐廳、夜店等聚集繁華之地，但由於都市擴張、都市計畫不完善造成沒落，1986年六本木地區被指定爲『再發展改造地區』，1988組成『六本木六丁目地區市區再發造協會』經歷17年於2003年完成六本木之丘(Roppongi Hills)開發，成爲東京時尚、潮流的新興地標，隨後如Tokyo Midtown、國立新美術館等重要建設陸續建設完成，帶動六本木地區再一次的發展。

　　東京六本木車站屬地下車站，其相關位置及車站開發如下所示：

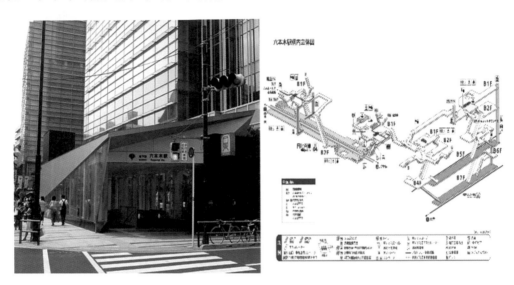

六本木車站	
地區	東京都港區
車站形式	地下車站
開幕年	1964
營運路線 管理單位	1.東京地下鐵日比谷線 2.都營地下鐵的大江戶線
外圍 商業 設施	1.六本木新城 2.國立新美術館 3.東京中城 4.Being本社 5.住有不動產 6.六本木高級學校 7.俳優座劇場 8.外國使館
車站 設施	1.鐵道 2.商場

六本木車站TOD開發成功要素為：

(1) 土地使用多樣化：將各種都市機能結合，步行即生活。

(2) 無死角都市空間營造：土地使用空間無阻隔，整體都市空間設計、無正背面問題。

(3) 開發區域與都市環境整合：整合周邊環境空間，留設區域 50%為開放空間。

(4) 大眾運輸導向規劃：人行環境營造與大眾運輸導向發展的結合，共六條公車路線行駛本區域。

(5) 立體都市及綠化立體化：提高容積率，降低建蔽率，使得以留設更多開放空間，並發展立體人行系統，立體綠化增加綠覆率，改善環境。

(6) 人本交通：車站出入口銜接重要節點，提供立體地下、平面及高架人行遮蔭通道進行連結，人行道寬度五米以上以提升人行舒適性，配合植栽設計與公共藝術，留設廣場與休憩、活動區域。

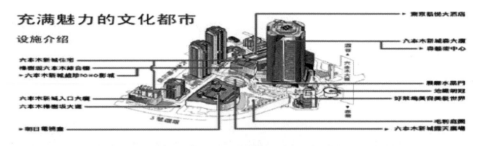

六本木新城(六本木之丘)

3. 日本東京新宿車站

新宿車站位於東京新宿、澀谷地區，是一個地面及地下車站，並利用人工地盤進行都市縫合及商業開發，是東京主要大眾運輸轉運之一，也是全世界最繁忙的車站，新宿車站是JR東日本、京王電鐵、小田急電鐵、東京地下鐵、東京都交通局等5家鐵路業者停靠的轉乘站，其相關位置及車站開發如下所示：

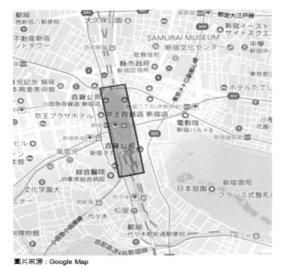

新宿車站 Shinjuku	
地區	東京都新宿、澀谷地區
車站形式	地面及地下型車站
開幕年	1885(主車站)/ 2013年東急東橫線車站地下化
營運路線管理單位	1.東日本旅客鐵道(8站台16線路) 2.京王電鐵 3.小田急電鐵 4.東京地下鐵 5.東京都交通局
外圍商業設施	1.小田急百貨公司 2.京王百貨站 3.日本興亞美術館 4.綜合醫院 5.新宿電影院 6.新宿文化博物館 7.京王飯店
車站設施	跨站平臺 1F 鐵道 2F 商店街

圖片來源：Google Map

新宿車站TOD開發成功要素為：

(1) 多種交通設施共構，利用人工平臺進行公車、長途客運及計程車轉乘，重大轉乘節點。

(2) 鐵道上方人工平臺共構建築物，增加購物中心及商店街提高商業收入。

(3) 周邊結合美術館、飯店、大型百貨公司成為一日生活圈。

人工平臺進行公車、長途客運及計程車轉乘，同時利用平臺建築購物中心及商店街

4. 日本東京澀谷車站

　　澀谷車站位於東京澀谷地區，為地面、地下及高架車站，澀谷車站周邊開發計畫-「Shibuya +Fun Project」為因應2020夏季奧運會舉辦期間將帶來之龐大人潮與商機，由官方與民間携手合作，為澀谷站周邊土地進行開發，周邊用地產權屬東急電鐵、JR東日本、東京地下鐵公司及京王鐵道公司等鐵道企業開發總面積約55,000m²，實施主體為東急電鐵、JR東日本、東京地下鐵公司以及UR都市機構，澀谷車站周邊開發區域五大功能定位分別為文化觀光、創意創新、國際商務、商業活動及社區生活，1公里範圍內的土地以商業為主，1-2公里範圍內主要為居住，澀谷車站是東日本旅客鐵道(JR東日本)、東京地下鐵、東京急行電鐵(東急)、京王電鐵等4家鐵路業者停靠的轉乘站，其相關位置及車站開發如下所示：

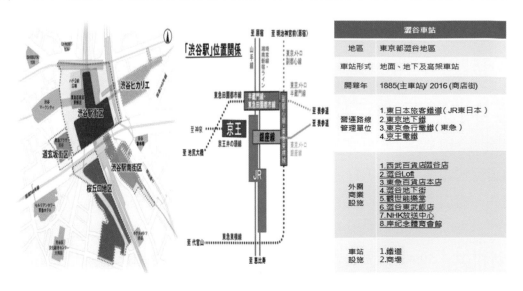

	澀谷站南街區	澀谷站街區	道玄阪一丁目站前地區	澀谷站櫻丘口地區	澀谷HIKARIE大樓
總樓地板面積(m²)	11萬6,700	27萬(3棟大樓)	5萬9,000	24萬1,400	14萬4,000
開發主體	東急電鐵公司、東橫線鄰接街區土地所有權人	東急電鐵公司、JR東日本及東京地下鐵公司	東急不動產公司	東急不動產公司	澀谷新文化區計劃推進協議會
設施類別	高級辦公室、商場及旅館等	辦公室、商場及戶外展望台等	辦公室、商場及巴士搭乘處等	辦公室、商場、住宅教堂等	辦公室、商場、文化設施及日本最大的電影院等(2012年啓用)

澀谷車站TOD開發成功要素爲：

(1) "TOD＋PPP"高強度開發模式，利用軌道交通提升大眾運輸使用率，提高交通乘載力，打造以人爲本之 TOD 模式。

(2) 複合都市功能，成功打造漸層開發之商業及住宅結合之都市開發。

(3) 便捷舒適步行路網，充分利用地下、平面及高架空間，形成立體化步行路網。

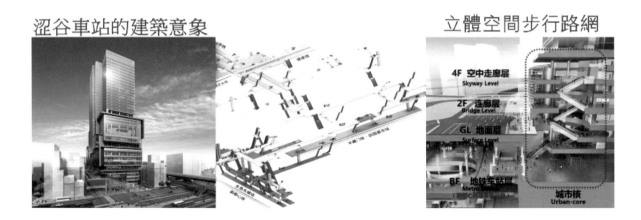

澀谷車站的建築意象　　　　　　立體空間步行路網

5. 東京二子玉川車站

　　東京二子玉川車站位於東京近郊，爲TOD模式下全功能、大體量、已完工的近郊都市更新計畫。二子玉川車站主要爲東急田園都市線、大井町線的轉乘站。運用"花園都市"概念，將二子玉川公園自然資源與商業自然延展、結合，打造品質型休閒生活大型都市開發區。規劃理念爲基於"都市到自然"的設計理念，將"花園都市"概念貫徹到TOD開發中，以軌道交通轉運爲核心，打造功能於一致的大型都市開發，以玉川站爲核心，打造集商業、居住、飯店、辦公於一致的大型都市開發。依據產業價值，距離交通轉運遠近分別爲商業/飯店、辦公、住宅。同時規劃公園和生態走廊，提升計畫整體生態氛圍。產業構成爲商業/飯店占比：50.45%；辦公占比：20.37%；住宅占比：29.18%。

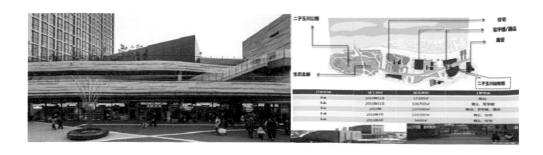

二子玉川車站TOD開發成功要素為

(1) 基於"都市到自然"的設計理念，作為典型的已完成 TOD 計畫，依據產業價值，距離軌道交通轉運遠近分別為商業/飯店、辦公、住宅。核心區商業、商務占比 70.82%。

(2) 在 TOD 模式下，將"花園都市"概念貫徹到都市開發中，將二子玉川公園自然資源與商業自然延展、結合，打造為都市風光與自然景色共存、現代與傳統和諧共生、繁華與恬靜同在的品質型休閒生活大型都市開發。

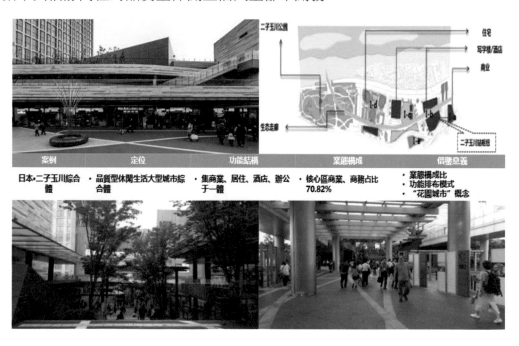

21.3.2　香港九龍典型 TOD 開發案例分析

香港西九龍車站位於香港西九龍油尖旺區，是機場快線(九龍站)、廣深港高速鐵路、港鐵(柯士甸站)三線轉乘地下車站，高鐵西九龍站於2018/9/23開通後，旅客量大增，政府在2017年12月以1000元港幣將營運高鐵香港段權利交付九廣鐵路公司，並每年收取地租，為期50年。九廣鐵路公司隨即將營運高鐵香港段的經營權授予港鐵公司，由於九廣鐵路公司為政府所有，政府可因九廣鐵路公司從港鐵公司收取經營費而間接得益。

香港西九龍車站屬地下車站，其相關位置及車站開發如下所示：

西九龍車站 West Kowloon	
地區	香港西九龍油尖旺區
土地面積	11公頃
樓地板面積	430,000 平方公尺
車站形式	地下化車站
開幕年	2018/9/23
開發商	以服務經營權模式批予港鐵規劃、設計及興建，營運50年
路線	1.機場快線（九龍站） 2.廣深港高速鐵路 3.港鐵（柯士甸站）
外圍重要商要設施	1.圓方廣場 2.天際100 3.凱旋門 4.W酒店
車站設施	1F 零售、廣場、行人天橋 GF 車站大廳 B1 售票大廳、Taxi、停車場 B2 入境層、行人隧道 B3 離境層 B4 站台

西九龍車站TOD開發成功要素為：

1. 以跨平臺商業設施連結九龍站與柯士甸站。

2. 運用廣場與地景設計，連結上下空間。

3. 採用天橋、地面人行、隧道等不同人行串連方式。

4. 連結西九龍文化園區。

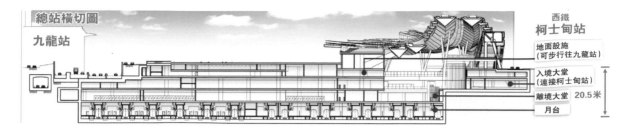

圖片來源：

http://weibo.com/ttarticle/p/show?id=2313501000014133382031327301&mod=zwenzhang?comment=1

21.3.3　中國上海典型 TOD 開發案例分析

中國上海虹橋車站位於上海市閔行區，東側爲上海虹橋國際機場T2航站樓，是京滬高速鐵路、滬寧高速鐵路、滬昆高速鐵路使用的高速鐵路車站，同時與虹橋地鐵站距離300米，通過地下空間來實現無縫聯接，爲上海重要綜合交通轉運，因此定位爲面向中國，服務"長三角"爲目標之各類交通緊密銜接成國際一流之現代化大型綜合交通轉運站。規劃理念爲基於"以人爲本"，爲方便旅客、最大限度地發揮轉運的綜合轉乘功能，打造超大型、世界級綜合交通轉運和區域商務中心。產業布局爲以交通轉運核爲引力，集居住、商業、商務、文化娛樂、教育和休閒於一致混合的產業布局，分布有多個功能綜合的建築群。都市結構中商業區占比22.50%，商務辦公區占比71.18%，沿河休閒區占比6.32%。空間特徵爲小街坊、高密度、低高度；地下、地面、二層廊道組成立體的發達步行網，多樣性開放空間。

虹橋車站TOD開發成功要素爲：

1. 依 TOD 開發強度之高低，虹橋車站 TOD 開發依距離交通轉運的近遠分別爲商業/飯店、商務、外圍住宅，核心區商業、商務占比 93.68%。虹橋轉運通過車站優勢，整合周邊資源，探討內部功能聯繫，推進車站與周邊地區一致化建設的模式進行開發建設，促進產業升級，帶動車站周邊發展。

2. 利用地下、地面及高架空間進行多元立體整合，提供優質行人空間及無縫轉乘方式。

21.3.4　臺灣臺北典型 TOD 開發案例分析

　　臺灣臺北車站位於臺北市中心區，為捷運鐵淡水線、板南線、松山線、機場捷運及臺鐵、高鐵六條軌道交通匯集之車站，臺北車站周邊區域TOD開發方式包括先建後採取ROT方式之臺北車站主體地下一樓、地上、二樓交付營運，長途客運轉乘之轉運站與商業開發合一BOT方式及機場捷運雙子星大樓之BOT商業開發方式，除雙子星大樓於2019年12月與民間廠商簽約，2026年完工外，其餘兩個TOD開發已開始營運，其相關位置及車站開發如下所示：

圖片來源https://www.google.com.tw/網站

開發概況	
區域	中山區
營運商	微風臺站開發股份有限公司
開發方式	ROT
基地面積	10,031坪
土地產權	政府
樓層規劃	G+2、G+1、U-1層：餐飲、伴手禮、商店
開幕年	2007年10月26日正式營運
營業面積	11666.36平方公尺

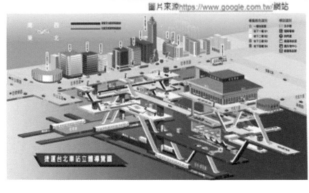

市場定位	商場規劃系以結合車站硬設備與美食環境，創造出符合國際級飲食購物的優質環境，成功達成公共建設活化目的
整體規劃開發綜效	1.創造就業機會，並帶動周遭經濟發展。 2.特許期間可增加政府財政收入，節省政府財政支出，提升公共建設服務質量。 3.民間機構對公共區域認養維護，提供旅客優質環境

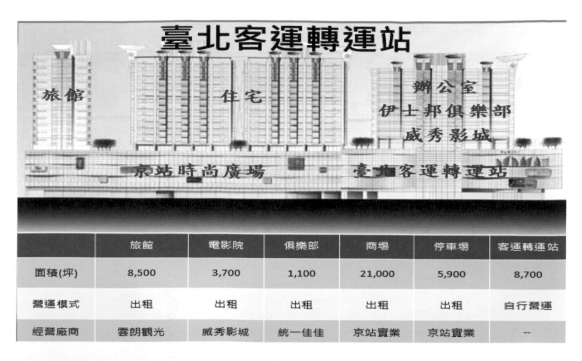

	旅館	電影院	俱樂部	商場	停車場	客運轉運站
面積(坪)	8,500	3,700	1,100	21,000	5,900	8,700
營運模式	出租	出租	出租	出租	出租	自行營運
經營廠商	雲朗觀光	威秀影城	統一佳佳	京站實業	京站實業	--

開發概況	
區域	臺北車站西側
營運商	藍天宏匯集團
開發方式	BOT
基地面積	9,556坪
土地產權	政府
樓層規劃	一棟76層(320.7公尺)及一棟56層(241.5公尺)，地下四層，并以空中平臺連接，
動工年	2021年動工，2026年完工
營業面積	15.3萬坪
市場定位	預計投資145億元興建雙子星大樓，定位為辦公室、旅館、購物中心等商業設施
整體規劃開發綜效	北市府每年租金收入約有4.5億元、可提供1.6萬個就業機會，市庫每年可增加房地稅收約3.5億元，每年可創造250億元以上的經濟產值，促進經濟發展，提升競爭力

臺北車站TOD開發成功要素為：

1. 整合多種"TOD +PPP"開發模式，包括 ROT、BOT 模式。

2. 整體規劃，分期建設開發，整合營運。

3. 利用大眾運輸，進行都市更新再造，重塑空間形象。

4. 人本設計，利用大眾運輸無縫轉乘。

21.4 結語

　　軌道交通TOD開發規劃依據發展目標，可分為三個階段：(1)第一階段：提供便捷之大眾運輸網路，營造合作大於競爭之大眾運輸經營環境；(2)第二階段：TOD大眾運輸導向發展應從區域角度著眼，同時從不同層面導向發展；(3)第三階段：政府與民間合作進行及落實TOD開發。

　　對於軌道交通車站TOD開發規劃，依上述說明筆者提出幾點建議：

1. 利用節能減碳大眾運輸工具結合軌道交通車站周邊土地有效利用，改變區位空間特性，引導都市朝向以車站及步行可及範圍為核心之空間發展模式，如此可有效減少私人運具使用率、降低環境污染及社會成本，即為以 TOD 導向周邊開發之永續都市發展理念。

2. 軌道交通 TOD 開發將引導都市空間再造，透過新城市主義、智慧永續發展與綠色交通之概念，面對區域、都市及地區三大面向，區域面向導入保育概念，重塑都市結構，優化及強化都市能力，重構都市計畫進行調整；都市面向重視填入式發展以及廊道發展，引導都市空間發展，進行都市提級；地區面向以軌道交通車站周邊地區為主要發展核心地區，提高都市生活品質，帶動地區開發或都市更新。因此 TOD 開發是從區域→都市→地區進行整體開發，透過 TOD 開發重構都市空間，打造永續 TOD 都市。

3. 永續 TOD 都市應從環境保護面、經濟效益面、社會公平面三個層面著眼，引入 TOD 都市發展理念，達成大眾運輸永續營運、政府財政永續均衡與都市環境永續發展等目標，在三大層面均衡發展下打造永續 TOD 都市。

4. TOD 開發策略應結合永續發展架構 A-S-I 及永續都市移動性規劃 SUMP 納入大眾運輸導向周邊開發，創造永續 TOD 綜效；同時傳統開發為 TOD 導向周邊開發，現代化開發應朝向 GOD、HOD 開發，同時納入 COD、WOD 及 IOD 以符合現代化都市發展需求。

5. 軌道交通 TOD 開發作法應從過去傳統之 3D 模型發展為 5D 及 6D 模型，同時開發模式應從點開始轉化為線及面進行點線面開發，並打造 6S 永續都市。

6. 運用 TOD 開發規劃帶動軌道交通車站周邊發展先決條件在於車站整體開發、交通配套措施規劃與軌道交通建設須同步進行考量，車站整體開發與軌道交通建設時程須同步進行，始可發揮 TOD 最大綜效。因此在前期軌道交通建設規劃階段，路網與車站開發、轉乘設施應同步規劃，同時預留路網轉乘銜接空間，並納入軌道交通建設完成後開發營運及交通配套措施進行完整規劃。

7. 軌道交通 TOD 開發 PPP 實踐模式乃藉由民間活力，與政府合作，共同創造開發效益，互利共享，政府與民間投資廠商是合作夥伴關係，除鼓勵私人企業參與 TOD 開發，政府仍應配合進行基礎建設及交通配套措施，協助開發，而非計畫開發後就置之不理。

8. 軌道交通車站 TOD 開發須配合完整大眾運輸建設，並要有萬物共享觀念，都市巨人下，高鐵、臺鐵及地鐵可視為動脈，輕軌系統、BRT 可視為靜脈，配合公車、自行車及步行(微血管) &TOD 周邊開發及共享交通共同打造 BBMW&DS 之良好大眾運輸環境。

Chapter 22

軌道交通民間參與(PPP)

22.1 民間參與(PPP)觀念與架構

1. 何謂民間投資(PPP)：民間投資國外普遍稱爲 PPP。

(1) PPP 起源：英國政府自公元 1992 年起推動公私夥伴關係(Public Private Partnership，PPP)概念，這是政府最早提出民間參與公共工程建設之概念。

(2) 政府利用民間融資提案(Private Finance Initiative， PFI)模式引導民間企業參與投資各項公共基礎建設。

(3) PPP 應用範圍涵蓋軌道、交通、環保、醫院、學校、勞工、社福、國防、監獄、住宅、政府辦公室及社區開發等公共設施。

2. 民間參與(PPP)模式的內涵

(1) PPP 模式有三大顯著特徵：夥伴關係、利益共享、風險共擔。

(2) 軌道交通利用 PPP 模式，將使社會資本投入到軌道交通的建設、營運及商業地產的開發。

(3) 對於中國軌道交通產業來說，引入 PPP 模式不僅是緩解了政府的財政壓力，更是中國軌道交通發展史上的一次歷史性變革。

(4) 在 PPP 模式不斷的發展和運用過程中，不斷的實踐和完善 PPP 模式，在運作過程中充分發揮優秀中介機構的作用，必將最終實現軌道交通的永續發展。

3. 何謂民間融資提案制度(PFI)

(1) PFI：Private Finance Initiative 民間融資提案制度。

(2) PFI 起源於英國，後被各國仿效，由民間廠商負責銀行融資貸款，政府再向民間廠商購買或租用公共服務，減少政府舉債。

(3) PFI 模式可分爲三種類型：

(a) 財務獨立專案型：由民間設計、興建、融資及營運，民間回收支付成本方式系經由對使用者之收費。

(b) 提供公共服務型：由民間負責計畫資產之前期投資，而由政府向其收買提供之服務。

(c) 公私合作型：公私合營，政府提供補貼之方式包括：提供建設補助金、閒置土地及資產等。政府之補貼得以多種方式爲之，但限於對設施之興建提供協助，營運必須由民間負責。

(4) 政府與民間機構以長期合約方式約定，由民間機構投資興建公共設施資產，於營運期間政府再向民間機構購買符合約定品質公共服務，並給付相對費用。

4. 民間參與(PPP)觀念

(1) PPP 是種概念。

(2) 臺灣遠從劉銘傳 1887 年便奏請清廷準許以「招集商股」的方式興建縱貫鐵路。

(3) PPP 是種統稱。

(4) PPP 存在各種不同形式 BOO、BTO、BOT…。

(5) PPP 是種趨勢。

(6) 從 WWII 後的法國，到英國…而後架構逐步嚴謹。

(7) PPP 是眾多可能中的一種，而非絕對。

(8) 各項公共服務並非絕對適用 PPP，更非絕不適用 PPP，需視個案特性。

5. 民營化(Privatization)策略

- Self-Help 民眾自理.
- Volunteers 義工. ┐ 政府功能釋出，由非營利部門取代
- Public-Private Competition 公民營競標.
- Franchise 特許權競標.
- Internal Markets 公部門業務採購. ┐ 業務範圍調整
- Vouchers 公辦民營.
- Management Contracts 委外經營.
- Contracting Out (also called "outsourcing") 委外服務
- Asset Sale or Long-Term Lease. 資產出租管理
- Concession 特許合約.
  - Build-Operate-Transfer (BOT)
  - Build-Transfer-Operate (BTO)
  - Build-Own-Operate (BOO)

民間參與
PFI / PPPs

- Corporatization 公部門商業組織化. ┐ 純民營化
- Commercialization. 公共服務商業行為化

6. 各項民間參與之定位

	提供計畫 Provision of		服務定義 Services Definition
	服務 Services	資產 Assets	
傳統政府採購 Traditional	政府 Public	政府 Public	政府 Public
委外 Outsourcing	民間 Private	政府 Public	政府 Public
民間投資 PPP/PFI	民間 Private	民間 Private	政府 Public
民營化 Privatisation	民間 Private	民間 Private	民間 Private

7. PPPs 家族：政府民間夥伴關係

(1) Contracting out or management contracts 委外合約。

(2) Joint ventures 政府民間合資。

(3) Leasing 政府資產出租。

(4) BOT (Build Operate Transfer)建設經營移轉。

    (a) BOT (Build Operate Transfer)建設經營移轉。

    (b) DBFO (Design Build Finance Operate)設計建設財務經營。

    (c) DCMF (Design Construct Manage and Finance)設計建造管理及財務。

    (d) BLT (Build Lease Transfer) and many others 建造出租移轉。

(5) BOO (Build Own Operate)建設擁有經營。

8. 民間參與(PPP)的基本概念

(1) 民間參與是

    (a) 充分利用民間企業的創新能力。

    (b) 要產生合理的風險分配。

    (c) 要達成設計、建造、營運之綜效。

     (d) 發揮終身成本節約效果要追求成本降低。

     (e) 把握選擇性或殘餘價值-要發揮民間企業組織彈性與活力。

     (f) 要使公部門專注於其核心事務。

 (2) 民間參與不是

     (a) "免費"的金錢來源：民間企業不是慈善機構提供免費義工與資源。

     (b) 爲沒錢的工程計畫尋求融資途徑。

     (c) 執行不良工程計畫的手段。

9. 軌道交通建設引入 PPP 模式的目的

(1) 籌集部分計畫建設資金，解決計畫建設資金不足的問題。

(2) 政府和投資者以合約的形式固定雙方的權利和義務，實現降低計畫建設和營運成本，並使成本相對可控。

(3) 通過社會投資者專業化、高效率的運作，可以爲用戶提供更優質的產品和服務。

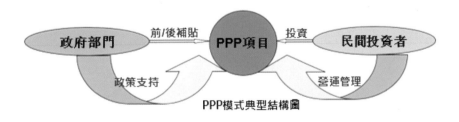

PPP模式典型結構圖

10. 軌道交通工程建設 PPP 實踐模式

(1) BOT 模式：政府委託民間進行軌道交通建設興建及營運，營運期滿後收回，營運期間政府每年收取權利金；也可由政府一次性收取軌道交通建設權利金，營運期滿後收回。

(2) BT+OT：政府委託民間進行軌道交通工程興建，興建完成後付與工程款項並將所有權收回，即爲延遲付款；軌道交通再委託民間經營，收取權利金或政府本身經營。

(3) OT：政府進行軌道交通工程興建，委託民間經營，收取權利金。

(4) BOO：政府賦予民間進行軌道交通工程興建權利，並擁有軌道交通主體及開發經營權，政府收取軌道交通建設權利金。

(5) PPP：政府與民間共同成立建設公司，進行軌道交通程建設興建及營運，利益共享。

22.2 臺灣民間參與(PPP)模式

1. 臺灣推動民間參與公共建設之歷程(Private Participation in Infrastructure，PPI)：

個案立法

(1) 獎勵民間參與交通建設條例 1994。

(2) 開放發電業作業要點 1995(電業法)。

(3) 推動公民營機構興建營運垃圾焚化廠推動方案 1996。

(4) 促進民間參與污水下水道系統建設推動方案 2005。

通案立法

促進民間參與公共建設法《促參法》2000。

2. 促參法所列公共建設類別

(1) 交通建設。	(11) 觀光遊憩設施。
(2) 共同管道。	(12) 電業設施。
(3) 文教設施。	(13) 氣體燃料設施。
(4) 污水下水道。	(14) 運動設施。
(5) 自來水設施。	(15) 公園綠地設施。
(6) 水利設施。	(16) 重大工業設施。
(7) 衛生醫療設施。	(17) 重大商業設施。
(8) 社會福利設施。	(18) 重大科技設施。
(9) 勞工福利設施。	(19) 新市鎮開發。
(10) 污染防制設施。	(20) 農業設施。

3. 促參法規定之民間參與方式

(1) BOT：Build-Operate-Transfer。	(4) OT：Operate-Transfer。
(2) BTO：Build-Transfer-Operate。(有償、無償)	(5) BOO：Build-Operate-Own。
(3) ROT：Rehabilitate-Operate-Transfer。	(6) 上述方式之組合。
	(7) 其他經主管機關核定之方式。

4. **促參 BOT 程序之兩大分類**

(1) 政府規劃案件(42 條程序)

    (a) 經主辦機關評估得由民間參與政府規劃之公共建設，主辦機關應建設之興建、營運規劃內容及申請人之資格條件等相關事項，公告徵求民間參與。(促參法第 42 條第一款。)

    (b) 可進一步細分

      ■ 應報請中央核定類：涉及中央預算補助者。

      ■ 主辦機關自行核定類。

(2) 民間自行申請案件(46 條程序)

    民間自行規劃申請參與公共建設者，應擬具相關土地使用計劃、興建計劃、營運計劃、財務計劃、金融機構融資意願書及其他法令規定文件，向主辦機關提出申請。(促參法第 46 條第一款。)

    (a) 使用政府土地、設施。

    (b) 自備土地。

22.3 中國民間參與(PPP)思維

1. **中國軌道交通建設 PPP 探討**

(1) 軌道交通建設投資額巨大，回收期長，營運成本高。

    (a) 中國地鐵建設投資平均每公里 3-8 億人民幣，隨著土地價格的增長，地鐵工程建設成本也在增加。

    (b) 對比：青藏鐵路全長 1110 公里，總投資 330 億人民幣，平均 3000 萬/公里。

(2) 軌道交通工程技術複雜：涉及 36 個技術門類。

(3) 軌道交通工程建設周期長：臺灣修建一條地鐵需 8-10 年，中國需 5-6 年。

(4) 軌道交通系統運行時間控制嚴：運行標準以秒計算。

(5) 軌道交通系統管理水準要求高：直接面對大客流，必須有安全、有效的管理體系。

(6) 軌道交通系統是現代化都市的標誌。

(7) 中國第一個引入軌道交通建設 PPP 模式的是北京地鐵 4 號線工程，時間為 2004 年。北京地鐵 4 號線工程建設總投資 153 億人民幣，分為 A、B 兩部分，其中 A 部分為

107 億人民幣土建工程投資，由北京市政府投資，B 部分 46 億人民幣的機電系統工程投資，由港鐵、京投、首創合資成立的計畫特許經營公司負責投資建設，即 PPP 模式。

(8) 從 2004 年北京軌道交通建設嘗試 PPP 模式以來，杭州、深圳等地也成功的開展了軌道交通工程建設 PPP 模式的嘗試。

2. 中國軌道交通建設民間參與(PPP)思維

(1) PPP 模式是提高軌道交通工程水準的有效途徑。

    (a) 軌道交通建設具有投資額巨大、價格受到政府監管、投資回收期長及公益性等特點，決定了它不同於一般的產品或服務，不可能實現完全意義上的產業化，因此完全放手讓其市場化很難取得成功。

    (b) 中國在軌道交通建設初期所採取的"國有國營"的建設和營運模式證明，在地方政府經濟基礎薄弱的現實條件下，這一模式存在著政府財政負擔重、難以保證建設資金和補貼資金的到位、營運效率低下等問題。

    (c) 民間資金及活力是中國各級政府越來越熱衷於 PPP 模式的最直接的原因。

(2) 細分各方權利與義務的邊界

    (a) 當 PPP 模式應用到軌道交通建設及營運之後，政府部門和私人部門如何確立好自己的權利與義務的邊界，政府是否會對計畫營運過多干涉，私人部門又如何在確保計畫公益性同時獲取收益，這是 PPP 模式能否取得成功的關鍵。

    (b) 軌道交通工程 PPP 包括建設及營運，投資周期長，若不將周期過程中政府與私人之間的邊界劃分清楚，雙方會出現互扯的現象，對資源消耗較大，因此必須確認各方權利與義務的邊界。

    (c) 軌道交通建設 PPP 模式能否成功運作的關鍵是政府的監管。

(3) 建立完善的政策及法律體系

    (a) 在 PPP 模式發達的國家，完善的政策及法律體系對於保證 PPP 模式的順利實施起到了至關重要的作用。

    (b) 中國在 PPP 模式的探索道路上十分短暫，在軌道交通領域上成功應用 PPP 模式僅僅一二十年的時間。財政部在全國力推 PPP 模式，在很大程度上會有助於 PPP 模式的發展，但國家依然存在著諸多有待完善的政策及法律體系

(c) 因此政府應該制定完善的法律法規，放寬政府的扶持政策。

3. **中國軌道交通建設民間參與(PPP)模式分析**

   (1) 特許經營類

   　　(a) 特許經營類 PPP 模式是當前中國軌道交通工程產業中，運用較多的一種模式。

   　　(b) 特許經營類計畫需要私人參與部分或全部投資，並通過一定的合作機制與公部門分擔計畫風險、共享計畫收益。

   　　(c) 該模式是一種風險共擔、利益共享的模式，政府能控制軌道交通準公益計畫的所有權，又能提高服務水準。

   (2) 私有化類

   　　(a) 私有化類 PPP 是公共部門與私人部門通過一定的合約關係，使公共計畫按照一定的方式最終轉化為私人部門的一種 PPP 模式。

   　　(b) 私有化類 PPP 計畫需私人部門負責計畫全部投資，在政府監管下，通過向用戶收費收回投資實現利潤。

   　　(c) 私有化類 PPP 計畫所有權永久歸私人擁有，並且不具備有限追索的特性，因此私人部門在這類 PPP 計畫中承擔的風險最大。

   　　(d) 在私有化類 PPP 模式中，可以分為完全私有化和部分私有化兩種，完全私有化可以通過 PUO 和 BOO 兩種實現途徑；而部分私有化則可通過股權轉讓等方式顯示私有化程序。

   (3) 外包類

   　　(a) 外包類 PPP 計畫一般是由政府投資，私人部門承包整個計畫中的一項或幾項職能，例如只負責工程建設，或者受政府之託代為管理維護設施或提供部分公共服務，並通過政府付費實現收益。

   　　(b) 在外包類 PPP 計畫中，私人部門承擔的風險相對較小。外包類 PPP 計畫包含

   　　　　■ 模塊式外包分為服務外包及管理外包。

   　　　　■ 整體式外包分為設計-建設(DB)、設計-建設-主要維護(DBMM)、經營與維護(O&M)、設計-建設-經營(DBO)等多種形式。

4. 中國軌道交通工程計畫典型民間參與(PPP)模式

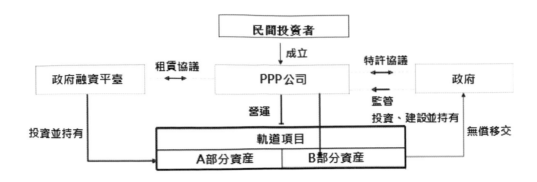

(1) 民間投資者組建 PPP 公司，政府授予 PPP 公司軌道交通工程計畫的特許經營權。

(2) 整個軌道交通工程計畫的投資分爲 A、B 兩部分，A 部分由政府投資建設並持有，建成後租賃給 PPP 公司使用；B 部分由 PPP 公司投資、建設並持有；特許期滿後，全部資產無償移交給政府。

(3) PPP 公司在特許期內負責整個軌道交通工程計畫的營運管理。

22.4　臺灣軌道交通民間參與(PPP)案例

1. 臺灣高速鐵路建設民間參與模式(BOT)案例分析

(1) 臺灣高鐵簡介

　　(a) 1987/4/2 臺灣單位指示進行臺灣高鐵計劃之評估。

　　(b) 1996/10/29 公開徵求民間參與投資，以 BOT 方式進行建設。

　　(c) 1998/7/23 簽訂「興建營運合約」及「站區開發合約」，政府僅協助用地取得及建設配套措施，不用出資。

　　(d) 2007/1/5 正式通車。

(2) 路線選線原則

　　(a) 考慮北、中、南城際長程運輸，且爲兼顧區域之均衡發展、新市鎮開發及交通需求，選定中央線爲高鐵行車路線。

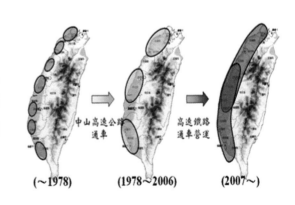

(b) 高鐵車站規劃包含車站站址及周邊地區都市發展(TOD)，及周邊配套之交通系統規劃，期望高鐵車站可成為有效率且兼具生活化之車站。

(3) 路線概述

(a) 北起臺北南港，南至高雄左營，全長約 345 公里。

(b) 行經臺灣西部 14 個縣市，77 個鄉鎮，32 個都市計劃區。

(c) 全線設有十二個車站，包含已營運之臺北、板橋、桃園、新竹、臺中、嘉義、臺南、左營等八站外，2016/7/1 增設南港、苗栗、彰化、雲林等四站全線開通。

(4) 臺灣高鐵 BOT 財務失敗原因

(a) 因政治、經濟、金融風暴等各項因素影響，造成客流量降低，日平均客流量不到預估四成(8.5 萬人次)(MVA 估算 23 萬人次)。

(b) 高鐵車站周邊聯外道路雖已大致完成，但僅部份都市具有都市軌道交通系統與車站聯繫，無法充份發揮大眾運輸系統功能，導致民眾無法立即快速搭乘高鐵。

(c) 原考慮 TOD 帶動周邊開發，以供給導向為主，需求導向為輔，然周邊特定區開發未能完全配合高鐵營運進行建設，無法產生開發客流量及開發效益。

(d) 年利息吃到逾七成收入(利率為 8%～2.5%)。

(e) 2014 年折舊攤提近 200 億。

(f) 政府收購股份主導臺灣高鐵營運，並延長營運權

(5) 高鐵七大繆思

(a) 不平等條約，全球最大 BOT 案，近八成債務由政府擔保。

(b) 原稱政府零投資，目前政府為最大股東。

(c) 免受政府監督。

(d) 財務風險高，投資集團投資 294.6 億，聯貸 3,233 億。

(e) 股東不增資。

(f) 薪資結構不健全。

(g) 更改會計準則，合約 35 年卻要求延長。

2. 臺北車站民間參與(PPP)案例分析

臺北車站位於臺北市中心區，為捷運淡水線、板南線、松山線、機場捷運及臺鐵、高鐵六條軌道交通匯集之車站，為一綜合轉運站。為了要改造臺北都市意象，展現都市紋理與歷史內涵，重塑臺北西區門戶，臺北車站轉運站利用民間參與(PPP)方式來進行臺北車站周邊區域之都市改造及開發。臺北車站民間參與方式包括採取ROT方式之臺北車站主體地下一樓、地上、二樓交付營運，長途客運轉乘之轉運站與商業開發合一BOT方式及機場捷運雙子星大樓之BOT商業開發方式，除雙子星大樓於2019年12月與民間廠商簽約，2026年完工外，其餘兩個民間參與(PPP)方式已開始營運，民間參與(PPP)方式如下所示：

(1) 臺北車站主體民間參與(ROT)案例分析

臺北車站主體地下一樓、地上、二樓用地交由民間廠商改造並進行商業營運，商場規劃系以結合車站硬設備與美食環境，創造出符合國際級飲食購物的優質環境，成功達成公共建設活化目的。

開發概況	
區域	中山區
營運商	微風場站開發股份有限公司
開發方式	ROT
基地面積	10,031 坪
土地產權	臺灣政府
樓層規劃	G+2、G+1、U-1 層：餐飲、伴手禮、商店
開幕年	2007 年 10 月 26 日正式營運
營業面積	11666.36 平方公尺
市場定位	商場規劃係以結合車站硬設備與美食環境，創造出符合國際級飲食購物的優質環境，成功達成公共建設活化目的
整體規劃開發綜效	1. 創造就業機會，並帶動周遭經濟發展。 2. 特許期間可增加政府財政收入，節省政府財政支出，提升公共建設服務品質。 3. 民間機構對公共區域認養維護，提供旅客優質環境

(2) 臺北車站客運轉運站民間參與(BOT)案例分析

(a) 臺灣政府 2000 年興修「促進民間參與公共建設法」，依據該法在各大公共建設中公開徵求民間機構合作，以興建共構建築等開發方式提供多目標使用公共建設，則政府可取得應建設公共設施，廠商經由新建設施與營運空間獲利，並且大幅提升全體人民生活品質，創造政府、民間、民眾三贏模式。

(b) 臺北車站客運轉運站民間參與(BOT)案為臺北車站轉運站之一環，政府於 2004 年將客運轉運交付 BOT，並於 2009 年正式啟用。開發基地 2.14 公頃(約 6,466 坪)，開發樓地板總面積 78,241 坪，50 年期間對政府財務效益收入將超過 200 億元，是中央政府和地方政府及民間合作，以 BOT 模式開發成功案例。

D 1 東半街廓作臨時平面停車場或臨時商場

地鐵通風口突出物綠美化

台汽北站與民間合建開發案辦理招標事宜

交九轉運站辦理ＢＯＴ招商

D 1 西半街廓與 E 1、E 2 擬定都市計畫

交八交通廣場私有地徵收

交六交通廣場簡易綠化

Ｄ Ｎ１７４Ａ標地下街工程

(c) 臺北車站客運轉運站共有轉運站、購物中心、觀光旅館及住辦大樓等，基地面積及使用分區、業種如下：

- ■基地面積 2.1374公頃
- ■國有54.77%、市郁5.23%
- ■第3種商業區使用
- ■建蔽率：80%
- ■容積率：560%
- ■含捷獎容積 670%

- ■地下4-6樓、地上4-18樓
- ■轉運站 —17.28%
- ■購物中心—19.81%
- ■觀光旅館—14.05%
- ■住辦 —44.13%

(d) 臺北車站客運轉運站民間參與(BOT)命名為京站模式，京站在閩南語意喻「眞贊」，是臺北第一個客運轉運站(京站)模式：以民間參與 BOT 方式進行客運轉運站建設營運，達到民間、政府及民眾三贏局面，同時共構整合「臺北京站」在高架、地面、地下不同空間層次上，共整合地鐵、高速鐵路、城際鐵路、機場捷運與長途客運五大大眾運輸系統，透過地下街步行廊，連結月臺層、平面穿堂層與空中廊道，進行公鐵聯運、無縫對接的共構整合人行系統工程。

(e) 由於臺北客運轉運站發展快速，客運轉乘需求日增，原有空間已漸不敷使用，因此未來轉運站規劃設計時應考慮安全係數，以免不敷使用。

(3) 雙子星大樓民間參與(BOT)案例分析

雙子星大樓民間參與(BOT)案為臺北車站轉運站之一環，臺北市政府將機場捷運臺北站(2017 年營運)開發交付 BOT，並於 2008 年公開徵求投資廠商。開發基地為一棟 76 層(320.7 公尺)及一棟 56 層(241.5 公尺)，地下四層，並以空中平臺連接，二預定地面積分別為 13,078 及 18,515 平方公尺，總開發金額約 400 億，由於招商過程產生弊端，目前仍在法律訴訟中。該計畫於 2018 年 3 月第六次招商，2018年 12 月，選出得標投資人，但因投資人因素，失去最優投資人，由次優申請人藍天宏匯集團得標，2019 年 12 月簽約，2026 年完工。

開發概況	
區域	臺北車站西側
營運商	藍天宏匯集團
開發方式	BOT
基地面積	9,556坪
土地產權	政府
樓層規劃	一棟76層(320.7公尺)及一棟56層(241.5公尺)，地下四層，并以空中平臺連接，
動工年	2021年動工，2026年完工
營業面積	15.3萬坪
市場定位	預計投資145億元興建雙子星大樓，定位為辦公室、旅館、購物中心等商業設施
整體規劃開發綜效	北市府每年租金收入約有4.5億元、可提供1.6萬個就業機會，市庫每年可增加房地稅收約3.5億元，每年可創造250億元以上的經濟產值，促進經濟發展，提升競爭力

雙子星大樓平面配置及基地面積如下：

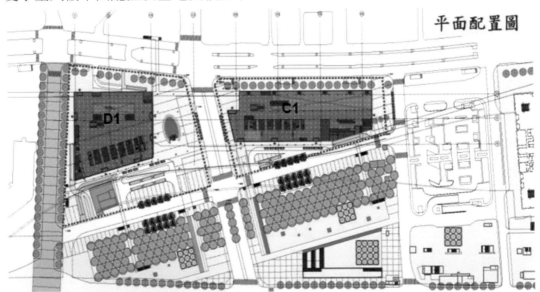

平面配置圖

C1及D1東半街廓地面層平面圖

基地面積 C1為13,078㎡，D1為18,515㎡
容積面積 C1為150,397㎡，D1為212,922㎡
開發內容 C1為地上56層地下4層，D1為地上76層地下層，結合機場捷運臺北站、商場、辦公及旅館使用之複合大樓。

3. 市府客運轉運站民間參與(BOT)案例分析

(1) 臺北市政府爲化解客運場站過度集中於臺北車站，造成外圍道路交通擁擠之現象，並期帶動北市各區域之均衡發展，規劃興建五處轉運站。

(2) 五處轉運站包括市政府、交九、濱江、動物園及南港。

(3) 前兩者因客運需求迫切、自償率較高較具投資誘因，優先推動。

(4) 基於市府施政與財政考慮，遂依據促參法之 BOT 方式辦理。

(5) 市府客運轉運站爲進入信義商業區之入口，集公車、地鐵與長途客運之交通轉乘轉運，附屬商業設施提供頂級住宿、美食餐飲、流行購物功能。

(6) 轉運站結合商場及旅館之設置，除提供長途客運轉乘服務，同時可滿足市民及觀光旅客購物及住宿之需求。

(7) 透過建築設計之配置，於轉運站空間創造都市花園美景，冀成爲臺北市重要地標，並創造市民休憩之空間。

(8) 本案爲臺灣依促參法辦理之車站多目標開發案，其開發經驗得爲後續轉運站推動之典範。

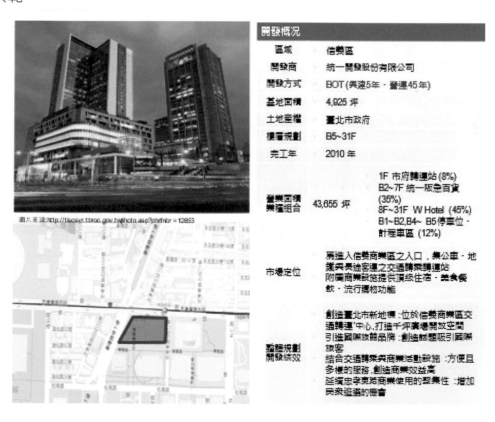

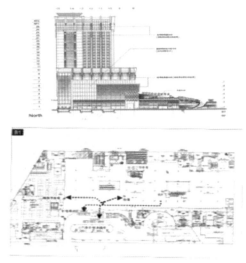

圖片來源http://eyeyeye.pixnet.net/blog/post/49049974 -

22.5 中國軌道交通民間參與(PPP)案例

　　中國軌道交通工程建設第一個引入民間參與(PPP)模式的是北京地鐵4號線工程，時間為2004年，北京地鐵4號線民間參與(PPP)模式成功開展了中國軌道交通工程建設PPP模式的嘗試。

1. 北京地鐵 4 號線路線說明

(1) 北京地鐵 4 號線南起豐臺區南四環公益西橋，途經宣武區和西城區，北至海澱區安河橋北，是貫穿北京城區南北的軌道交通主幹線之一。

(2) 路線全長(公里)：28.2。

(3) 車站數目：24(其中 23 座地下站)。

(4) 轉乘站：10。

(5) 全程運行時間(分鐘)：48。

(6) 開通日期：2009 年 9 月 28 日。

(7) 駕駛模式：自動駕駛模式(ATO)。

(8) 最小運行間隔(分鐘)：3。

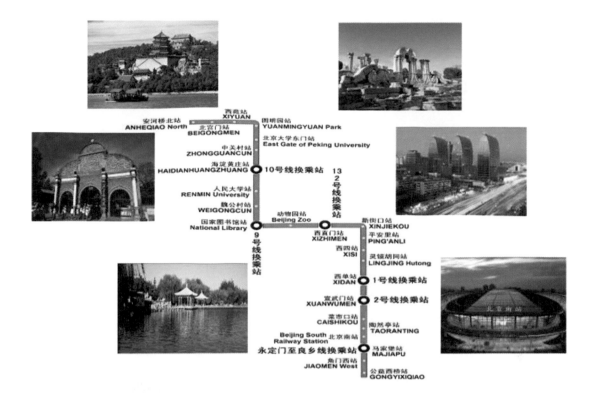

2. 北京地鐵 4 號線民間參與(PPP)計畫公司架構

北京地鐵4號線民間參與(PPP)計畫公司系由北京市基礎設施投資有限公司(BIIC)、北京首都創業集團有限公司(BCG)及香港鐵路有限公司(MTR)三家公司組成，PPP公司北京京港地鐵有限公司於2006年1月16日註冊成立。

(1) 北京市基礎設施投資有限公司(BIIC)：北京市國有獨資公司，代表北京市政府承擔北京市基礎設施計畫的投融資和資本營運，擁有或通過控股公司擁有北京市全部地鐵營運路線。

(2) 北京首都創業集團有限公司(BCG)：北京市國有獨資大型集團公司，公司以基礎設施、房地產、金融為三大核心主業。

(3) 香港鐵路有限公司(MTR)：香港特區政府控股的上市公司，營運全港都市軌道交通系統。公司以其系統的安全、可靠程度、卓越顧客服務及高成本效率著稱。

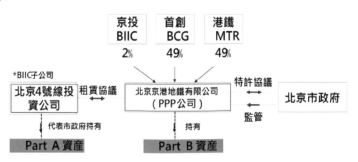

3. **北京地鐵 4 號線民間參與(PPP)計畫投資組成**

(1) 北京地鐵 4 號線計畫總投資 153 億元人民幣,是中國大陸第一個社會投資者參與投資的地鐵計畫,也是京港兩地在基礎設施領域投資額最大的合作計畫。其中:

(a) Part A (70%,土建/隧道)由北京市政府出資 107 億人民幣。

(b) Part B (30%,機電/車輛)由 PPP 公司出資 46 億人民幣。

(c) 建立客流及票價補償機制,由 PPP 公司營運整個計畫 30 年。

(2) PPP 計畫是市場化運作計畫,需要有一個合理的投資回報;同時它又是不盈利的公益性計畫,因此仍然需要政府給予前補貼和/或後補貼。

4. **北京地鐵 4 號線民間參與(PPP)建設歷程**

(1) 計畫 A、B 部分的業主將 A、B 部分均委託建管公司進行建設管理。

(2) 京港地鐵作為計畫 A 部分的業主和整個計畫的營運商全程參與建設工程。

(3) 由於 A 部分機廠等拆遷延誤 14 個月,導致後續工期均在不同程度上延誤。

(4) 為保證 4 號線按特許協議規定的時間通車試營運,在北京市有關部門的大力支持下,京港地鐵和建管公司共同努力,通過分段施工,分段調試等措施,使 4 號線於 2009 年 9 月 28 日按時通車試營運。

5. **北京地鐵 4 號線民間參與(PPP)計畫公司承擔的風險**

(1) 建設成本控制的風險:價格、利率、匯率、工期等。

(2) 營運成本控制的風險。

(3) 客流風險。

(4) 不可抗力的風險。

6. **北京地鐵 4 號線民間參與(PPP)模式借鏡**

(1) 民間參與(PPP)模式可彌補軌道交通工程建設資金不足之壓力。

(2) 北京地鐵 4 號線帶動中國軌道交通建設朝民間參與(PPP)模式發展,提升都市綜合競爭力。

(3) 北京地鐵 4 號線投資、建設、營運主體明確,工程建設在確保工程品質和營運安全的前提下,降低建造及營運成本,提高建設速度,縮短建設時程。

(4) 政府及民間投資廠商在合約之基礎下,確認雙方之權利及義務。公司具有充分的經營自主權;政府也有明確的監管權力,避免權責不清產生的問題。

(5) 民間參與(PPP)模式可以藉由競爭機制，完善軌道交通領域市場規則，提高軌道交通建設和營運水準。

(6) 民間參與(PPP)模式中之政府角色由單純的監管轉變為監管及參與之市場主體，提高政府服務態度和行政效率。

(7) 軌道交通工程建設民間參與(PPP)模式為多元性工程建設，可為軌道交通工程培殖多方面人才，包括工程、營運及財務、法律等，提高軌道交通工程建設素質

22.6 結語

軌道交通民間參與BOT之結語只有一個，不為PPP而PPP。

1. PPP 不是萬靈丹，民間參與計畫必須具備計畫效益性及自償性並兼顧公益，包括民眾負擔意願與能力。

2. PPP 也不是政府卸責的手段，不適宜的案件，就不宜採 PPP 方式辦理，應該由政府自籌預算支應。

3. 若公共建設計畫自償性夠，又是百姓急需，且符合 PPP 原則，政府就該提升辦理的作業能力，妥善以民間參與方式執行。

4. PPP 財務評估應謹慎，確認可行，以免由雙贏造成雙輸局面。

附　錄

附錄 1 交通用語對照

中國	臺灣
運營	營運
軌道交通系統制式	軌道交通系統型式
城市軌道交通	都市軌道交通、大眾捷運
地鐵	捷運
公共交通	大眾運輸
公共交通導向周邊開發(TOD)	大眾運輸導向周邊開發(TOD)
小區	社區
快速公交	公車捷運
有軌電車	輕軌
項目	計畫
項目管理	專案管理
監理	監造
智能交通	智慧交通
都市圈	都會區
線路	路線
線網	路網
噪聲	噪音
公交	公車
出租車	計程車
通信	通訊
信號	號誌
信息	資訊、訊息
自動售檢票系統	自動收費系統
檢票閘門	驗票閘門
換乘	轉乘
車輛段	機廠
屏蔽門	月臺門
岩土工程	大地工程
岩土	地質
接口	介面

中國	臺灣
質量	品質
流線	動線
軟件	軟體
硬件	硬體
可持續	永續
分擔率	使用率
水平	水準
高峰	尖峰
綜合管廊	共同管道
始發站	起點站
始末站、終端站	終點站
市域快軌	捷運化鐵路
盾構	潛盾
蓋挖順作工法	明挖覆蓋順打工法
蓋挖逆作工法	明挖覆蓋逆打工法
凍結法	冷凍工法
諮詢公司(設計院)	顧問公司
支撐	支持
城市規劃	都市計畫
合同	合約
擋煙垂壁	防煙垂直壁
米	公尺
哩米	公分
計算機	電腦
評價	評估
視頻	影片
樞紐站	轉運站

附錄 2　參考資料來源

中國	臺灣
1. 重慶交通大學	1. 臺灣大學　張學孔教授
2. 西南交通大學	2. 文化大學　李嘉儂教授
3. 上海同濟大學　楊新斌教授	3. 成功大學　張有恒教授
4. 河南城建學院交通運輸學院	4. 逢甲大學　劉昭然先生
5. 華東交通大學　葉洲元教授	5. 淡江大學　陶治中教授
6. 湖南科技大學能源與安全工程學院	6. 軌道交通專家　張辰秋教授
7. 西華大學　羅林順教授	7. 鐵道專家　蘇昭旭先生
8. 遼寧工業技術大學	8. 土木工程概論，林金面老師
9. 林同棪國際工程諮詢(中國)公司	9. 臺灣經濟研究院　吳政勛先生
10. 重慶城市交通研究院	10. 林同棪工程顧問公司
11. 重慶軌道交通產業投資有限公司	11. 臺灣世曦工程顧問公司
12. 中國中鐵公司	12. 鼎漢工程顧問公司
13. 中車株洲電力機車有限公司	13. 臺北市政府捷運工程局
14. 北京京港地鐵公司	14. 臺北捷運公司
15. 微信公眾號：軌道都市	15. 高雄捷運公司
16. 微信公眾號：空中快車系統	16. 臺灣高鐵公司
17. 微信公眾號：世界軌道資訊網	17. 交通運輸研究所
18. 微信公眾號：RT 軌道交通	18. 臺中市交通局
19. 百度	19. google
	20. 維基百科

國家圖書館出版品預行編目資料

軌道交通前沿 / 林忠正編著. – 初版. -- 臺北
　市：林忠正,2021,07
　　面；公分
　ISBN 978-957-43-8898-1(平裝)
　1.鐵軌　2.都市交通　3.運輸系統

557.8　　　　　　　　　　　110008380

軌道交通前沿

作者 / 林忠正

發行人 / 林忠正

執行編輯 / 蔣德亮

封面設計 / 楊昭琅

出版者 / 林忠正

地址：10491 台北市中山區錦州街 426 巷 1 弄 17 號 1 樓

電話：(09)87667111

總經銷 / 全華圖書股份有限公司

地址：23671 新北市土城區忠義路 21 號

電話：(02) 2262-5666

傳真：(02) 6637-3695、6637-3696

郵政帳號 / 0100836-1 號

印刷者 / 宏懋打字印刷股份有限公司

圖書編號 / 10517

初版一刷 / 2021 年 7 月

定價 / 新台幣 680 元

ISBN / 978-957-43-8898-1

全華圖書 / www.chwa.com.tw

全華網路書店 Open Tech / www.opentech.com.tw

若您對本書有任何問題，歡迎來信指導 johnsonccling@gmail.com

歡迎加入 **全華會員**

● **會員獨享**

會員享購書折扣、紅利積點、生日禮金、不定期優惠活動…等。

● **如何加入會員**

掃 QRcode 或填妥讀者回函卡直接傳真 (02) 2262-0900 或寄回，將由專人協助登入會員資料，待收到 E-MAIL 通知後即可成為會員。

如何購買 **全華書籍**

1. **網路購書**

全華網路書店「http://www.opentech.com.tw」，加入會員購書更便利，並有紅利積點回饋等各式優惠。

2. **實體門市**

歡迎至全華門市（新北市土城區忠義路 21 號）或各大書局選購。

3. **來電訂購**

(1) 訂購專線：(02) 2262-5666 轉 321-324
(2) 傳真專線：(02) 6637-3696
(3) 郵局劃撥（帳號：0100836-1　戶名：全華圖書股份有限公司）
※ 購書未滿 990 元者，酌收運費 80 元。

OpenTech 全華網路書店
.com.tw

全華網路書店 www.opentech.com.tw
www.chwa.com.tw
E-mail: service@chwa.com.tw

※ 本會員制如有變更則以最新修訂制度為準，造成不便請見諒。